高速铁路轨道动力学
——模型、算法与应用

雷晓燕 著

科学出版社
北京

内 容 简 介

本书是雷晓燕教授带领的课题组十余年来关于高速铁路轨道动力学研究成果的系统总结。研究内容属现代铁路轨道动力学理论中的前沿问题,涉及高速列车-轨道耦合系统动力学理论、模型、算法及工程应用。全书共十五章,包括轨道动力学分析内容及相关标准、轨道结构动力分析的解析法、轨道结构动力分析的傅里叶变换法、高架轨道结构振动特性分析、轨道不平顺功率谱及数值模拟、车辆-轨道耦合系统竖向动力分析模型、车辆-轨道耦合系统动力分析的交叉迭代算法、动轮单元模型及算法、轨道单元和车辆单元模型及算法、车辆-轨道耦合系统动力分析的移动单元法、车辆-轨道-路基-大地耦合系统竖向动力分析模型、列车-有砟轨道-路基耦合系统动力特性分析、列车-板式轨道-路基耦合系统动力特性分析、有砟-无砟轨道过渡段动力特性分析、交叠地铁列车引起的环境振动分析。

本书可作为土木、交通、道路与铁道工程专业本科生、研究生、教师和工程技术人员的教材和参考书。

图书在版编目(CIP)数据

高速铁路轨道动力学:模型、算法与应用/雷晓燕著. —北京:科学出版社,2015
ISBN 978-7-03-044437-0

Ⅰ. 高… Ⅱ. 雷… Ⅲ. 高速铁路-轨道力学-动力学-研究 Ⅳ. ①U213-2

中国版本图书馆 CIP 数据核字(2015)第 114087 号

责任编辑:魏英杰 / 责任校对:桂伟利
责任印制:徐晓晨 / 封面设计:陈 敬

科 学 出 版 社 出版
北京东黄城根北街 16 号
邮政编码:100717
http://www.sciencep.com

北京京华虎彩印刷有限公司 印刷
科学出版社发行 各地新华书店经销

*

2015 年 6 月第 一 版 开本:720×1000 1/16
2018 年 3 月第二次印刷 印张:22 1/4 彩插 8
字数:448 000
定价:160.00 元
(如有印装质量问题,我社负责调换)

作 者 简 介

雷晓燕，华东交通大学教授，博士生导师。1989年获清华大学固体力学博士学位。国家"百千万人才工程"第一、二层次人才、江西省主要学科学术和技术带头人、"赣鄱英才555工程"领军人才、江西省"井冈学者"特聘教授。现任华东交通大学校长、"铁路环境振动与噪声"教育部工程研究中心主任。

雷晓燕教授主要从事高速铁路轨道动力学、轨道交通环境振动与噪声等方面的研究，发表学术论文180余篇，出版学术专著6部，授权发明专利5项，计算机软件著作权18项。主持国家重点基础研究发展计划、国际科技合作与交流专项、国家自然科学基金、重大国际招标、教育部、铁路总公司等项目60余项。作为第一完成人曾获2011年国家科技进步奖二等奖、2011年铁道科学技术奖一等奖、2005年江西省自然科学奖一等奖、2009年江西省科技进步奖一等奖、2010年教育部自然科学奖二等奖、2010年江西省优秀教学成果奖一等奖，国家新闻出版广电总局"三个一百"自然科学类原创图书。

序

近年来,我国高速铁路的建设和运营取得了举世瞩目的成就,为国民经济又好又快地发展做出了重要贡献,得到了社会各界的广泛赞誉,成为世界高速铁路发展的又一示范。截至 2014 年年底,我国新建高速铁路运营里程已超过 12 000 公里,居世界第一位,已成为世界高速铁路系统技术最全、集成能力最强、运营速度最快、运营里程最长和在建规模最大的国家。

由于我国高速铁路的建设起步较晚,缺少实践经验的积累,在高速铁路建设和运营过程中无疑将会面临一系列技术难题与挑战,这就需要强有力的基础理论与技术支撑。高速铁路轨道结构由钢轨、扣件、轨道板、水泥乳化沥青砂浆填充层、混凝土支承层、路基和大地(或桥梁)等组成,材料属性差别大、结构层次多、科技难度跨度广、服役环境复杂、列车运行速度均为 $200 \sim 300 \text{km/h}$,这些因素都与轮轨动力学问题紧密相关。高速铁路轨道动力学是确保列车安全运营的关键基础学科。当列车速度提高后,机车车辆与轨道结构的相互作用显著加剧,动态系统环境更加恶化,高速列车的安全性、平稳性及轨道结构的可靠性面临着严峻考验。线路平纵断面条件和轨道不平顺对旅客舒适度的影响也在高速条件下被放大,同时列车运行对周围环境的影响在高速条件下也被放大,行车事故的后果在高速条件下更严重。这一切都需要以高速铁路轨道动力学为基础,深入研究高速铁路列车与轨道的相互作用机制,为高速铁路系统设计与高速列车安全运营提供必需的理论指导。

该书是作者和他的团队在本领域多年理论和紧密结合实践研究成果的基础上撰写而成的。重点围绕高速铁路轨道动力学理论、模型、算法和工程应用,系统介绍了他们取得的新成果。该书研究内容前沿、理论体系完整、模型算法正确有效、工程应用丰富。尤其是作者在轨道单元和车辆单元模型及算法、车辆-轨道耦合系统动力分析的移动单元法、车辆-轨道耦合系统动力分析的交叉迭代算法、有砟轨道-无砟轨道过渡段动力特性分析,以及交叠地铁列车引起的环境振动分析等方面的研究具有很大的创新性和应用性,这些成果先后发表在 *Journal of Vibration and Control*、*Journal of Transportation Engineering*、*Journal of Rail and Rapid Transit* 和 *Journal of Sound and Vibration* 等国际著名学术期刊上,被国内外同行学者广泛认可和引用。

我相信,该书的出版必将对我国高速铁路轨道结构设计、建设和运营提供重要的理论指导,对推动"铁道工程"学科发展、促进铁路的科技进步,以及实现我国高速铁路可持续发展做出重要的贡献。

中国工程院院士

2014 年 8 月 12 日

前　言

从 1964 年世界第一条高速铁路建成并投入运营以来，高速铁路以其快速便捷、安全舒适、绿色环保、大运量、低能耗，以及全天候运输等优点，在众多交通工具中显示出极强的竞争力。据国际铁路联盟统计，截至 2013 年 11 月 1 日，世界其他国家和地区高速铁路总营业里程 11 605 公里，在建高铁规模 4883 公里，规划建设高铁 12 570 公里。我国高速铁路总营业里程达到 11 028 公里，在建高铁规模 1.2 万公里，总里程约占世界一半，成为世界上高速铁路投产运营里程最长、在建规模最大的国家。与此同时，目前我国已有 18 个大中城市（含香港）拥有城市轨道交通，总里程达 2100 公里，在建规模 2700 公里，居世界第一。如今，高速铁路和轨道交通已成为拉动社会经济发展的重要引擎，高速铁路技术的自主创新已成为国家重大战略需求。

然而，随着行车速度的不断提高，交通密度的日益增加，运输荷载的逐渐加重，列车与轨道的相互作用也随之加剧。为了适应铁路发展的这种变化，世界各国铁路加强了技术创新，在铁道工程中广泛采用新技术、新设计、新材料、新工艺和现代化的管理方法，并由此出现了现代铁路轨道的概念。现代铁路轨道是伴随着高速、重载铁路的出现而形成的，现代轨道必须适应客运快速、高速化，货运快捷、重载化的要求。与传统铁路轨道相比，现代轨道具有高标准的路基、新型轨下基础、重型超长无缝钢轨、轨道养护维修的科学管理、安全运营组织和铁路与环境的协调等特点。显然，传统的轨道力学和结构分析方法不能适应现代铁路轨道分析和设计的需要。由于近几十年来计算机和数值方法的迅猛发展，新理论和新方法不断被应用于轨道力学与轨道工程中，大量过去无法求解的，以及在铁路现代化进程中新出现的各种复杂的问题成为可能。

本书是雷晓燕教授研究团队十余年来关于高速铁路轨道动力学理论与实践研究成果的系统总结。在过去的十余年中，课题组先后得到国家自然科学基金（50268001、50568002、50978099、U1134107、51478184）、国际科技合作与交流专项（2010DFA82340）、江西省自然科学基金（0250034、0450012）、中-奥、中-日、中-英和中-美科研合作、教育部"高等学校骨干教师资助计划"（GG-823-10404-1001）、铁道部科技发展计划（98G33A）、江西省优势科技创新团队计划项目（20133BCB24007），及江西省主要学科学术和技术带头人培养计划（020001）等项目的支持，在高速铁路轨道动力学、轨道交通引起的环境振动与噪声，以及轨道动力学工程应用等三个方面进行了系统、深入的研究，并取得了许多新的研究成果。

研究内容均属轨道动力学理论中的前沿问题。参加项目研究工作的有雷晓燕、刘林芽、冯青松、张鹏飞、刘庆杰、罗锟、罗文俊、房建、张斌、涂勤明、曾钦娥、赖建飞、吴神花、孙茂棠、熊超华等。

　　本书共十五章，初稿曾在华东交通大学道路与铁道工程专业研究生的教学中使用过多年。全书内容包括轨道动力学分析内容及相关标准、轨道结构动力分析的解析法、轨道结构动力分析的傅里叶变换法、高架轨道结构动力特性分析、轨道不平顺功率谱及数值模拟、车辆-轨道耦合系统竖向动力分析模型、车辆-轨道耦合系统动力分析的交叉迭代算法、动轮单元模型及算法、轨道单元和车辆单元模型及算法、车辆-轨道耦合系统动力分析的移动单元法、车辆-轨道-路基-大地耦合系统竖向动力分析模型、列车-有砟轨道-路基耦合系统动力特性分析、列车-板式轨道-路基耦合系统动力特性分析、有砟轨道-无砟轨道过渡段动力特性分析、交叠地铁列车引起的环境振动分析。其中，"车辆-轨道耦合系统动力分析的交叉迭代算法"、"轨道单元和车辆单元模型及算法"、"车辆-轨道耦合系统动力分析的移动单元法"、"有砟轨道-无砟轨道过渡段动力特性分析"，以及"交叠地铁列车引起的环境振动分析"等五章内容是作者创新性的成果，与同类研究相比具有鲜明特色。

　　借本书出版之际，特别向资助、支持和关心过本研究工作及本书出版的各有关单位和个人致以诚挚的谢意！特别要感谢中国工程院院士杜庆华教授、王梦恕教授，上海铁路局管天保教授级高工，同济大学童大勋教授和王午生教授长期以来对作者的关心、指导与帮助，王院士还在百忙中为本书作序。最后要感谢我的同事和研究生们，以及科学出版社的魏英杰编辑，本书的出版是他们共同努力的结果。

雷晓燕

2015 年于孔目湖

Preface

Since its opening of the world's first high-speed railway line in 1964, with its advantages of high speed and convenience; safe and comfort; environmental-friendly and low energy; large carrying capacity and all-day transportation available, high-speed railway has shown its strong competitive power among many other modes of transport. According to the statistics by International Union of Railways, up to November 1 of 2013, there are total 11 605 kilometers high-speed railways in operation, 4883 kilometers in construction, and another 12 570 kilometers high-speed railways planning to be built in other countries of the world. While in China, we have 11 028 kilometers high-speed railways in operation, plus another 12 000 kilometers in construction, which has taken half amount of the world's total high-speed railways and become the country that owns the longest and the largest scale of high-speed railways both in operation and construction. Meanwhile, 18 cities (including Hong Kong) in China have urban rail transits that reach 2 100 kilometers in running, and 2 700 kilometers in construction, which has ranked the top one in the world. High-speed railways and urban rail transits have become the important engine to drive social economy's development, and the independent innovation for the technology of high-speed railways has turned to be the nation's crucial strategic demands.

It is well known that interactions between vehicles and railways become fiercer and fiercer as train speeds, operation density and axle loads increase. This has activated technical innovations by railway industries in every country by introducing new technologies, new designs, new material and modern management methods into railway infrastructures and equipments, and cultivated the emerge of the concept of modern railway track. Modern railway tracks are adapted for high-speed and heavy-haul railways in order to meet the requirements of fast and super-fast passenger transportations and heavy-haul freight transportations. In contrast to traditional railway tracks, modern railway tracks exhibit following features: (1) high standard subgrade; (2) new types of track bed; (3) heavy and very long continuously welded rails; (4) scientific management of track maintenances; (5) safe operations and environmental-friendly. It is obvious that traditional railway mechanics and structural analysis methods cannot meet the requirement in analysis and designs of modern railway tracks. Due to the rapid advances in computing technology in the past few ten years, new theories and methods have been continuously developed and applied to railway engineering and many old problems which were impossible to be solved in the past, and new ones which have emerged during the modernization of railways, become possible to seek a solution.

In the past ten years, a group of researchers led by Professor Xiaoyan Lei at East China Jiaotong University have endeavored to research into many issues associating with modern railway tracks, including high-speed railway track dynamics, environmental vibration and noise induced by railway, and engineering applications in modern railway tracks. Their research activities have been supported by the National Natural Science Foundation of China (50268001, 50568002, 50978099 and U1134107 and 51478184), the Natural Science Foundation of Jiangxi Province (0250034 and 0450012), the Foundation for University Key Teacher by the Ministry of Education (GG-823-10404-1001), the Project of International Cooperation and Exchanges NSFC (2010DFA82340), the Project of Science and Technology Development Plan by the Ministry of Railway (98G33A), the Program for Innovative Research Team (20133BCB24007) and the Training Program for Leading Scientists in Key Subjects by Jiangxi Province (020001). These activities were enriched through cooperation programs between China and Austria, China and Japan, China and UK, China and USA. All the issues they have investigated are cutting-edge problems in railway engineering and results from these research activities are expected to have significant impacts both academically and in practice. The aim of this book is to summarize these results.

This book consists of fifteen chapters and its manuscript as textbook has been used to post-graduate teaching in railway engineering major for many years. The contents include: track dynamic analysis contents and related standards; analytic method for dynamic analysis of the track structure, Fourier transform method for dynamic analysis of the track structure; dynamic characteristic analysis of the elevated track structure; track irregularity power spectrum and numerical simulation; model of vertical dynamic analysis for the vehicle and track coupling system; cross iteration algorithm for dynamic analysis of the vehicle and track coupling system; moving element model and algorithm; track element and vehicle element model and algorithm; moving element method for dynamic analysis of the vehicle and track coupling system; model of vertical dynamic analysis for the vehicle, track, subgrade and ground coupling system; dynamic characteristic analysis of the train, ballast track and subgrade coupling system; dynamic characteristic analysis of the train, slab track and subgrade coupling system; dynamic characteristic analysis of the track transition between ballast track and ballastless track, and finally, environmental vibration analysis induced by overlapping subways. Among them, some innovative results are obtained by author's group in cross iteration algorithm for dynamic analysis of the vehicle and track coupling system, track element and vehicle element model and algorithm, moving element method for dynamic analysis of the vehicle and track coupling system, dynamic characteristic analysis of the track transition between ballast track and ballastless track, and environmental vibration analysis induced by overlapping subways. Compared with similar studies, these investigations have distinct characteristics.

Efforts have been made to present theories rigorously and systematically and equally, to explore their applications in practice. Chapters are relatively independent of each other, so that readers can read chapters of their interest without referring too much to other chapters. The authors are well aware that there are rooms for improvement and comments and criticisms from readers will be highly appreciated.

The author is grateful to those who involved in the research and made contributions; they are Linya Liu, Qingsong Feng, Pengfei Zhang, Qingjie Liu, Kun Luo, Wenjun Luo, Jian Fang, Bin Zhang, Qinming Tu, Qin'e Zeng, Jianfei Lai, Shenhua Wu, Maotang Sun, Chaohua Xiong and so on. The author also thanks those who were helpful in writing and publishing this book.

In addition, the author would like to thank the related departments and the staffs who supported the researches and the publication. Special thanks go to Professor Qinghua Du and Professor Mengshu Wang, both of them are members of Chinese Academy of Engineering, to Mr. Tianbao Guan, the Senior Engineer of Shanghai Railway Bureau to Professor Daxun Tong and Professor Wusheng Wang of Tongji University, for their long term support, supervision and help to the author. In especial, academician Wang wrote the Preface to this book in the busy. Finally, sincere thanks give to my colleagues, to my post graduates, and to Mr. Yingjie Wei, the book editor of the Science Press, without their efforts without this publication.

雷晓燕

2015 in Kongmu Lake

目　　录

Contents

第一章 轨道动力学分析内容及相关标准

随着列车速度的提高、轴重的增加、行车密度的提高,以及新型车辆和新型轨道结构大量地投入工程应用,导致车辆与轨道间的相互作用更加复杂,动应力增大,影响到列车运行的安全与稳定。列车作用在轨道上的动荷载可分为移动的轴荷载、固定作用点的动荷载以及移动的动荷载。轴荷载的作用与车辆动力学无关,其大小不变,但由于其作用点是移动的,故对轨道-路基-大地系统的作用为动荷载作用。当移动轴荷载的速度接近轨道的临界速度时,轨道将产生剧烈的振动。固定作用点的动荷载来自车辆通过固定不平顺,如钢轨接头、无缝钢轨焊缝及道岔岔心引起的撞击。移动动荷载则由轮轨接触表面的不平顺而产生。进行列车-轨道系统动力学分析是研究复杂轮轨关系和相互作用机制的基础,也是指导和优化车辆、轨道结构设计必不可少的内容。

1.1 轨道动力学模型与方法研究回顾

国内外学者在轨道动力学模型的建立与方法的研究方面做了许多工作,并取得了丰富的研究成果。轨道动力学模型与方法的研究经历了一个从简单到复杂的发展过程,从历史上看,移动荷载/车辆结构是结构动力学中,尤其是列车轨道系统中最早的实际问题之一。Knothe 和 Grassie 等[1-3]发表了几篇在频域内轨道动力学和车辆-轨道相互作用研究进展的文章。Mathews 采用傅里叶变换的方法(FTM)和移动的坐标系统,解决了任意移动荷载作用在弹性基础无限长梁上的动力问题[4,5]。傅里叶变换方法属于频域分析法。运用傅里叶变换的方法,Trochanis[6],Ono 和 Yamada [7]也做了一些类似的研究工作。Jezequel 将轨道结构简化为弹性基础上无限长的 Euler-Bernoulli 梁,考虑其转动和横向剪切效应,列车荷载为匀速运动的集中力[8]。Timoshenko 通过模态叠加,在时域内解决了移动荷载作用于简支梁上的控制微分方程的求解[9]。Warburton 用解析的方法分析了相同的问题,并发现移动荷载在特定的速度下,梁的挠曲量将达到最大[10]。Cai 等运用模态叠加法研究了移动荷载作用于周期滚动支座上无限长梁的动力响应问题[11]。

以上工作都是将轨道梁视为连续体,并且用解析法求解控制微分方程。这些方法虽然简单,但不适合考虑整车多自由度的车辆轨道系统,因此在车辆轨道动力学中的作用是有限的。近年来,有限元法在实际工程中的应用越来越广泛。有限元法是通过将轨道离散为有限个单元、假设位移函数得到单元矩阵,从而形成有限元求解方程。Filho 综述了用有限元法求解移动荷载作用于均质梁上的动力响应方法[12]。有限元法是一种流行的解决车辆轨道动力学问题的方法。Olsson 采用有限元法,考虑了不同的车辆模型,不同的振动模态和轨道表面不平顺的影响,用板柱单元模拟桥梁振动问题[13]。Fryba 等提出了适合匀速移动荷载作用于弹性基础梁的随机有限元分析法[14]。Thambiratnam 和 Zhuge 建立了任意长度的弹性基础简支梁分析的有限元模型[15, 16]。Nielsen 和 Igeland 建立了包含转向架、钢轨、轨枕和路基为一体的有限元模型,运用复模态叠加技术分析了轨道磨耗、车轮扁平和轨枕悬空等因素的影响[17]。Zheng 和 Fan 研究了列车-轨道系统的稳定性问题[18]。Koh 等提出了新型移动单元法,这种单元建立在一个随列车一起运动的相对坐标系上,而普通的有限元法则建立在固定的坐标系中[19]。Auersch 在三维空间建立了用有限元和边界元联合求解法分析有、无道砟垫的轨道结构模型,并对道砟垫的刚度、车辆簧下质量、轨道质量和路基刚度等进行了参数分析[20]。Clouteau 等基于有限元-边界元耦合法提出了分析地铁振动的有效算法,该算法的核心是运用 Floque 变换来考虑沿隧道方向轨道的周期性[21]。Andersen 和 Jones 运用耦合的有限元-边界元法研究和比较了二维与三维模型的差异,他们工作的一个重要发现就是二维模型适用于定性分析,且能快速得到分析结果[22,23]。Thomas 建立了多刚体车辆-轨道模型,以此研究侧风对高速列车在曲线地段蛇形运动的作用,分析了侧风强度,车辆参数对列车动力响应的影响[24]。Babu 等运用有限元法,考虑路基、道砟和钢轨垫板等参数的变化,对预应力混凝土轨枕和木枕轨道结构的轨道模量进行了分析[25]。Cai 将大地处理成多孔弹性半无限域介质,基于 Biot 多孔弹性动力学理论,研究了列车通过时轮轨相互作用对大地环境振动的影响[26]。

自 20 世纪 90 年代初起,国内众多铁路科研人员陆续开展了车辆-轨道耦合动力学领域的理论与应用研究。1992 年,翟婉明发表了"车辆-轨道垂向系统的统一模型及其耦合动力学原理"学术论文[27],并于 1997 年撰写了《车辆-轨道耦合动力学》[28]。2002 年,翟婉明又发表了一篇"车辆-轨道耦合动力学研究的新进展"的综述文章[29],回顾了车辆-轨道耦合动力学的研究历史,并对国内外研究进展作了概要介绍。雷晓燕带领的课题组也较早地开展了轨道动力学模型与数值方法研究[30-32],于 1998 年出版了《轨道结构数值分析方法》学术著作,系统地介绍了单轮附有一系弹簧阻尼的车辆模型、半车和整车附有二系弹簧阻尼的车辆模型,以及求解车辆-轨道耦合系统振动方程的数值方法[33]。国内相关的研究工作还有很多,例如徐志胜等运用车辆-轨道耦合动力学理论,编制了基于 Timoshenko 梁钢轨模型的车辆-轨道耦合振动分析软件,分析了车辆-轨道系统的垂向振动特性,并与基于 Euler 梁模型的软件仿真结果进行了比较分析[34,35]。结果表明,两者的仿真结果基本一致,但在较高频域,这两种分析方法得到的固有频率差异较大,Timoshenko 梁模型能更好地反映轮轨系统的高频特性。谢伟平,镇斌运用傅里叶变换和留数理论得到了变速移动荷载下无限长 Winkler 梁稳态动力响应的解析表达式,与 Kenney 经典解求解的过程相比,求解过程具有更加明确的物理意义[36]。罗雁云等通过建立无缝线路有限元动力分析模型,研究钢轨自振频率和温度力之间的关系[37]。该模型包括钢轨、扣件和轨枕,考虑钢轨断面特性、钢轨磨耗、轨下垫板和扣件刚度,以及扭转刚度等因素对模型计算的影响。计算结果表明,该模型可以更准确地分析无缝线路轨道结构中钢轨纵向力与振动特性的内在联系。魏庆朝等建立了直线电机地铁系统横、垂向车辆-轨道耦合动力学仿真模型,计算了不同轨道结构形式(长枕埋入式与板式)和不同板下支承刚度和阻尼条件下,直线电机车辆与轨道结构的动力响应,并进行了对比分析[38]。结果表明,长枕埋入式轨道结构的车体垂向加速度略大于板式轨道,而板式轨道的钢轨横向加速度以及钢轨垂向位移则要略大于长枕埋入式,板下阻尼值的增大有利于轨道板减振,板下刚度对轮轨力、钢轨位移和电机气隙影响较小。当板下刚度增加时,轨道板的位移值变小,但轨道板的加速度值变大。高亮等根据道岔、桥梁结构和布置形式,建立了桥上无缝道岔空间耦合模型,从温度荷载、竖向荷载、钢轨横向变形等方面对其空间力学特性进行了分析[39]。冯青松等采用傅里叶变换和传递矩阵的方法推导了有砟轨道-路基-地基系统在轮轨接触点处的柔度矩阵[40],建立了考虑轨道不平顺的车辆-有砟轨道-路基-层状地基垂向耦合振动解析模型,分析了单台 TGV 高速动车引起路堤本体-地基系统的振动,研究了列车速度、轨道不平顺、基床刚度和路堤土体刚度对路堤本体振动的影响。研究结果表明,路堤本体垂向位移主要由移动的列车轴荷载引起;随着列车速度的提高,路堤振动的波动性明显增加;基床刚度和路堤土体刚度对路堤振动影响显著。边学成、陈云敏采用动力子结构法研究了移动荷载作用下轨道与层状大地的耦合振动,模型考虑了轨枕的离散支承影响[41,42],后来又采用分层传递矩阵方法研究了大地振动问题[43]。谢伟平[44,45]、聂志红[46]、雷晓燕[47-50]、和振兴[51]、李志毅[52]等也采用解析的波数-频域法建立了轨道结构单层或多层梁模型,分析了高速列车引起的轨道和大地振动。研究表明,列车速度越高,轨道和大地的振动响应越大;当列车速度低于、接近和高于大地中表面波波速时,大地振动呈现出不同的特性;当列车速度达到某种临界速度时,将引起轨道和大地的强烈振动,当高速列车通过软土地基线路时可能发生这种强振动现象。我国台湾大学的吴演声和杨永斌提出半解析模型分析高架铁路移动荷载引起的大地振动,由移动轴荷载作用下的弹性支承梁模型求得列车引起的桥墩墩顶支反力,通过集总参数模型求出桥墩基础与周围土层间的相互作用力,并由此作用力求出弹性半空间大地的振动级[53]。北京交通大学的夏禾和曹艳梅等利用解析的波数-频域法建立了列车-轨道-大地耦合模型,将轨道-大地系统考虑为三维层状大地上周期性支承的 Euler 梁模型,也分析了移动列车轴荷载和轨道不平顺引起的动态轮轨力作用下大地的振动响应[54]。

刘学毅等[55]认为,许多情况下轮轨振动表现为耦合性较强的空间振动,因此有必要发展轮轨系统空间耦合振动模型。李德建和曾庆元[56]采用车辆-轨道耦合动力学的方法,建立了车辆-直线轨道空间耦合振动分析模型,其特点在于将轨道离散成 30 个自由度的空间轨道单元段,并采用构架人工蛇行波作为激振源。梁波[57]和苏谦[58]详细考虑了路基结构的参振作用,开展了车辆-轨道-路基垂向耦合动力学研究。王其昌[59]、罗强[60,61]和蔡成标等运用车辆-轨道垂向统一模型[27,28],分别研究了高速、提速或快速铁路列车通过路基-桥梁过渡段时的动力学问题,为高速铁路路桥过渡段的路基加固、变形控制及过渡段合理长度的确定等提供了理论依据。王平[62]和任尊松[63]采用车辆-轨道耦合动力学理论分别进行了车辆与道岔相互作用研究,并应用于我国提速道岔动力分析。

列车对轨道的动力作用是一个随机过程,对车辆-轨道系统进行随机振动分析能够更全面地了解轮轨作用机制。研究车辆-轨道耦合随机振动一般采用定点激励模型和动点激励模型。定点激励模型是假设车辆与轨道固定不动,轨道不平顺激励以一定速度向后运动。动点激励模型是假设车辆以一定的速度在轨道上运行,其做法是首先根据轨道不平顺功率谱反演出一条轨道不平顺样本,然后利用数值积分方法求解系统的时域响应,最后对时域响应进行傅里叶变换,得到系统响应的功率谱。陈果[64]和雷晓燕[65,66]等曾采用动点激励模型求解车辆-轨道耦合系统的随机振动响应。这种方法可以考虑轮轨接触力的非线性,但是由于存在逐步积分,计算量较大,另外利用轨道谱反演的轨道不平顺的时域样本,以及通过时域分析结果进行响应的功率谱估计可能会导致一定的分析误差。Lu 等建立了车辆-轨道随机振动分析模型[67],提出用虚拟激励法和对偶算法来求解,车辆考虑竖向振动和转动效应,共有 10 个自由度,轨道被模拟成包含钢轨、轨枕和道砟无限长的呈周期变化的 Euler 梁。并假设车辆不动,对轨道施加一激励,考虑轨道表面有一运动的随机不平顺谱,该随机不平顺谱是以列车速度向反方向运动的。

综上所述,国内外学者在轨道动力学模型与方法研究领域取得了丰硕的成果,相关研究工作仍在向纵深发展。

1.2 轨道动力学分析内容

当列车以一定的速度通过轨道时,车辆和轨道都要在空间各个方向产生振动,引起车辆和轨道振动的原因有如下几个方面[33]。

① 机车动力作用:蒸汽机车动轮偏心块的周期力,以及内燃机车动力机组的

振动。

② 速度的影响:机车和车辆以一定的速度通过轨道不平顺时的动力作用。

③ 轨道不平顺的影响:由于钢轨顶面磨耗,基础弹性不均或部分轨枕失效、扣件不密贴、各部分之间有空隙,以及轨枕底部有暗坑,这些都是引起轨道不平顺的原因。

④ 钢轨接头及无缝线路焊缝凸台的影响:列车通过钢轨接头和焊缝凸台时会产生作用于车轮上的附加动压力。

⑤ 车轮安装偏心引起的连续不平顺,以及车轮扁疤和踏面不均匀磨耗引起的脉冲不平顺。

机车和车辆是由车体、转向架、一系二系弹簧阻尼装置和轮对组成的,当列车通过线路时,车辆和轨道结构组成一个耦合动力体系,对这个耦合系统进行动力分析,主要包括如下内容。

① 机车车辆通过轨道时的安全性。列车通过线路时,会引起轨道结构振动,对车辆-轨道耦合系统进行仿真分析,可以求得车辆和轨道结构的动应力、动挠度、横向力、脱轨系数及轮重减载率,可以据此对机车车辆通过轨道时进行安全性判别。

② 机车车辆通过轨道时的平稳性。机车及客车的平稳性是根据司机和旅客的舒适程度来评定的。当列车以一定的速度通过时,在线路上运行的车体振动频率、加速度,以及振幅应满足平稳性要求。

③ 通过理论分析与实验研究,对既有轨道结构状态做出评价,对机车车辆和轨道结构进行参数选择和优化,为新线轨道设计提供依据。

此外,随着列车速度的提高、货车载重的增大,以及工作环境的改变,都要求比较深入地研究轮轨间的动力作用问题。

1.3 安全性平稳性限值与铁路环境标准

1.3.1 普通列车安全性限值

判定列车在线路上运行的安全性通常是从脱轨系数、横向力允许限值、轮重减载率及倾覆系数等指标进行评价。对于普通列车,安全评定标准有 GB5599—85《铁道车辆动力学性能评定和试验鉴定规范》、铁标 TB/T—2360—93《铁道机车动力学性能试验鉴定方法及评定标准》。

脱轨系数用于评定车辆车轮轮缘在横向力作用下是否逐渐爬上轨头而脱轨。我国机车脱轨系数限值如表 1.1 所示,客货车辆脱轨系数限值如表 1.2[68] 所示。

表 1.1　机车脱轨系数限值

脱轨系数	优良	良好	合格
$\dfrac{Q}{P}$	0.6	0.8	0.9

表 1.2　客货车辆脱轨系数限值

脱轨系数	第一限度(合格)	第二限度(更安全)
$\dfrac{Q}{P}$	$\leqslant 1.2$	$\leqslant 1.0$

应当指出,世界各国铁路都制定了自己的标准,但原则都是一致的。例如,西欧各国规定移动区间为 $2m$ 的脱轨系数平均值 $\dfrac{Q}{P}<0.8$;日本的判别标准为 $\dfrac{Q}{P}\leqslant 0.8$(作用时间 $t\geqslant 0.05\mathrm{s}$), $\dfrac{Q}{P}\leqslant \dfrac{0.04}{t}$ $(t\leqslant 0.05\mathrm{s})$等,其中 P 为机车导向车轮与钢轨之间的垂向力, Q 为机车导向车轮与钢轨之间的横向力。

横向力允许限值用于评定车辆在运行中是否会导致轨距扩宽(道钉拔起)或线路产生严重变形,横向力允许限值如表 1.3 所示。

表 1.3　横向力允许限值　　　　　　　　　　（单位:kN）

横向力	第一限度(合格)	第二限度(更安全)
Q	$Q\leqslant 29+0.3P$	$Q\leqslant 19+0.3P$

轮重减载率用于评定车辆是否因一侧车轮减载过大而导致脱轨。轮重减载率限值如表 1.4 所示。

表 1.4　轮重减载率限值

轮重减载率	第一限度(合格)	第二限度(更安全)
$\dfrac{\Delta P}{\overline{P}}=\dfrac{P_1-P_2}{P_1+P_2}$	$\leqslant 0.65$	$\leqslant 0.60$

注: ΔP 为轮重减载量, $\overline{P}$ 为减载和增载侧车轮的总重。

倾覆系数用来评定车辆在侧向风力、离心力和横向振动惯性力的同时作用下是否会导致车辆倾覆,倾覆系数限值为

$$D=\frac{P_d}{P_{st}}<0.8 \tag{1.1}$$

其中, P_d 为作用于车辆上的横向动荷载; P_{st} 为车轮的静荷载;倾覆的临界条件为 $D=1$。

1.3.2　普通列车平稳性限值

机车车辆运行平稳性分别按平稳性指标和振动加速度评定。平稳性指标可以

按以下公式计算，即

$$W = 2.7 \sqrt[10]{a^3 f^5 F(f)} = 0.896 \sqrt[10]{\frac{A^3 F(f)}{f}} \tag{1.2}$$

其中，W 为平稳性指标；a 为振动位移幅值，单位 cm；A 为振动加速度幅值，单位 cm/s²；f 代表振动频率，单位 Hz；$F(f)$ 是与振动频率有关的函数，称为频率修正系数。

频率修正系数如表 1.5 所示。

表 1.5　频率修正系数

垂直振动		横向振动	
$0.5 \sim 5.9$ Hz	$F(f) = 0.325 f^2$	$0.5 \sim 5.4$ Hz	$F(f) = 0.8 f^2$
$5.9 \sim 20$ Hz	$F(f) = 400/f^2$	$5.4 \sim 26$ Hz	$F(f) = 650/f^2$
>20 Hz	$F(f) = 1$	>26 Hz	$F(f) = 1$

平稳性指标适用于单一频率的等幅振动，而实际上车辆振动为随机振动。从车体上测得的加速度包含车辆振动的整个自然频率，需将其按频率分组，统计出每个频率中不同加速度的平稳性指标值。因此，总平稳性指标采用下式计算，即

$$W = (W_1^{10} + W_2^{10} + W_3^{10} + \cdots + W_n^{10})^{\frac{1}{10}} \tag{1.3}$$

其中，$W_1, W_2, \cdots, W_n$ 为按频率分解进行频谱分析，根据每段频率范围内的加速度幅值计算得到各自的平稳性指标。

平稳性指标的计算时间一般为 18s，首先进行 FFT 变换得到频谱，然后经频率加权得到平稳性。

评定机车运行平稳性的主要指标是车体的垂直方向、水平横向振动加速度，以及驾驶室振动加权加速度有效值。我国机车运行平稳性各评定等级限值如表 1.6 所示。

表 1.6　机车运行平稳性限值

等级	$A_{max}/(\text{m/s}^2)$		$A_w/(\text{m/s}^2)$		W
	垂向	横向	垂向	横向	
优良	2.45	1.47	0.393	0.273	2.75
良好	2.95	1.96	0.586	0.407	3.10
合格	3.63	2.45	0.840	0.580	3.45

注：A_{max} 为最大振动加速度；A_w 为加权加速度有效值，是考虑了人的感觉和引起疲劳的频率因素，评定机车悬挂系统运行平稳性的指标；W 为平稳性指标。

客货车辆运行平稳性（旅客乘坐的舒适性与确保运送货物的完整性）分别按平稳性指标和振动加速度评定。我国客货车辆运行平稳性限值如表 1.7 所示。

表 1.7 客货车辆运行平稳性限值

平稳性等级	评定	平稳性指标 W	
		客车	货车
1 级	优	<2.5	<3.5
2 级	良好	2.5~2.75	3.5~4.0
3 级	及格	2.75~3.0	4.0~4.25

注:垂向和横向平稳性限值相同;货车最大振动加速度是货车振动强度的极限值,垂向振动为 0.7g,横向振动为 0.5g。

1.3.3 提速列车安全性及平稳性限值

根据中华人民共和国铁道部《既有线提速技术条件(试行)》,安全性及平稳性指标应符合提速客、货运机车动力学性能标准,提速客车及动车组技术标准,提速普通货车技术标准[69],分别如表 1.8~表 1.10 所示。

表 1.8 提速客、货运机车动力学性能标准

参数	评估标准
脱轨系数	$\leqslant 0.8$
轮重减载率	准静态$\leqslant 0.65$;动态<0.8
轮轴横向力/kN	$Q \leqslant 0.85\left(10+\dfrac{P_0}{3}\right)$,其中 P_0 为静轮重
车体振动加速度/(m/s²)	垂向:优 2.45,良 2.95,合格 3.63 横向:优 1.47,良 1.76,合格 2.45
平稳性指标(垂向、横向)	优 2.75,良 3.10,合格 3.45

注:①当脱轨系数>0.8 时,应同时检查其持续作用时间 t。连续测量,脱轨系数最大值应满足 $\left(\dfrac{Q}{P}\right)_{\max} \leqslant \dfrac{0.04}{t}(t<0.05\text{s})$;间断测量,脱轨系数不得连续出现两个超过 0.8 的峰值。

②当轮重减载率>0.65 时,应同时检查其持续作用时间 t。连续测量,轮重减载率最大值应满足 $\left(\dfrac{\Delta P}{P}\right)<0.8(t<0.05\text{s})$;间断测量,轮重减载率不得连续出现两个超过 0.65 的峰值。

表 1.9 提速客车及动车组技术标准

参数	评估标准
脱轨系数	$\leqslant 0.8$
轮重减载率	$\leqslant 0.65$
横向作用力/kN	$Q \leqslant 0.85\left(10+\dfrac{1}{3}(P_{st1}+P_{st2})\right)$,其中 P_{st1} 和 P_{st2} 分别为左右轮的静轮重
平稳性指标(垂向、横向)	优 2.5,良 2.75,合格 3.0,新车按 2.75 为合格。

注:只适用于动力分散式动车组和动力集中式的客车,动力集中式的动力车按机车标准。

表 1.10　提速普通货车技术标准

参数	标准
脱轨系数	≤1.0(第二限度);≤1.2(第一限度)
轮重减载率	≤0.6(第二限度);≤0.65(第一限度)
横向作用力/kN	$Q \leq 29 + 0.3P_{st}$,其中 P_{st} 为静轮重
轮轴横向力/kN	$Q \leq 0.85\left(15 + \dfrac{1}{2}(P_{st1} + P_{st2})\right)$,其中 P_{st1} 和 P_{st2} 分别为左右轮的静轮重
车体振动加速度/(m/s²)	垂向:≤7.0 横向:≤5.0
平稳性指标(垂向和横向)	优 3.5,良 4.0,合格 4.25,新车按 4.0 为合格

1.3.4　国内铁路噪声标准

我国 1990 年 11 月颁布的《铁路边界噪声限值及其测量方法》(GB12525—90)明确规定了铁路边界的噪声限值,如表 1.11[70]所示。对于穿越人群密集的城区,其辐射的噪声必须符合《声环境质量标准》(GB3096—2008)的限值。《声环境质量标准》规定了城市 5 类区域的环境噪声最高限值,其标准如表 1.12[71]所示。

表 1.11　铁路边界噪声限值 L_{Aeq}(GB12525—1990)/dB(A)

昼间	70
夜间	70

表 1.12　《声环境质量标准》(GB3096—2008),等效声级 L_{Aeq}/dB(A)

适用地带范围		昼间	夜间
0 类		50	40
1 类		55	45
2 类		60	50
3 类		65	55
4 类	4a 类	70	55
	4b 类	70	60

注:0 类标准适用于康复疗养区等特别需要安静的区域。

1 类标准适用于居民住宅、医疗卫生、文化教育、科研设计和行政办公等需要保持安静的区域。

2 类标准适用于商业金融、集市贸易为主要功能,或者居住、商业、工业混杂等需要维护住宅安静的区域。

3 类标准适用于以工业生产、仓储物流为主要功能,需要防止工业噪声对周围环境产生严重影响的区域。

4 类标准适用于交通干线两侧一定距离之内,需要防止交通噪声对周围环境产生严重影响的区域,包括 4a 类和 4b 类两种类型。4a 类为高速公路、一级公路、二级公路、城市快速路、城市主干道、城市次干路、城市轨道交通(地面段)、内河航道两侧区域。4b 类为铁路干线两侧区域。

1.3.5　国外铁路噪声标准

由于 A 声级考虑了人耳对低频噪声敏感性差的听觉特性,对低频有较大的修正量,能较好地反映人耳对各种噪声的主观评价,故广泛用于噪声计量中。在此基础上,进一步考虑噪声持续时间产生的影响,采用了等效连续噪声 A 声级 L_{eq} 来评价交通运输中产生的噪声。铁路噪声和交通噪声一样,L_{Aeq} 也是优先评价量。对于高速铁路,法国和日本采用 L_{Amax},主要是由于每天行驶的车辆数目是不变的。某些欧洲国家对于铁路噪声的要求稍低于道路交通噪声,例如瑞士对铁路噪声的限制至少放宽 5dB(A),如果每天通过的列车数目过少,则限制可放宽达 15dB(A)。对于铁路噪声允许限制的放宽是根据广泛社会调查的结果确定的,在 L_{Aeq} 数值相同时,普遍认为铁路噪声的干扰比道路交通噪声小。部分国家或地区的铁路和高速列车噪声限值如表 1.13 和表 1.14 所示。

表 1.13　部分国家或地区铁路噪声限值/dB(A)

国家或地区	评价指标	类别	白天	休息期间	夜间	测点
澳大利亚	$L_{Aeq,24h}$ L_{Amax}	新铁路		70 95	— 	—
奥地利	$L_r=L_{Aeq}-5$	新、改建铁路	60~65		50~55	—
丹麦	$L_{Aeq,24h}$ L_{Amax} $L_{Aeq,24h}$	新铁路 新铁路 既有线		60 85 65		户外 自由声场
法国	$L_{Aeq,12h}$	高速铁路新线		60~65		户外 自由声场
德国	$L_r=L_{Aeq}-5$	新居民区 改建铁路线	50~55 59		40~45 49	户外 自由声场
英国	L_{Aeq}	新居民道 隔声措施新线	50 68		42 63	户外 自由声场
中国香港	$L_{Aeq,24h}$	新居民区		65		—
日本	L_{Amax}	新干线标准		70		户外 自由声场
韩国	L_{Aeq}	新建、既有线环境标准	65		55	
荷兰	L_{Aeq}	新线、既有线最大允许值	70(+3)	65(+3)	60(+3)	户外 自由声场

续表

国家或地区	评价指标	类别	白天	休息期间	夜间	测点
挪威	$L_{Aeq,24h}$	新建铁路		60		户外 自由声场
	L_{Amax}	新建铁路		80		
	L_{Amax}	既有线		76		
瑞典	$L_{Aeq,24h}$	新线新住宅区		60		户外 自由声场
		既有线		75		
瑞士	$L_r=L_{Aeq}-5$	新建铁路	55		45	户外 自由声场
	$K=-5\sim-15$	产生影响阈值	60		50	
	由列车数而定	警告值	70		65	

表 1.14　部分国家或地区高速列车噪声限值/dB(A)

高速列车	列车速度/(km/h)						
	160	200	240	250	270	300	400
普通快速列车	85	88	—	91	—		
德国 ICE-V 高速列车	79	82	—	85	—	89	102
德国 Transrapid 磁悬浮列车	—	84		89		92	100
法国 TGV-PSE 高速列车		92		95			
法国 TGV-A 高速列车	—	87	—	—		94	100
西班牙 Talgo-Pendular 高速列车	—	82					
日本东北新干线		—	80		81		

1.3.6　我国铁路机车和客车噪声限值

铁路网遍及主要城镇与农村,铁路环保日益受到人们的关注和重视。铁路噪声是铁路环保中的主要问题,不仅直接涉及乘客、铁路工作人员和沿线居民的身心健康,对行车安全也有直接影响。例如,司机室内的噪声、振动、温度、湿度等,如果控制不当,可能影响工作人员和乘务员的情绪或劳动生产能力而危及安全。我国铁路机车和客车噪声限值如表 1.15～表 1.19 所示。

表 1.15　铁路机车辐射噪声限值

噪声	电力机车	内燃机车	蒸汽机车
辐射噪声限值/dB(A)	90	95	100

注:在距轨道中心 7.5m,距轨面 1.5m 处测量,必要时测量高度 3.5m;内燃机车大修后,允差不大于 3dB(A);不含鸣笛噪声;速度 120km/h 及以下。

表 1.16　铁路机车司机室噪声限值

机车类型	试验速度/(km/h)		稳态噪声 /dB(A)	等效声级 L_{eq}/dB(A)
	客运	货运		
内燃机车	90	70	80	85
电力机车	90	70	78	85
蒸汽机车	80	60	85	90

注:内燃、电力机车距司机室地板面 1.2m 处测量;新造及大修后机车按内部稳态噪声;运营中机车按噪声等效连续 A 声级控制。

表 1.17　铁路机车噪声限值

噪声类型	内燃与电力机车	蒸汽机车
稳态噪声/dB(A)	80	85
等效声级 L_{eq}/dB(A)	85	90

注:距 30m 处 24h 监测噪声不超过 70 dB(A)。

表 1.18　动车组噪声限值/dB(A)

动车组类型	司机室	动车客室	拖车		内燃动车 机器房
			软席客室	硬席客室	
电动车组	78	75	65	68	—
内燃动车组	78	75	65	68	90

表 1.19　铁路客车噪声限值/dB(A)

软卧	硬卧与 软座	硬座、餐车餐厅及行李车、 邮政车乘务员室(空调)	硬座、餐车餐厅及行李车、邮政 车、发电车乘务员室(非空调)	市郊硬座、餐车厨房及 行李车、邮政车办公室	发电车 控制室
65	68	68	70	75	80

注:运行速度 80km/h 时,在客车地板上 1.2m 处测量;客车静止时,空调机组及发电机组满负荷运转,距轨道中心 3.5m,距轨面 1.9m 处测量的车外容许噪声值 85dB(A);客车静止时,空调机组及发电机组满负荷运转,车内噪声值比运行时容许噪声降低 3dB(A)。

1.3.7　我国城市区域环境振动标准

我国城市区域环境振动标准如表 1.20 所示,该标准规定了城市各类区域铅垂向 Z 振级标准值,适用于连续发生的稳态振动、冲击振动和无规振动[72]。

表 1.20　城市区域环境振动标准（GB 10070-88）

地区类别	时间	垂向 Z 振级允许标准值/dB
特别住宅区	白天	65
	夜间	65
居民、文教区	白天	70
	夜间	67
混合区、商业中心区	白天	75
	夜间	72
工业集中区	白天	75
	夜间	72
交通道路干线两侧	白天	75
	夜间	72
铁路干线两侧	白天	80
	夜间	80

注：①白天、夜间的时间是当地人民政府按当地习惯和季节变化划定的。

②交通干线两侧是指车流量 100 辆/h 以上的道路两侧。

③铁路干线两侧是指距每日流量不少于 20 列的铁道外轨 30m 外两侧的住宅区。

④测量及评价方法按《城市区域环境振动测量方法》（GB 10071-88）执行。

铅垂向 Z 振级定义为

$$VL_Z = 20\lg(a'_{rms}/a_0) \tag{1.4}$$

$$a'_{rms} = \sqrt{\sum a_{frms}^2 \cdot 10^{0.1c_f}} \tag{1.5}$$

$$a_{frms} = \left[\frac{1}{T}\int_0^T a_f^2(t)dt\right]^{1/2} \tag{1.6}$$

其中，a_0 为基准加速度，一般取 $a_0 = 10^{-6}$ m/s²；a'_{rms} 为修正的加速度有效值；a_{frms} 表示频率为 f 的振动加速度有效值；T 为振动测量时间；c_f 为垂向振动加速度的感觉修正值，具体取值如表 1.21 所示。

Z 振级计算步骤如下。

① 取某处测量到的加速度信号 $a(t)$，计算其功率谱密度函数 $s_a(f)$，即

$$s_a(f) = 2\frac{|a(f)|^2}{T} \tag{1.7}$$

其中，$a(f)$ 为加速度信号 $a(t)$ 的傅里叶变换幅值；T 为 $a(t)$ 的时间周期；f 为频率。

② 计算某一频带的总功率 $P_{fl,fu}$，即

$$P_{fl,fu} = \int_{f_l}^{f_u} s_a(f)df \tag{1.8}$$

其中,f_u 为该频带的上限频率;f_l 为该频带的下限频率,国际标准 ISO 2631 规定频带计算采用 1/3 倍频程。

1/3 倍频程上、下频率和中心频率之间的关系为(表 1.21)

$$f_c = \sqrt[6]{2} f_l = \frac{f_u}{\sqrt[6]{2}}$$

③ 计算该频带中心频率的有效值 a_{frms},即

$$a_{frms} = \sqrt{P_{fl, fu}} \qquad (1.9)$$

④ 计算修正后的有效值,即

$$a'_{rms} = \sqrt{\sum a_{frms}^2 \times 10^{0.1 c_f}} \qquad (1.10)$$

其中,a_{frms} 表示频率为 f 的加速度有效值;c_f 为振动加速度的感觉修正值(表 1.22)。

⑤ 计算 Z 振级 VL_z,即

$$VL_z = 20 \lg(a'_{rms}/a_0) \qquad (1.11)$$

其中,a'_{rms} 为振动加速度有效值;a_0 为基准加速度,一般取为 $a_0 = 10^{-6} \text{m/s}^2$。

表 1.21 1/3 倍频程中心频率和上、下限频

中心频率 /Hz	上、下限频率 /Hz	中心频率 /Hz	上、下限频率 /Hz	中心频率 /Hz	上、下限频率 /Hz
4	3.6~4.5	16	14.3~17.8	63	56.2~70.8
5	4.5~5.6	20	17.8~22.4	80	70.8~89.1
6.3	5.6~7.1	25	22.4~28.2	100	89.1~112
8	7.1~8.9	31.5	28.2~35.5	125	112~141
10	8.9~11.1	40	35.5~44.7	160	141~178
12.5	11.1~14.3	50	44.7~56.2	200	178~224

表 1.22 ISO2631/1-1985 规定的垂直与水平振动加速度感觉修正值

修正值		1/3 倍频带中心频率/Hz								
		1	2	4	6.3	8	16	31.5	63	90
垂直方向	修正值/dB	-6	-3	0	0	0	-6	-12	-18	-21
	容许偏差/dB	+2	+2	+1.5	+1	0	+1	+1	+1	+1
		-5	-2	-1.5	-1	-2	-1	-1	-2	-3
水平方向	修正值/dB	3	3	-3	-7	-9	-15	-21	-27	-30
	容许偏差/dB	+2	+2	+1.5	+1	+1	+1	+1	+1	+1
		-5	-2	-1.5	-1	-1	-1	-1	-2	-3

1.3.8　我国城市轨道交通引起建筑物振动限值

中华人民共和国住房和城乡建设部 2009 年 3 月发布了《城市轨道交通引起建筑物振动与二次辐射噪声及其测量方法标准》,如表 1.23[73] 所示。测点宜布置在建筑物一楼的室内,也可布置在建筑物基础距外墙 0.5m 范围内,测量的铅垂向振动加速度按图 1.1 规定的 1/3 倍频程中心频率的 Z 计权因子进行数据处理,或按表 1.24 进行修正,修正后得到各中心频率的振动加速度(振级)。

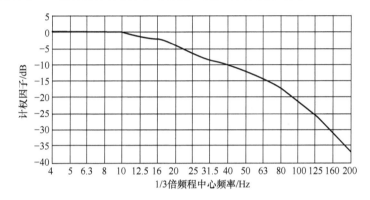

图 1.1　加速度在 1/3 倍频程中心频率的 Z 计权因子

表 1.23　城市轨道交通沿线建筑物室内振动限值/dB

区域类别	适用范围	昼间(6:00—22:00)	夜间(22:00—6:00)
0 类	特殊住宅区	65	62
1 类	居住、文教区	65	62
2 类	混合区、商业中心区	70	67
3 类	工业集中区	75	72
4 类	交通干线道路两侧	75	72

注:0 类特殊住宅区是指特别需要安宁的住宅区。

1 类居住、文教区是指纯居住和文教、机关区。

2 类混合区指一般工业、商业、少量交通与居住混杂区,商业中心区指商业集中的繁华地区。

3 类工业集中区指在一个城市或区域内规划明确确定的工业区。

4 类交通干线道路两侧指车流量每小时 100 辆以上的道路两侧。

表 1.24　加速度在 1/3 倍频程中心频率的 Z 计权因子

1/3 倍频程中心频率/Hz	4	5	6.3	8	10	12.5	16	20	25
计权因子/dB	0	0	0	0	0	−1	−2	−4	−6
1/3 倍频程中心频率/Hz	31.5	40	50	63	80	100	125	160	200
计权因子/dB	−8	−10	−12	−14	−17	−21	−25	−30	−36

1.4　高速铁路轨道维修管理标准

理论分析和实践都已经证明,轨道不平顺一方面直接影响高速行车的安全与平稳,另一方面由轨道不平顺引起的动荷载将进一步加速轨道的恶化和不平顺的发展。因此,在实际运营过程中必须对轨道进行科学、经济的维修管理,使其在较长的时间内保持良好的平顺状态,保障高速行车的安全与平稳。

高速铁路轨道维修管理是以轨道状态的检测和轨道不平顺对高速列车和轨道的动力影响为基础展开的。轨道状态的检测通过先进的轨道检查车、钢轨探伤车和其他检测设备及铁路工务人员目测巡视完成。经过检测,要对轨道状态做出科学评定。根据检测数据和评定结果,将轨道状态的各种参数进行分级管理,并做出相应的维修计划。对于严重影响高速行车安全与平稳的局部轨道不平顺和轨道病害必须采取紧急补修措施和列车限速。

1.4.1　法国高速铁路轨道维修管理标准

法国高速铁路对轨道的维修管理按轨道的平顺状态分为四级。

① 目标值——新线铺设和维修作业后应达到的质量标准。

② 警告值——对达到或超过该值的轨道不平顺要实施重点观测,分析其发展变化情况,并做出维修计划。

③ 干预值——对于达到或超过该值的地点或区段实施必要的维修作业,一般在 15 天内予以实施,并使其达到目标值。

④ 限速值——对于达到或超过该值的地点或区段,列车必须降速行驶,并以任何可能的手段包括手工作业,予以整治消除。

法国高速铁路轨道维修管理标准如表 1.25 所示。

表 1.25　法国高速铁路轨道维修管理标准

管理值	横向振动加速度/(m/s²)		高低/mm		轨向/mm	
	车体	转向架	12.2m 基长半峰值	31m 基长峰-峰值	10m 基长半峰值	33m 基长峰-峰值
目标值	—	—	3	—	2	—
警告值	1.2	3.5	5	10	6	12
干预值	2.2	6	10	18	8	16
限速值	2.8	8	15	24	12	20

1.4.2 日本新干线高速轨道维修管理标准

日本新干线高速铁路对轨道不平顺的管理分为五级,随着速度的进一步提高,还增加了 40m 弦长管理标准。日本新干线高速铁路轨道维修管理标准如表 1.26 所示。

表 1.26 日本新干线高速铁路轨道维修管理标准

类别			作业验收目标值	计划维修目标值	舒适性管理目标值	安全管理目标值	慢行管理目标值
轨道不平顺	10m弦法	高低/mm	≤4	6	7	10	15
		轨向/mm	≤3	4	4	6	9
		轨距/mm	≤±2	+6,−4	+6,−4	+6,−4	—
		水平/mm	≤3	5	5	7	—
		平面性/(mm/2.5m)	≤3	4	5	6	—
	40m弦法	高低/mm			7~10		
		轨向/mm			6~7		
车体振动加速度		垂向 g/振幅	—	0.25	0.25	0.35	0.45
		横向 g/振幅	—	0.20	0.20	0.30	0.35

注:① 作业验收目标值——维修作业和工程施工后应达到的质量目标值。

② 计划维修目标值——在制定维修计划时,确定需要进行维修的轨道不平顺管理目标值。

③ 舒适性管理目标值——确保列车良好舒适度的目标值。

④ 安全管理目标值——当轨道不平顺达到或超过该值时,将会对高速行车安全有显著影响,因此应限期(一般 15 天)做紧急补修。

⑤ 慢行管理目标值——当轨道不平顺达到或超过该值时,列车必须降速慢行,并以任何可能的手段立即予以消除。

1.4.3 德国高速铁路轨道维修管理标准

德国高速铁路对轨道不平顺的管理分为五级,如表 1.27 所示。

① SR_0——该值表明不平顺安全储备很大,轨道平顺性优良,不需进行评定。

② SR_A——称为安全储备释放值,超过此值,表明轨道不平顺对安全储备开始有影响,需要进行详细评定。

③ SR_{100}——该值表明,轨道不平顺除对安全储备有影响外,还会影响到技术经济上的储备合理性,需要安排计划维修。

④ SR_{lim}——超过该值,表明轨道不平顺不仅会对安全储备有较大的影响,而且还会对机车车辆和轨道破坏产生(规范不允许)影响,需要进行紧急补修。

⑤ $SR_{极限值}$——这是一个直接影响安全的极限值,即轨道不平顺的安全储备已

经完全用尽,需要对高速列车进行限速运行,并采取一切必要的维修措施立即予以消除。

表 1. 27 德国高速铁路轨道维修管理标准

序号	评价项目	测量基线	峰值类型	SR_0	SR_A	SR_{100}	SR_{lim}	$SR_{极限值}$
1	高低/mm	2.6/6.0m	峰/峰值	6	10	14	20	35
2	三角坑/mm	2.5m	平均/峰值	1.3	2.0	3.0	—	—
3	水平/mm	—	平均/峰值	4	6	8	12	20
4	轨向/mm	4.0/6.0m	峰/峰值	6	10	14	20	35

德国高速铁路除直接评定轨道不平顺外,还对由于轨道不平顺引起的机车车辆的反应值进行管理,如表 1.28 所示。

表 1. 28 轨道不平顺对机车车辆反应的评价标准

序号	作用方向	评价指标	基准值	评价等级系数 k			
				SR_0	SR_A	SR_{100}	SR_{lim}
1	横向	横向力/kN	$\left(10+\dfrac{2}{3}Q\right)k$	0.5	1.0	1.3	1.5
2		加速度 a_y 峰/峰值/(m/s^2)	$2.5k$	0.7	1.0	1.3	1.5
3		加速度 RMS 值	$0.5k$	0.4	1.0	1.3	1.5
4	垂向	最大垂向力 Q/kN	$170k$	0.8	1.0	1.3	1.5
5		最小垂向力 Q/kN	$Q_0 k$	0.6	0.4	0.3	—
6		加速度 a_z 峰/峰值/(m/s^2)	$2.5k$	0.7	1.0	1.3	1.5
7		加速度 RMS 值	$0.5k$	0.4	1.0	1.3	1.5

注:RMS(root-mean-square) 表示平方根均值,$x_{rms} = \left(\dfrac{1}{T}\int_0^T x^2 dx\right)^{\frac{1}{2}}$,$Q_0$ 为静轮重。

1.4.4 英国高速铁路轨道维修管理标准

英国高速铁路对轨道不平顺的管理同多数国家一样,既对局部轨道不平顺进行管理,也对区段整体轨道不平顺进行管理。英国高速铁路用每 200m 轨道单元区段的标准差 σ 对区段轨道不平顺进行管理,并以此做出维修计划。近年来随着列车速度的进一步提高,在原有 42m 波长以下的 200m 轨道不平顺标准差管理标准的基础上增加了 42~84m 波长轨道不平顺标准差管理标准,相应的轨道区段单元扩展为 400m。英国高速铁路局部轨道不平顺管理标准如表 1.29 所示,区段轨道不平顺管理标准如表 1.30 所示。

表 1.29　英国高速铁路轨道不平顺管理标准

波长/m	幅值标准	
	满足平稳性条件时/mm	满足动荷增量条件时/mm
0.5	—	0.1
1	—	0.3
2	—	0.6
5	—	2.5
10	5	—
20	9	—
50	16	—

表 1.30　英国轨道不平顺标准差管理标准

速度 /(km/h)	高低/mm				轨向/mm			
	<42m 波长		42~84m 波长		<42m 波长		42~84m 波长	
	平均值	最大值	平均值	最大值	平均值	最大值	平均值	最大值
175	1.8	2.9	3.2	5.7	1.1	1.9	2.6	4.6
200	1.5	2.4	2.7	4.7	0.9	1.6	2.2	3.9
225	1.3	2.0	2.3	4.0	0.8	1.4	1.8	3.2
250	1.1	1.7	1.9	3.3	0.7	1.1	1.5	2.7

1.4.5　韩国高速铁路轨道几何状态检测标准

韩国高速铁路采用 PLASSER 公司的 EM120 轨检车检测铁路。韩国高速铁路轨道几何状态检测标准(动态)如表 1.31 所示。

表 1.31　韩国高速铁路轨道几何状态检测标准

项目	测量弦长/m	新线最大偏差/mm	临时补修标准/mm	限速标准/mm
高低	短弦 10	2	10	15
	长弦 30	5	18	24
轨向	短弦 10	3	8	12
	长弦 30	6	16	20
扭曲	3	3	7	15

注:① 10m 短弦管理值适用于 150~200km/h。

② 30m 长弦管理值适用于 250~300km/h。

③ 达到或超过临时补修标准的处所必须快速维修(根据实际情况在 1 个月、2 周、1 周内或立即进行维修)。

④ 达到或超过限速标准的处所必须立即限速(根据实际情况限速 230km/h、170km/h 或更低)。

1.4.6　中国高速铁路轨道维修管理标准

我国高速铁路轨道维修管理标准包括客运专线 300～350km/h 轨道动态几何偏差控制值(表 1.32),高速铁路正线静态几何尺寸容许偏差值(表 1.33),高速铁路正线道岔静态几何尺寸容许偏差管理值(表 1.34)。

表 1.32　客运专线 300～350km/h 轨道动态几何偏差控制值

项目		作业验收	计划维修	舒适度	临时补修	限速 200km/h
		—	I	II	III	IV
1.5～42m	高低/mm	3	5	8	10	11
波长	轨向/mm	3	4	5	6	7
1.5～120m	高低/mm	4	7	9	12	15
波长	轨向/mm	4	6	8	10	12
轨距/mm		+3、−2	+4、−3	+6、−4	+7、−5	+8、−6
水平/mm		3	5	6	7	8
扭曲/mm		3	4	6	7	8
车体垂向加速度/(m/s^2)		—	1.0	1.5	2.0	2.5
车体横向加速度/(m/s^2)		—	0.6	0.9	1.5	2.0

表 1.33　高速铁路正线静态几何尺寸容许偏差值

项目	临时补修管理值	限速管理值	
		限速 200km/h 管理值	限速 160km/h 管理值
高低/mm	7	8	11
轨向/mm	5	7	9
轨距/mm	+5、−3	+6、−4	+8、−6
水平/mm	7	8	10
扭曲/mm	5	6	8

注:① 轨向偏差,直线为 10m 弦测量的最大矢度值。

② 高低偏差为 10m 弦测量的最大矢度值。

③ 扭曲基长为 2.5m。

表 1.34　高速铁路正线道岔静态几何尺寸容许偏差管理值

项目	作业验收管理值	临时补修管理值	限速管理值	
			限速 200km/h 管理值	限速 160km/h 管理值
高低/mm	2	7	8	11
直股轨向/mm	2	5	7	9
曲股支距/mm	2	4	—	—

项目	作业验收管理值	临时补修管理值	限速管理值	
			限速 200km/h	限速 160km/h
岔区轨距/mm	+2、−1	+5、−2	+6、−4	+8、−6
尖端轨矩/mm	+1、−1	+3、−2	+6、−4	+8、−6
水平/mm	2	7	8	10
导曲线反超/mm	0	3	—	—
扭曲/mm	2	5	6	8
查照间隔/mm	不小于 1391mm			

注：① 轨向偏差，直线为 10m 弦测量的最大矢度值。
② 高低偏差为 10m 弦测量的最大矢度值。
③ 扭曲基长为 2.5m。
④ 特殊道岔的轨距容许偏差按设计图办理。

1.4.7　欧洲高速列车-轨道耦合系统主频范围和敏感波长

表 1.35 为欧洲高速列车-轨道耦合系统主频范围和敏感波长，在进行车辆-轨道耦合系统结构设计时应尽量避免与车辆和轨道结构的主频相接近。

表 1.35　欧洲高速列车-轨道耦合系统主频范围和敏感波长

结构	主频范围/Hz	敏感波长及易产生的轨道周期性不平顺波长/m			
		160km/h	200km/h	300km/h	350km/h
车体	1～2	22.0～44.0	27.8～55.6	41.5～83.0	48.5～97.0
转向架	8～12	3.5～5.0	4.6～7.0	6.9～10.4	8.1～12.1
轨道	30～60	0.7～1.4	0.9～1.8	1.4～2.8	1.6～3.2

1.5　古建筑结构容许振动标准

古建筑是指历代流传下来的对研究社会政治、经济、文化发展有价值的建筑物。图 1.2～图 1.5 均为全国重点文物保护单位，图 1.6 和图 1.7 分别为省级和市级重点文物保护单位。图 1.8 为我国江南三大名楼之首的滕王阁，始建于唐朝永徽四年，它与湖北武汉黄鹤楼、湖南岳阳楼并称为江南三大名楼。历史上的滕王阁先后重建 29 次之多，屡毁屡建。现在的滕王阁主阁落成于 1989 年 10 月 8 日，是 1985 年按照梁思成绘制的《重建滕王阁计划草图》重建的，是现代钢筋混凝土结构的仿古建筑，相对于历史上的那些传统木架构，不具备历史价值，艺术价值也达不到文物的标准。因此，尽管滕王阁非常有名，却不是全国重点文物保护单位。

图 1.2　北京雍和宫（国家级）

图 1.3　八一南昌起义纪念馆（国家级）

图 1.4　广东河源龟峰塔（国家级）

图 1.5　甘肃天水麦积山石窟（国家级）

图 1.6　南昌市"毛泽东思想胜利万岁馆"旧址（省级）

图 1.7　南昌八一起义纪念塔（市级）

图 1.8　江南名楼滕王阁

　　古建筑结构振动评价指标是采用容许振动速度。古建筑结构的容许振动速度应该根据结构类型、保护级别和弹性波在古建筑结构中的传播速度选用。各种类型古建筑结构的容许振动速度分别如表 1.36～表 1.39[74] 所示。

表 1.36　古建筑砖结构容许振动速度/(mm/s)

保护级别	控制点位置	控制点方向	砖砌体 V_p/(m/s)		
			<1600	1600～2100	>2100
全国重点 文物保护单位	承重结构 最高处	水平	0.15	0.15～0.20	0.20
省级 文物保护单位	承重结构 最高处	水平	0.27	0.27～0.36	0.36
市、县级 文物保护单位	承重结构 最高处	水平	0.45	0.45～0.60	0.60

注：当 V_p 介于 1600～2100m/s 时,容许振动速度采用插入法取值。

表 1.37　古建筑石结构容许振动速度/(mm/s)

保护级别	控制点位置	控制点方向	石砌体 V_p(m/s)		
			<2300	2300～2900	>2900
全国重点 文物保护单位	承重结构 最高处	水平	0.20	0.20～0.25	0.25
省级 文物保护单位	承重结构 最高处	水平	0.36	0.36～0.45	0.45
市、县级 文物保护单位	承重结构 最高处	水平	0.60	0.60～0.75	0.75

注：当 V_p 介于 2300～2900m/s 时,容许振动速度采用插入法取值。

表 1.38　古建筑木结构容许振动速度/(mm/s)

保护级别	控制点位置	控制点方向	顺木纹 V_p(m/s)		
			<4600	4600~5600	>5600
全国重点文物保护单位	顶层柱顶	水平	0.18	0.18~0.22	0.22
省级文物保护单位	顶层柱顶	水平	0.25	0.25~0.30	0.30
市、县级文物保护单位	顶层柱顶	水平	0.29	0.29~0.35	0.35

注：当 V_p 介于 4600~5600m/s 时，容许振动速度采用插入法取值。

表 1.39　石窟容许振动速度/(mm/s)

保护级别	控制点位置	控制点方向	岩石类别	岩石 V_p(m/s)		
全国重点文物保护单位	窟顶	三向	砂岩	<1500	1500~1900	>1900
				0.10	0.10~0.13	0.13
			砾石	<1800	1800~2600	>2600
				0.12	0.12~0.17	0.17
			灰岩	<3500	3500~4900	>4900
				0.22	0.22—0.31	0.31

注：表中三向指径向、切向和竖向；当 V_p 介于 1500~1900、1800~2600 和 3500~4900m/s 时，容许振动速度采用插入法取值。

参 考 文 献

[1] Knothe K L, Grassie S L. Modeling of railway trackand vehicle track interaction at high-frequencies[J]. Vehicle System Dynamics，1993，22(3,4)：209-262.

[2] Grassie S L, Gregory R W, Johnson K L. The dynamic response of railway track to high frequency lateral excitation[J]. Journal Mechanical Engineering Science，1982，24(2)：91-95.

[3] Grassie S L, Gregory R W, Johnson K L. The dynamic response of railway track to high frequency longitudinal excitation[J]. Journal Mechanical Engineering Science，1982，24(2)：97-102.

[4] Mathews P M. Vibrations of a beam on elastic foundation[J]. Zeitschrift fur Angewandte Mathematik und Mechanik，1958，38：105-115.

[5] Mathews P M. Vibrations of a beam on elastic foundation[J]. Zeitschrift fur Angewandte Mathematik und Mechanik，1959，39：13-19.

［6］ Trochanis A M, Chelliah R, Bielak J. Unified approach for beams on elastic foundation for moving load［J］. Journal of Geotechnical Engineering, 1987, 112:879-895.

［7］ Ono K, Yamada M. Analysis of railway track vibration［J］. Journal of Sound and Vibration, 1989, 130:269-297.

［8］ Jezequel L. Response of periodic systems to a moving load［J］. Journal of Applied Mechanics, 1981, 48:613-618.

［9］ Timoshenko S, Young D H, Weaver J R. W. Vibration Problems in Engineering (4th ed)［M］. New York: John Wiley, 1974.

［10］ Warburton G B. The Dynamic Behavior of Structures［M］. Oxford: Pergamon Press, 1976.

［11］ Cai C W, Cheung Y K, Chan H C. Dynamic response of infinite continuous beams subjected to a moving force-an exact method［J］. Journal of Sound and Vibration, 1988, 123(3): 461-472.

［12］ Venancio Filho F. Finite element analysis of structures under moving loads［J］. Shock and Vibration Digest, 1978, 10:27-35.

［13］ Olsson M. Finite element modal co-ordinate analysis of structures subjected to moving loads ［J］. Journal of Sound and Vibration, 1985, 99(1):1-12.

［14］ Fryba L, Nakagiri S, Yoshikawa N. Stochastic finite element for a beam on a random foundation with uncertain damping under a moving force［J］. Journal of Sound and Vibration, 1993, 163:31-45.

［15］ Thambiratnam D P, Zhuge Y. Finite element analysis of track structures［J］. Journal of Microcomputers in Civil Engineering, 1993, 8:467-476.

［16］ Thambiratnam D P, Zhuge Y. Dynamic analysis of beams on an elastic foundation subjected to moving loads［J］. Journal of Sound and Vibration, 1996, 198(2):149-169.

［17］ Nielsen J C O, Igeland A. Vertical dynamic interaction between train and track-influence of wheel and track imperfections［J］. Journal of Sound and Vibration, 1995, 187(5):825-839.

［18］ Zheng D Y, Fan S C. Instability of vibration of a moving train and rail coupling system［J］. Journal of Sound and Vibration, 2002, 255(2):243-259.

［19］ Koh C G, Ong J S Y, Chua D K H, et al. Moving element method for train-track dynamics ［J］. International Journal for Numerical Methods in Engineering, 2003, 56:1549-1567.

［20］ Auersch L. Dynamic axle loads on tracks with and without ballast mats: numerical results of three-dimensional vehicle-track-soil models［J］. Proceedings of the Institution of Mechanical Engineers. Part F, Journal of Rail and Rapid Transit, 2006, 220:169-183.

［21］ Clouteau D, Arnst M, Al-Hussaini T M, et al. Freefield vibrations due to dynamic loading on a tunnel embedded in a stratified medium［J］. Journal of Sound and Vibration, 2005, 283 (1,2): 173-199.

［22］ Andersen L, Jones C J C. Vibration from a railway tunnel predicted by coupled finite element and boundary element analysis in two and three dimensions［J］. Proceedings of the 4th Structural Dynamics-EURODYN, 2002: 1131-1136.

[23] Andersen L，Jones C J C. Coupled boundary and finite element analysis of vibration from railway tunnels-a comparison of two and three-dimensional models[J]. Journal of Sound and Vibration，2006，293（3-5）:611-625.

[24] Thomas D. Dynamics of a high-speed rail vehicle negotiating curves at unsteady crosswind [J]. Proceedings of the Institution of Mechanical Engineers. Part F，Journal of rail and rapid transit，2010，224(6):567-579.

[25] Ganesh B K，Sujatha C. Track modulus analysis of railway track system using finite element model[J]. Journal of Vibration and Control，2010，16（10）: 1559-1574.

[26] Cai Y，Sun H，Xu C. Effects of the dynamic wheel-rail interaction on the ground vibration generated by a moving train[J]. International Journal of Solids and Structures，2010，47（17）: 2246-2259.

[27] 翟婉明. 车辆-轨道垂向系统的统一模型及其耦合动力学原理[J]. 铁道学报，1992，14（3）: 10-21.

[28] 翟婉明. 车辆-轨道耦合动力学(3 版)[M]. 北京:科学出版社，2007.

[29] 翟婉明. 车辆-轨道耦合动力学研究的新进展[J]. 中国铁道科学，2002，23（4）: 1-13.

[30] 雷晓燕. 轮轨相互作用有限元分析[J]. 铁道学报，1994，16(1):8-17.

[31] 雷晓燕. 高速列车对道碴的动力影响[J]. 铁道学报，1997,19(1):4-11.

[32] 雷晓燕. 轨道动力学理论模型参数研究[J]. 铁道工程学报，1998,(2):71-76.

[33] 雷晓燕.铁路轨道结构数值分析方法[M].北京:中国铁道出版社,1998.

[34] 徐志胜,翟婉明,王开云,等. 车辆-轨道系统振动响应分析-Timoshenko 梁与 Euler 梁轨道模型的比较[J]. 地震工程与工程振动，2003，23(6):74-79.

[35] 徐志胜,翟婉明,王开云. 基于 Timoshenko 梁模型的车辆-轨道耦合振动分析[J]. 西南交通大学学报，2003，38(1):22-27.

[36] 谢伟平,镇斌. 移动荷载下 Winkler 梁稳态动力响应分析[J]. 武汉理工大学学报，2005，27(7):61-63.

[37] 罗雁云，施董燕，谭晓春. 纵向力作用下无缝线路动态特性有限元分析[J]. 力学季刊，2008,29(2):284-290.

[38] 魏庆朝,邓亚士,冯雅薇. 直线电机地铁轨道结构振动特性研究[J]. 铁道建筑，2008,(3): 84-88.

[39] 高亮,陶凯,曲村,辛涛. 客运专线桥上无缝道岔空间力学特性的研究[J].中国铁道科学，2009,30(1): 29-34.

[40] 冯青松,雷晓燕,练松良. 高速铁路路基-地基系统振动响应分析[J].铁道科学与工程，2010，7(1):1-6.

[41] 边学成,陈云敏. 列车荷载作用下轨道和地基的动响应分析[J]. 力学学报，2005,37(4): 477-484.

[42] 边学成. 高速列车运动荷载作用下地基和隧道的动力响应分析[D]. 杭州:浙江大学博士学位论文,2005.

[43] 边学成,陈云敏. 列车移动荷载作用下分层地基响应特性[J]. 岩石力学与工程学报，

2007，26(1):182-189.

[44] 谢伟平,胡建武,徐劲. 高速移动荷载作用下的轨道—地基系统的动力响应[J]. 岩石力学与工程学报,2002,21(7):1075-1078.

[45] 谢伟平,王国波,于艳丽. 移动荷载引起的土变形计算[J]. 岩土工程学,2004,26 (3):318-322.

[46] 聂志红,刘宝琛,李亮,等. 移动荷载作用下轨道路基动力响应分析[J]. 中国铁道科学,2006, 27 (2):15-19.

[47] 雷晓燕. 轨道临界速度与轨道强振动研究[J]. 岩土工程学报,2006,28 (3):419-422.

[48] 雷晓燕. 轨道结构动力分析的傅里叶变换法[J]. 铁道学报,2007,29 (3):67-71.

[49] 雷晓燕. 高速列车诱发地面波与轨道强振动研究[J]. 铁道学报,2006,28(3):78-82.

[50] 雷晓燕. 高速铁路轨道振动与轨道临界速度的傅里叶变化法[J]. 中国铁道科学,2007,28 (6):30-34.

[51] 和振兴,翟婉明. 高速列车作用下板式轨道引起的地面振动[J]. 中国铁道科学,2007,28 (2):7-11.

[52] 李志毅,高广运,冯世进,等. 高速列车运行引起的地表振动分析[J]. 同济大学学报(自然科学版),2007,35(7):909 914.

[53] Wua Y S, Yang Y B. A semi-analytical approach for analyzing ground vibrations caused by trains moving over elevated bridges[J]. Soil Dynamics and Earthquake Engineering, 2004, 24: 949-962.

[54] Xia H, Cao Y M, De Roeck G. Theoretical modeling and characteristic analysis of moving-train induced ground vibrations[J]. Journal of Sound and Vibration, 2010, 329:819-832.

[55] 刘学毅,王平,万复光. 轮轨空间耦合振动分析模型及其应用[J]. 铁道学报, 1998, 20 (3): 102-108.

[56] 李德建,曾庆元. 列车-直线轨道空间耦合时变系统振动分析[J]. 铁道学报, 1997, 19 (1): 101-107.

[57] 梁波,蔡英,朱东生. 车-路垂向耦合系统的动力分析[J]. 铁道学报, 2000, 22 (5): 65-71.

[58] 苏谦,蔡英. 高速铁路路基结构空间时变系统耦合动力分析[J]. 西南交通大学学报, 2001, 36 (5):509-513.

[59] 王其昌,蔡成标,罗强, 等. 高速铁路路桥过渡段轨道折角限值分析[J]. 铁道学报, 1998, 20 (3):109-113.

[60] 罗强,蔡英,翟婉明. 高速铁路路桥过渡段的动力学性能分析[J]. 工程力学, 1999, 16 (5): 65-70.

[61] 罗强,蔡英. 高速铁路路桥过渡段变形限值与合理长度研究[J]. 铁道标准设计, 2000, (6-7): 2-4.

[62] 王平. 道岔区轮轨系统动力学的研究[D]. 成都:西南交通大学博士学位论文,1997.

[63] 任尊松. 车辆-道岔系统动力学研究[D]. 成都:西南交通大学博士学位论文,2000.

[64] 陈果. 车辆轨道耦合系统随机振动分析[D]. 成都:西南交通大学博士学位论文,2000.

[65] 雷晓燕. 轨道力学与工程新方法[M]. 北京:中国铁道出版社,2002.

[66] 雷晓燕,毛利军. 线路随机不平顺对车辆-轨道耦合系统动力响应分析[J]. 中国铁道科学, 2001,22(6):38-43.

[67] Lu F, Kennedy D, Williams F W, et al. Symplectic analysis of vertical random vibration for coupled vehicle-track systems[J]. Journal of Sound and Vibration. 2008,317:236-249.

[68] 中华人民共和国国家标准. 铁道车辆动力学性能评定和试验鉴定规范(GB 5599-85)[S]. 北京:中国铁道出版社,1985.

[69] 中华人民共和国行业标准. 新建时速 300-350 公里客运专线铁路设计暂行规定. 铁建设[2007]47 号[S]. 北京:中国铁道出版社,2007.

[70] 中华人民共和国国家标准. 铁路边界噪声限值及其测量方法(GB 12525-90)[S]. 北京:中国环境科学出版社,1990.

[71] 中华人民共和国国家标准. 城市区域环境噪声标准(GB3096-2008)[S]. 北京:中国环境科学出版社,2008.

[72] 中华人民共和国国家标准. 城市区域环境振动标准(GB 10070-88)[S]. 北京:中国环境科学出版社,1989.

[73] 中华人民共和国行业标准. 城市轨道交通引起建筑物振动与二次辐射噪声限值及其测量方法标准(JGJ/T170-2009)[S]. 北京:中国建筑工业出版社,2009.

[74] 中华人民共和国国家标准. 古建筑防工业振动技术规范(GB 50452-2008)[S]. 北京:中国建筑工业出版社,2009.

第二章　轨道结构动力分析的解析法

随着高速铁路和重载铁路在我国相继投入运营,轨道结构的动力分析已成为铁道工程领域十分重要的研究课题。本章通过建立轨道结构连续弹性基础梁模型,论述轨道结构动力分析的解析法,并采用解析法分析高速列车诱发地面波与轨道强振动特性,研究轨道刚度对轨道临界速度和轨道振动的影响。

2.1　高速列车诱发地面波与轨道强振动研究

随着列车速度的增加,列车对轨道和地面的动力作用也相应加大,在高速运行的条件下,这种现象尤其严重。研究表明,当列车速度达到或超过某种临界速度时,高速列车将诱发地面波引起轨道结构的强烈振动。同时,通过道砟和路基的传播还将引起铁道线路周边建筑物的强烈振动和结构噪声。在轨道-道砟-路基-大地这个系统中,有两种主要的临界波速,即大地表面的瑞利波(Rayleigh wave)波速及在轨道中传播的弯曲波最小相位速度,后者也称为轨道临界速度。轨道临界速度依地面介质物理性质的不同而不同。当轨道基础为软土地基时,高速列车很容易达到并超过这两个速度。瑞典的 Madshus 和 Kaynia(1998)在 X2000 高速列车试验时曾观察到这一现象[1]。近年来有关该方面的研究不断出现[1-5]。

2.1.1　轨道结构连续弹性基础梁模型

为简化分析,采用解析法研究轨道临界速度与轨道强振动特性。建立轨道结构连续弹性基础梁模型,如图 2.1 所示。

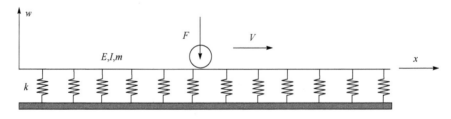

图 2.1　轨道结构连续弹性基础梁模型

根据达朗贝尔原理,不计阻尼的钢轨挠曲振动微分方程为[6]

$$EI\frac{\partial^4 w}{\partial x^4}+m\frac{\partial^2 w}{\partial t^2}+kw=-F\delta(x-Vt) \tag{2.1}$$

其中,E 和 I 为钢轨的弹性模量和水平惯性矩;w 为钢轨竖向挠度;m 为单位长度的轨道质量;k 为轨道等效刚度;δ 为 Dirac 函数;V 为列车运行速度;F 为轮载。

令

$$\varepsilon_1^2 = \frac{m}{4EI}, \varepsilon_2^4 = \frac{k}{4EI} \tag{2.2}$$

则式(2.1)可化为

$$\frac{\partial^4 w}{\partial x^4} + 4\varepsilon_1^2 \frac{\partial^2 w}{\partial t^2} + 4\varepsilon_2^4 w = -\frac{F}{EI}\delta(x - Vt) \tag{2.3}$$

首先讨论自由振动的情况,令 $F = 0$,可取式(2.3)的解为

$$w(x,t) = e^{\frac{j2\pi(x-ct)}{\lambda}} \tag{2.4}$$

其中,λ 为振动波长;c 为振动波传播的速度。

将式(2.4)代入式(2.3)中,有

$$c = \frac{1}{2\varepsilon_1}\left(\frac{\lambda^2 \varepsilon_2^4}{\pi^2} + \left(\frac{2\pi}{\lambda}\right)^2\right)^{\frac{1}{2}} \tag{2.5}$$

当 $\lambda = \dfrac{\sqrt{2}\pi}{\varepsilon_2}$ 时,c 取最小值,即

$$c_{\min} = \sqrt[4]{\frac{4kEI}{m^2}} \tag{2.6}$$

其中,$c_{\min}$ 为轨道结构弯曲波的最小相位速度,也称为轨道临界速度。

接下来讨论有轮载 F 作用的情况,其解为 $w(x - Vt)$,引入 $z = x - Vt$,式(2.3)可以改写为

$$\frac{\partial^4 w}{\partial z^4} + 4\varepsilon_1^2 V^2 \frac{\partial^2 w}{\partial z^2} + 4\varepsilon_2^4 w = -\frac{F}{EI}\delta(z) \tag{2.7}$$

式(2.7)的特征方程为

$$p^4 + 4\varepsilon_1^2 V^2 p^2 + 4\varepsilon_2^4 = 0 \tag{2.8}$$

上述特征方程的解与系数有关,这里仅讨论 $V < \dfrac{\varepsilon_2}{\varepsilon_1}$ 的情况(对现有的国内外铁路轨道结构均满足此不等式),式(2.8)的解为

$$p = \pm\alpha \pm j\beta \tag{2.9}$$

其中,$\alpha = (\varepsilon_2^2 - V^2\varepsilon_1^2)^{\frac{1}{2}}$;$\beta = (\varepsilon_2^2 + V^2\varepsilon_1^2)^{\frac{1}{2}}$。 (2.10)

为此可得式(2.7)的解

$$w(z) = e^{\alpha z}(D_1\cos\beta z + D_2\sin\beta z) + e^{-\alpha z}(D_3\cos\beta z + D_4\sin\beta z) + \varphi(z) \tag{2.11}$$

其中,$\varphi(z)$ 与外荷载有关,当 $z = 0$ 时,x 位于车轮作用处;当 $z \neq 0$ 时,$\varphi(z) = 0$,因此,式(2.11)可以写为

$$w_1(z) = e^{\alpha z}(D_1\cos\beta z + D_2\sin\beta z), \quad z \leqslant 0$$
$$w_2(z) = e^{-\alpha z}(D_3\cos\beta z + D_4\sin\beta z), \quad z > 0 \qquad (2.12)$$

待定系数可以由 $z=0$ 处的四个边界条件求得，即

$$w_1|_{z=0} = w_2|_{z=0}, \quad \frac{\partial w_1}{\partial z}\Big|_{z=0} = \frac{\partial w_2}{\partial z}\Big|_{z=0} = 0, \quad EI\frac{\partial^3 w_1}{\partial z^3}\Big|_{z=0} = \frac{F}{2} \quad (2.13)$$

最后得到式(2.7)的解为

$$w(z) = -\frac{F}{8EI\alpha\varepsilon_2^2}e^{-\alpha|z|}\left(\cos\beta z + \frac{\alpha}{\beta}\sin\beta|z|\right) \qquad (2.14)$$

在多个轮载的作用下，钢轨挠曲振动微分方程为

$$EI\frac{\partial^4 w}{\partial x^4} + m\frac{\partial^2 w}{\partial t^2} + kw = -\sum_{i=1}^{N}F_i\delta(x - a_i - Vt) \qquad (2.15)$$

其中，F_i 为第 i 个轮载；a_i 为第 i 个轮对距第一个轮对的距离；N 为列车轮对总数。方程(2.15)的解可由单轮对的解式(2.14)通过叠加原理得到。

2.1.2　轨道等效刚度与轨道基础弹性模量的关系

轨道等效刚度 k 与轨道基础弹性模量 E_s 密切相关，Vesic(1963)得到了半无限空间 Euler 梁与地基基础弹性模量间的关系[7]。Heelis(1999)在此基础上提出计算轨道等效刚度 k 的公式[8]，即

$$k = \frac{0.65E_s}{1-\upsilon_s^2}\sqrt[12]{\frac{E_sB^4}{EI}} \qquad (2.16)$$

其中，E_s 为轨道基础弹性模量，单位 MN/m^2；υ_s 为泊松比；B 为轨道宽度，通常取 $2.5\sim2.6m$；EI 为钢轨的抗弯模量，单位 $MN\cdot m^2$；k 为轨道等效刚度，单位 MN/m^2。

一般情况下，轨道基础弹性模量约为 $E_s=50\sim100MN/m^2$，取 $E_s=50MN/m^2$，泊松比 $\upsilon_s=0.35$，根据式(2.16)，可得 $k=56.148MN/m^2$；对软土基础，$E_s=10MN/m^2$，甚至更低，这时有 $k=9.82MN/m^2$。

2.1.3　轨道临界速度

轨道临界速度的计算(式(2.6))，与轨道等效刚度 k、钢轨的抗弯模量 EI，以及单位长度的轨道质量 m 有关。计算 m 时需要包含钢轨、轨枕和道砟的质量，以 $60kg/m$ 钢轨、轨枕配置 1760 根/km、道床厚度 $30cm$、肩宽 $35cm$、道砟密度 $2000kg/m^3$ 为例，计算三种不同轨道基础弹性模量对应的轨道临界速度，结果如表 2.1 所示。

由表 2.1 可见，当 $E_s=10MN/m^2$ 时，$c_{min}=91.34m/s=328.8km/h$；当 $E_s=$

$5MN/m^2$ 时,c_{min}＝75.70m/s＝272.5km/h,这两个速度很容易被高速列车超过。

表 2.1　不同轨道基础弹性模量对应的轨道临界速度

参数	$E_s/(MN/m^2)$	$k/(MN/m^2)$	$EI/(MN \cdot m^2)$	$m/(kg/m)$	B/m	$c_{min}/(m/s)$
密实黏性土	50	56.15	13.25	2735	2.5	141.24
亚黏土	10	9.82	13.25	2735	2.5	91.34
软土地基	5	4.63	13.25	2735	2.5	75.70

2.1.4　轨道强振动分析

1. 单轮通过时轨道强振动分析

取轨道基础弹性模量 E_s＝$50MN/m^2$,由表 2.1 可知,轨道临界速度 c_{min}＝141.24m/s,现考察单轮对(轴重 F＝170kN)分别以 V＝110、130、135、140m/s 四种速度通过时的轨道振动情况,其钢轨振动挠度曲线如图 2.2 所示。由此可见,当轮对速度为 140m/s,接近轨道临界速度时,轨道会发生强烈振动。

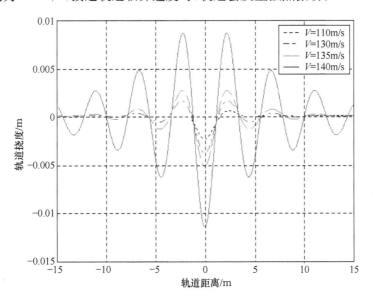

图 2.2　单轮以不同速度运动时轨道挠度曲线

2. 高速列车通过时轨道强振动分析

考察高速列车以不同速度通过时的轨道振动情况,计算模型如图 2.3 所示。列车编组为 1 辆 TGV 高速动车＋4 辆 TGV 高速拖车,TGV 高速动车和拖车的计算参数详见文献[9]。计算结果如图 2.4 和图 2.5 所示。图 2.4 为 E_s＝$50MN/m^2$ 时的轨道挠度时程曲线。图 2.5 为 E_s＝$10MN/m^2$ 时的轨道挠度时程曲线。此外，图中还给出了两种轨道抗弯刚度 EI 对轨道挠度的影响，其中实线代表抗弯刚度 $EI=13.25\text{MN} \cdot \text{m}^2$（即 2 根 60kg/m 钢轨的抗弯刚度），虚线代表抗弯刚度 EI 提高一倍（对应于增加 2 根 60kg/m 护轨的情况）时的轨道挠度曲线。

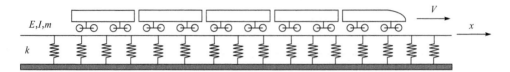

图 2.3　TGV 高速列车计算模型

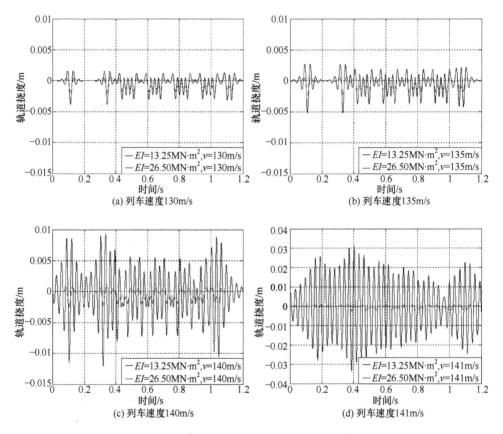

图 2.4　$E_s=50\text{MN/m}^2$ 时轨道挠度时程曲线

从上述计算结果可以得到如下结论[10,11]。

① 当列车速度接近轨道临界速度时，轨道将发生强烈振动，如图 2.2、图 2.4 和图 2.5 所示。

② 轨道基础弹性模量是影响轨道临界速度的主要原因。尤其是当轨道基础为软土地基时，轨道临界速度很低，容易被中、高速列车超过。

③ 当列车速度低于轨道临界速度时,提高轨道抗弯刚度对减小轨道变形的作用并不明显,如图 2.4(a)和图 2.4(b),图 2.5(a)和图 2.5(b)所示。当列车速度接近轨道临界速度时,增加轨道抗弯刚度对减小轨道变形的作用则非常显著,如图 2.4(c)和图 2.4(d),图 2.5(c)和图 2.5(d)所示。

④ 轨道抗弯刚度对轨道振动波形和振幅有一定影响,轨道抗弯刚度小,振荡波形多,振幅大;反之,振荡波形少且振幅小。当列车速度接近轨道临界速度时,这种现象尤其明显,如图 2.4(c)和图 2.4(d),图 2.5(c)和图 2.4(d)所示。振荡次数越多、振幅越强烈,越容易引起道床液化,导致轨道基础稳定性降低。

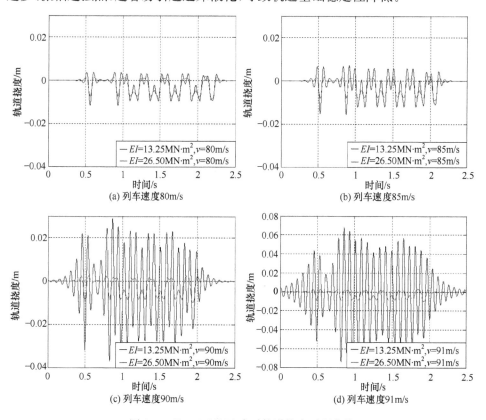

图 2.5 $E_s = 10\mathrm{MN/m^2}$ 时轨道挠度时程曲线

2.2 轨道刚度突变对轨道振动的影响

铁道线路中存在大量的桥梁、平交道口和刚性涵管。轨道从路基线路过渡到桥台、平交道口和刚性涵管前后存在刚度不均匀问题,如不加处理,则会存在刚度突变。试验表明,车辆通过刚度突变区时,附加动力作用明显增加,导致路基变形增大,轻则影响车辆通过时的舒适性,重则诱发行车事故。国内外对铁路轨道刚度不均的问题进行了许多研究[12-17]，并取得了一定的成果，但主要以试验方法为主。

本节运用轨道结构动力分析的解析法探讨轨道刚度突变对轨道振动的影响，通过建立简化的分析模型，研究轨道表面不平顺、轨道基础刚度比和列车速度对轨道振动的影响。

2.2.1 移动荷载作用下考虑轨道表面不平顺和刚度突变的轨道振动模型

为了简化分析，采用解析法研究单个移动荷载以匀速 V 运动时轨道表面不平顺和刚度突变对轨道振动的影响，建立简化的分析模型(图 2.6)。坐标原点建立在刚度突变处，坐标原点以左轨道的基础刚度为 k_1，挠度为 w_1；坐标原点以右轨道的基础刚度为 k_2，挠度为 w_2。以 w_1 为例，根据达朗贝尔原理，不计阻尼的轨道振动微分方程为

$$EI\frac{\partial^4 w_1}{\partial x^4}+m\frac{\partial^2 w_1}{\partial t^2}+k_1 w_1=-\left(F+m_0\frac{\partial^2(w_1+\eta)}{\partial t^2}\right)\delta(x-Vt) \quad (2.17)$$

其中，E 和 I 为轨道的弹性模量和水平惯性矩；w_1 为轨道的竖向挠度；η 为轨道表面的不平顺；m 为单位长度轨道的质量；k_1 为轨道的基础刚度；F 为轮载；m_0 为轮对质量；V 为轮对运动速度；δ 为 Dirac 函数。

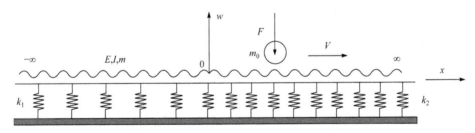

图 2.6　移动荷载作用下考虑轨道不平顺和刚度突变的轨道振动模型

假设轨道表面不平顺 η 是余弦函数，即

$$\eta=a\left[1-\cos\frac{2\pi(x-Vt)}{l}\right] \quad (2.18)$$

其中，a 为轨道表面不平顺幅值；l 为轨道表面不平顺波长。

令 $\varepsilon_1^2=\dfrac{m}{4EI}$，$\gamma_1^4=\dfrac{k_1}{4EI}$， $\quad (2.19)$

式(2.17)可以转化为

$$\frac{\partial^4 w_1}{\partial x^4}+4\varepsilon_1^2\frac{\partial^2 w_1}{\partial t^2}+4\gamma_1^4 w_1=-\frac{1}{EI}\left(F+m_0\frac{\partial^2(w_1+\eta)}{\partial t^2}\right)\delta(x-Vt) \quad (2.20)$$

它的解与 $(x-Vt)$ 有关，即 $w_1=w_1(x-Vt)$，引入 $z=x-Vt$，式(2.20)可以改写为

$$\frac{\partial^4 w_1}{\partial z^4}+4\varepsilon_1^2 V^2\frac{\partial^2 w_1}{\partial z^2}+4\gamma_1^4 w_1=-\frac{1}{EI}\left(F+m_0\frac{\partial^2(w_1+\eta)}{\partial t^2}\right)\delta(z) \quad (2.21)$$

式(2.21)的特征方程为

$$p^4 + 4\varepsilon_1^2 V^2 p^2 + 4\gamma_1^4 = 0 \tag{2.22}$$

上述特征方程的解与系数有关,这里仅讨论 $V < \dfrac{\gamma_1}{\varepsilon_1}$ 的情况。式(2.22)的解为

$$p = \pm\alpha_1 \pm \mathrm{j}\beta_1 \tag{2.23}$$

其中,$\alpha_1 = (\gamma_1^2 - V^2\varepsilon_1^2)^{\frac{1}{2}}$;$\beta_1 = (\gamma_1^2 + V^2\varepsilon_1^2)^{\frac{1}{2}}$。 (2.24)

为此可得式(2.21)的解为

$$w_1(z) = \mathrm{e}^{\alpha_1 z}(D_1\cos\beta_1 z + D_2\sin\beta_1 z) + \mathrm{e}^{-\alpha_1 z}(D_3\cos\beta_1 z + D_4\sin\beta_1 z) + \varphi_1(z)$$

$$\tag{2.25}$$

其中,$\varphi_1(z)$ 与外荷载有关,当 $z=0$ 时,x 位于车轮作用处;当 $z \neq 0$ 时,$\varphi_1(z)=0$。

考虑到当 $z \to -\infty$ 时,w_1 应为有限值,因此有 $D_3 = D_4 = 0$,式(2.25)可以写成

$$w_1(z) = \mathrm{e}^{\alpha_1 z}(D_1\cos\beta_1 z + D_2\sin\beta_1 z), \quad z \leqslant 0 \tag{2.26}$$

其中,D_1 和 D_2 为与边界条件有关的待定系数。

同理,可写出坐标原点以右轨道的振动微分方程,即

$$EI\frac{\partial^4 w_2}{\partial x^4} + m\frac{\partial^2 w_2}{\partial t^2} + k_2 w_2 = -\left(F + m_0\frac{\partial^2 (w_2 + \eta)}{\partial t^2}\right)\delta(x - Vt) \tag{2.27}$$

其中,w_2 为右边轨道的竖向挠度;k_2 为右边轨道的基础刚度。

类似式(2.17)的解法,可得式(2.27)的解为

$$w_2(z) = \mathrm{e}^{-\alpha_2 z}(D_3\cos\beta_2 z + D_4\sin\beta_2 z), \quad z \geqslant 0 \tag{2.28}$$

其中

$$\alpha_2 = (\gamma_2^2 - V^2\varepsilon_2^2)^{\frac{1}{2}}, \quad \beta_2 = (\gamma_2^2 + V^2\varepsilon_2^2)^{\frac{1}{2}} \tag{2.29}$$

$$\varepsilon_2^2 = \frac{m}{4EI}, \quad \gamma_2^4 = \frac{k_2}{4EI} \tag{2.30}$$

式中,D_3 和 D_4 为与边界条件有关的待定系数。

式(2.26)和式(2.28)中的四个待定系数可由 $z=0$ 处的四个边界条件求得,即

$$w_1\big|_{z=0} = w_2\big|_{z=0} \tag{2.31}$$

$$\frac{\partial w_1}{\partial z}\bigg|_{z=0} = \frac{\partial w_2}{\partial z}\bigg|_{z=0} \tag{2.32}$$

$$\frac{\partial^2 w_1}{\partial z^2}\bigg|_{z=0} = \frac{\partial^2 w_2}{\partial z^2}\bigg|_{z=0} \tag{2.33}$$

$$-\frac{\partial^3 w_1}{\partial z^3}\bigg|_{z=0} + \frac{\partial^3 w_2}{\partial z^3}\bigg|_{z=0} = -\left(\frac{F}{EI} + m_0\frac{\partial^2 (w_2 + \eta)}{\partial t^2}\right)\bigg|_{z=0} \tag{2.34}$$

将式(2.26)和式(2.28)代入上述四个边界条件,通过冗长的推导,最后有[17,18]

$$w_1(z) = \mathrm{e}^{\alpha_1 z}(C_1\cos\beta_1 z + C_2\sin\beta_1 z)C_3, \quad z < 0 \tag{2.35}$$

$$w_2(z) = \mathrm{e}^{-\alpha_2 z}(C_1\cos\beta_2 z + \sin\beta_2 z)C_3, \quad z \geqslant 0 \tag{2.36}$$

其中

$$C_1 = \frac{2\beta_2(\alpha_1+\alpha_2)}{(\alpha_1+\alpha_2)^2+\beta_1^2-\beta_2^2}$$

$$C_2 = -\frac{\beta_2[(\alpha_1+\alpha_2)^2-\beta_1^2+\beta_2^2]}{\beta_1[(\alpha_1+\alpha_2)^2+\beta_1^2-\beta_2^2]}$$

$$C_3 = -\frac{F+m_0 a\left(\dfrac{2\pi V}{l}\right)^2}{EI(G_1 C_1+G_2 C_2+G_3+G)}$$

$$G = \frac{m_0 V^2}{EI}[(\alpha_2^2-\beta_2^2)C_1-2\alpha_2\beta_2]$$

$$G_1 = -\alpha_1^3-\alpha_2^3+3\alpha_1\beta_1^2+3\alpha_2\beta_2^2$$

$$G_2 = -3\alpha_1^2\beta_1+\beta_1^3$$

$$G_3 = 3\alpha_2^2\beta_2-\beta_2^3$$

由式(2.35)和式(2.36)可得轨道的加速度计算公式,即

$$\frac{\partial^2 w_1}{\partial t^2} = V^2 e^{\alpha_1 z}\{[(\alpha_1^2-\beta_1^2)C_1+2\alpha_1\beta_1 C_2]\cos\beta_1 z$$

$$+[(\alpha_1^2-\beta_1^2)C_2-2\alpha_1\beta_1 C_1]\sin\beta_1 z\}C_3, \quad z<0 \tag{2.37}$$

$$\frac{\partial^2 w_2}{\partial t^2} = V^2 e^{-\alpha_2 z}\{[(\alpha_2^2-\beta_2^2)C_1-2\alpha_2\beta_2]\cos\beta_2 z$$

$$+[(\alpha_2^2-\beta_2^2)+2\alpha_2\beta_2 C_1]\sin\beta_2 z\}C_3, \quad z\geqslant 0 \tag{2.38}$$

在多个轮载作用下,与式(2.17)相应的钢轨挠曲振动微分方程为

$$EI\frac{\partial^4 w_1}{\partial x^4}+m\frac{\partial^2 w_1}{\partial t^2}+k_1 w_1 = -\sum_{i=1}^{N}\left(F_i-m_{0i}\frac{\partial^2(w_1+\eta)}{\partial t^2}\right)\delta(x-a_i-Vt) \tag{2.39}$$

其中,F_i 为第 i 个轮载;m_{0i} 为第 i 个轮对质量;a_i 为第 i 个轮对距第一个轮对的距离;N 为列车轮对总数。

方程(2.39)的解可由单轮对的解式(2.35)和式(2.36)通过叠加原理得到。

2.2.2　轨道不平顺和轨道刚度突变对轨道振动的影响

轨道振动响应与轨道等效刚度 k_1 和 k_2、钢轨抗弯模量 EI、轨道不平顺振幅 a、波长 l、轮载轴重 F、轮对质量 m_0、轮对运动速度 V,以及单位长度的轨道质量 m 有关,在计算 m 时要包含钢轨、轨枕和道砟的质量。为了全面分析轨道不平顺和轨道刚度突变对轨道振动的影响,轨道不平顺振幅分别取 $a=0.5$、1、2mm 三种情况,波长 $l=2$m(相当于基长为 2m,半峰值分别为 0.5、1、2mm 的短波周期性不平顺)。同时,考虑 $k_2/k_1=1$、$k_2/k_1=2$、$k_2/k_1=5$ 和 $k_2/k_1=10$ 四种不同的轨道刚度比。轨道参数为 60kg/m 钢轨,轨枕配置 1760 根/km,道床厚度 30cm,肩宽 35cm,道砟密度 2000kg/m³,轨道基础弹性模量 $E_s=100$MN/m²,各工况计算参数如表 2.2 所示。

表 2.2　计算参数

工况	$k_1/(\mathrm{MN/m^2})$	$k_2/(\mathrm{MN/m^2})$	$EI/(\mathrm{MN \cdot m^2})$	$m/(\mathrm{kg/m})$	m_0/kg	F/kN
1	k_2	118	13.25	2735	2000	170
2	$k_2/2$	118	13.25	2735	2000	170
3	$k_2/5$	118	13.25	2735	2000	170
4	$k_2/10$	118	13.25	2735	2000	170

1. 单轮对通过时轨道振动分析

考察单轮对以速度 $V=60$、70、80、90m/s 通过时轨道的振动情况,考虑表 2.2 中四种轨道刚度突变及三种轨道不平顺情况。轨道不平顺及各工况对应的刚度突变处轨道挠度和加速度全幅值与速度的关系如图 2.7 所示,其中全幅值定义为振动量的最大值与最小值之差。

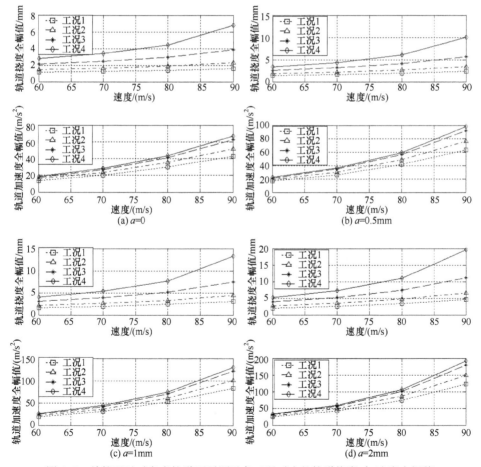

图 2.7　单轮通过时考虑轨道不平顺及各工况对应的轨道挠度、加速度全幅值

2. 高速列车通过时轨道振动分析

考察 TGV 高速列车以速度 V=90m/s 通过时轨道的振动情况。列车编组为1 辆 TGV 高速动车＋4 辆 TGV 高速拖车,TGV 高速动车和拖车的计算参数详见文献[9],计算模型如图 2.8 所示。考虑四种轨道刚度比和两种轨道不平顺($l=$2m,$a=0.5$mm 及 $a=1$mm)。计算结果如图 2.9～图 2.16 所示,分别为轨道挠度、速度、加速度、轮轨作用力的时程曲线。图 2.17 为不同刚度比对应的动力系数曲线($a=0$)。

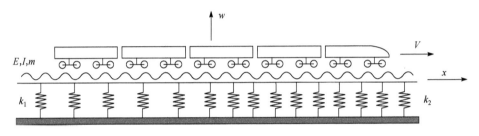

图 2.8　TGV 高速列车通过时轨道振动分析模型

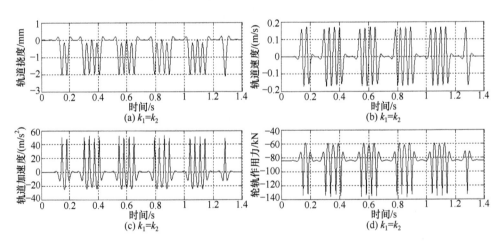

图 2.9　刚度突变处轨道挠度、速度、加速度、轮轨作用力时程曲线($k_1=k_2$,$a=0.5$mm)

由上述计算结果可以得到如下结论[17,18]。

① 轨道刚度突变对轨道振动有影响,轨道刚度比相差越大,其动力响应也越大,如图 2.7 和图 2.9～图 2.17 所示。

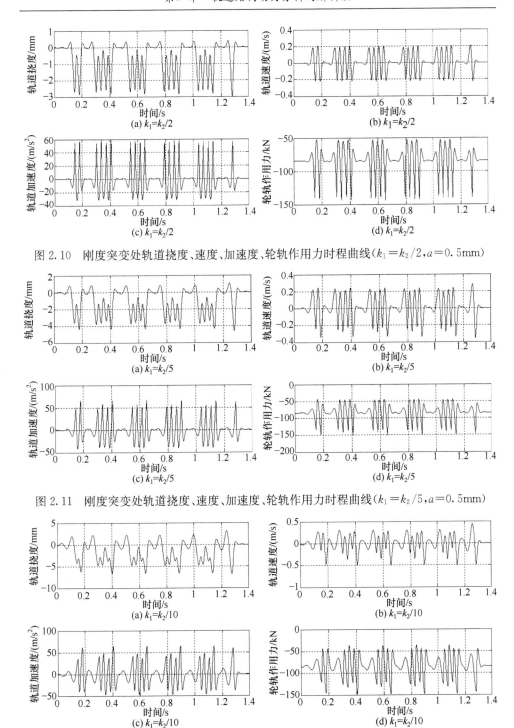

图 2.10 刚度突变处轨道挠度、速度、加速度、轮轨作用力时程曲线($k_1=k_2/2,a=0.5mm$)

图 2.11 刚度突变处轨道挠度、速度、加速度、轮轨作用力时程曲线($k_1=k_2/5,a=0.5mm$)

图 2.12 刚度突变处轨道挠度、速度、加速度、轮轨作用力时程曲线($k_1=k_2/10,a=0.5mm$)

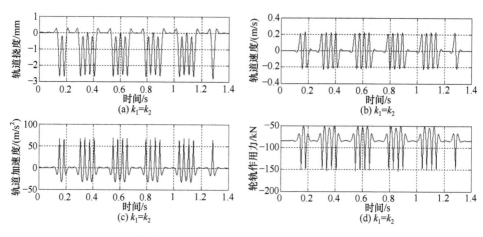

图 2.13　刚度突变处轨道挠度、速度、加速度、轮轨作用力时程曲线($k_1 = k_2$, $a = 1\text{mm}$)

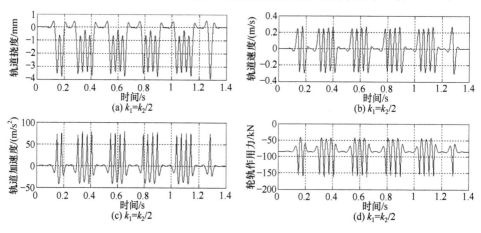

图 2.14　刚度突变处轨道挠度、速度、加速度、轮轨作用力时程曲线($k_1 = k_2/2$, $a = 1\text{mm}$)

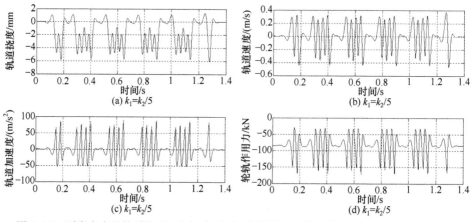

图 2.15　刚度突变处轨道挠度、速度、加速度、轮轨作用力时程曲线($k_1 = k_2/5$, $a = 1\text{mm}$)

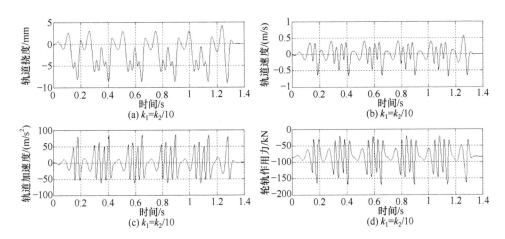

图 2.16　刚度突变处轨道挠度、速度、加速度、轮轨作用力时程曲线($k_1=k_2/10$, $a=1$mm)

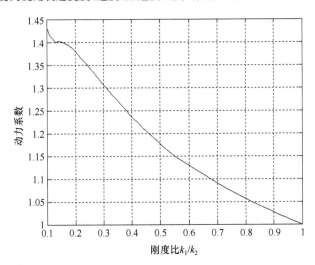

图 2.17　不同轨道基础刚度比对应的动力系数

② 对给定的刚度比,动荷载速度越大,结构的动力响应也越大,如图 2.7 所示。

③ 轨道不平顺对轨道振动影响显著,当不平顺幅值 a 分别为 0、0.5、1 和 2mm 时,对应的轨道挠度全幅值分别为 6.82、10.02、13.23 和 19.64mm;对应的轨道加速度全幅值分别为 66.95、98.44、129.93 和 192.90m/s² ,均为轨道平顺情况的 1.47、1.94 和 2.88 倍,如图 2.7 所示。

④ 轨道刚度比为 $k_2/k_1=2$、$k_2/k_1=5$ 和 $k_2/k_1=10$ 时,轨道挠度全幅值分别是轨道刚度均匀的 1.44、2.42 和 4.27 倍;轨道速度全幅值分别是轨道刚度均匀时的 1.27、1.84 和 2.73 倍;轨道加速度和轮轨作用力全幅值分别是轨道刚度均匀时的 1.18、1.38 和 1.43 倍。从对轨道结构影响较大的加速度和轮轨作用力两个指

标看,轨道刚度相差在 5 倍以内时,对轨道振动影响较大,超过 5 倍以上,影响趋缓,这点从图 2.7 也可以看出。

⑤ 全幅值反映了结构振动的幅度,值越大表示结构振动越激烈,容易引起路基液化,导致结构基础稳定性降低。当轨道刚度比达到 5 倍甚至更大时,轨道加速度上、下振荡波形幅值基本接近,如图 2.11、图 2.12、图 2.15 和图 2.16 所示。这种情况对轨道结构的稳定尤其不利,应尽量避免。

2.2.3　轨道过渡段的整治原则

轨道过渡段刚度设计应满足如下两个方面。

① 保证过渡段轨道具有相同的刚度。

② 如果不能保证相同的轨道刚度,则应确保轨道刚度平缓过渡,使钢轨动挠度、加速度及轮轨接触力不致变化太大造成巨大的冲击力。

欲使轨道刚度平缓过渡,可在刚性区的轨枕上设置弹性垫板,在轨枕下铺设橡胶垫层或道砟来增加该区域的弹性,也可以通过加强过渡区轨道基础,如采用长枕、护轨,在桥头设置混凝土搭板和枕梁,在道砟底部铺设土工合成材料或采用滤清垫层取代沙垫层,以及采用粗粒级配料填筑、加筋土路堤等措施逐渐增加轨道刚度。轨道刚度平缓过渡的距离取决于列车的速度,速度越高、距离越长,反之则越短[19]。

根据图 2.17 的结果,当刚度比 $k_1/k_2 \geqslant 1/2$ 时,动力系数 $\alpha = 1.17$。为此提出如下过渡段整治建议。

① 为便于施工,过渡段宜采用分层强化基础刚度的措施,一般取 3 层或 4 层即可。

② 列车在过渡段运行时引起的动力系数及过渡段各层之间的刚度比应满足 $\alpha \leqslant 1.2$ 和 $1/2 \leqslant k_1/k_2 \leqslant 1$。

③ 过渡段每层平缓距离:$l = 5 \sim 10\text{m}$,当列车速度 $V \leqslant 160\text{km/h}$ 时,取 $l = 5\text{m}$,当列车速度 $V > 160\text{km/h}$ 时,取 $l = 10\text{m}$,如图 2.18 所示。

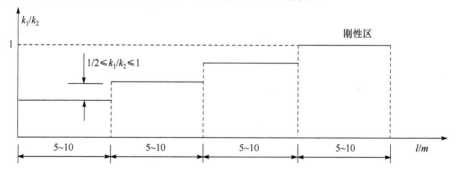

图 2.18　分层强化过渡段轨道基础刚度

参 考 文 献

[1] Madshus C, Kaynia A. High speed railway lines on soft ground: dynamic response of rail—embankment-soil system[R]. 1998, NGI515177-1.

[2] Krylov V V. On the theory of railway induced ground vibrations[J]. Journal of Physique, 1994, 4(5):769-772.

[3] Krylov VV. Generation of ground vibrations by super fast trains[J]. Applied Acoustics, 1995, 44:149-164.

[4] Krylov V V, Dawson A R. Rail movement and ground waves caused by high speed trains approaching track-soil critical velocities[J]. Proceedings of the Institution of Mechanical Engineers. Part F, Journal of Rail and Rapid Transit, 2000, 214 (F):107-116.

[5] 雷晓燕, 圣小珍. 铁路交通噪声与振动[M]. 北京:科学出版社, 2004.

[6] Belzer A I. Acoustics of Solids[M]. Berlin: Springer-Verlag, 1988.

[7] Vesic A S. Beams on elastic subgrade and the winkler hypothesis[C]// Proceedings of the 5th International Conference on Soil Mechanics and Foundation Engineering, 1961, (1):845-851.

[8] Heelis M E, Collop A C, Dawson A R, et al. Transient effects of high speed trains crossing soft soil[J]. Geotechnical Engineering for Transportation Infrastructure, 1999:1809-1814.

[9] 雷晓燕, 圣小珍. 现代轨道理论研究(2版)[M]. 北京:中国铁道出版社, 2008.

[10] 雷晓燕. 轨道临界速度与轨道强振动研究[J]. 岩土工程学报, 2006, 28(3):419-422.

[11] 雷晓燕. 高速列车诱发地面波与轨道强振动研究[J]. 铁道学报, 2006, 28(3):78-82.

[12] Kerr A D, Moroney B E. Track transition problems and remedies[J]. American Railway Engineering Association, 1995, 742:267-297.

[13] Kerr A D. A method for determining the track modulus using a locomotive or car on multi-axle trucks[J]. Proceedings of American Railway Engineering Association, 1987, 84(2):270-286.

[14] Kerr A D. On the vertical modulus in the standard railway track analyses[J]. Rail International, 1989, 235(2):37-45.

[15] Moroney B E. A study of railroad track transition points and problems[D]. Master's Thesis, Department of Civil Engineering, University of Delaware, 1991.

[16] Lei X, Mao L. Dynamic response analyses of vehicle and track coupled system on track transition of conventional high speed railway[J]. Journal of Sound and Vibration, 2004, 271(3):1133-1146.

[17] 雷晓燕. 移动荷载作用下基础弹性刚度突变连续梁振动分析[J]. 振动工程学报, 2006, 19(2):195-199.

[18] 雷晓燕. 轨道过渡段刚度突变对轨道振动的影响[J]. 中国铁道科学, 2006, 27 (5):42-45.

[19] 刘林芽, 雷晓燕, 刘晓燕. 既有线路桥过渡段的设计与动力学性能评价[J]. 铁道标准设计, 2004, 504(1):9, 10.

第三章　轨道结构动力分析的傅里叶变换法

高速铁路在中长距离运输中有许多优点,如快速、舒适、节能、环保等。然而,随着列车速度的提高,列车对轨道和地面的动力作用也明显增大,在列车高速运行的条件下,这种现象尤其严重。国内外研究表明[1-4],当列车速度达到或超过某种临界速度时,高速列车将诱发地面波引起轨道结构的强烈振动,其后果是影响列车运行的安全性和舒适性,严重时将造成列车脱轨。瑞典的 Madshus 和 Kaynia 在 X2000 高速列车试验时已观察到这一现象[1],试验结果表明,高速列车诱发轨道结构强烈振动时的动力系数可高达正常情况下的 10 倍。高速列车诱发地面波与轨道强振动已经引起了国内外学者和铁路公司的密切关注,近年来有关该方面的理论和试验研究不断涌现[1-7]。

本章将傅里叶变换法用于轨道结构动力分析中。首先对轨道结构振动方程进行傅里叶变换,求解傅里叶变换域中的振动位移,再通过快速离散傅里叶逆变换(IDFT)得到轨道结构的振动响应。

3.1　轨道结构连续弹性单层梁模型

轨道结构连续弹性单层梁模型如图 3.1 所示,其振动微分方程为

$$E_r I_r \frac{\partial^4 w}{\partial x^4} + m_r \frac{\partial^2 w}{\partial t^2} + c_r \frac{\partial w}{\partial t} + k_s w = -\sum_{l=1}^{n} F_l \delta(x - Vt - a_l) \tag{3.1}$$

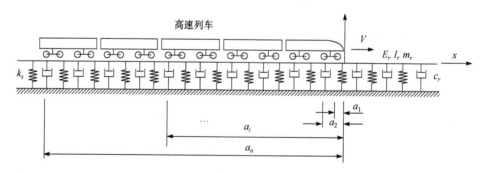

图 3.1　轨道结构单层弹性梁模型

其中,E_r 和 I_r 为钢轨的弹性模量和水平惯性矩;$w(x,t)$ 为钢轨竖向挠度;m_r 为单位长度的轨道质量;c_r 为轨道结构等效阻尼;k_s 为轨道基础等效刚度;δ 为 Dirac 函数;V 为列车运行速度;F_l 为第 l 个轮对 1/2 轴重;a_l 为 $t=0$ 时第 l 个轮对距原点

的距离;n 为轮载总数。

3.1.1　傅里叶变换

定义傅里叶变换[8,9]为

$$W(\beta,t) = \int_{-\infty}^{\infty} w(x,t)\,e^{-i\beta x}\,dx \tag{3.2}$$

傅里叶逆变换为

$$w(x,t) = \frac{1}{2\pi}\int_{-\infty}^{\infty} W(\beta,t)\,e^{i\beta x}\,d\beta \tag{3.3}$$

其中,β 为振动波数,单位 rad/m。

对式(3.1)作傅里叶变换,可得

$$E_r I_r (i\beta)^4 W(\beta,t) + m_r \frac{\partial^2 W(\beta,t)}{\partial t^2} + c_r \frac{\partial W(\beta,t)}{\partial t} + k_s W(\beta,t) = -\sum_{l=1}^{n} F_l e^{-i\beta(a_l+Vt)} \tag{3.4}$$

设车辆荷载为简谐激励,即 $F_l = F_l e^{i\Omega t}$,则式(3.4)右端项可以写成为

$$
\begin{aligned}
-\sum_{l=1}^{M} F_l e^{-i\beta(a_l+Vt)} e^{i\Omega t} &= -\sum_{l=1}^{M} F_l e^{-i\beta a_l} e^{i(\Omega-\beta V)t} \\
&= -\sum_{l=1}^{M} F_l e^{-i\beta a_l} e^{i\omega t} \\
&= -\widetilde{F}(\beta) e^{i\omega t} \\
&= -\overline{F}(\beta,t)
\end{aligned}
\tag{3.5}
$$

其中

$$\overline{F}(\beta,t) = \widetilde{F}(\beta)e^{i\omega t}, \quad \widetilde{F}(\beta) = \sum_{l=1}^{n} F_l e^{-i\beta a_l} \tag{3.6}$$

由于车辆荷载为简谐激励,位移响应可写为

$$W(\beta,t) = \widetilde{W}(\beta)e^{i\omega t} \tag{3.7}$$

其中,$\omega = \Omega - \beta V$, Ω 为荷载激振频率,单位 rad/s。

将式(3.5)和式(3.6)代入式(3.4),有

$$E_r I_r \beta^4 \widetilde{W}(\beta) - m_r \omega^2 \widetilde{W}(\beta) + i\omega c_r \widetilde{W}(\beta) + k_s \widetilde{W}(\beta) = -\widetilde{F}(\beta) \tag{3.8}$$

解式(3.8),得到

$$\widetilde{W}(\beta) = -\frac{\widetilde{F}(\beta)}{E_r I_r \beta^4 - m_r(\Omega-\beta V)^2 + ic_r(\Omega-\beta V) + k_s} \tag{3.9}$$

代入式(3.7),再代入式(3.3),并进行傅里叶逆变换,即

$$\widetilde{w}(x,t) = \frac{1}{2\pi}\int_{-\infty}^{\infty} W(\beta,t)\,e^{i\beta x}\,d\beta \tag{3.10}$$

最后得

$$w(x,t)=\widetilde{w}(x,t)\mathrm{e}^{\mathrm{i}\varphi} \tag{3.11}$$

其中，φ 为复数 $\widetilde{w}(x,t)$ 的相位角。

3.1.2　快速离散傅里叶逆变换

式(3.10)可以用快速离散傅里叶逆变换求得，即

$$\widetilde{w}(x,t)=\frac{1}{2\pi}\int_{-\infty}^{\infty}W(\beta,t)\mathrm{e}^{\mathrm{i}\beta x}\,\mathrm{d}\beta\approx\frac{\Delta\beta}{2\pi}\sum_{j=-N+1}^{N}W(\beta_j,t)\mathrm{e}^{\mathrm{i}\beta_j x} \tag{3.12}$$

取[10]

$$\beta_k=(k-N)\Delta\beta-\frac{\Delta\beta}{2},\quad k=1,2,\cdots,2N \tag{3.13}$$

将式(3.13)代入式(3.12)中，有

$$\widetilde{w}(x_m,t)\approx\frac{\Delta\beta}{2\pi}\sum_{k=1}^{2N}W(\beta_k,t)\mathrm{e}^{\mathrm{i}\beta_k x_m} \tag{3.14}$$

其中

$$x_m=(m-N)\Delta x,\quad m=1,2,\cdots,2N \tag{3.15}$$

由

$$\Delta x\Delta\beta=\Delta x\frac{2\pi}{L}=\frac{L}{2N}\frac{2\pi}{L}=\frac{\pi}{N} \tag{3.16}$$

其中，L 为 $\left(-\frac{L}{2},\frac{L}{2}\right)$ 的空间周期。

由此可得，$\Delta x=\dfrac{\pi}{N\Delta\beta}$，因此有

$$\beta_k x_m=-\left(N-\frac{1}{2}\right)(m-N)\frac{\pi}{N}+(k-1)(m-N)\frac{\pi}{N} \tag{3.17}$$

将式(3.17)代入式(3.14)中，可以得到

$$\widetilde{w}(x_m,t)\approx\frac{\Delta\beta}{2\pi}\mathrm{e}^{-\mathrm{i}\left(N-\frac{1}{2}\right)(m-N)\pi/N}\sum_{k=1}^{2N}W(\beta_k,t)\mathrm{e}^{\mathrm{i}(k-1)(m-N)\pi/N} \tag{3.18}$$

3.1.3　Matlab 中的离散傅里叶逆变换定义

$$\widetilde{w}_1(x_j,t)=\frac{1}{2N}\sum_{k=1}^{2N}W(\beta_k,t)\mathrm{e}^{\mathrm{i}(k-1)(j-1)\pi/N} \tag{3.19}$$

应用 Matlab 软件进行快速离散傅里叶逆变换后，还需要对结果重新排序，记排序后的结果为 $\widehat{w}(x_m,t)$，有如下关系。

① 当 j 在 $1\sim(N+1)$ 时，进行 $m=j+N-1$ 修正，即

$$\hat{w}(x_m,t)=\hat{w}(x_{j+N-1},t)=\widetilde{w}_1(x_j,t) \tag{3.20a}$$

由此可得

$$\hat{w}(x_N,t)=\widetilde{w}_1(x_1,t)$$

$$\hat{w}(x_{N+1},t)=\widetilde{w}_1(x_2,t)$$

$$\cdots$$

$$\hat{w}(x_{2N},t)=\widetilde{w}_1(x_{N+1},t)$$

② 当 j 在 $(N+2)\sim 2N$ 时，进行 $m=j-N-1$ 修正，即

$$\hat{w}(x_m,t)=\hat{w}(x_{j-N-1},t)=\widetilde{w}_1(x_j,t) \tag{3.20b}$$

由此可得

$$\hat{w}(x_1,t)=\widetilde{w}_1(x_{N+2},t)$$

$$\hat{w}(x_2,t)=\widetilde{w}_1(x_{N+3},t)$$

$$\cdots$$

$$\hat{w}(x_{N-1},t)=\widetilde{w}_1(x_{2N},t)$$

对比式(3.18)和式(3.19)，可得

$$\widetilde{w}(x_m,t)\approx\frac{\Delta\beta N}{\pi}\mathrm{e}^{-\mathrm{i}\left(N-\frac{1}{2}\right)(m-N)\pi\omega/N}\hat{w}(x_m,t) \tag{3.21}$$

将式(3.21)代入式(3.11)，有

$$w(x_m,t)=\widetilde{w}(x_m,t)\mathrm{e}^{\mathrm{i}(\varphi+\Omega t)} \tag{3.22}$$

其中，φ 为复数 $\widetilde{w}(x_m,t)$ 的相位角。

3.2　轨道结构连续弹性双层梁模型

隧道中的无砟轨道结构通常可以简化为连续弹性双层梁模型。轨道结构连续弹性双层梁模型见图 3.2，其振动微分方程为

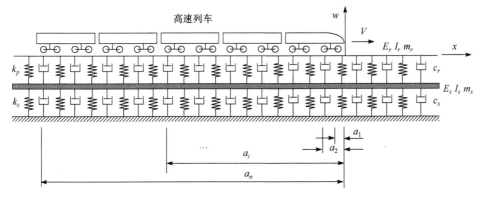

图 3.2　轨道结构双层弹性梁模型

$$E_r I_r \frac{\partial^4 w}{\partial x^4} + m_r \frac{\partial^2 w}{\partial t^2} + c_r \left(\frac{\partial w}{\partial t} - \frac{\partial y}{\partial t} \right) + k_p (w - y) = - \sum_{l=1}^{n} F_l \delta (x - Vt - a_l)$$

$$E_s I_s \frac{\partial^4 y}{\partial x^4} + m_s \frac{\partial^2 y}{\partial t^2} + c_s \frac{\partial y}{\partial t} - c_r \left(\frac{\partial w}{\partial t} - \frac{\partial y}{\partial t} \right) + k_s y - k_p (w - y) = 0 \quad (3.23)$$

其中，E_r 和 I_r 为钢轨弹性模量和水平惯性矩；$w(x,t)$ 为钢轨竖向挠度；E_s 和 I_s 为轨道板弹性模量和水平惯性矩；$y(x,t)$ 为轨道板竖向挠度；m_r 为单位长度钢轨质量，m_s 为单位长度轨道板质量；c_r 为轨下垫板和扣件阻尼；k_p 为轨下垫板和扣件刚度；c_s 为 CA 砂浆或轨道板下基础阻尼；k_s 为 CA 砂浆或轨道板下基础刚度；其他参数意义同式(3.1)。

对式(3.23)作傅里叶变换，设

$$F(\beta, t) = \widetilde{F}(\beta) e^{i\omega t}$$
$$W(\beta, t) = \widetilde{W}(\beta) e^{i\omega t}$$
$$Y(\beta, t) = \widetilde{Y}(\beta) e^{i\omega t} \quad (3.24)$$

其中，$\widetilde{F}(\beta) = \sum_{l=1}^{M} F_l e^{-i\beta a_l}$，则有

$$E_r I_r \beta^4 \widetilde{W} - m_r \omega^2 \widetilde{W} + i\omega c_r (\widetilde{W} - \widetilde{Y}) + k_p (\widetilde{W} - \widetilde{Y}) = -\widetilde{F} \quad (3.25)$$

$$E_s I_s \beta^4 \widetilde{Y} - m_s \omega^2 \widetilde{Y} + i\omega c_s \widetilde{Y} - i\omega c_r (\widetilde{W} - \widetilde{Y}) + k_s \widetilde{Y} - k_p (\widetilde{W} - \widetilde{Y}) = 0 \quad (3.26)$$

联立求解式(3.25)和式(3.26)，可以得到

$$\widetilde{W}(\beta) = -\frac{A}{AB - C^2} \widetilde{F}(\beta) \quad (3.27)$$

$$\widetilde{Y}(\beta) = \frac{C}{A} \widetilde{W}(\beta) \quad (3.28)$$

其中

$$A = E_s I_s \beta^4 - m_s \omega^2 + i\omega (c_s + c_r) + k_s + k_p$$
$$B = E_r I_r \beta^4 - m_r \omega^2 + i\omega c_r + k_p \quad (3.29)$$
$$C = i\omega c_r + k_p$$

将式(3.27)和式(3.28)代入式(3.24)，并进行傅里叶逆变换，即

$$\widetilde{w}(x,t) = \frac{1}{2\pi} \int_{-\infty}^{\infty} W(\beta, t) e^{i\beta x} \, d\beta \quad (3.30)$$

$$\widetilde{y}(x,t) = \frac{1}{2\pi} \int_{-\infty}^{\infty} Y(\beta, t) e^{i\beta x} \, d\beta \quad (3.31)$$

最后得到

$$w(x,t) = \widetilde{w}(x,t) e^{i(\varphi_w + \Omega t)} \quad (3.32)$$

$$y(x,t) = \widetilde{y}(x,t) e^{i(\varphi_y + \Omega t)} \quad (3.33)$$

其中，φ_w 和 φ_y 分别是复数 $\widetilde{w}(x,t)$ 和 $\widetilde{y}(x,t)$ 的相位角。

3.3　高速铁路轨道振动与轨道临界速度分析

下面运用轨道结构连续弹性单层梁模型和双层梁模型,对高速铁路轨道结构进行动力分析,并讨论轨道结构临界速度的计算方法。

3.3.1　单层梁模型分析

轨道临界速度是指当列车速度达到该速度时,轨道结构将发生强烈振动。对于轨道结构单层梁模型,轨道临界速度 c_{crit} 的计算公式为[3,4]

$$c_{crit} = \sqrt[4]{\frac{4k_s EI}{m_r^2}} \tag{3.34}$$

轨道结构临界速度与轨道基础等效刚度 k_s、钢轨抗弯模量 EI,以及单位长度的轨道质量 m_r 有关。运用单层梁模型时,计算 m_r 应包含钢轨、轨枕和道砟的质量。

轨道基础等效刚度 k_s 与轨道基础弹性模量有如下关系[11],即

$$k_s = \frac{0.65 E_s}{1-v_s^2} \sqrt[12]{\frac{E_s B^4}{EI}} \tag{3.35}$$

其中,E_s 为轨道基础弹性模量,单位 MN/m^2;v_s 为泊松比;B 为轨枕长度,通常取 $2.5 \sim 2.6m$;EI 为钢轨的抗弯模量,单位 $MN \cdot m^2$。

一般情况下,轨道基础弹性模量约为 $E_s = 50 \sim 100 MN/m^2$,对软土基础,$E_s = 10 MN/m^2$ 甚至更低。

考察 TGV 高速列车以不同速度通过时轨道振动情况,如图 3.2 所示。列车编组为 1 台 TGV 高速动车 + 4 台 TGV 高速拖车,TGV 高速动车和拖车的计算参数详见文献[9]。轨道条件为 60kg/m 无缝钢轨,钢轨抗弯模量 $EI = 2 \times 6.625 MN \cdot m^2$,轨枕配置 1760 根/km,轨枕长度 2.6m,道床厚度 35cm,肩宽 50cm,道砟密度 $2000 kg/m^3$。分别运用式(3.34)和傅里叶变换法计算轨道临界速度,结果如表 3.1 所示。图 3.3 和图 3.5 分别为 $E_s = 2 \times 50 MN/m^2$ 和 $E_s = 2 \times 10 MN/m^2$ 时不同荷载速度对应的最大轨道振动挠度,图 3.4 和图 3.6 分别为 $E_s = 2 \times 50 MN/m^2$,$V = 149 m/s$ 和 $E_s = 2 \times 10 MN/m^2$,$V = 97 m/s$ 对应的傅氏域中的轨道挠度及轨道等效阻尼对振动波沿轨道分布的影响。由此可见,软土路基条件下的轨道临界速度下降为 $c_{crit} = 97 m/s = 349 km/h$,这一速度容易被高速列车超过,从而引起轨道结构的强烈振动。

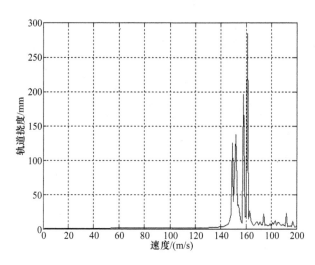

图 3.3　不同列车速度对应的最大轨道振动挠度($E_s = 2 \times 50 \mathrm{MN/m^2}$)

表 3.1　轨道参数与最小轨道临界速度(单层梁模型)

参数	E_s/ (MN/m²)	c_r/ (kN·s/m²)	m_r/ (kg/m)	F_l/ kN	c_{crit}/(m/s) 数值计算结果	c_{crit}/(m/s) 式(3.34)
黏性土路基	2×50	0	3600	85	149	148.5
软土路基	2×10	0	3600	85	97	96.0

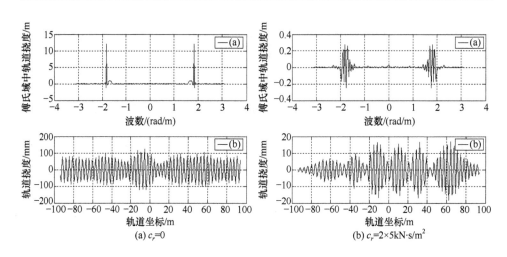

(a) $c_r=0$　　　　　　　　　　(b) $c_r=2 \times 5 \mathrm{kN \cdot s/m^2}$

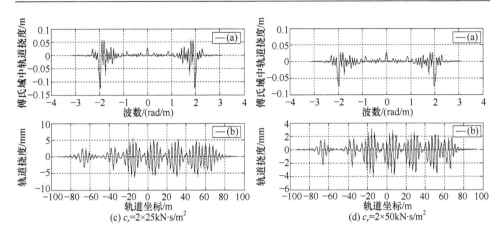

(c) $c_r=2\times25\text{kN}\cdot\text{s/m}^2$　　　　(d) $c_r=2\times50\text{kN}\cdot\text{s/m}^2$

图 3.4　阻尼对轨道挠度的影响($E_s=2\times50\text{MN/m}^2$,$V=149\text{m/s}$)

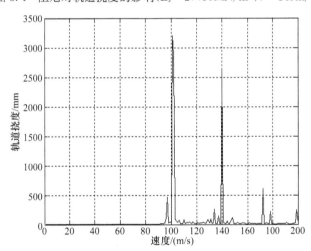

图 3.5　不同列车速度对应的最大轨道振动挠度($E_s=2\times10\text{MN/m}^2$)

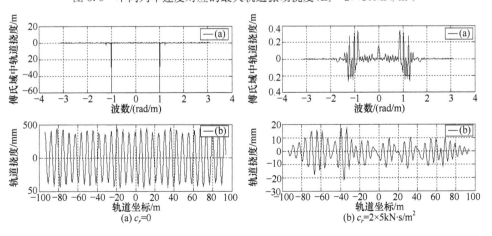

(a) $c_r=0$　　　　(b) $c_r=2\times5\text{kN}\cdot\text{s/m}^2$

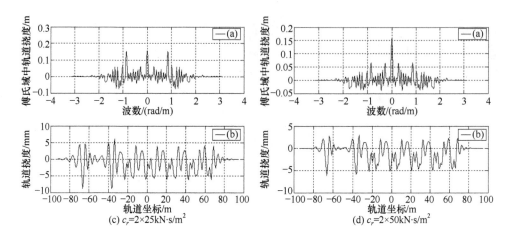

图 3.6　阻尼对轨道挠度的影响（$E_s=2\times10\mathrm{MN/m^2}$，$V=97\mathrm{m/s}$）

3.3.2　双层梁模型分析

运用如图 3.2 所示的模型，考虑轨道参数对轨道临界速度和轨道振动的影响，分析如下六种工况。

工况 1，轨下垫板和扣件刚度 $k_p=2\times150$，2×100，2×50，$2\times25\mathrm{MN/m^2}$ 对轨道临界速度的影响（$E_s=2\times50\mathrm{MN/m^2}$，$c_r=c_s=0$）。

工况 2，轨道基础刚度 $E_s=2\times100$，2×50，2×10，$2\times2\mathrm{MN/m^2}$ 对轨道临界速度的影响（$k_p=2\times100\mathrm{kN/m^2}$，$c_r=c_s=0$）。

工况 3，轨下垫板和扣件刚度 $k_p=2\times100$，2×50，2×25，$2\times5\mathrm{MN/m^2}$ 对轨道振动的影响（$E_s=2\times50\mathrm{MN/m^2}$，$c_r=c_s=2\times50\mathrm{kN\cdot s/m^2}$，$V=149\mathrm{m/s}$）。

工况 4，轨道基础刚度 $E_s=2\times100$，2×50，2×10，$2\times2\mathrm{MN/m^2}$ 对轨道振动的影响（$k_p=2\times100\mathrm{kN/m^2}$，$c_r=c_s=2\times50\mathrm{kN\cdot s/m^2}$，$V=149\mathrm{m/s}$）。

工况 5，轨下垫板和扣件阻尼 $c_r=0$，2×25，2×50，$2\times100\mathrm{kN\cdot s/m^2}$ 对轨道振动的影响（$E_s=2\times50\mathrm{MN/m^2}$，$k_p=2\times100\mathrm{kN/m^2}$，$c_s=2\times50\mathrm{kN\cdot s/m^2}$，$V=149\mathrm{m/s}$）。

工况 6，轨道基础阻尼 $c_s=2\times5$，2×25，2×50，$2\times100\mathrm{kN\cdot s/m^2}$ 对轨道振动的影响（$E_s=2\times50\mathrm{MN/m^2}$，$k_p=2\times100\mathrm{kN/m^2}$，$c_r=2\times50\mathrm{kN\cdot s/m^2}$，$V=149\mathrm{m/s}$）。

计算参数和计算结果分别如表 3.2 和表 3.3 所示。图 3.7 和图 3.8 分别为轨下垫板和扣件刚度及轨道基础刚度对轨道临界速度的影响。图 3.9～图 3.12 分别为轨下垫板和扣件刚度、轨道基础刚度、轨下垫板和扣件阻尼及轨道基础阻尼对轨道振动的影响。通过计算，可以得到如下结论[12]。

表 3.2 轨道参数与最小轨道临界速度（工况 1）

参数	$k_p/$ (MN/m²)	$E_s/$ (MN/m²)	$c_r/$ (kN·s/m²)	$c_s/$ (kN·s/m²)	$m_r/$ (kg/m)	$m_t/$ (kg/m)	$c_{crit}/$ (m/s)
工况 1	2×150	2×50	0	0	120	3480	140
	2×100	2×50	0	0	120	3480	149
	2×50	2×50	0	0	120	3480	129
	2×25	2×50	0	0	120	3480	123

表 3.3 轨道参数与最小轨道临界速度（工况 2）

参数	$E_s/$ (MN/m²)	$k_p/$ (MN/m²)	$c_r/$ (kN·s/m²)	$c_s/$ (kN·s/m²)	$m_r/$ (kg/m)	$m_t/$ (kg/m)	$c_{crit}/$ (m/s)
工况 2	2×100	2×100	0	0	120	3480	159
	2×50	2×100	0	0	120	3480	149
	2×10	2×100	0	0	120	3480	95
	2×2	2×100	0	0	120	3480	83

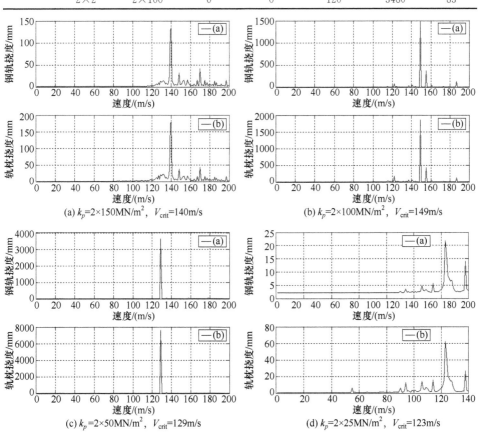

图 3.7 轨枕垫板和扣件刚度对轨道临界速度的影响（$E_s=2×50$MN/m²，$c_r=c_s=0$）

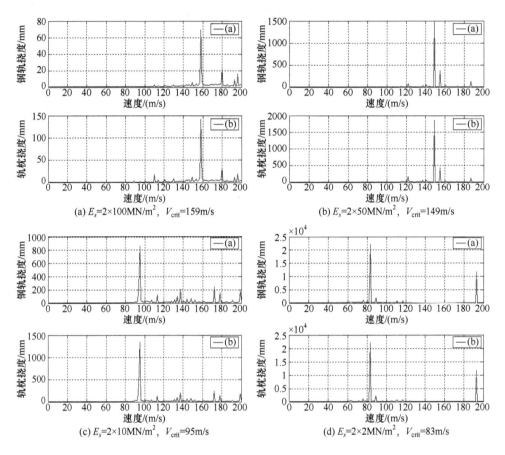

图 3.8　轨道基础刚度对轨道临界速度的影响（$k_p = 2 \times 100\text{kN/m}^2$，$c_r = c_s = 0$）

① 轨下垫板和扣件刚度对轨道临界速度的影响不大且无规律，如表 3.2 和图 3.7 所示。

② 轨道基础刚度对轨道临界速度有重要的影响，轨道临界速度随轨道基础刚度的增加而提高，如表 3.3 和图 3.8 所示。

③ 轨下垫板和扣件刚度对轨道振动的影响不明显，因而提高轨下垫板和扣件刚度对减小轨道振动的作用意义不大，如图 3.9 所示。

④ 轨道基础刚度对轨道振动有一定的影响，提高轨道基础刚度有利于轨道的稳定。

⑤ 轨下垫板和扣件阻尼及轨道基础阻尼对轨道振动非常敏感，阻尼的存在能极大地减小轨道强振动的发生。但是，当 c_r（或 c_s）存在时，改变 c_s（或 c_r）对轨道振动影响不大。

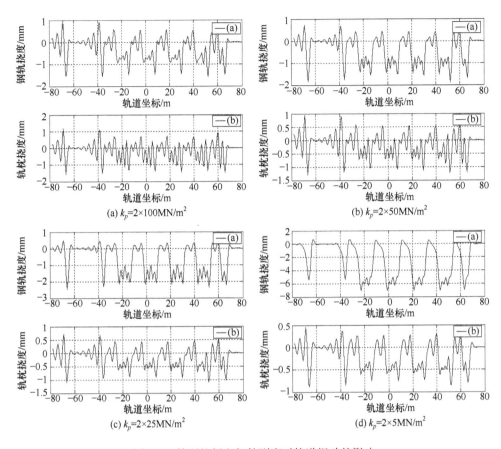

图 3.9　轨下垫板和扣件刚度对轨道振动的影响

$(E_s = 2 \times 50 \text{MN/m}^2, c_r = c_s = 2 \times 50 \text{kN} \cdot \text{s/m}^2, V = 149 \text{m/s})$

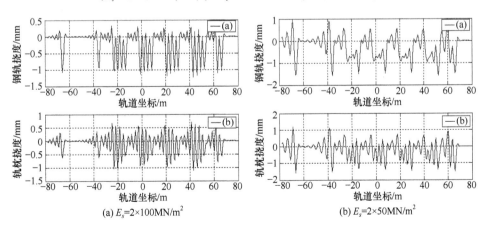

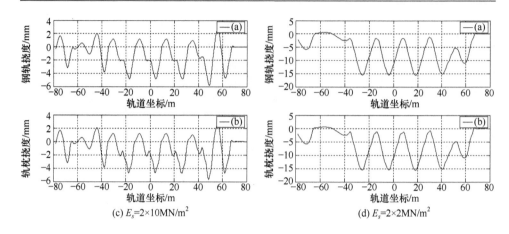

(c) $E_s = 2 \times 10\text{MN/m}^2$　　　　　(d) $E_s = 2 \times 2\text{MN/m}^2$

图 3.10　轨道基础刚度对轨道振动的影响
$(k_p = 2 \times 100\text{kN/m}^2, c_r = c_s = 2 \times 50\text{kN} \cdot \text{s/m}^2, V = 149\text{m/s})$

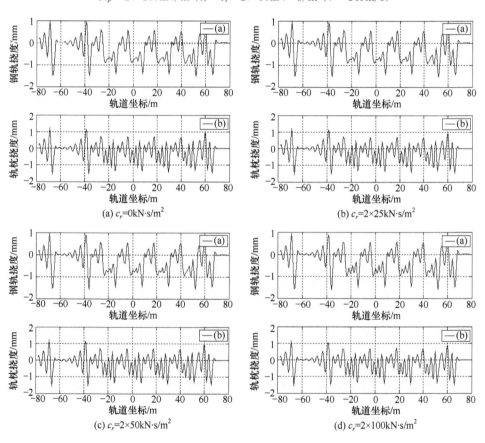

(a) $c_r = 0\text{kN} \cdot \text{s/m}^2$　　　　　(b) $c_r = 2 \times 25\text{kN} \cdot \text{s/m}^2$

(c) $c_r = 2 \times 50\text{kN} \cdot \text{s/m}^2$　　　　　(d) $c_r = 2 \times 100\text{kN} \cdot \text{s/m}^2$

图 3.11　轨下垫板和扣件阻尼对轨道振动的影响
$(E_s = 2 \times 50\text{MN/m}^2, k_p = 2 \times 100\text{kN/m}^2, c_s = 2 \times 50\text{kN} \cdot \text{s/m}^2, V = 149\text{m/s})$

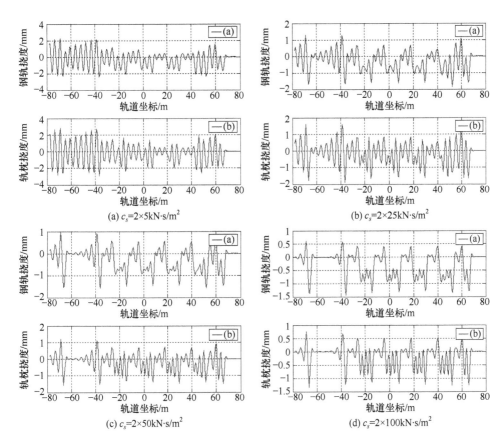

图 3.12 轨道基础阻尼对轨道振动的影响

$(E_s = 2 \times 50 \mathrm{MN/m^2}, k_p = 2 \times 100 \mathrm{kN/m^2}, c_r = 2 \times 50 \mathrm{kN \cdot s/m^2}, V = 149 \mathrm{m/s})$

⑥ 当轨道基础刚度 E_s 相同时,用单层梁模型和双层梁模型计算得到的轨道最小临界速度基本相同,如表 3.1 和表 3.2 所示。因此,为了简化计算,可以用式(3.34)计算轨道结构的最小临界速度。

轨道结构临界速度通常有若干个,工程中需要引起我们关注的是轨道最小临界速度,这一速度在软土路基条件下往往较低,容易被高速列车超过,从而引起轨道结构的强烈振动,甚至脱轨。同时,还需指出,对于双层梁模型,很难用解析的方法求得轨道临界速度。

以上通过建立轨道结构连续弹性单层梁模型和双层梁模型,论述了用傅里叶变换法求解轨道结构动力响应和轨道临界速度的方法。作为应用实例,用傅里叶变换法求得了列车通过时高速铁路轨道的临界速度,分析了轨下垫板和扣件刚度、轨道基础刚度、轨下垫板和扣件阻尼及轨道基础阻尼对轨道振动的影响,得到了一些有意义的结论。该方法思路清晰,适用于移动荷载作用下的轨道结构动力学问题,同时借助 Matlab 使程序编制容易实现。

3.4　客货混运铁路轨道结构振动分析

为了缓解紧张的铁路运输矛盾,我国已对既有线进行了大面积的提速改造,并积极修建客运专线。部分既有线提速改造完成后,以及在客运专线运营的初期,将采取客货混运的运输模式。本节通过建立考虑线路随机不平顺的轨道结构连续三层梁模型,论述运用傅里叶变换法求解轨道结构连续弹性三层梁模型的数值方法,分析客货混运铁路专线列车以不同速度运行时引起轨道结构振动的特点。

3.4.1　轨道结构连续弹性三层梁模型

传统的有砟轨道结构可以简化为连续弹性三层梁模型。图 3.13 为轨道结构连续弹性三层梁模型,其振动微分方程为[14,15]

$$E_r I_r \frac{\partial^4 w}{\partial x^4} + m_r \frac{\partial^2 w}{\partial t^2} + c_r \left(\frac{\partial w}{\partial t} - \frac{\partial z}{\partial t}\right) + k_p (w-z) = -\sum_{l=1}^{n} \left(F_l + m_w \frac{\partial^2 \eta}{\partial t^2}\right) \delta(x - Vt - a_l)$$

$$(3.36)$$

$$m_t \frac{\partial^2 z}{\partial t^2} + c_b \left(\frac{\partial z}{\partial t} - \frac{\partial y}{\partial t}\right) - c_r \left(\frac{\partial w}{\partial t} - \frac{\partial z}{\partial t}\right) + k_b (z-y) - k_p (w-z) = 0 \quad (3.37)$$

$$m_b \frac{\partial^2 y}{\partial t^2} + c_s \frac{\partial y}{\partial t} - c_b \left(\frac{\partial z}{\partial t} - \frac{\partial y}{\partial t}\right) + k_s y - k_b (z-y) = 0 \quad (3.38)$$

其中,w 为钢轨竖向挠度;m_r 为单位长度的钢轨质量;k_p 为单位长度轨下垫板和扣件的刚度;c_r 为单位长度轨下垫板和扣件的阻尼;z 为轨枕竖向挠度;m_t 为单位长度轨枕的质量;k_b 为单位长度道床的刚度;c_b 为单位长度道床的阻尼;y 为道床竖向挠度;m_b 为单位长度道床的质量;k_s 为单位长度路基的等效刚度;c_s 为单位长度路基的等效阻尼;δ 为 Dirac 函数;V 为列车运行速度;F_l 为 1/2 的第 l 个轮对轴重;m_w 为第 l 个车轮质量;a_l 为 $t=0$ 时第 l 个轮对距原点的距离;n 为轮对总数,$\eta(x=Vt)$ 为轨道随机不平顺值。

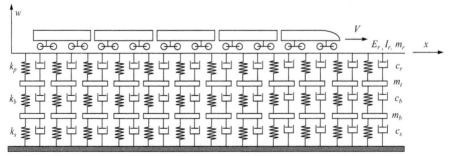

图 3.13　轨道结构连续弹性三层梁模型

3.4.2　轨道随机不平顺的数值模拟

轨道随机不平顺值 $\eta(x=vt)$ 可用三角级数表示为[13]

$$\eta = \sum_{k=1}^{N_k} \eta_k \sin(\omega_k x + \phi_k) \tag{3.39}$$

其中，η_k 是平均值为 0、标准差为 σ_k 的高斯随机变量，对于 $k=1,2,\cdots,N_k$ 来说，是互相独立的；ϕ_k 是与 η_k 独立的、$0\sim2\pi$ 的同一随机变量，ϕ_k 本身对于 $k=1,2,\cdots,$ N_k 来说也是互相独立的；σ_k 在 $\eta(x=vt)$ 的功率谱密度函数 $S_x(\omega)$ 的正域内，把下限值 ω_l 和上限值 ω_u 之间分成 N_k 等分，设

$$\Delta\omega = (\omega_u - \omega_l)/N_k \tag{3.40}$$

令

$$\omega_k = \omega_l + \left(k - \frac{1}{2}\right)\Delta\omega, \quad k=1,2,\cdots,N_k \tag{3.41}$$

有

$$\sigma_k^2 = 4S_x(\omega_k)\Delta\omega, \quad k=1,2,\cdots,N_k \tag{3.42}$$

即认为 $S_x(\omega)$ 的有效功率在 (ω_l, ω_u)，(ω_l, ω_u) 以外的值可视为 0，则根据式(3.41) 和式(3.42)可以算出 ω_k 和 σ_k 的值。式(3.40)~式(3.42)中的 ω_l，ω_u 和 ω_k 为空间频率，单位为 rad/m。N_k 为充分大的整数。可以证明，由式(3.39)~式(3.42)构造的样本函数其功率谱密度函数是 $S_x(\omega)$，且是各态历经的[9]。

美国联邦铁路管理局根据大量实测资料得到线路不平顺功率谱密度，并将其拟合成一个以截断频率和粗糙度常数表示的函数。这些函数适用波长范围为 1.524~304.8m，轨道线路不平顺等级可以分为六级。

美国轨道高低不平顺功率谱密度为

$$S_v(\omega) = \frac{kA_v\omega_c^2}{(\omega^2 + \omega_c^2)\omega^2} \ (\text{cm}^2/\text{rad/m}) \tag{3.43}$$

其中，k 一般取 0.25；ω_c 和 A_v 如表 3.4 所示。

表 3.4　美国轨道谱不平顺参数

参数		各级轨道的参数值					
符号	单位	1	2	3	4	5	6
A_v	cm² · rad/m	1.2107	1.0181	0.6816	0.5376	0.2095	0.0339
ω_c	rad/m	0.8245	0.8245	0.8245	0.8245	0.8245	0.8245

3.4.3　求解轨道结构连续弹性三层梁模型的傅里叶变换法

定义傅里叶变换和傅里叶逆变换，即

$$W(\beta,t) = \int_{-\infty}^{\infty} w(x,t)\,\mathrm{e}^{-\mathrm{i}\beta x}\,\mathrm{d}x \tag{3.44}$$

$$w(x,t) = \frac{1}{2\pi}\int_{-\infty}^{\infty} W(\beta,t)\,\mathrm{e}^{\mathrm{i}\beta x}\,\mathrm{d}\beta \tag{3.45}$$

其中，β 为振动波数，单位 rad/m。

由式(3.39)，可得

$$\frac{\partial^2 \eta}{\partial t^2} = -\sum_{k=1}^{N_k} \eta_k \omega_k^2 v^2 \sin(\omega_k x + \phi_k) \tag{3.46}$$

对式(3.36)右端项作傅里叶变换，有

$$I_{ti} = -\left\{\sum_{l=1}^{M}\left(F_l + m_w \frac{\partial^2 \eta}{\partial t^2}\right)\mathrm{e}^{-\mathrm{i}\beta a_l}\right\}\mathrm{e}^{-\mathrm{i}\beta vt} = \widetilde{F}(\beta)\mathrm{e}^{-\mathrm{i}\beta vt} \tag{3.47}$$

其中

$$\widetilde{F}(\beta) = -\sum_{l=1}^{M}\left(F_l + m_w \frac{\partial^2 \eta}{\partial t^2}\right)\mathrm{e}^{-\mathrm{i}\beta a_l} \tag{3.48}$$

对式(3.36)~式(3.38)作傅里叶变换，并设

$$F(\beta,t) = \widetilde{F}(\beta)\mathrm{e}^{\mathrm{i}\omega t} \tag{3.49}$$
$$W(\beta,t) = \widetilde{W}(\beta)\mathrm{e}^{\mathrm{i}\omega t} \tag{3.50}$$
$$Z(\beta,t) = \widetilde{Z}(\beta)\mathrm{e}^{\mathrm{i}\omega t} \tag{3.51}$$
$$Y(\beta,t) = \widetilde{Y}(\beta)\mathrm{e}^{\mathrm{i}\omega t} \tag{3.52}$$

其中，$\omega = \Omega - \beta V$，$\Omega$ 为外荷载激振频率，单位 rad/m。

有

$$EI\beta^4\widetilde{W} - m_r\omega^2\widetilde{W} + \mathrm{i}\omega c_r(\widetilde{W}-\widetilde{Z}) + k_p(\widetilde{W}-\widetilde{Z}) = \widetilde{F} \tag{3.53}$$
$$-m_t\omega^2\widetilde{Z} + \mathrm{i}\omega c_b(\widetilde{Z}-\widetilde{Y}) - \mathrm{i}\omega c_r(\widetilde{W}-\widetilde{Z}) + k_b(\widetilde{Z}-\widetilde{Y}) - k_p(\widetilde{W}-\widetilde{Z}) = 0 \tag{3.54}$$
$$-m_b\omega^2\widetilde{Y} + \mathrm{i}\omega c_s\widetilde{Y} - \mathrm{i}\omega c_b(\widetilde{Z}-\widetilde{Y}) + k_s\widetilde{Y} - k_b(\widetilde{Z}-\widetilde{Y}) = 0 \tag{3.55}$$

联立求解式(3.53)~式(3.55)，可以得到

$$\widetilde{W}(\beta) = \frac{[AB-(\mathrm{i}\omega c_b + k_b)^2]\widetilde{F}(\beta)}{C[AB-(\mathrm{i}\omega c_b + k_b)^2] - A(\mathrm{i}\omega c_r + k_p)^2} \tag{3.56}$$

$$\widetilde{Z}(\beta) = \frac{A(\mathrm{i}\omega c_r + k_p)}{AB-(\mathrm{i}\omega c_b + k_b)^2}\widetilde{W}(\beta) \tag{3.57}$$

$$\widetilde{Y}(\beta) = \frac{\mathrm{i}\omega c_b + k_b}{A}\widetilde{Z}(\beta) \tag{3.58}$$

其中，$A = -m_b\omega^2 + \mathrm{i}\omega(c_s+c_b) + k_s + k_b$；$B = -m_t\omega^2 + \mathrm{i}\omega(c_b+c_r) + k_b + k_p$；$C = EI\beta^4 - m_r\omega^2 + \mathrm{i}\omega c_r + k_p$。

将式(3.56)~式(3.58)代入式(3.50)~式(3.52)中，并进行傅里叶逆变换，即

$$\widetilde{w}(x,t) = \frac{1}{2\pi} \int_{-\infty}^{\infty} W(\beta,t) \mathrm{e}^{\mathrm{i}\beta x} \mathrm{d}\beta$$

$$\widetilde{z}(x,t) = \frac{1}{2\pi} \int_{-\infty}^{\infty} Z(\beta,t) \mathrm{e}^{\mathrm{i}\beta x} \mathrm{d}\beta$$

$$\widetilde{y}(x,t) = \frac{1}{2\pi} \int_{-\infty}^{\infty} Y(\beta,t) \mathrm{e}^{\mathrm{i}\beta x} \mathrm{d}\beta$$

则有

$$w(x,t) = \widetilde{w}(x,t) \mathrm{e}^{\mathrm{i}(\varphi_w + \Omega t)} \tag{3.59}$$

$$z(x,t) = \widetilde{z}(x,t) \mathrm{e}^{\mathrm{i}(\varphi_z + \Omega t)} \tag{3.60}$$

$$y(x,t) = \widetilde{y}(x,t) \mathrm{e}^{\mathrm{i}(\varphi_y + \Omega t)} \tag{3.61}$$

其中,φ_w、φ_z 和 φ_y 分别为复数 $\widetilde{w}(x,t)$、$\widetilde{z}(x,t)$ 和 $\widetilde{y}(x,t)$ 的相位角。

根据式(3.59)～式(3.61)容易求得钢轨、轨枕和道床的速度、加速度,以及作用于轨枕及地基上的动压力。

3.4.4　客货混运铁路轨道结构振动分析

应用上述模型,对客货混运铁路轨道结构进行振动分析[14,15]。

列车编组考虑客车和货车两种情况,一种情况是 1 台中华之星机车＋8 节 YZ$_{25}$ 型客车,另一种情况是 1 台中华之星机车＋15 节 C$_{60}$ 货车,其中机车轴重 210kN,YZ$_{25}$ 型客车轴重 142.5kN,C$_{60}$ 货车轴重 210kN。轨道条件:60kg/m 无缝钢轨,有砟轨道,钢轨抗弯模量 $EI = 2 \times 6.625\mathrm{MN} \cdot \mathrm{m}^2$,III 型轨枕,轨枕间距 0.60m,线路不平顺模拟成六级。其他计算参数如表 3.5 所示。考虑客、货列车分别以 60、80、100、120、140、160、180、200km/h 八种速度运行时轨道结构的振动响应。

表 3.5　轨道计算参数

计算参数	单位长度质量/kg	单位长度刚度/(MN/m²)	单位长度阻尼/(kN s/m²)
钢轨	60	80/0.6	50/0.6
轨枕	340/0.6	120/0.6	60/0.6
道床	2718	425	90/0.6

计算结果如图 3.14～图 3.17 所示,分别表示客车和货车以不同速度运行时列车对钢轨位移、钢轨加速度、轨枕位移、轨枕加速度、道床位移、道床加速度、轨枕动压力和地基动压力的影响。

通过计算,可以得出如下结论。

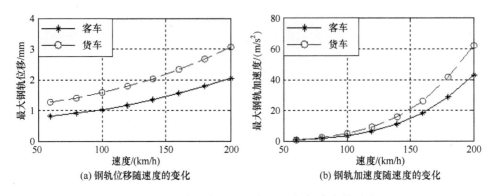

(a) 钢轨位移随速度的变化　　　　(b) 钢轨加速度随速度的变化

图 3.14　列车速度对钢轨位移、钢轨加速度的影响

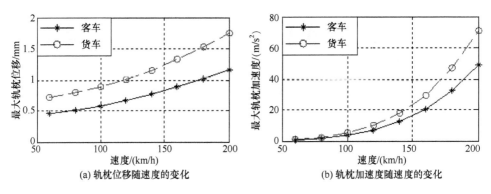

(a) 轨枕位移随速度的变化　　　　(b) 轨枕加速度随速度的变化

图 3.15　列车速度对轨枕位移、轨枕加速度的影响

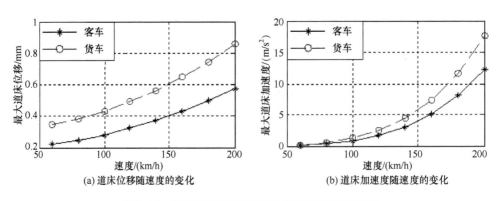

(a) 道床位移随速度的变化　　　　(b) 道床加速度随速度的变化

图 3.16　列车速度对道床位移、道床加速度的影响

① 轨道的动力响应随着客、货列车速度的提高而增大。在位移、加速度、轨枕动压力和地基压力四个指标中,列车速度对钢轨、轨枕和道床的加速度影响最大,尤其是当列车速度超过 100km/h 时,加速度明显增加。

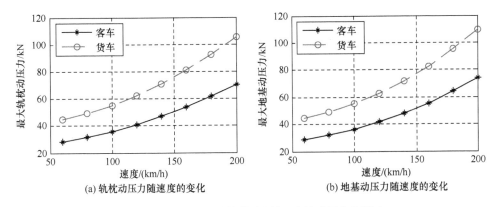

图 3.17　列车速度对轨枕动压力、地基动压力的影响

② 在同样的列车速度条件下,货车引起轨道的动力响应比客车的作用大,其中货车引起的轨道位移约比客车大 45%～50%,货车引起的轨道加速度比客车大 40%～50%,货车引起的轨道动压力比客车大 50%～60%,即客车以 200km/h 运行时引起轨道的挠度和动压力仅相当于货车以 140km/h 运行时的状况。产生这种现象的原因有两点:一是货车的轴重比客车的大,分别为 210kN 和 142.5kN;二是货车的车辆定距比客车小,分别为 8.7m 和 18.0m。因此,在客货混运的铁路专线上,最不利的工况应是来自货车。在空车、重车混合编组的情况下,引起的动力作用会更大,这种情况已被现场试验验证。

我国目前既有线上大多采用的铁路运输模式仍是客货混运,客货混运对线路的曲线段和直线段均有很高的要求,曲线超高要同时兼顾客货列车,还要限制货运列车和客运列车的最大重量、长度和速度。国外有客货混运的铁路,也有高速铁路开行货车的线路,如日本的新干线。但前提条件是那些货车都是轻型的,没有重型车,而我国的货车却是重载的。客货混运导致列车对铁路轨道的破坏程度增大。客车就像公路上的小轿车,而货车就像公路上的大卡车,货车由于载重多、速度慢,对轨道结构的冲击也就特别大。另外,在客车速度提高,货车速度保持不变的情况下,货车的运输能力反而会下降。客货分流可以减少这种破坏程度,是一种必然趋势。我国目前正在大力新建的客运专线必将极大地缓解交通运输的矛盾。

3.5　软土地基沥青基础有砟轨道结构振动分析

以美国为首的北美铁路主要是货物运输,美国 70% 的铁路线路是重载铁路,标准轴重 33t(1t＝1000kg),最大轴重达到 39t。重载列车编组通常为 108 辆货车,由 3～6 台机车牵引,列车总重为 13 600t。为了提高重载铁路轨道基础的承载力,美国一般在软土基础或地质条件较差地段,在道砟下面铺设一沥青层,如图 3.18

所示。典型的沥青层宽 3.7m,厚 125～150mm,基础较差的区段,沥青层的厚度可以达到 200mm。沥青层上面的道砟厚度通常为 200～300mm。为了进一步提高沥青基础有砟轨道的弹性,可以在沥青中掺加一定比例的橡胶颗粒,用于轨道交通特殊地段的减振降噪。在有砟轨道底部铺设沥青层的措施使用范围很广,可以用于正线、道岔区、隧道、路桥过渡段、路隧过渡段,平交道口等。实践证明,该措施能极大地提高轨道结构的稳定性,增加轨道的弹性,同时沥青层的设置还具有良好的防水性,能避免轨道结构的翻浆冒泥,减少线路病害。

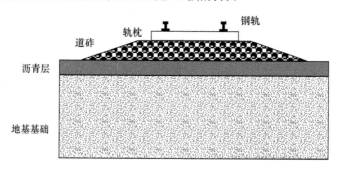

图 3.18 沥青基础有砟轨道结构横截面图

本节通过建立考虑线路随机不平顺的轨道结构连续四层梁模型,讨论运用傅里叶变换法求解轨道结构连续弹性四层梁模型的数值方法,对沥青基础有砟轨道结构进行振动分析,并考虑沥青层厚度、沥青中橡胶含量,以及软土地基弹性模量对轨道结构振动的影响。

3.5.1 轨道结构连续弹性四层梁模型

软土地基沥青基础有砟轨道结构可以简化为连续弹性四层梁模型,如图 3.19 所示,其振动微分方程为[16]

$$E_r I_r \frac{\partial^4 w}{\partial x^4} + m_r \frac{\partial^2 w}{\partial t^2} + c_p\left(\frac{\partial w}{\partial t} - \frac{\partial z}{\partial t}\right) + k_p(w - z) = -\sum_{l=1}^{n}\left(F_l + m_w \frac{\partial^2 \eta}{\partial t^2}\right)\delta(x - Vt - a_l) \tag{3.62}$$

$$m_t \frac{\partial^2 z}{\partial t^2} + c_b\left(\frac{\partial z}{\partial t} - \frac{\partial y}{\partial t}\right) - c_p\left(\frac{\partial w}{\partial t} - \frac{\partial z}{\partial t}\right) + k_b(z - y) - k_p(w - z) = 0 \tag{3.63}$$

$$m_b \frac{\partial^2 y}{\partial t^2} + c_s\left(\frac{\partial y}{\partial t} - \frac{\partial g}{\partial t}\right) - c_b\left(\frac{\partial z}{\partial t} - \frac{\partial y}{\partial t}\right) + k_s(y - g) - k_b(z - y) = 0 \tag{3.64}$$

$$E_s I_s \frac{\partial^4 g}{\partial x^4} + m_s \frac{\partial^2 g}{\partial t^2} + c_g \frac{\partial g}{\partial t} - c_s\left(\frac{\partial y}{\partial t} - \frac{\partial g}{\partial t}\right) + k_g g - k_s(y - g) = 0 \tag{3.65}$$

其中,w、z、y 和 g 分别为钢轨、轨枕、道砟和沥青层的竖向挠度;E_r 和 I_r 分别为钢轨的弹性模量和截面绕水平轴的惯性矩;m_r 为单位长度的钢轨质量;k_p 为单位长度轨下垫板和扣件的刚度；c_r 为单位长度轨下垫板和扣件的阻尼；m_t 为单位长度轨枕的质量；k_b 为单位长度道砟的刚度；c_b 为单位长度道床的阻尼；m_b 为单位长度道床的质量；k_s 为单位长度沥青层的等效刚度；c_s 为单位长度沥青层的等效阻尼；E_s 和 I_s 分别为沥青层的弹性模量和截面绕水平轴的惯性矩；m_s 为单位长度沥青层的质量；k_g 为单位长度软土地基的等效刚度；c_g 为单位长度软土地基的等效阻尼；x 为轨道纵向坐标；$\delta(x-Vt-a_l)$ 为 Dirac 函数；V 为列车运行速度；F_l 为 1/2 的第 l 个轮对轴重；m_w 为第 l 个车轮质量；a_l 为 $t=0$ 时第 l 个轮对距原点的距离；n 为轮对总数；$\eta(x=Vt)$ 为轨道随机不平顺值。

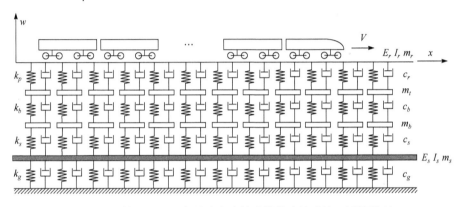

图 3.19 软土地基沥青基础有砟轨道结构连续弹性四层梁模型

3.5.2 求解轨道结构连续弹性四层梁模型的傅里叶变换法

定义傅里叶变换和傅里叶逆变换如下，即

$$W(\beta,t) = \int_{-\infty}^{\infty} w(x,t)\mathrm{e}^{-\mathrm{i}\beta x}\mathrm{d}x \tag{3.66}$$

$$w(x,t) = \frac{1}{2\pi}\int_{-\infty}^{\infty} W(\beta,t)\mathrm{e}^{\mathrm{i}\beta x}\mathrm{d}\beta \tag{3.67}$$

其中，β 为振动波数，单位 rad/m。

对式(3.62)～式(3.65)作傅里叶变换，并设 $W(\beta,t)$、$Z(\beta,t)$、$Y(\beta,t)$、$G(\beta,t)$ 及 $F(\beta,t)$ 为简谐函数，即

$$W(\beta,t) = \widetilde{W}(\beta)\mathrm{e}^{\mathrm{i}\omega t} \tag{3.68}$$

$$Z(\beta,t) = \widetilde{Z}(\beta)\mathrm{e}^{\mathrm{i}\omega t} \tag{3.69}$$

$$Y(\beta,t) = \widetilde{Y}(\beta)\mathrm{e}^{\mathrm{i}\omega t} \tag{3.70}$$

$$G(\beta,t) = \widetilde{G}(\beta)\mathrm{e}^{\mathrm{i}\omega t} \tag{3.71}$$

$$F(\beta,t) = \widetilde{F}(\beta)\mathrm{e}^{\mathrm{i}\omega t} \tag{3.72}$$

$$\widetilde{F}(\beta) = \sum_{l=1}^{n} \left(-F_l + m_w \frac{\partial^2 \eta}{\partial t^2} \right) e^{-i\beta a_l} \tag{3.73}$$

其中，$\omega = \Omega - \beta V$，$\Omega$ 为外荷载激振频率，单位 rad/m。

由此可得

$$(E_r I_r \beta^4 - m_r \omega^2 + i\omega c_p + k_p)\widetilde{W}(\beta) - (i\omega c_p + k_p)\widetilde{Z}(\beta) = \widetilde{F}(\beta) \tag{3.74}$$

$$[-m_t \omega^2 + i\omega(c_b + c_p) + k_b + k_p]\widetilde{Z}(\beta) - (i\omega c_b + k_b)\widetilde{Y}(\beta) - (i\omega c_p + k_p)\widetilde{W}(\beta) = 0 \tag{3.75}$$

$$[-m_b \omega^2 + i\omega(c_s + c_b) + k_s + k_b]\widetilde{Y}(\beta) - (i\omega c_s + k_s)\widetilde{G}(\beta) - (i\omega c_b + k_b)\widetilde{Z}(\beta) = 0 \tag{3.76}$$

$$[E_s I_s \beta^4 - m_s \omega^2 + i\omega(c_g + c_s) + k_g + k_s]\widetilde{G}(\beta) - (i\omega c_s + k_s)\widetilde{Y}(\beta) = 0 \tag{3.77}$$

令

$$\begin{aligned}
A_1 &= E_r I_r \beta^4 - m_r \omega^2 + i\omega c_p + k_p \\
A_2 &= -m_t \omega^2 + i\omega(c_b + c_p) + k_b + k_p \\
A_3 &= -m_b \omega^2 + i\omega(c_s + c_b) + k_s + k_b \\
A_4 &= E_s I_s \beta^4 - m_s \omega^2 + i\omega(c_g + c_s) + k_g + k_s
\end{aligned} \tag{3.78}$$

$$\begin{aligned}
B_1 &= i\omega c_p + k_p \\
B_2 &= i\omega c_b + k_b \\
B_3 &= i\omega c_s + k_s
\end{aligned} \tag{3.79}$$

联立求解式(3.74)~式(3.77)，可以得到

$$\widetilde{W}(\beta) = \frac{A_2(A_3 A_4 - B_3 B_3) - A_4 B_2 B_2}{A_1 A_2(A_3 A_4 - B_3 B_3) - A_1 A_4 B_2 B_2 - (A_3 A_4 - B_3 B_3)B_1 B_1}\widetilde{F}(\beta) \tag{3.80}$$

$$\widetilde{Z}(\beta) = \frac{(A_3 A_4 - B_3 B_3)B_1}{A_2(A_3 A_4 - B_3 B_3) - A_4 B_2 B_2}\widetilde{W}(\beta) \tag{3.81}$$

$$\widetilde{Y}(\beta) = \frac{A_4 B_2}{A_3 A_4 - B_3 B_3}\widetilde{Z}(\beta) \tag{3.82}$$

$$\widetilde{G}(\beta) = \frac{B_3}{A_4}\widetilde{Y}(\beta) \tag{3.83}$$

将式(3.80)~式(3.83)代入式(3.68)~式(3.71)，并进行傅里叶逆变换，有

$$\widetilde{w}(x,t) = \frac{1}{2\pi}\int_{-\infty}^{\infty} W(\beta,t)e^{i\beta x}\,d\beta \tag{3.84}$$

$$\widetilde{z}(x,t) = \frac{1}{2\pi}\int_{-\infty}^{\infty} Z(\beta,t)e^{i\beta x}\,d\beta \tag{3.85}$$

$$\widetilde{y}(x,t) = \frac{1}{2\pi}\int_{-\infty}^{\infty} Y(\beta,t)e^{i\beta x}\,d\beta \tag{3.86}$$

$$\widetilde{g}(x,t) = \frac{1}{2\pi} \int_{-\infty}^{\infty} G(\beta,t) \mathrm{e}^{\mathrm{i}\beta x} \,\mathrm{d}\beta \qquad (3.87)$$

则有

$$w(x,t) = \widetilde{w}(x,t) \mathrm{e}^{\mathrm{i}\varphi_w} \qquad (3.88)$$

$$z(x,t) = \widetilde{z}(x,t) \mathrm{e}^{\mathrm{i}\varphi_z} \qquad (3.89)$$

$$y(x,t) = \widetilde{y}(x,t) \mathrm{e}^{\mathrm{i}\varphi_y} \qquad (3.90)$$

$$g(x,t) = \widetilde{g}(x,t) \mathrm{e}^{\mathrm{i}\varphi_g} \qquad (3.91)$$

其中,φ_w、φ_z、φ_y 和 φ_g 分别为复数 $\widetilde{w}(x,t)$、$\widetilde{z}(x,t)$、$\widetilde{y}(x,t)$ 和 $\widetilde{g}(x,t)$ 的相位角。

根据式(3.88)～式(3.91)容易求得钢轨、轨枕、道床和沥青层的速度、加速度,以及作用于轨枕、道床、沥青层、软土地基上的动压力。

3.5.3　软土地基沥青基础有砟轨道结构振动分析

应用上述模型,对软土地基沥青基础有砟轨道结构进行振动分析[16]。

轨道条件:60kg/m 无缝钢轨,沥青基础有砟轨道,钢轨抗弯模量 $E_rI_r = 2 \times 6.625 \mathrm{MN \cdot m^2}$,III 型轨枕,轨枕长 2.6m,轨枕间距 0.60m,道床肩宽 $b = 30\mathrm{cm}$,道砟厚度 $H_b = 30\mathrm{cm}$,道砟密度 $\rho = 2000\mathrm{kg/m^3}$,其他轨道结构参数如表 3.6 所示,线路不平顺模拟成六级。单位长度沥青层的等效刚度 k_s 和等效阻尼 c_s 与沥青层中的橡胶含量有关,根据表 3.7 中的参数计算得到[16]。软土地基单位长度刚度 k_g 可以根据软土地基弹性模量 E_s 按式(3.35)求得,其中 $B = 2.6\mathrm{m}$。

列车为 8 节编组的 CRH3 型动车,轴重 142.5kN,列车速度 200km/h。

表 3.6　轨道结构参数

轨道结构	单位长度质量/kg	单位长度刚度/(MN/m²)	单位长度阻尼/(kN·s/m²)
钢轨	60	——	——
轨枕	340/0.6	80/0.6	50/0.6
道床	2790	120/0.6	60/0.6
沥青层	变量	变量	变量
软土地基	——	变量	90/0.6

表 3.7　沥青层中橡胶含量及参数

工况	橡胶含量/%	橡胶密度/(kg/m³)	橡胶剪切模量/MPa	阻尼比
A	0	2511	750	0.055
B	10	2500	890	0.065
C	20	2480	980	0.095

考虑下列三种工况。

工况一，沥青层中橡胶含量 $C_a=20\%$，软土地基弹性模量 $E_s=20\mathrm{MPa}$ 时，考虑三种沥青层厚度 $H_a=10\mathrm{cm}$、$15\mathrm{cm}$、$20\mathrm{cm}$ 对轨道结构振动的影响。

工况二，沥青层厚度 $H_a=20\mathrm{cm}$，软土地基弹性模量 $E_s=20\mathrm{MPa}$ 时，考虑三种沥青层中橡胶含量 $C_a=0\%$、10%、20% 对轨道结构振动的影响。

工况三，沥青层中橡胶含量 $C_a=20\%$，沥青层厚度 $H_a=20\mathrm{cm}$ 时，考虑三种软土地基弹性模量 $E_s=20$、25、$30\mathrm{MPa}$ 对轨道结构振动的影响。

计算结果如图 3.20～图 3.28 所示，分别表示不同的沥青层厚度、沥青层中橡胶含量及软土地基弹性模量对钢轨位移、钢轨加速度、轨枕位移、轨枕加速度、道砟位移、道砟加速度、沥青层位移、沥青层加速度，以及作用于轨枕、道砟、沥青层、软土地基上的动压力的影响。

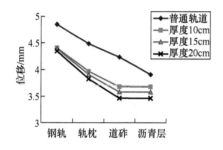

图 3.20 沥青层厚度 $H_a=10$、15、$20\mathrm{cm}$ 对轨道振动位移的影响

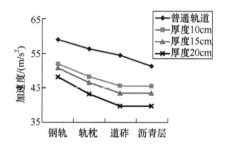

图 3.21 沥青层厚度 $H_a=10$、15、$20\mathrm{cm}$ 对轨道振动加速度的影响

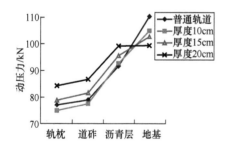

图 3.22 沥青层厚度 $H_a=10$、15、$20\mathrm{cm}$ 对轨道振动压力的影响

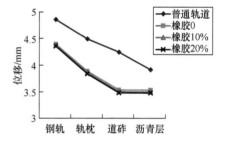

图 3.23 沥青层中橡胶含量 $C_a=0$、10%、20% 对轨道振动位移的影响

通过计算，可得到如下结论。

① 与普通有砟轨道相比（无沥青层），在道砟下面铺设沥青层能够有效减小钢轨、轨枕、道砟、沥青层位移和加速度，以及减小作用于软土地基上的动压力，如图 3.20～3.25所示。增加沥青层的厚度对减小轨道结构振动有利，从而提高轨道结构的稳定性。

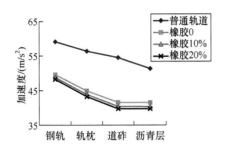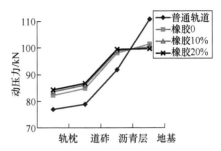

图 3.24　沥青层中橡胶含量 $C_a=0$、10%、20%对轨道振动加速度的影响

图 3.25　沥青层中橡胶含量 $C_a=0$、10%、20%对轨道振动压力的影响

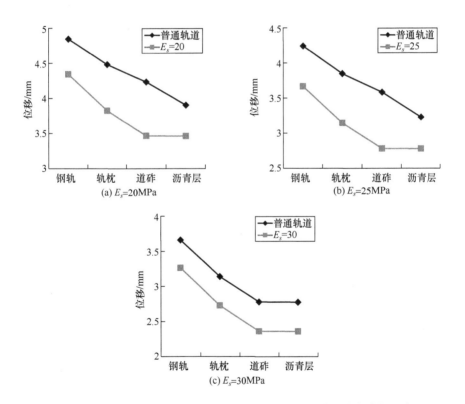

图 3.26　软土地基弹性模量 $E_s=20$、25、30MPa 对轨道振动位移的影响

②　提高沥青层中的橡胶含量能够提高沥青层的弹性,有利于轨道结构减振降噪。

③　对于软土地基上的轨道结构,铺设沥青层能够使列车荷载更均匀地分布于更大范围的轨道基础上,能有效降低轨道结构的动应力,如图 3.26～图 3.28 所示。

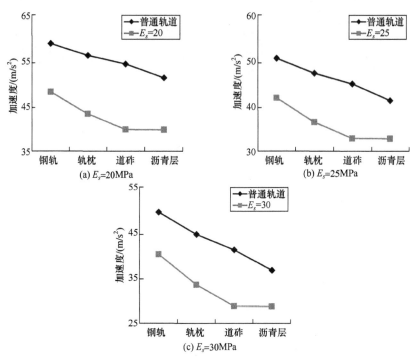

图 3.27　软土地基弹性模量 $E_s=20$、25、30MPa 对轨道振动加速度的影响

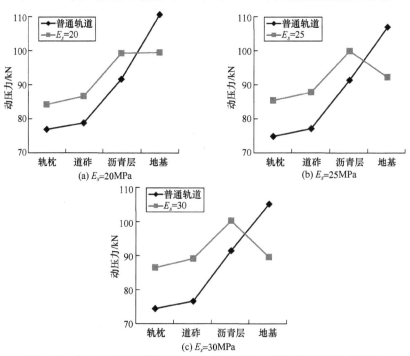

图 3.28　软土地基弹性模量 $E_s=20$、25、30MPa 对轨道振动压力的影响

④ 沥青基础有砟轨道结构特别适用于重载铁路和软土基础上的铁道线路。由于沥青层具有良好的防水作用,沥青基础有砟轨道结构病害较少,使用寿命更长。

参 考 文 献

[1] Madshus C, Kaynia A. High speed railway lines on soft ground: dynamic response of rail-embankment-soil system[R]. 1998, NGI515177-1.

[2] Krylov V V. On the theory of railway-induced ground vibrations[J]. Journal of Physique, 1994, 4(5):769-772.

[3] Krylov V V. Generation of ground vibrations by super fast trains[J]. Applied Acoustics, 1995, 44:149-164.

[4] Krylov V V, Dawson A R. Rail movement and ground waves caused by high speed trains approaching track-soil critical velocities[J]. Proceedings of the Institution of Mechanical Engineers. Part F, Journal of Rail and Rapid Transit, 2000, 214 (F):107-116.

[5] 雷晓燕. 轨道临界速度与轨道强振动研究[J]. 岩土工程学报, 2006, 28(3):419-422.

[6] 雷晓燕. 高速列车诱发地面波与轨道强振动研究[J]. 铁道学报, 2006, 28(3):78-82.

[7] 雷晓燕. 高速铁路轨道振动与轨道临界速度的傅里叶变换法[J]. 中国铁道科学, 2007, 28(6): 30-34.

[8] Sheng X, Jones C J C, Thompson D J. A theoretical model for ground vibration from trains generated by vertical track irregularities[J]. Journal of Sound and Vibration, 2004, 272 (3-5): 937-965

[9] Sheng X, Jones C J C, Thompson D J. A theoretical study on the influence of the track on train-induced ground vibration[J]. Journal of Sound and Vibration, 2004, 272 (3-5): 909-936

[10] Sheng X. Ground vibrations generated from trains[D]. Ph. D dissertation, University of Southampton, UK, 2002

[11] Vesic A S. Beams on elastic subgrade and the Winkler hypothesis[C]// Proceedings of the 5th International Conference on Soil Mechanics and Foundation Engineering, 1961, (1): 845-851.

[12] 雷晓燕. 轨道结构动力分析的傅里叶变换法[J]. 铁道学报, 2007, 29(3):67-71.

[13] 雷晓燕, 圣小珍. 现代轨道理论研究(第二版)[M]. 北京:中国铁道出版社, 2008.

[14] 雷晓燕, 等. 客货混运铁路专线轨道振动分析[J]. 铁道工程学报, 2007,(3):16-20.

[15] Lei X Y, Rose J G. Track vibration analysis for railways with mixed passenger and freight traffic[J]. Journal of Rail and Rapid Transit, Proceedings of the Institution of Mechanical Engineers, 2008, 222(4): 413-421.

[16] Lei X Y, Rose J G. Numerical investigation of vibration reduction of ballast track with asphalt trackbed over soft subgrade[J]. Journal of Vibration and Control, 2008, 14(12), 1885-1902.

第四章　高架轨道结构振动特性分析

高架轨道结构在高速铁路和城市轨道交通中得到了广泛应用,高架轨道结构的优点是占地少、沉降小、建设和运营成本低,能有效地缓解城市交通拥堵;缺点是振动噪声大,对沿线的环境有一定影响[1]。导纳是反映结构振动响应的重要指标,本章通过建立高架轨道结构解析模型和三维有限元模型,研究箱型梁和U形梁两种高架轨道结构的速度导纳分布规律,分析高架轨道结构随距离变化的振动衰减特性,并对两种模型进行适应性对比分析。

4.1　导纳的基本概念

4.1.1　导纳的定义

导纳是研究结构振动的重要指标,我们将结构受到简谐激励时产生的响应复数振幅与激励的复数幅值之比称为导纳(Y),即单位作用力引起的响应。响应可以是位移、速度和加速度,也可以是应力和应变。理论和实验证明导纳与结构的固有特性有关,如结构的质量、弹性和阻尼等。

如图 4.1 所示,在 j 点施加作用力 F_j,在任一点 i 产生响应,则 i 和 j 之间位移导纳可以表示为 $Y_X = X_i/F_j$,阻抗为导纳的倒数,即 $Z_X = 1/Y_X$。如果响应点和激励点是相同的点,所得的导纳为原点导纳,如图 4.1 所示的 $Y_{jj} = \dfrac{X_j}{F_j}$;反之,响应点

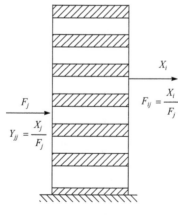

图 4.1　导纳的概念

和激励点是不同点,所得导纳为跨点导纳,如 $Y_{ij}=\dfrac{X_i}{F_j}$。机械原点导纳的符号、名称、表达式及单位如表 4.1 所示。

表 4.1　机械导纳

符号	名称	表达式
Y_X	动柔度,位移导纳/(m/N)	X_j/F_j
Y_V	速度导纳/(m/s/N)	V_j/F_j
Y_A	加速度导纳/(m/s²/N)	A_j/F_j

4.1.2　计算方法

如上所述,稳定的线性振动系统的机械导纳等于稳态响应与所施加的简谐激励复数之比,或幅值之比。单自由度系统模型如图 4.2 所示,其运动微分方程为

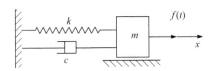

图 4.2　单自由度系统模型

$$m\frac{\mathrm{d}^2 x}{\mathrm{d}t^2}+c\frac{\mathrm{d}x}{\mathrm{d}t}+kx=f(t) \tag{4.1}$$

其中,m 为质量;c 为阻尼系数;k 为刚度;$f(t)$ 为激振力。

假设系统的激振力为

$$f(t)=\bar{F}\mathrm{e}^{\mathrm{i}\omega t} \tag{4.2}$$

其稳态位移响应为

$$x(t)=\bar{X}\mathrm{e}^{\mathrm{i}\omega t} \tag{4.3}$$

速度响应为

$$\dot{x}(t)=\mathrm{i}\omega\bar{X}\mathrm{e}^{\mathrm{i}\omega t}=\bar{V}\mathrm{e}^{\mathrm{i}\omega t} \tag{4.4}$$

加速度响应为

$$\ddot{x}(t)=-\omega^2\bar{X}\mathrm{e}^{\mathrm{i}\omega t}=\bar{A}\mathrm{e}^{\mathrm{i}\omega t} \tag{4.5}$$

则系统的机械位移导纳可以表示为

$$Y_x=\frac{X_j}{F_j}=\frac{x(t)}{f(t)}=\frac{\bar{X}\mathrm{e}^{\mathrm{i}\omega t}}{\bar{F}\mathrm{e}^{\mathrm{i}\omega t}}=\frac{\bar{X}}{\bar{F}}=\frac{1}{k-\omega^2 m+\mathrm{i}\omega c} \tag{4.6}$$

速度导纳可以表示为

$$Y_{\dot{x}}=\frac{\dot{x}(t)}{f(t)}=\frac{\bar{V}\mathrm{e}^{\mathrm{i}\omega t}}{\bar{F}\mathrm{e}^{\mathrm{i}\omega t}}=\frac{\bar{V}}{\bar{F}}=\mathrm{i}\omega Y_x \tag{4.7}$$

加速度导纳可以表示为

$$Y_{\ddot{x}} = \frac{\ddot{x}(t)}{f(t)} = \frac{\overline{A}\mathrm{e}^{\mathrm{i}\omega t}}{\overline{F}\mathrm{e}^{\mathrm{i}\omega t}} = \frac{\overline{A}}{\overline{F}} = -\omega^2 Y_x \tag{4.8}$$

4.1.3　谐响应分析的基本理论

谐响应分析是用于分析线性结构系统在简谐荷载作用下的稳态响应,目的是计算结构在不同频率下的响应,并得到响应随频率变化的曲线,如位移-频率曲线、速度-频率曲线、加速度-频率曲线等。其输入为简谐荷载,如力、位移和加速度。

谐响应分析就是针对结构求解下面的动力学方程,即

$$M\ddot{u} + C\dot{u} + Ku = F \tag{4.9}$$

其中,M 为质量矩阵;C 为阻尼矩阵;K 为刚度矩阵;$\ddot{u}$ 为结点加速度向量;$\dot{u}$ 为结点速度向量;u 为结点位移向量;F 为施加于结构上的荷载向量。

与一般情况不同的是,在动力学方程中,有

$$F = F_{\max}\mathrm{e}^{\mathrm{i}\Psi}\mathrm{e}^{\mathrm{i}\omega t} = (F_1 + \mathrm{i}F_2)\mathrm{e}^{\mathrm{i}\omega t} \tag{4.10}$$

$$u = u_{\max}\mathrm{e}^{\mathrm{i}\Psi}\mathrm{e}^{\mathrm{i}\omega t} = (u_1 + \mathrm{i}u_2)\mathrm{e}^{\mathrm{i}\omega t} \tag{4.11}$$

因此,谐响应分析的动力学方程为

$$(-\omega^2 M + \mathrm{i}\omega C + K)(u_1 + \mathrm{i}u_2) = (F_1 + \mathrm{i}F_2) \tag{4.12}$$

其中,$F_{\max}$ 和 $u_{\max}$ 分别为荷载幅值和位移幅值;i 为单位虚数 $\sqrt{-1}$;ω 为圆频率;Ψ 为荷载函数的相位角;t 为时间;F_1 和 u_1 分别为荷载实部和位移实部;F_2 和 u_2 分别为荷载虚部和位移虚部。

由导纳的定义可知,可以通过谐响应分析对导纳等振动特性进行分析计算。有限元分析软件 ANSYS 具有专门的谐响应分析功能,能够对线性结构在简谐荷载下的响应进行分析。ANSYS 具有三种求解方法,即完整法(full)、缩减法(reduce)和模态叠加法(mode superposition)。下面采用 ANSYS 对结构进行谐响应分析,将分析结果导入 Matlab 进行高架轨道结构振动响应分析。

4.2　高架桥梁结构振动特性分析

为分析高架轨道桥梁结构对轨道系统振动特性的影响,建立高架桥解析梁模型和有限元模型。在解析梁模型中,将桥体假设为自由边界的 Euler 梁,支座简化为带结构阻尼的线性弹簧,如图 4.3 所示[2]。本章主要研究高架轨道结构的垂向振动特性,不考虑桥墩-大地与桥体之间的耦合振动。由于桥墩的垂向刚度和惯性通常远大于橡胶支座,因此可以将桥墩简化为刚体。桥体则采用简单的解析梁模型或有限元模型。

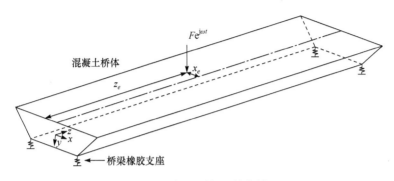

图 4.3 高架轨道桥梁结构模型

4.2.1 解析梁模型

解析梁模型将桥体假设为自由边界的 Euler-Bernoulli 梁,其截面如图 4.4 所示。桥面铺设双线轨道,轨道中心线位于靠近顶板、翼板和腹板交汇处。由于轨道中心线偏离桥体截面横向对称中心,当车辆运行时,桥体将同时发生扭转和弯曲振动,因此高架轨道桥梁解析模型中需考虑扭转和弯曲振动。同时,为简化分析,忽略翘曲效应。

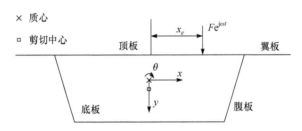

图 4.4 桥体横截面模型

如图 4.4 所示,桥体横截面剪切中心和质心在同一垂线上,则其垂向弯曲振动和绕 oz 轴(桥梁中线)的扭转振动近似为解耦。假设谐荷载 $Fe^{i\omega t}$ 作用于桥体轨道中心线上,其坐标为 (x_e, z_e),如图 4.3 和图 4.4 所示。不计桥梁的翘曲效应,桥体的弯曲振动和扭转振动微分方程分别为[2]

$$\rho A \frac{\partial^2 y}{\partial t^2} + EI(1+\mathrm{i}\eta) \frac{\partial^4 y}{\partial t^4} = Fe^{i\omega t}\delta(z-z_e) \tag{4.13}$$

$$\rho I_P \frac{\partial^2 \theta}{\partial t^2} - GJ_t(1+\mathrm{i}\eta) \frac{\partial^2 \theta}{\partial z^2} = Fx_e e^{i\omega t}\delta(z-z_e) \tag{4.14}$$

其中,y 为桥体的垂向位移;θ 为桥梁的扭转角;ρ 为材料密度;A 为横截面积;I 为(垂向弯曲)面积惯性矩;E 为材料杨氏弹性模量;G 为材料的剪切弹性模量;η 为损耗因子,工程中使用的各种材料损耗因子值如表 4.2 所示;I_P 为截面极惯性矩;

J_t 为扭转惯性矩。

表 4.2　各种材料损耗因子值

材料	损失因子 η	材料	损失因子 η
钢、铁	0.0001-0.0006	有机玻璃	0.02-0.04
铝	0.0001	塑料	0.005
铜	0.002	木纤维板	0.01-0.03
镁	0.0001	层夹板	0.01-0.013
锌	0.0003	软木塞	0.13-0.17
锡	0.002	砖	0.01-0.02
玻璃	0.0006-0.002	混凝土	0.015-0.05
大阻尼塑料	0.1-10	阻尼橡胶	0.1-5.0
黏弹材料	0.2-5.0	沙(干沙)	0.12-0.6

根据模态叠加法,桥梁的垂向位移和扭转角可写为

$$y = \sum_{n=1}^{N_B} \phi_n(z) p_n(t), \quad \theta = \sum_{n=1}^{N_T} \varphi_n(z) q_n(t) \tag{4.15a,b}$$

其中,$\phi_n(z)$ 和 $\varphi_n(z)$ 分别为自由边界梁的第 n 阶弯曲振动模态和扭转振动模态的正则化振型函数;p_n 和 q_n 分别为对应的模态坐标;N_B 和 N_T 分别为所取的弯曲振动和扭转振动的模态数目。

$$\begin{cases} \phi_1(z) = \dfrac{1}{\sqrt{\rho A L}} \\ \phi_2(z) = \dfrac{1}{\sqrt{\rho A L}} \sqrt{3}(1-2z/L), \quad 0 \leqslant z \leqslant L \\ \phi_n(z) = \dfrac{1}{\sqrt{\rho A L}}[\cosh k_n z + \cos k_n z - C_n(\sinh k_n z + \sin k_n z)], \quad n \geqslant 3 \end{cases}$$
$$\tag{4.16a}$$

$$\begin{cases} \varphi_1(z) = \dfrac{1}{\sqrt{\rho I_P L}}, \quad 0 \leqslant z \leqslant L \\ \varphi_n(z) = \sqrt{\dfrac{2}{\rho I_P L}} \cos \dfrac{(n-1)\pi z}{L}, \quad n \geqslant 2 \end{cases} \tag{4.16b}$$

其中,L 为高架桥跨度;k_n 为第 n 阶弯曲振动模态的波数;C_n 为对应的系数,如表 4.3 所示;$\phi_1(z)$、$\phi_2(z)$ 和 $\varphi_1(z)$ 为刚体模态。

根据正交性原理,正则化振型函数满足下列等式,即

$$\int_0^L \rho A \phi_m(z) \phi_n(z) \mathrm{d}z = \begin{cases} 1, & m = n \\ 0, & m \neq n \end{cases}$$

$$\int_0^L EI\phi_m(z)\phi_n''''(z)\mathrm{d}z = \begin{cases} \omega_n^2, & m = n \\ 0, & m \neq n \end{cases} \tag{4.17a}$$

$$\int_0^L \rho I_P \varphi_m(z)\varphi_n(z)\mathrm{d}z = \begin{cases} 1, & m = n \\ 0, & m \neq n \end{cases}$$

$$\int_0^L GJ_t \varphi_m(z)\varphi_n''(z)\mathrm{d}z = \begin{cases} \omega_{tn}^2, & m = n \\ 0, & m \neq n \end{cases} \tag{4.17b}$$

其中，ω_n 和 ω_{tn} 分别为桥体第 n 阶弯曲和扭转振动的固有频率，其表达式为

$$\omega_n = k_n^2 \sqrt{\frac{EI}{\rho A}}, \quad \omega_{tn} = \frac{(n-1)\pi}{L}\sqrt{\frac{GJ_t}{\rho I_P}} \tag{4.18}$$

表 4.3　自由边界 Euler-Bernoulli 梁振型函数参数

阶次 n	1	2	3	4	5	$\geqslant 6$
C_n	—	—	0.9825	1.0008	1.0000	1.0000
$k_n L$	0	0	4.7300	7.8532	10.996	$(2n-3)\pi/2$

将式(4.15)代入式(4.13)和式(4.14)，可以得到

$$\rho A \sum_{n=1}^N \phi_n \ddot{p}_n(t) + EI(1+\mathrm{i}\eta) \sum_{n=1}^N \phi_n''''(z)p_n(t) = F\mathrm{e}^{\mathrm{i}\omega t}\delta(z-z_e) \tag{4.19}$$

$$\rho I_P \sum_{n=1}^N \varphi_n \ddot{q}_n(t) - GJ_t(1+\mathrm{i}\eta) \sum_{n=1}^N \varphi_n''(z)q_n(t) = Fx_e\mathrm{e}^{\mathrm{i}\omega t}\delta(z-z_e) \tag{4.20}$$

将式(4.19)和式(4.20)两端分别乘以振型函数并沿桥梁长度进行积分，并利用振型函数正交性可以得到

$$\ddot{p}_n(t) + \omega_n^2(1+\mathrm{i}\eta)p_n(t) = F\phi_n(z_e)\mathrm{e}^{\mathrm{i}\omega t} \tag{4.21}$$

$$\ddot{q}_n(t) - \omega_{tn}^2(1+\mathrm{i}\eta)q_n(t) = Fx_e\varphi_n(z_e)\mathrm{e}^{\mathrm{i}\omega t} \tag{4.22}$$

求解式(4.21)和式(4.22)，可以得到

$$p_n(t) = P_n\mathrm{e}^{\mathrm{i}\omega t} = \frac{F\phi_n(z_e)}{(1+\mathrm{i}\eta)\omega_n^2 - \omega^2}\mathrm{e}^{\mathrm{i}\omega t}, \quad q_n(t) = Q_n\mathrm{e}^{\mathrm{i}\omega t} = \frac{Fx_e\varphi_n(z_e)}{(1+\mathrm{i}\eta)\omega_{tn}^2 - \omega^2}\mathrm{e}^{\mathrm{i}\omega t} \tag{4.23}$$

将式(4.23)代入式(4.15)计算可以得到桥梁的垂向位移幅值 $Y(z)$ 和扭转角幅值 $\theta(z)$，则桥体的动柔度函数可以表示为

$$\gamma_b(x,z;x_e,z_e) = \frac{Y(z) + x\theta(z)}{F} = \sum_{n=1}^{N_B} \frac{\phi_n(z)\phi_n(z_e)}{(1+\mathrm{i}\eta)\omega_n^2 - \omega^2} + \sum_{n=1}^{N_T} \frac{xx_e\varphi_n(z)\varphi_n(z_e)}{(1+\mathrm{i}\eta)\omega_{tn}^2 - \omega^2} \tag{4.24}$$

根据动柔度法的概念，高架轨道桥梁结构（包括桥体和桥梁支座）的稳态位移响应幅值可表示为

$$Y_v(x,z) = F\gamma_b(x,z;x_e,z_e) - \sum_{n=1}^{4} F_{vbn}\gamma_b(x,z;x_{vbn},z_{vbn}) \tag{4.25}$$

其中，F_{vbn} 为第 n 个桥梁橡胶支座中的力；x_{vbn} 和 z_{vbn} 分别为桥梁支座的横向和纵向位置。

同样，桥梁支座中力的幅值可表示为

$$F_{vbn} = k_{vb}(1 + \mathrm{i}\eta_{vb})Y_v(x_{vbn},z_{vbn}) \tag{4.26}$$

其中，k_{vb} 为桥梁支座的刚度；η_{vb} 为桥梁支座的损耗因子。

由式(4.25)求出桥梁橡胶支座位置处的垂向位移，代入式(4.26)可以得到

$$-\frac{F_{vbn}}{k_{vb}(1+\mathrm{i}\eta_{vb})} = F\gamma_b(x_{vbn},z_{vbn};x_e,z_e) - \sum_{m=1}^{4} F_{vbn}\gamma_b(x_{vbn},z_{vbn};x_{vbm},z_{vbm}),$$

$$n = 1,2,3,4 \tag{4.27}$$

求解式(4.27)可以得到桥梁支座中的力，然后代入式(4.25)，则可以求出高架轨道桥梁结构的位移响应 $Y_v(x,z)$，则高架轨道桥梁的动柔度可表示为

$$\gamma(x,z;x_e,z_e) = \frac{Y_v(x,z)}{F} \tag{4.28}$$

根据速度导纳的定义，可以推出高架轨道桥梁速度导纳幅值为

$$\dot{Y}_v(x,z) = \frac{\mathrm{i}\omega Y_v(x,z)}{F} \tag{4.29}$$

4.2.2 有限元模型

利用有限元分析软件 Ansys 建立箱梁结构模型，箱梁梁体采用 Soild45 单元模拟，桥梁弹性支座采用 Combin14 单元模拟[3]。箱梁梁体采用实际几何尺寸(图 4.5)，桥梁长度为 32m。由于忽略桥墩对桥体振动的影响，将桥墩简化为固定的三自由度位移约束。桥梁结构参数如表 4.4 所示。

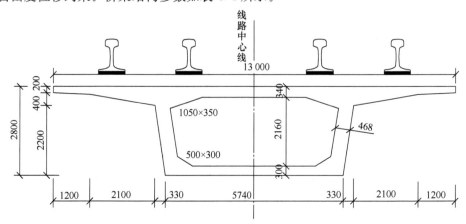

图 4.5　箱型梁横截面几何尺寸

表 4.4　桥梁结构参数

参数	取值
弹性模量/GPa	36.2
密度/(kg/m³)	2500
泊松比	0.2
阻尼比	0.03
桥梁支座刚度/(kN/m)	3.38×10^6

采用映射网格划分法对箱梁结构进行网格划分,箱梁结构有限元网格如图 4.6 所示。

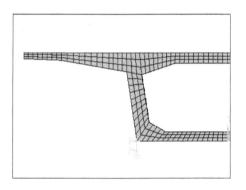

(a) 横截面位移约束

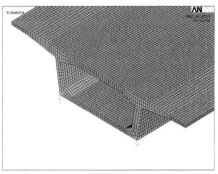

(b) 局部放大图

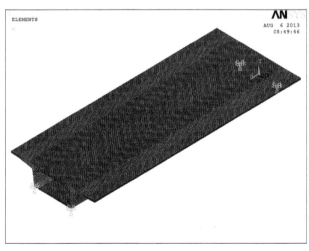

(c) 全桥有限元网格

图 4.6　箱型梁结构有限元网格图

4.2.3　高架轨道桥梁解析模型与有限元模型对比

如图 4.4 所示,作用点位于桥梁跨中,响应点分别取激励点原点和距激励点 4.5m 处,分别计算高架轨道桥梁解析模型和有限元模型的桥梁结构原点速度导纳,以及跨点速度导纳。由于高架轨道交通噪声的频率范围主要是中低频,其中 1000Hz 以下部分是最主要的频率范围[1],因此只取 1000Hz 以下的计算结果,如图 4.7[4] 所示。

从图 4.7 可以看出,在 13Hz 以下两种模型的区别不明显,解析梁模型的幅值比有限元模型的略大,两者在 6Hz 左右都出现一阶峰值,在 13Hz 左右出现二阶峰值。在 13Hz 以上,两种模型出现显著的差异,有限元模型的振动幅值明显大于解析梁模型,解析梁模型的幅值迅速衰减,而有限元模型原点衰减不明显,说明在高频范围,箱梁不再表现为简单的梁模型。

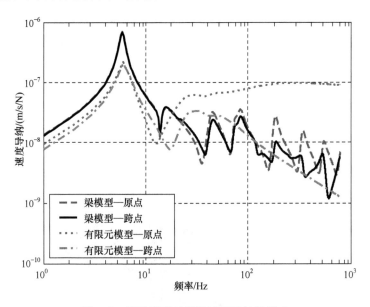

图 4.7　桥梁模型对桥梁速度导纳的影响

4.2.4　桥梁支座刚度的影响

考虑桥梁支座刚度对桥梁结构振动的影响,分析五种不同的支座刚度,即 k_{vb}、$2k_{vb}$、$5k_{vb}$、$10k_{vb}$、$100k_{vb}$,其中 $k_{vb}=3.38\times10^9\text{N/m}$,计算结果如图 4.8 所示[4]。桥梁振动的一阶频率随桥梁支座刚度的增大而增大,其振动幅值则下降。随着频率的增大,支座刚度对速度导纳的影响越来越小,在 100Hz 以上,桥梁支座刚度对振动特性基本没有影响。

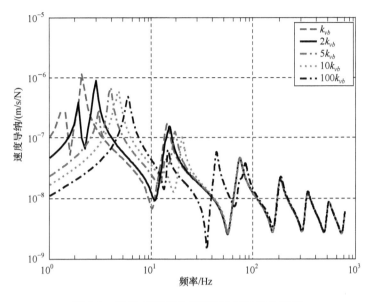

图 4.8　桥梁支座刚度对桥梁速度导纳的影响

4.2.5　桥梁截面型式的影响

近年来,U 型梁出现在城市高架轨道结构中,相比箱型梁,它具有如下优点。

① 美化城市景观,可以减少视觉冲击50%。

② 降低车站建筑高度 1.5~2m。

③ 两侧的腹板具有阻隔轮轨噪声的功能,可以减少声屏障的使用。

目前有多个城市的高架轨道线采用 U 型梁,如重庆地铁 1 号线、南京地铁 2 号线,以及上海轨道交通 8 号线南延段高架线。为了研究桥梁截面型式变化对高架桥梁结构振动特性的影响,对 U 型梁和箱型梁两种截面型式的桥梁振动特性进行对比分析。U 型梁几何尺寸如图 4.9 所示。利用 Ansys 建立 U 型梁有限元模型,其网格划分如图 4.10 所示。两种桥梁截面型式的原点速度导纳如图 4.11[4] 所示。

从图 4.11 可以看出,在 25Hz 以下,U 型梁的速度导纳幅值明显大于箱型梁,U 型梁的一阶频率在 3Hz 左右,箱型梁的在 6Hz 左右,分别对应桥梁的固有频率,原因是 U 型梁的单位长度质量小于箱型梁。在 25Hz 以上,两种截面型式的幅值基本一致。因此,在低频段桥梁的垂向振动受截面型式的影响,在几十到几百赫兹频段内,桥梁截面型式的变化对桥梁振动影响较小。

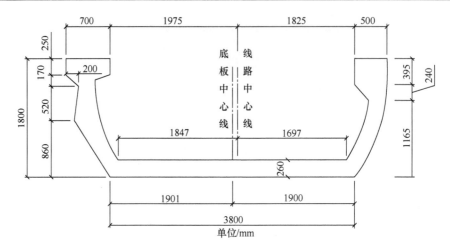

图 4.9　U 型梁横截面几何尺寸

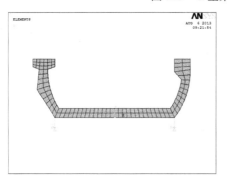

(a) 横截面位移约束

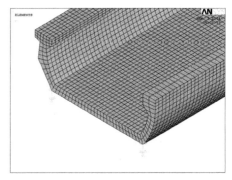

(b) 局部放大图

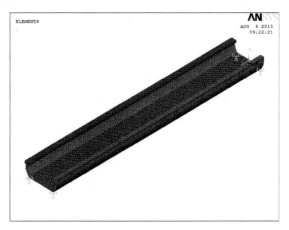

(c) 全桥有限元网格

图 4.10　U 型梁有限元网格图

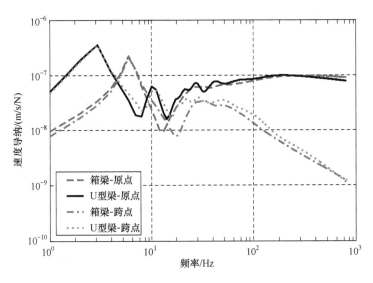

图 4.11　桥梁截面型式对桥梁速度导纳的影响

4.3　高架轨道结构振动特性分析

4.3.1　高架轨道-桥梁解析模型

为了分析高架轨道-桥梁系统的振动特性,建立高架轨道-桥梁系统模型,如图 4.12 所示。图中,钢轨由扣件直接连接于高架桥,假设钢轨为无限长的 Euler-Bernoulli 梁,扣件处理为离散分布的带结构阻尼的弹簧[2],桥梁视为有限长自由梁,由四个弹性支座置于桥墩,假设桥墩为刚性,桥梁简化为解析梁模型。桥上铺设双线轨道,忽略两条轨道之间的相互影响,仅取右侧轨道和高架桥系统作为研究对象。为简化分析,仅考虑一跨桥梁结构。运用动柔度法研究轨道的垂向振动,动柔度定义为单位简谐荷载 $F(\omega)$ 作用下引起的位移 $Y(z)$,即

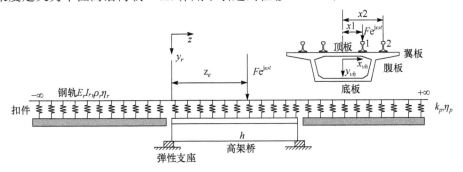

图 4.12　高架轨道-桥梁耦合系统分析模型

$$\gamma = Y(z)/F(\omega) \tag{4.30}$$

假设简谐荷载 $Fe^{i\omega t}$ 作用在钢轨 1 上、纵向位置 $z=z_e$ 处，则钢轨 1 和钢轨 2 的振动微分方程分别为[2]

$$\rho_r A_r \frac{\partial^2 y_{r1}}{\partial t^2} + E_r I_r (1+i\eta_r) \frac{\partial^4 y_{r1}}{\partial t^4} = Fe^{i\omega t}\delta(z-z_e) - \sum_{n=1}^{N} f_{1n}\delta(z-z_{1n}) \tag{4.31}$$

$$\rho_r A_r \frac{\partial^2 y_{r2}}{\partial t^2} + E_r I_r (1+i\eta_r) \frac{\partial^4 y_{r2}}{\partial t^4} = -\sum_{n=1}^{N} f_{2n}\delta(z-z_{2n}) \tag{4.32}$$

其中，y_{rj} 为钢轨 j 的垂向位移；ρ_r 和 E_r 分别为钢轨的密度和杨氏弹性模量；η_r 为损耗因子；A_r 和 I_r 分别为钢轨横截面积和截面惯性矩；f_{jn} 为钢轨 j 下第 n 个钢轨扣件中的力；z_{jn} 为扣件纵向位置，$j=1,2$；$N=N_r \times N_v$ 为一根钢轨下钢轨扣件的总数，N_v 为高架桥跨数，图中取 1；N_r 为一跨高架桥上的钢轨扣件数；δ 为 Dirac-delta 函数。

仅考虑系统的稳态响应，即 $y_{rj}=Y_{rj}\,e^{i\omega t}$ 和 $f_{jn}=F_{jn}\,e^{i\omega t}$，代入式（4.31）和式（4.32），得到

$$-\rho_r A_r \omega^2 Y_{r1} + E_r I_r (1+i\eta_r) Y_{r1}'''' = F\delta(z-z_e) - \sum_{n=1}^{N} F_{1n}\delta(z-z_{1n}) \tag{4.33}$$

$$-\rho_r A_r \omega^2 Y_{r2} + E_r I_r (1+i\eta_r) Y_{r2}'''' = -\sum_{n=1}^{N} F_{2n}\delta(z-z_{2n}) \tag{4.34}$$

其中，Y_{rj} 为钢轨 j 的垂向位移（复数）幅值；F_{jn} 为钢轨 j 下第 n 个钢轨扣件中的作用力幅值（复数），$j=1,2$；上标"'"表示对纵向坐标进行微分。

线性系统满足叠加原理，因此钢轨位移等于其上所有作用力（外荷载和钢轨扣件中作用力）引起的位移量的叠加。每个作用力引起的位移量等于该力与对应动柔度的乘积，则钢轨 1 和钢轨 2 的稳态位移幅值可以表示为

$$Y_{r1}(z) = F\alpha(z,z_e) - \sum_{n=1}^{N} F_{1n}\alpha(z,z_{1n}) \tag{4.35}$$

$$Y_{r2}(z) = -\sum_{n=1}^{N} F_{2n}\alpha(z,z_{2n}) \tag{4.36}$$

其中，$\alpha(z,z_e)$ 为钢轨（无限长 Euler-Bernoulli 梁）的动柔度函数，即单位简谐荷载作用在 $z=z_2$ 处，$z=z_1$ 处的稳态位移（复数）幅值，由下式计算[2]，即

$$\alpha(z_1,z_2) = \frac{1}{4E_r I_r (1+i\eta_r)k^3} (ie^{ik|z_2-z_1|} - ie^{-k|z_2-z_1|}) \tag{4.37}$$

其中，$k=\sqrt[4]{\dfrac{\rho_r A_r \omega^2}{E_r I_r (1+i\eta_r)}}$ 是复波数，实部和虚部均大于零，以保证括号中指数项随着激励点 z_2 和响应点 z_1 之间距离的增加逐渐趋向于零。

类似地,高架桥梁 h 的稳态位移响应为

$$Y_h(x_h, z_h) = \sum_{j=1}^{2} \sum_{m=1}^{N_r} F_{jhm} \gamma(x_h, z_h; x_j, z_{jhm}) \qquad (4.38)$$

其中,F_{jhm} 为高架桥 h 上钢轨 j 对应的第 m 个钢轨扣件中的力;z_{jhm} 为其在高架桥 h 局部坐标系中第 m 个钢轨扣件的纵向位置;x_j 为钢轨 j 在局部坐标系中的横向位置,$j=1,2$;γ 为高架桥的动柔度函数。

当 $n=(h-1)N_r+m$ 时,F_{jn} 和 F_{jhm} 对应于同一钢轨扣件,则扣件的位移为

$$Y_{kjn} = -\frac{F_{jn}}{k_p(1+i\eta_p)} = -\frac{F_{jhm}}{k_p(1+i\eta_p)} = Y_{rj}(z_{jn}) - Y_h(x_j, z_{jhm}), \quad j=1,2 \qquad (4.39)$$

将式(4.35)、式(4.36)和式(4.38)代入式(4.39)可得

$$-\frac{F_{1n}}{k_p(1+i\eta_p)}$$

$$=-\frac{F_{1hm}}{k_p(1+i\eta_p)}$$

$$= F\alpha(z_{1n}, z_e) - \sum_{k=1}^{N} F_{1k}\alpha(z_{1n}, z_{1k}) - \sum_{j=1}^{2}\sum_{l=1}^{N_p} F_{jhl}\gamma(x_1, z_{1hm}; x_j, z_{jhl}) \qquad (4.40)$$

$$-\frac{F_{2n}}{k_p(1+i\eta_p)}$$

$$=-\frac{F_{2hm}}{k_p(1+i\eta_p)}$$

$$=-\sum_{k=1}^{N} F_{2k}\alpha(z_{2n}, z_{2k}) - \sum_{j=1}^{2}\sum_{l=1}^{N_p} F_{jhl}\gamma(x_2, z_{2hm}; x_j, z_{jhl}) \qquad (4.41)$$

将式(4.40)和式(4.41)整理后写成矩阵形式为

$$\boldsymbol{RF} = \boldsymbol{Q} \qquad (4.42)$$

其中,$\boldsymbol{R}$ 为 $2N \times 2N$ 维的系统动柔度矩阵,由钢轨动柔度 α、扣件动柔度 $1/k_p(1+i\eta_p)$ 及高架桥动柔度 γ 组成;$\boldsymbol{F}$ 为由两根钢轨扣件中的作用力组成的 $2N$ 维列向量;$\boldsymbol{Q}$ 为 $2N$ 维荷载列向量,其值为 $F\alpha(z_{1n}, z_e)$,$n=1,2,\cdots,N$,其余元素为零。

根据式(4.42)可以求出钢轨扣件中的作用力,代入式(4.35)可以求得钢轨荷载作用位置处的位移幅值 $Y_{r1}(z_e)$,根据速度导纳的定义可以得到轨道速度导纳幅值为

$$\dot{Y}_{r1}(z_e) = \frac{i\omega Y_{r1}(z_e)}{F} \qquad (4.43)$$

若不考虑高架基础结构,即假设高架桥基础为刚性基础,则式(4.40)和式(4.41)可以改写为

$$-\frac{F_{1n}}{k_p(1+i\eta_p)} = -\frac{F_{1hm}}{k_p(1+i\eta_p)} = F\alpha(z_{1n}, z_e) - \sum_{k=1}^{N} F_{1k}\alpha(z_{1n}, z_{1k}) \qquad (4.44)$$

$$-\frac{F_{2n}}{k_p(1+\mathrm{i}\eta_p)}=-\frac{F_{2hn}}{k_p(1+\mathrm{i}\eta_p)}=-\sum_{k=1}^{N}F_{2k}\alpha(z_{2n},z_{2k})\qquad(4.45)$$

由此计算得到的导纳则为刚性基础轨道的速度导纳。

4.3.2　有限元模型

　　基于车桥耦合动力学理论,利用有限元法建立轨道-箱梁耦合系统模型。为了能较好的预测高架轨道结构的振动特性,建立高架轨道三维有限元模型,采用Beam188梁单元模拟钢轨,钢轨扣件和桥梁支座采用线性弹簧-阻尼单元(Combin14)模拟,道床结构和桥梁均采用实体单元(Soild45)模拟,梁体、轨道板均采用实际几何尺寸,忽略桥墩对轨道结构振动的影响,采用固定约束模拟桥墩。轨道结构参数如表4.5所示。

表 4.5　轨道结构参数

结构	参数	取值
60kg/m 钢轨	弹性模量 E_r/GPa	206
	密度 ρ_r/(kg/m³)	7830
	截面积 A_r/m²	7.745×10^{-3}
	截面惯性矩 I_r/m⁴	3.217×10^{-5}
	泊松比 υ_r	0.3
	损耗因子 η_r	0.01
	扣件间距 d_p/m	0.625
	扣件损失因子 η_p	0.25
轨道板	密度 ρ/(kg/m³)	2500
	泊松比 υ	0.176
	弹性模量 E/GPa	39

　　为了分析高架轨道桥梁结构型式对轨道振动特性的影响,分别建立轨道-箱型梁和轨道 U 型梁两种不同截面型式的有限元模型,如图4.13和图4.14所示[4]。

4.3.3　桥梁结构阻尼

　　根据能量守恒定律,若无外部能源,结构的振动会由于物理阻尼效应,而随着时间的推移变得平稳。阻尼的存在能消耗系统的振动能量,振动阻尼普遍存在于每一个结构体系中。作为结构动力分析的基本参数,阻尼是影响车-桥耦合系统振动反应的重要因素之一,阻尼将直接影响对结构动力响应的分析结果[3]。目前桥梁结构阻尼的取值大多靠经验公式和经验值。阻尼产生的原因主要有采用黏弹

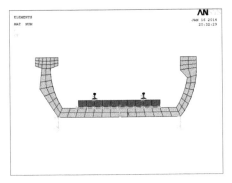　　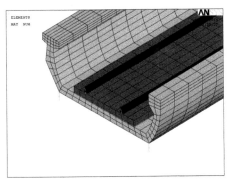

(a) 横截面位移约束　　　　　　　　(b) 局部放大图

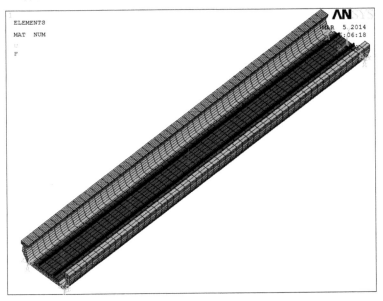

(c) 全桥有限元网格

图 4.13　轨道 U 型梁耦合系统有限元模型

性材料、黏滞阻尼、两个固体之间摩擦阻尼,以及安装人工磁电效应阻尼器等。当外部介质阻尼和内部材料阻尼共同起作用时,通常采用瑞利阻尼模型[5,6],其数学表达式为

$$\boldsymbol{C} = \alpha \boldsymbol{M} + \beta \boldsymbol{K} \tag{4.46}$$

其中,$\boldsymbol{M}$ 和 $\boldsymbol{K}$ 分别为桥梁结构的总质量矩阵和总刚度矩阵;α 和 β 分别为瑞利阻尼常数。

　　若已知任意两阶振型的自振频率和阻尼比,可由下式计算阻尼常数

$$\alpha = \frac{2(\xi_j \omega_i - \xi_i \omega_j) \omega_i \omega_j}{\omega_i^2 - \omega_j^2}, \quad \beta = \frac{2(\xi_j \omega_i - \xi_i \omega_j)}{\omega_i^2 - \omega_j^2} \tag{4.47}$$

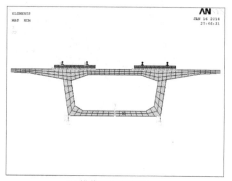 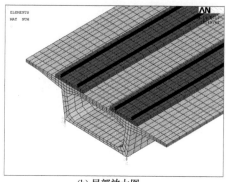

(a) 横截面位移约束　　　　　　　　　　　(b) 局部放大图

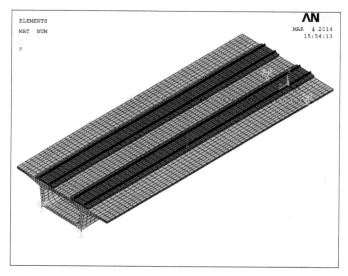

(c) 全桥有限元网格

图 4.14　轨道-箱型梁耦合系统有限元模型

其中，ω_i 和 ω_j 分别为桥梁第 i 阶和第 j 阶振型的自振频率，$\omega = 2\pi f$；ξ_i 和 ξ_j 为桥梁第 i 阶和第 j 阶振型的阻尼比。

自振频率 ω_i 和 ω_j 主要取对桥梁振动有影响的频率，通常提取前两阶的自振频率计算阻尼系数。混凝土桥梁的阻尼比一般在 $0.01 \sim 0.05$，这里按 0.03 进行计算。

4.3.4　高架轨道-桥梁系统参数分析

1. 桥梁基础的影响

为了分析高架轨道桥梁基础对高架轨道振动的影响，采用解析法分析刚性基础与箱梁基础上的轨道速度导纳,计算结果如图 4.15 所示[4,8]。

　　从图 4.15 可以看出,在 20Hz 以下,两种基础上的轨道速度导纳幅值差别较大,这说明高架轨道桥梁基础对轨道振动特性影响较大。高架轨道在 6Hz 出现一阶峰值,对应于高架轨道桥梁的固有频率。在 20Hz 以上两条曲线基本重合,说明此时高架桥梁基础对轨道的振动基本没有影响。同时,这两种基础型式在 200Hz 处都出现了明显的峰值,对应为钢轨-扣件的固有频率。

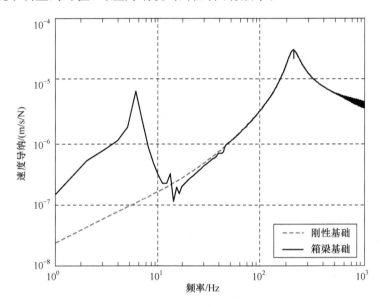

图 4.15　轨道基础对高架轨道速度导纳的影响

2. 扣件刚度的影响

　　钢轨扣件刚度将直接影响轨道和高架桥梁之间的耦合作用。考虑四种不同扣件刚度,即 30MN/m、60MN/m、100MN/m、200MN/m 对高架轨道结构速度导纳的影响,计算结果如图 4.16 所示[4,8]。

　　从图 4.16 可以看出,高架轨道的共振频率与钢轨扣件有直接的关系,随着扣件刚度的增大,共振频率分别为 147Hz、200Hz、266Hz 和 370Hz,相应的共振峰值依次减小。同时,在 147Hz 以下,扣件刚度越大轨道速度导纳的幅值反而越小,扣件刚度越小,轨道与高架桥结构的耦合作用越大;超过扣件-轨道固有频率后,轨道的振动呈下降趋势,且扣件刚度越大,下降的速度也越快。在 800Hz 以上,扣件刚度对轨道的振动特性无影响。

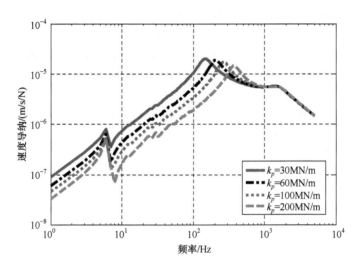

图 4.16　扣件刚度对高架轨道速度导纳的影响

3. 桥梁截面型式的影响

分别考虑 U 型梁和箱型梁两种截面型式对高架轨道速度导纳的影响,计算结果如图 4.17 所示[4,8]。

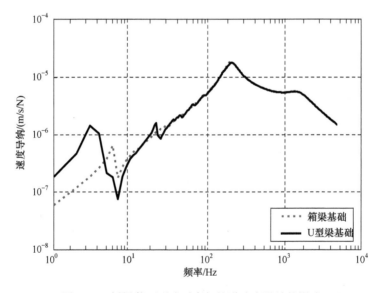

图 4.17　桥梁截面型式对高架轨道速度导纳的影响

由图 4.17 可知,箱型梁和 U 型梁两种截面型式对应的高架轨道振动特性曲线基本一致,桥梁结构截面型式主要在 30 Hz 以下对轨道振动产生影响。在此频段范围内,U 型梁的固有频率略小于箱型梁,主要原因是 U 型梁的抗弯刚度小于箱型梁。此外,还可以看出,U 型梁的振动幅值要明显大于箱型梁。在振动的过程中,箱型梁的腔室和腹板能有效抑制箱梁顶板的垂向振动。在 30Hz 以上,两种截面型式对应的轨道结构速度导纳曲线基本重合,说明在该频段范围改变桥梁结构截面型式并不能减小轨道结构的振动。

4. 桥梁结构阻尼的影响

桥梁结构阻尼的大小对轨道结构的振动特性有一定影响。考虑以下三种阻尼比,$\xi=0.01$、$\xi=0.03$ 和 $\xi=0.05$ 对高架轨道结构速度导纳的影响,不同阻尼比对应的瑞利阻尼常数如表 4.6 所示。计算结果如图 4.18 所示[4,8]。

表 4.6　不同阻尼比的瑞利阻尼常数

阻尼比	ω_i	ω_j	α	β
$\xi=0.01$	5.97	200	0.7285	1.55×10^{-5}
$\xi=0.03$	5.97	200	2.1854	4.64×10^{-5}
$\xi=0.05$	5.97	200	3.64	7.73×10^{-5}

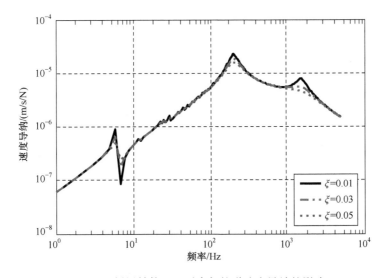

图 4.18　桥梁结构阻尼对高架轨道速度导纳的影响

由图 4.18 可知,桥梁结构阻尼对高架轨道振动的影响主要集中在固有频率处,分别为 5.97Hz、200Hz、1051Hz。在三个固有频率附近,随着阻尼比的增大,轨道的速度导纳幅值减小。在其他频率范围内,阻尼比的变化对轨道的振动基本没有影响,三条曲线几乎完全重合。

5. 桥梁支座刚度的影响

为研究桥梁支座刚度对轨道结构振动特性的影响。考虑以下三种不同的桥梁支座刚度，即 k_{vb}、$2k_{vb}$、$5k_{vb}$（$k_{vb}=3.38\times10^9\,\mathrm{N/m}$）对高架轨道结构速度导纳的影响，计算结果如图 4.19 所示[4,8]。

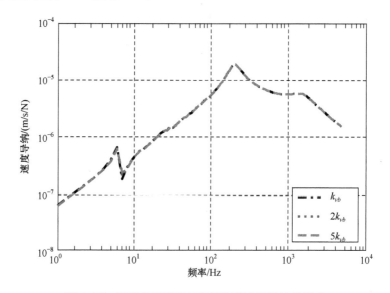

图 4.19　桥梁支座刚度对高架轨道速度导纳的影响

由图 4.19 可以看出，三条曲线基本重合，在 6Hz 左右有很微小的变化，说明刚度在一定范围内，桥梁支座刚度的变化对轨道的振动几乎没有影响。

4.4　高架轨道结构振动衰减分析

4.4.1　振动传播衰减率

钢轨在一点受到激励时，振动将沿着钢轨方向向两端传播，并随着长度的增加而衰减。其衰减特性可以用损失因子来表示，损失因子越大，振动衰减越快。振动沿轨道长度方向的衰减与激振频率有关。下面分析在不同激励频率下，轨道结构沿长度方向的振动传播特性，并通过拟合得到其衰减曲线，如图 4.20 所示。轨道振动传播衰减率计算值如图 4.21 所示。为了对比，还给出了实测的轨道振动传播衰减率[7]，如图 4.22[4,9] 所示。

通过对比图 4.21 和图 4.22，可以看出计算衰减率与实测衰减率在趋势上基本一致。在 10Hz 以下，衰减率的数值较小。在 10～100Hz 范围，衰减率数值较大。但是，当超过钢轨-扣件的共振点之后（约 200Hz），轨道的衰减率开始迅速下降。到了

700Hz 以上，衰减率又开始迅速回升。在 5000Hz 处，衰减率又出现了一个峰值。

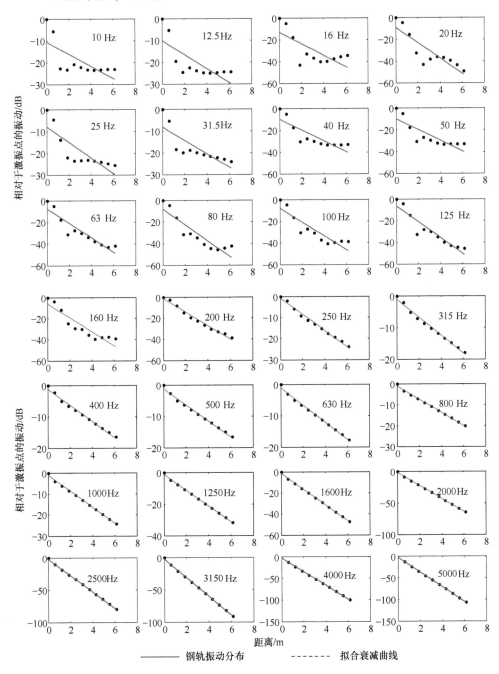

图 4.20　轨道振动沿钢轨长度方向的分布

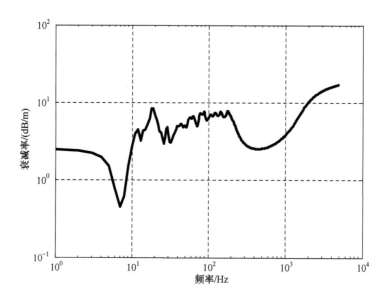

图 4.21　轨道振动衰减率计算值

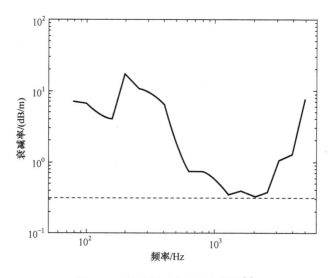

图 4.22　轨道振动衰减率实测值[7]

　　为研究高架轨道结构参数对轨道结构损失因子的影响,考虑不同轨道基础、不同桥梁截面型式、不同扣件刚度、不同阻尼比,以及不同桥梁支座刚度下高架轨道的振动衰减率,计算结果如图 4.23～图 4.27[4,9]所示。

　　由图 4.23 可以看出,在 200 Hz 以下,即共振频率以下,高架箱型梁基础的衰减率明显低于刚性基础,说明铺设于高架箱型梁上的轨道,其振动要大于刚性基础上的轨道。在 200Hz 以上,两种轨道基础的振动衰减率没有显著区别。

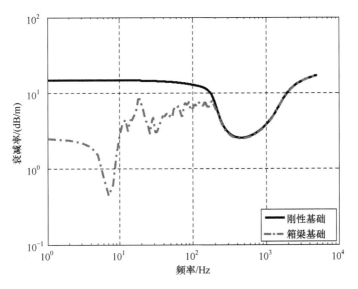

图 4.23　轨道基础对轨道振动衰减率的影响

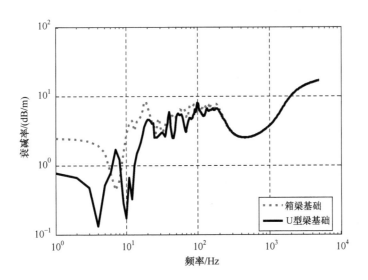

图 4.24　桥梁截面型式对轨道振动衰减率的影响

　　由图 4.24 可以看出,在共振频率 200Hz 以下,不同桥梁结构截面型式的轨道振动传播衰减率有着显著的区别,箱型梁的振动衰减率明显大于 U 型梁,说明相对于 U 型梁,箱型梁能更有效地消耗振动能量。

　　由图 4.25 可以看出,在扣件刚度为 30MN/m 的轨道共振频率(147Hz)以下,

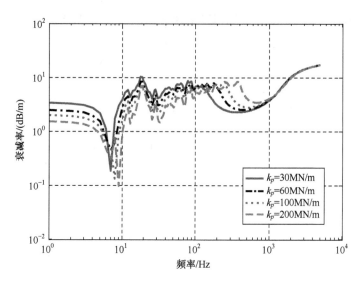

图 4.25　扣件刚度对轨道振动衰减率的影响

随着扣件刚度的减小,轨道的振动衰减率反而增大。在 147～1000Hz,随着扣件刚度的增大,轨道振动衰减率也增大,其衰减率随频率呈曲线变化趋势。在 1000Hz以上,钢轨扣件刚度的变化对轨道振动衰减率基本无影响。从降低轨道振动和噪声的角度看,安装刚度较小的弹性扣件能提高钢轨的损失因子,有利于轨道结构的减振降噪。

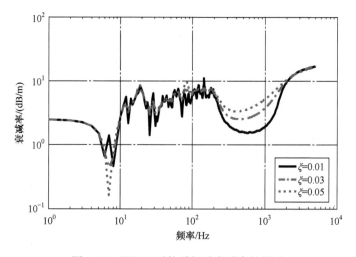

图 4.26　阻尼比对轨道振动衰减率的影响

由图 4.26 可以看出,不同结构阻尼比对轨道振动衰减率的影响范围主要集中在峰值处,在共振频率 200Hz 以下,阻尼比越大,峰值处的衰减率越小。在 200～

2000Hz,随着结构阻尼比的增大,轨道衰减率增大的比较明显。在 2000Hz 以上,桥梁结构阻尼比对轨道振动衰减基本无影响。

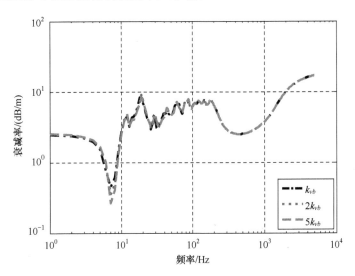

图 4.27　桥梁支座刚度对轨道振动衰减率的影响

由图 4.27 可以看出,桥梁支座刚度在一定范围内的变化对轨道振动衰减的影响微小。在 200Hz 以上,基本无影响。

4.4.2　钢轨振动衰减系数

钢轨振动衰减系数 η_{RV} 是钢轨振动衰减的另一个重要指标,定义为

$$\eta_{RV} = -\frac{\Delta_V}{2k_{RV}} \tag{4.48}$$

其中,Δ_V 为钢轨振动衰减量与距离之比,单位 dB/m;k_{RV} 为钢轨弯曲振动波数,即

$$k_{RV} = \sqrt[4]{\left(\frac{\omega}{r_{RV}c_l}\right)^2} \tag{4.49}$$

其中,r_{RV} 为钢轨竖向弯曲回转半径,$r_{RV} = \sqrt{I_x/A}$,I_x 和 A 分别为钢轨对水平轴的惯性矩和横截面积;c_l 为钢轨纵向波速,$c_l = \sqrt{\dfrac{E}{\rho}}$,$\rho$ 为材料密度。

参 考 文 献

[1] 贺建良,万泉,蒋伟康.高架城市轨道交通的噪声特性分析[J].城市轨道交通研究,2007,10(8):57-60.

[2] 李增光.轨道交通高架结构振动噪声建模、预测与控制研究[D].上海:上海交通大学博士学位论文,2010.

［3］侯德军，雷晓燕，刘庆杰. 浮置板轨道系统动力响应分析［J］. 铁道工程学报，2006，11(8):18-24.

［4］曾钦娥. 高架轨道轮轨噪声预测模型及分析［D］. 南昌:华东交通大学硕士学位论文,2014.

［5］范立础. 桥梁抗震［M］. 上海:同济大学出版社，1997.

［6］蔡成标. 高速铁路列车-线路-桥梁耦合振动理论及应用研究［D］. 成都:西南交通大学博士学位论文,2006.

［7］Jones C J C，Thompson D J，Diehl R J. The use of decay rates to analyse the performance of railway track in rolling noise generation［J］. Journal of Sound and Vibration，2006，293(3-5): 485-495.

［8］曾钦娥，毛顺茂，雷晓燕. 高架轨道结构振动特性分析［J］. 华东交通大学学报，2013，30(6):1-5.

［9］曾钦娥，雷晓燕. 高架轨道轮轨噪声预测分析［J］. 城市轨道交通研究，2014,17(12):57-60.

第五章 轨道不平顺功率谱及数值模拟

铁路轨道是边运营边维修的工程结构物,轨道结构在长期的运营过程中,由于累积变形不断增大,形成了各种各样的轨道不平顺包括轨道高低不平顺、轨道水平不平顺、轨道方向不平顺、轨道轨距不平顺。这些不平顺极大地激发了车辆与轨道之间的有害振动,恶化了列车的运营品质,对轮轨系统各部件的损伤和轨道质量状态产生了极为不利的影响。国内外实测资料表明,轨道不平顺本质上是一个随机过程,在轨道结构仿真分析中常将其处理为平稳的各态历经的随机过程,它是机车车辆-轨道系统随机振动的激励源。因此,研究和测定轨道不平顺的统计特性是研究车辆-轨道系统随机振动的基础。

轨道不平顺统计特性的测定在国外早已引起重视。英国铁路部门 1964 年就开始了这项工作,是世界上最早开展此项研究的国家之一[1]。英国、日本、德国、美国、俄罗斯、印度和捷克都测定了各自的轨道不平顺谱密度和相关函数。我国在这方面也做了不少的研究工作。1982 年,中国铁道科学研究院罗林等研究了各种轨道不平顺的测量方法。1985 年,长沙铁道学院随机振动研究室将轨道不平顺分为弹性和几何不平顺,对在京广线测定的轨道不平顺进行分析处理得到了各种不平顺谱,并且统计出我国一级干线轨道不平顺功率谱密度的解析表达式[2]。

5.1 随机过程的基本概念

设 E 是随机试验,$S=\{e\}$ 是试验的样本空间,如果对于每一个 $e \in S$,我们总可以依某种规则确定一时间 t 的函数,即

$$x(e,t), \quad t \in T \tag{5.1}$$

与之对应。于是,对于所有的 $e \in S$ 来说就得到一族时间 t 的函数。我们称该族时间 t 的函数为随机过程[3]。族中每一个函数称为这个随机过程的样本函数,如图 5.1 所示。

对上述定义可以作进一步解释。

① 对于特定的 $e_i \in S$,即对于一个特定的实验结果,$x(e_i,t)$ 是一个确定的样本函数,可以理解为随机过程的一次物理实现,常用 $x_i(t)$ 表示。

② 对于每一个固定的时刻,如 $t=t_1 \in T$,$x(e,t_1)$ 是一个随机变量。

根据解释②,可以给随机过程另一形式的定义:如果对于每一个固定的 $t_1 \in T$,$x(t_1)$ 都是随机变量,那么就称 $x(t)$ 是一随机过程。或者说,随机过程 $x(t)$ 是依赖于时间 t 的一族随机变量。例如,$x(t)=a\cos(\omega t+\theta)$,其中 a 和 ω 为常数,θ 为

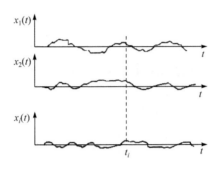

图 5.1　随机过程的样本函数

在 $(0,2\pi)$ 上具有均匀分布的随机变量,则有

$$x_i(t)=a\cos(\omega t+\theta_i)$$

5.1.1　平稳随机过程

在实际工程中有相当多的随机过程,不但现在的状态,而且过去的状态都对未来状态的发生有很强的影响。

(1) 平稳随机过程的特点

过程的统计特性不随时间的平移而变化,或者说不随时间原点的选取而变化。

(2) 随机过程的数字特征

设 $x(t)$ 是一随机过程,固定 t_1 ,$x(t_1)$ 是一个随机变量,它的均值或数学期望一般与 t_1 有关,记为

$$\mu(t_1) = E[x(t_1)] = \int_{-\infty}^{+\infty} x_1 f_1(x_1,t_1)\mathrm{d}x_1 \tag{5.2}$$

其中,$f_1(x_1,t_1)$ 是 $x(t)$ 的一维概率密度;$\mu(t_1)$ 为 $x(t)$ 的均值。

(3) 均方差

$$\sigma^2(t)=E\{[x(t)-\mu(t)]^2\} \tag{5.3}$$

其中,$\sigma(t)$ 是均方差,表示随机过程 $x(t)$ 在时刻 t 相对于均值的偏离程度,如图 5.2 所示。

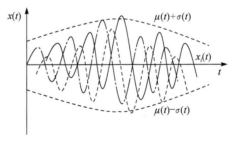

图 5.2　随机过程的数字特征

(4) 平稳随机过程数字特征的特点

① 均值为常数。

② 自相关函数为单变量 $\tau = t_2 - t_1$ 的函数。

(5) 自相关函数

$$R(t_1, t_2) = E[x(t_1)x(t_2)] = \int_{-\infty}^{+\infty}\int_{-\infty}^{+\infty} x_1 x_2 f_2(x_1 x_2; t_1 t_2) \mathrm{d}x_1 x_2 \qquad (5.4)$$

或

$$R(\tau) = E[x(t)x(t+\tau)] = \int_{-\infty}^{+\infty}\int_{-\infty}^{+\infty} x_1 x_2 f_2(x_1 x_2; \tau) \mathrm{d}x_1 x_2 \qquad (5.5)$$

5.1.2　各态历经

设 $x(t)$ 是平稳过程。

① 若 $\langle x(t)\rangle = E[x(t)] = \mu$，则称过程 $x(t)$ 的均值具有各态历经性（ergodic）。

一般情况下，不同样本函数 $x(t)$ 的时间平均值不一样，是一个随机变量。若 $x(e,t)$ 的数学期望（统计平均值）与其样本函数 $x(t)$ 的时间平均值以概率为 1 相等，则称 $x(e,t)$ 的均值具有各态历经性。

② 若 $\langle x(t)x(t+\tau)\rangle = E[x(t)x(t+\tau)] = R(\tau)$，则称过程 $x(t)$ 的自相关函数具有各态历经性。

③ 若 $x(t)$ 的均值和自相关函数都具有各态历经性，则称 $x(t)$ 是各态历经的。

随机过程 $x(t)$ 的时间均值和时间相关函数均值定义为

$$\langle x(t)\rangle = \lim_{T\to\infty}\frac{1}{2T}\int_{-T}^{T} x(t)\mathrm{d}t \qquad (5.6)$$

$$\langle x(t)x(t+\tau)\rangle = \lim_{T\to\infty}\frac{1}{2T}\int_{-T}^{T} x(t)x(t+\tau)\mathrm{d}t \qquad (5.7)$$

对于各态历经过程，只要根据一个样本函数便可以得到其数字特征。

5.2　轨道结构随机不平顺功率谱

轨道不平顺可以分为高低、水平、轨距、方向不平顺和三角坑，如图 5.3 所示。

轨道不平顺可以模拟成随线路长度变化的随机函数，可将该随机函数考虑为由一系列不同波长、波幅和相位的简谐波叠加而成的随机波[1]。

功率谱密度函数（power spectral density，PSD）是表述作为平稳随机过程的轨道不平顺的最重要和最常用的统计函数。工程中常用功率谱图来描述谱密度对频率的函数变化。轨道不平顺的功率谱图是以谱密度为纵坐标，以频率或波长为横坐标的连续变化曲线，它清楚地表明了不平顺的大小随频率的变化关系。轨道不平顺通常用空间频率 f（cycle/m）或 ω（rad/m）描述较为方便。它们之间的关系，

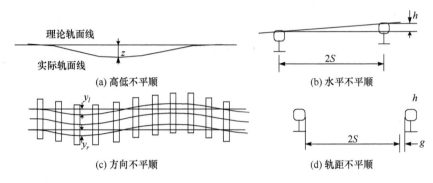

图 5.3　轨道的几何形位不平顺

以及与时间频率 $F(\text{cycle/s})$ 及 $\Omega(\text{rad/s})$ 的关系为

$$\begin{cases} \omega = 2\pi f \\ \omega = \Omega/V \\ f = F/V \end{cases} \tag{5.8}$$

其中,V 为列车运行速度(m/s)。

轨道不平顺功率谱密度的单位通常为 $\text{mm}^2/\text{cycle/m}$,$\text{mm}^2/\text{rad/m}$ 或 $\text{cm}^2/\text{cycle/m}$,$\text{cm}^2/\text{rad/m}$ 或 $\text{m}^2/\text{cycle/m}$,$\text{m}^2/\text{rad/m}$。

5.2.1　美国轨道不平顺功率谱

美国联邦铁路管理局 FRA 根据大量实测资料得到线路不平顺功率谱密度函数,并将其拟合成一个以截断频率和粗糙度常数表示的函数[4]。这些函数适用的波长范围为 $1.524 \sim 304.8\text{m}$,轨道不平顺分为六个等级。

轨道高低不平顺功率谱密度函数(钢轨顶面沿轨道延长方向的高低不平顺),即

$$S_v(\omega) = \frac{kA_v\omega_c^2}{(\omega^2+\omega_c^2)\omega^2} \quad \text{cm}^2/\text{rad/m} \tag{5.9}$$

轨道方向不平顺功率谱密度函数(轨道中心线沿轨道延长方向的不平顺),即

$$S_a(\omega) = \frac{kA_a\omega_c^2}{(\omega^2+\omega_c^2)\omega^2} \quad \text{cm}^2/\text{rad/m} \tag{5.10}$$

轨道水平及轨距不平顺功率谱密度函数(轨道水平不平顺是指左、右轨对应点的高差所形成的沿轨长方向的不平顺,轨距不平顺是指左右两轨沿轨道长度方向上的轨距偏差不平顺),即

$$S_c(\omega) = \frac{4kA_v\omega_c^2}{(\omega^2+\omega_c^2)(\omega^2+\omega_s^2)} \quad \text{cm}^2/\text{rad/m} \tag{5.11}$$

其中,$S(\omega)$ 是轨道不平顺功率谱密度函数($\text{cm}^2/\text{rad/m}$);ω 是空间频率(rad/m);ω_c、ω_s 是截断频率(rad/m);A_v 和 A_a 是粗糙度系数($\text{cm}^2 \cdot \text{rad/m}$),与线路等级有

关,如表 5.1 所示,k 一般取 0.25。

表 5.1　美国轨道不平顺功率谱密度函数参数

参数	各级轨道的参数值					
	1	2	3	4	5	6
$A_v/(\text{cm}^2 \cdot \text{rad/m})$	1.2107	1.0181	0.6816	0.5376	0.2095	0.0339
$A_a/(\text{cm}^2 \cdot \text{rad/m})$	3.3634	1.2107	0.4128	0.3027	0.0762	0.0339
$\omega_s/(\text{rad/m})$	0.6046	0.9308	0.8520	1.1312	0.8209	0.4380
$\omega_c/(\text{rad/m})$	0.8245	0.8245	0.8245	0.8245	0.8245	0.8245

5.2.2　德国高速轨道不平顺功率谱[5]

轨道高低不平顺功率谱密度函数,即

$$S_v(\omega) = \frac{A_v \omega_c^2}{(\omega^2 + \omega_r^2)(\omega^2 + \omega_s^2)} \quad (\text{m}^2/\text{rad/m}) \tag{5.12}$$

轨道方向不平顺功率谱密度函数,即

$$S_a(\omega) = \frac{A_a \omega_c^2}{(\omega^2 + \omega_r^2)(\omega^2 + \omega_s^2)} \quad (\text{m}^2/\text{rad/m}) \tag{5.13}$$

轨道水平不平顺功率谱密度函数,即

$$S_c(\omega) = \frac{A_v \omega_c^2 \omega^2}{(\omega^2 + \omega_r^2)(\omega^2 + \omega_c^2)(\omega^2 + \omega_s^2)} \quad (\text{m}^2/\text{rad/m}) \tag{5.14}$$

轨距不平顺功率谱密度函数,即

$$S_g(\omega) = \frac{A_g \omega_c^2 \omega^2}{(\omega^2 + \omega_r^2)(\omega^2 + \omega_c^2)(\omega^2 + \omega_s^2)} \quad (\text{m}^2/\text{rad/m}) \tag{5.15}$$

其中,ω_c、ω_r、ω_s、A_a、A_v 和 A_g 各参数如表 5.2 所示。

表 5.2　德国高速轨道不平顺功率谱密度函数参数

轨道级别	$\omega_c/$ (rad/m)	$\omega_r/$ (rad/m)	$\omega_s/$ (rad/m)	$A_a/$ (10^{-7}m · rad)	$A_v/$ (10^{-7}m · rad)	$A_g/$ (10^{-7}m · rad)
低干扰	0.8246	0.0206	0.4380	2.119	4.032	0.532
高干扰	0.8246	0.0206	0.4380	6.125	10.80	1.032

5.2.3　日本轨道不平顺 Sato 谱

日本学者 Sato 在分析轮轨高频振动时引入的轨道不平顺功率谱密度函数公式为[6]

$$S(\omega) = \frac{A}{\omega^3} \ (\mathrm{m^2/rad/m}) \tag{5.16}$$

其中,ω 是粗糙度频率(rad/m);A 是轮轨表面粗糙度系数,$A = 4.15 \times 10^{-8} \sim 5.0 \times 10^{-7}$。

该功率谱属于轮轨联合谱,作为轮轨随机高频振动与噪声辐射模型的激扰输入谱得到了较为广泛的应用。

5.2.4　中国干线铁路轨道不平顺谱

1. 长沙铁道学院轨道不平顺谱[7]

长沙铁道学院采用地面测试手段,对我国京广线先后进行了三次轨道不平顺测试,得出了我国铁路一级干线轨道不平顺谱的统计特征。

轨道高低不平顺功率谱密度函数,即

$$S_v(f) = 2.755 \times 10^{-3} \frac{f^2 + 0.8879}{f^4 + 2.524 \times 10^{-2} f^2 + 9.61 \times 10^{-7}} \quad (\mathrm{mm^2/cycle/m}) \tag{5.17}$$

轨道方向不平顺功率谱密度函数,即

$$S_a(f) = 9.404 \times 10^{-3} \frac{f^2 + 9.701 \times 10^{-2}}{f^4 + 3.768 \times 10^{-2} f^2 + 2.666 \times 10^{-5}} \quad (\mathrm{mm^2/cycle/m}) \tag{5.18}$$

轨道水平不平顺功率谱密度函数,即

$$S_c(f) = 5.100 \times 10^{-8} \frac{f^2 + 6.346 \times 10^{-3}}{f^4 + 3.157 \times 10^{-2} f^2 + 7.791 \times 10^{-6}} \quad (\mathrm{mm^2/cycle/m}) \tag{5.19}$$

轨距不平顺功率谱密度函数,即

$$S_g(f) = 7.001 \times 10^{-3} \frac{f^2 - 3.863 \times 10^{-2}}{f^4 - 3.355 \times 10^{-2} f^2 - 1.464 \times 10^{-5}} \quad (\mathrm{mm^2/cycle/m}) \tag{5.20}$$

其中,$S(f)$ 是轨道不平顺功率谱密度(mm²/cycle/m);f 是空间频率(cycle/m)。

2. 中国铁道科学研究院轨道不平顺谱

(1) 中国高速试验线谱[8]

中国已建成的高速、准高速试验线的钢轨结构均采用 60kg/m 跨区间无缝线路,中国铁道科学研究院对此类钢轨结构的线路进行了详细测量,通过数据拟合,得到了反映我国 60kg/m 跨区间无缝线路特征的轨道不平顺功率谱密度函数,即

$$S(f) = \frac{A(f^2 + Bf + C)}{f^4 + Df^3 + Ef^2 + Ff + G} \qquad (5.21)$$

其中,$S(f)$为轨道不平顺功率谱密度(mm²/cycle/m);f为空间频率(cycle/m)。

A、B、C、D、E、F、G各参数如表5.3所示。

表5.3　中国干线铁路轨道不平顺功率谱密度拟合曲线参数

不平顺	A	B	C	D	E	F	G
左高低	0.1270	−2.1531	1.5503	4.9835	1.3891	−0.0327	0.0018
右高低	0.3326	−1.3757	0.5497	2.4907	0.4057	0.0858	−0.0014
左轨向	0.0627	−1.1840	0.6773	2.1237	−0.0847	0.034	−0.0005
右轨向	0.1595	−1.3853	0.6671	2.3331	0.2561	0.0928	−0.0016
水平	0.3328	−1.3511	0.5415	1.8437	0.3813	0.2068	−0.0003

（2）中国京广、京沪、京哈三大提速干线轨道不平顺谱[8]

京广、京沪、京哈三大提速干线轨道不平顺谱的拟合表达式仍为式(5.12),拟合曲线参数如表5.4所示。

表5.4　京广、京沪、京哈三大提速干线轨道不平顺谱拟合曲线参数

不平顺	A	B	C	D	E	F	G
左高低	1.1029	−1.4709	0.5941	0.8480	3.8061	−0.2500	0.0112
右高低	0.8581	−1.4607	0.5848	0.0407	2.8428	−0.1989	0.0094
左轨向	0.2244	−1.5746	0.6683	−2.1466	1.7665	−0.1506	0.0052
右轨向	0.3743	−1.5894	0.7265	0.4553	0.9101	−0.0270	0.0031
水平	0.1214	−2.1603	2.0214	4.5089	2.2227	−0.0396	0.0073

（3）轨道短波不平顺谱[8]

上述轨道不平顺功率谱的波长范围为几米到几十米,只适合机车车辆和桥梁结构的随机振动分析。不能满足轨道结构随机振动研究的需要,因为簧下质量和轨道结构的振动主频可达数百到数千赫兹。为此,中国铁道科学研究院对我国石太线的轨道垂向不平顺进行了实测。测量方法是采用地上测量,用 Colmar 钢轨磨耗测量仪进行量测。经回归分析,得到我国 50kg/m 标准轨线路垂向不平顺的功率谱密度函数,即

$$S(f) = \frac{0.036}{f^{3.15}} \quad (\text{mm}^2/\text{cycle/m}) \qquad (5.22)$$

上式谱密度适合波长范围为 0.01～1m 的轨道短波不平顺。

（4）高速铁路无砟轨道不平顺谱[9]

中国铁道科学研究院熊康等统计分析了京沪、京广、郑西、沪杭、沪宁、合蚌、广

深港和京津城际等高速铁路无砟轨道不平顺检测数据，得到我国高速铁路无砟轨道轨距、水平、轨向和高低不平顺谱拟合公式[9]。轨道不平顺数据是采用 CRH2-150C 高速综合检测列车检测得到的，高低和轨向最大检测波长为 120m。

我国高速铁路无砟轨道不平顺谱可以采用如下幂函数进行分段拟合[9]，即

$$S(f) = \frac{A}{f^k} \quad (\text{mm}^2/\text{cycle/m}) \tag{5.23}$$

其中，f 为空间频率；A 和 k 为系数。

高速铁路无砟轨道不平顺谱式(5.23)中的各拟合系数如表 5.5 所示，各拟合段间转换点如表 5.6 所示。可以看到轨距、水平及轨向不平顺可以用三段幂函数表示，高低不平顺需要用四段幂函数进行表示。通过对实测轨道不平顺谱和轨道不平顺拟合谱的比较，可以看出采用分段幂函数形式的轨道不平顺拟合谱能很好地反映实测轨道不平顺谱的趋势。

表 5.5　高速铁路无砟轨道不平顺平均谱拟合公式系数

不平顺项目	第 1 段		第 2 段		第 3 段		第 4 段	
	A	k	A	k	A	k	A	k
轨距不平顺	5.4978×10^{-2}	0.8282	5.0701×10^{-3}	1.9037	1.8778×10^{-4}	4.5948	—	—
水平不平顺	3.6148×10^{-3}	1.7278	4.3685×10^{-2}	1.0461	4.5867×10^{-3}	2.0939	—	—
轨向不平顺	3.9513×10^{-3}	1.8670	1.1047×10^{-2}	1.5354	7.5633×10^{-4}	2.8171	—	—
高低不平顺	1.0544×10^{-5}	3.3891	3.5588×10^{-3}	1.9271	1.9784×10^{-2}	1.3643	3.9488×10^{-4}	3.4516

表 5.6　高速铁路无砟轨道不平顺谱分段点空间频率(1/m)及对应波长(m)

不平顺项目	第 1,2 段		第 2,3 段		第 3,4 段	
	空间频率	空间波长	空间频率	空间波长	空间频率	空间波长
轨距不平顺	0.1090	9.2	0.2938	3.4	—	—
水平不平顺	0.0258	38.8	0.1163	8.6	—	—
轨向不平顺	0.0450	22.2	0.1234	8.1	—	—
高低不平顺	0.0187	53.5	0.0474	21.1	0.1533	6.5

5.2.5　合-武客运专线轨道不平顺谱[10]

合-武客运专线东起安徽合肥，西至湖北武汉，全线 356 公里。由铁道部和地方政府合资建设，设计时速 250 公里。合-武客运专线是我国沪-汉-蓉快速通道的组成部分，是国家规划的"四纵四横"快速客运网的重要组成部分。全线工程于 2005 年 9 月份正式开工，于 2008 年年底完成调试并投入运营。线路共设大中小

桥 171 座,总长度为 118.819 公里,占正线总长的 33.1%;隧道 37 条,总长度约
64.076 公里,占正线总长的 17.83%。在动检车检测的区段(里程范围为 K486~
K663)内,轨道类型主要包括路基上碎石道床有砟轨道、桥上碎石道床有砟轨道、
隧道内碎石道床有砟轨道、长大隧道内双块式整体道床无砟轨道等。

　　上海铁路局合肥工务检测中心于 2009 年利用 0 号和 10 号高速综合检测列车
对合-武客运专线轨道不平顺进行了大面积的检测,检测时间为 2009 年 3 月~
2009 年 9 月,每月检测一到两次,共收集到 30 次里程范围为 K486~K663 区段的
轨道不平顺数据。我们选择 0 号高速综合检测车 3 月、4 月、5 月、6 月、7 月、8 月
及 9 月检测的轨道不平顺数据进行统计分析。由于合-武客运专线隧道内碎石道
床有砟轨道结构及桥上双块式整体道床无砟轨道线路长度短,测量数据较少,因此
仅对三种类型轨道结构的不平顺数据进行分析,即路基上碎石道床有砟轨道结构;
桥上碎石道床有砟轨道结构;隧道内双块式整体道床无砟轨道。轨道不平顺类型
分为三种:高低不平顺、轨向不平顺、水平不平顺。

　　在对合-武客运专线检测数据进行分析的基础上,采用非线性最小二乘法对
合-武客运专线高低不平顺、轨向不平顺以及水平不平顺功率谱密度函数进行拟
合,可以得到如下拟合公式,即

$$S(f) = \frac{A_1}{(A_2^2 + f^2)(A_3^2 + f^2)} \tag{5.24}$$

其中,S 为功率谱密度函数,单位为 $mm^2 \cdot m$;f 为空间频率,单位为 cycle/m;A_i 为待
定系数,$i=1,2,3$,A_1 的单位为 mm^2/m^3,A_2 与 A_3 的单位为 m^{-1},取值如表 5.7~
表 5.9 所示。拟合功率谱密度曲线与实测曲线的对比如图 5.4~图 5.6 所示。

表 5.7　合-武客运专线路基有砟轨道不平顺功率谱拟合公式参数表

参数	A_1	A_2	A_3
高低不平顺	0.000991	0.017876	0.017838
轨向不平顺	0.001747	0.187256	0.002413
水平不平顺	0.001474	0.003237	0.199733

表 5.8　合-武客运专线桥上有砟轨道不平顺功率谱拟合公式参数表

参数	A_1	A_2	A_3
高低不平顺	0.000849	0.006523	0.006519
轨向不平顺	0.001723	0.050175	0.004021
水平不平顺	0.004854	0.564343	0.001622

表 5.9　合-武客运专线隧道内无砟轨道不平顺功率谱拟合公式参数表

参数	A_1	A_2	A_3
高低不平顺	0.002252	0.058017	0.017164
轨向不平顺	0.001368	0.015602	0.023396
水平不平顺	0.000870	0.012326	0.033728

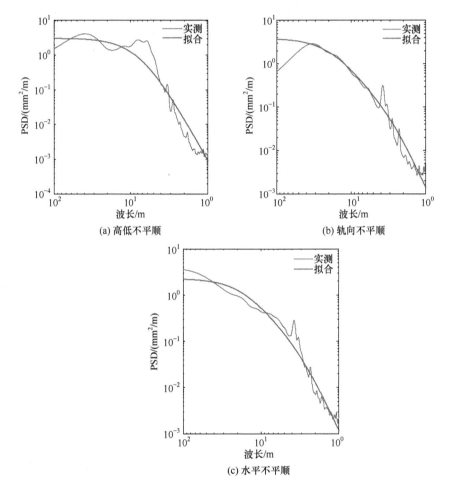

图 5.4　合-武客运专线路基有砟轨道不平顺功率谱拟合曲线

5.2.6　轨道不平顺功率谱拟合曲线的比较

现将各国轨道不平顺功率谱拟合曲线作一对比,对比曲线包括美国谱、德国高低干扰谱、中国干线谱和合-武客运专线谱,如图 5.7～图 5.9[10] 所示。

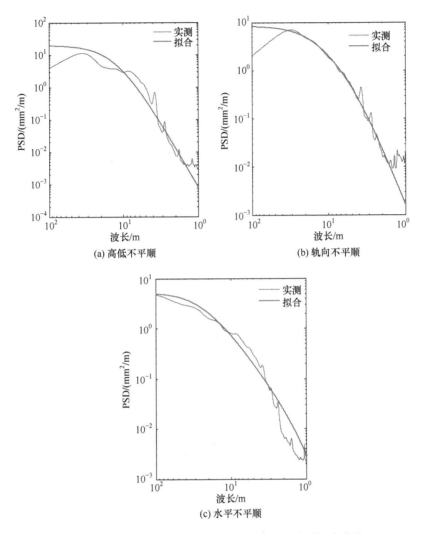

(a) 高低不平顺

(b) 轨向不平顺

(c) 水平不平顺

图5.5 合-武客运专线桥上有砟轨道不平顺功率谱拟合曲线

（1）路基有砟轨道结构

图 5.7(a)表明,对于路基有砟轨道结构高低不平顺,合-武客运专线轨道谱明显优于中国干线谱、美国谱和德国谱。在 1~5m 波长范围内,客运专线轨道谱密度值接近且略优于德国低干扰谱。

图 5.7(b)表明,对路基有砟轨道结构轨向不平顺,合-武客运专线功率谱密度相对较大,但明显低于中国干线谱与美国五级谱。在分析波长范围内,客运专线轨道谱优于美国六级谱,随着波长的减小接近后者。与德国高干扰谱相比,客运专线轨道谱值较低,在 1m 左右的短波长范围内,客运专线轨道谱值接近德国高干扰

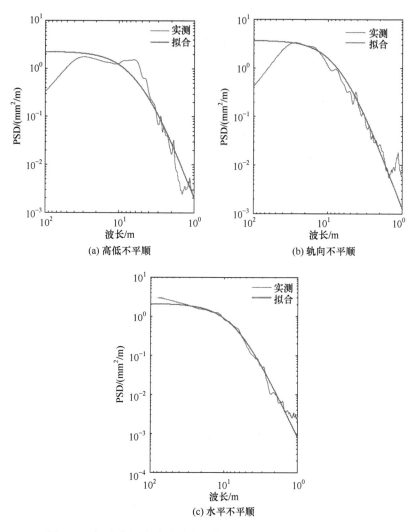

图 5.6　合-武客运专线隧道内无砟轨道不平顺功率谱拟合曲线

谱。在 1~4m 波长范围内,客运专线轨道谱密度值要大于德国低干扰谱;在 4~50m 波长范围内,客运专线功率谱密度值低于德国低干扰谱。

图 5.7(c)表明,合-武客运专线路基水平不平顺控制良好。在分析波长范围内,客运专线轨道谱密度值均明显低于中国干线谱、德国低干扰谱及美国六级谱。

(2) 桥上有砟轨道结构

图 5.8(a)表明,对合-武客运专线桥上有砟轨道结构高低不平顺,在 1~10m 波长范围内,客运专线轨道谱密度值接近且低于德国低干扰谱,在 10~50m 范围内客运专线桥上有砟轨道高低不平顺状态明显优于德国低干扰谱。在分析波长范

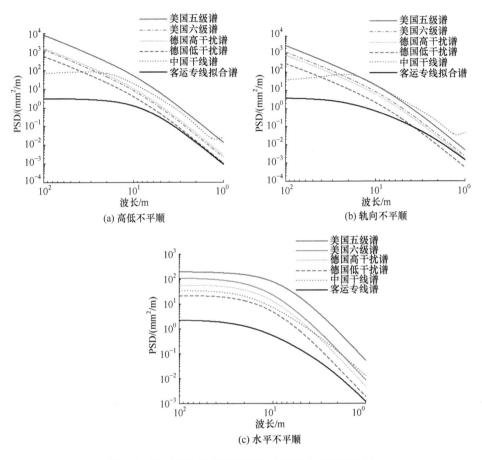

图 5.7 路基有砟轨道不平顺功率谱拟合曲线的比较

围内,客运专线轨道谱明显优于美国六级谱与中国干线谱。

图 5.8(b)表明,对合-武客运专线路基有砟轨道结构轨向不平顺,功率谱密度相对较大,但低于中国干线谱。在分析波长范围内,客运专线轨道谱优于美国六级谱,随着波长的减小接近美国六级谱。与德国高干扰谱相比,客运专线轨道谱值较低;在 $1\sim2m$ 波长范围内,二者非常接近。在 $1\sim10m$ 波长范围内,客运专线轨道谱密度值要大于德国低干扰谱;在 $10\sim50m$ 波长范围内,客运专线功率谱密度值低于德国低干扰谱。

图 5.8(c)表明,对桥上有砟轨道水平不平顺而言,在分析波长范围内,客运专线轨道谱密度值均明显低于中国干线谱、德国高干扰谱及美国六级谱。在 $1.0\sim1.7m$ 短波长范围内,客运专线轨道谱密度值要大于德国低干扰谱,在其他波长范围内则明显低于后者。

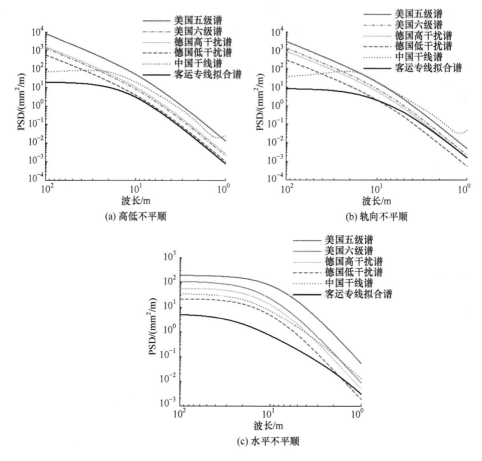

图 5.8　桥上有砟轨道不平顺功率谱拟合曲线的比较

（3）隧道内无砟轨道结构

图 5.9(a)表明，合-武客运专线隧道无砟轨道结构高低不平顺功率谱密度相对较大，但明显低于中国干线谱与美国五级谱。在分析波长范围内，客运专线轨道谱优于美国六级谱，随着波长的减小接近美国六级谱，对 1m 左右短波长更加明显。与德国高干扰谱相比，客运专线轨道谱值较低，随着波长减小不断接近德国高干扰谱。在 1～4m 波长范围内，客运专线轨道谱密度值要大于德国低干扰谱；在 4～50m 波长范围内，客运专线功率谱密度值低于德国低干扰谱。

图 5.9(b)表明，合-武客运专线隧道无砟轨道轨向不平顺功率谱明显优于中国干线谱。在分析波长范围内，客运专线轨道谱低于美国六级谱与德国高干扰谱，随着波长的减小，不断接近后两者。在 1～8m 波长范围内，客运专线轨道谱密度值明显高于德国低干扰谱。在 8～50m 波长范围内，客运专线功率谱密度值低于德国低干扰谱。

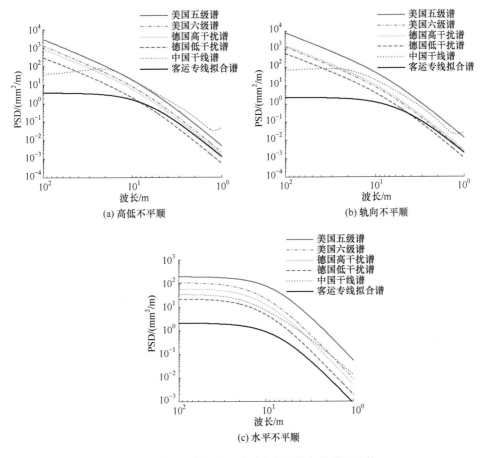

图 5.9　隧道无砟轨道不平顺功率谱拟合曲线的比较

图 5.9(c) 表明，合-武客运专线隧道无砟轨道水平不平顺状态控制良好，明显低于中国干线谱、德国谱及美国谱。

用轨道不平顺功率谱模拟轨道的实际不平顺要正确确定轨道不平顺的波长分析范围。轨道不平顺波长下限应能包括我国铁路轨道实际存在的钢轨波浪性磨耗及接头、道岔区短波不平顺波长，据调查这些短波不平顺波长一般不小于 0.1m。因此，轨道不平顺波长的下限，即最短不平顺波长确定为 0.1m。当列车速度为 $100 \sim 400 \text{km/h}$ 时，由 0.1m 波长轨道不平顺产生的激振频率为 $278 \sim 1111 \text{Hz}$，显然可以满足轨道结构振动分析的需要，更短波长的轨道不平顺主要与轮轨噪声有关。轨道不平顺波长的上限应由车体自振频率和列车运行速度 V 确定。我国主型机车车辆垂向振动的自振频率如表 5.10 所示，车体横向振动的自振频率基本与垂向一致。如果系统最低振动频率为 $F_{\min}$（一般为 $0.5 \sim 1 \text{Hz}$），那么可确定波长上限为 $V / F_{\min}$。

当机车车辆以各种速度运行时,由轨道不平顺产生的激振频率要能覆盖机车车辆和轨道结构的所有主频,因此轨道不平顺波长范围为[1]

$$\lambda = 0.1 - V/F_{min} \quad (m) \tag{5.25}$$

表 5.10　我国主型机车车辆垂向振动自振频率

振型	韶山 1 电力机车	北京 3000 内燃机车	东风 4 内燃机车	转 8 型货车		202 转向架客车		101 转向架客车
				旧 608	新 702	有减振器	无减振器	
沉浮	3.29	1.47	1.67	3.17~3.48	3.25~3.52	1.39	1.33	1.95
点头	3.57	1.78~2.0	1.78	3.75~3.90	5.5~5.6	1.46	1.26	2.08

5.3　轨道结构随机不平顺的数值模拟

功率谱密度函数只有在进行线性随机振动频域分析时才能直接输入,对非线性随机振动问题(严格地讲,车辆-轨道耦合系统是非线性问题),最有效的方法就是获取随机激励的样本作为输入,然后运用数值积分求得系统的随机响应。因此,有必要讨论轨道不平顺随机过程的数值模拟。

设轨道的不平顺样本为

$$\eta_i = \eta(x_i) \tag{5.26}$$

其中,$\eta(x_i)$是坐标 x_i 处的轨面不平顺值;$\eta(x_i)$是一个随机函数。

轨道不平顺的数值模拟就是要寻找谱密度为式(5.9)~式(5.24)的样本函数 $\eta(x_i)$。

目前,国内外最常用的轨道不平顺数值模拟方法主要有二次滤波法[11]、三角级数法[12]、白噪声滤波法和周期图法[1]。二次滤波法需进行滤波器设计,对不同功率谱密度函数的轨道不平顺,均需设计出合理的滤波器,因此该方法缺乏通用性。下面介绍在工程中应用较多的三角级数法。

5.4　三角级数法

5.4.1　三角级数法 1

设平均值为 0 的平稳高斯过程 $\eta(t)$,有功率谱密度函数 $S_x(\omega)$,$\eta(t)$ 的抽样函数可以利用三角级数模型近似地模拟,即

$$\eta^d(t) = \sum_{k=1}^{N} a_k \sin(\omega_k t + \phi_k) \tag{5.27}$$

其中,a_k 是平均值为 0、标准差为 σ_k 的高斯随机变量,对于 $k=1,2,\cdots,N$ 来说,是互相独立的;ϕ_k 是与 a_k 独立的、$0\sim 2\pi$ 范围内均匀分布的随机变量,ϕ_k 本身对于

$k=1,2,\cdots,N$来说也是互相独立的。

σ_k用下列方法给出。在$\eta(t)$的功率谱密度函数$S_x(\omega)$的正域内,将下限值ω_l和上限值ω_u之间N等分,如图5.10所示。设

$$\Delta\omega=(\omega_u-\omega_l)/N \qquad (5.28)$$

令

$$\omega_k=\omega_l+\left(k-\frac{1}{2}\right)\Delta\omega,\quad k=1,2,\cdots,N \qquad (5.29)$$

有

$$\sigma_k^2=4S_x(\omega_k)\Delta\omega,\quad k=1,2,\cdots,N \qquad (5.30)$$

即认为$S_x(\omega)$的有效功率在ω_l和ω_u的范围内,ω_l和ω_u范围外的值可以视为0,则根据图5.10的关系可以算出ω_k和σ_k的值。式(5.28)~式(5.30)中的ω_l、ω_u和ω_k为空间频率,单位为rad/m,N为充分大的整数。

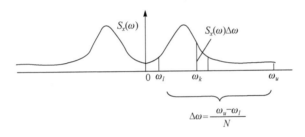

图5.10　功率谱密度函数$S_x(\omega)$的分割

容易证明,由式(5.27)~式(5.30)构造的样本函数的谱密度函数是$S_x(\omega)$,且是各态历经的[11]。为此,对式(5.27)两侧取期望值,有

$$E\mid\eta^d(t)\mid=\sum_{k=1}^{N}E\mid a_k\mid E\mid\sin(\omega_k t+\phi_k)\mid$$

由于$E\mid a_k\mid$根据条件通常为0,所以

$$E\mid\eta^d(t)\mid=0 \qquad (5.31)$$

利用式(5.27),$\eta^d(t)$的自相关函数为

$$R_x^d(\tau)=E\mid x^d(x)x^d(x+\tau)\mid$$

$$=\sum_{k=1}^{N}\sum_{l=1}^{N}E\mid a_k a_l\sin(\omega_k x+\phi_k)\sin(\omega_l x+\omega_l\tau+\phi_l)\mid$$

$$=\sum_{k=1}^{N}\sum_{l=1}^{N}E\mid a_k a_l\mid E\mid\sin(\omega_k x+\phi_k)\sin(\omega_l x+\omega_l\tau+\phi_l)\mid$$

当$k\neq l$时,$E\mid a_k a_l\mid=0$;当$k=l$时,$E\mid a_k^2\mid=\sigma_k^2$,所以上式变为

$$R_x^d(\tau)=\sum_{k=1}^{N}\sigma_k^2 E\mid\sin(\omega_k t+\phi_k)\sin(\omega_k t+\omega_k\tau+\phi_k)\mid$$

$$= \sum_{k=1}^{N} \frac{\sigma_k^2}{2} E \mid \cos\omega_k\tau - \cos(2\omega_k t + \omega_k\tau + 2\phi_k) \mid$$

$$= \sum_{k=1}^{N} \frac{\sigma_k^2}{2} \cos\omega_k\tau \tag{5.32}$$

可知 $\eta^d(t)$ 是平均值为 0 的高斯过程。

利用式(5.32),功率谱密度函数 $S_x^d(\omega)$ 为

$$S_x^d(\omega) = \frac{1}{2\pi} \int_{-\infty}^{\infty} R_x^d(\tau) e^{-i\omega\tau} d\tau$$

$$= \frac{1}{2\pi} \int_{-\infty}^{\infty} \left\{ \sum_{k=1}^{N} \frac{\sigma_k^2}{2} \cos\omega_k\tau \right\} e^{-i\omega\tau} d\tau$$

$$= \frac{1}{4} \sum_{k=1}^{N} \sigma_k^2 \{\delta(\omega - \omega_k) + \delta(\omega + \omega_k)\} \tag{5.33}$$

其中,$\delta(\omega)$ 是狄拉克函数。

把式(5.30)代入式(5.33),有

$$S_x^d(\omega) = \sum_{k=1}^{N} S_x(\omega_k) \Delta\omega \{\delta(\omega - \omega_k) + \delta(\omega + \omega_k)\} \tag{5.34}$$

若取 N 充分大,则式(5.34)的级数和可以近似地用积分代替,即

$$\lim_{N \to \infty} S_x^d(\omega) = \int_0^\infty S_x(\omega') d\omega' \{\delta(\omega - \omega') + \delta(\omega + \omega')\}$$

因此

$$\begin{cases} \lim\limits_{N \to \infty} S_x^d(\omega) = S_x(\omega), & \omega \geqslant 0 \\ \lim\limits_{N \to \infty} S_x^d(\omega) = S_x(-\omega) = S_x(\omega), & \omega < 0 \end{cases} \tag{5.35}$$

即当 N 充分大时,$\eta^d(t)$ 的功率谱密度函数 $S_x^d(\omega)$ 等于 $\eta(t)$ 的功率谱密度函数 $S_x(\omega)$,因此从数值上算出 $\eta^d(t)$ 就可以模拟平稳过程 $\eta(t)$。

其次,研究各态历经性。把式(5.27)视为 $\eta^d(t)$ 的一个抽样函数,并求时间方向的平均,即

$$\overline{\eta^d(t)} = \lim_{T \to \infty} \frac{1}{T} \sum_{k=1}^{N} a_k \int_0^T \sin(\bar{\omega}_k t + \phi_k) dt \tag{5.36}$$

根据式(5.31)和式(5.36),有

$$\overline{\eta^d(t)} = E \mid \eta^d(t) \mid = 0 \tag{5.37}$$

时间方向的自相关函数 $\phi_x^d(\tau)$ 为

$$\phi_x^d(\tau) = \lim_{T \to \infty} \frac{1}{T} \int_0^T \sum_{k=1}^{N} \sum_{l=1}^{N} a_k a_l \sin(\omega_k t + \phi_k) \times \sin(\omega_l t + \omega_l\tau + \phi_l) dt$$

$$= \frac{1}{2} \sum_{k=1}^{N} a_k^2 \cos\omega_k\tau \tag{5.38}$$

利用式(5.32)和式(5.38)来研究两个自相关函数之差,即

$$\phi^d(\tau) - R^d(\tau) = \frac{1}{2} \sum_{k=1}^{N} \{a_k^2 - \sigma_k^2\} \cos\omega_k\tau \qquad (5.39)$$

由于右侧的 a_k 是平均值为 0、标准差为 σ_k 的高斯随机变数,若取左侧为 $I(\tau)$,则 $I(\tau)$ 可视为以 τ 独立变数的随机过程。

$I(\tau)$ 的期望值为

$$E \mid I(\tau) \mid = E \mid \phi^d(\tau) - R^d(\tau) \mid$$
$$= \frac{1}{2} \sum_{k=1}^{N} \{E \mid a_k^2 \mid - \sigma_k^2\} \cos\omega_k\tau$$

由于 $E|a_k^2| = \sigma_k^2$,所以

$$E|I(\tau)| = 0 \qquad (5.40)$$

下面研究 $I(\tau)$ 的方差值。由于式(5.40)成立,所以

$$\sigma_{I(\tau)}^2 = E \mid I^2(\tau) \mid$$
$$= \frac{1}{4} \sum_{k=1}^{N} \sum_{l=1}^{N} E \mid (a_k^2 - \sigma_k^2)(a_k^2 - \sigma_k^2) \mid \cos\omega_k\tau \cos\omega_l\tau$$
$$= \frac{1}{4} \sum_{k=1}^{N} E \mid (a_k^2 - \sigma_k^2)^2 \mid \cos^2\omega_k\tau \qquad (5.41)$$

在 a_k 是平均值为 0、标准差为 σ_k 的高斯变数的情况下,下面的关系成立,即

$$E|a_k^4| = 3E \mid a_k^2 \mid^2 = 3\sigma_k^4$$

因此,式(5.41)变为

$$\sigma_{I(\tau)}^2 = \frac{1}{4} \sum_{k=1}^{N} \{E \mid a_k^4 \mid - 2\sigma_k^2 E \mid a_k^2 \mid + \sigma_k^4\} \cos^2\omega_k\tau$$
$$= \frac{1}{2} \sum_{k=1}^{N} \sigma_k^4 \cos^2\omega_k\tau \qquad (5.42)$$

将式(5.28)和式(5.30)代入式(5.42),则有

$$\sigma_{I(\tau)}^2 = 8 \sum_{k=1}^{N} S_x^2(\omega_k) \frac{(\omega_u - \omega_l)^2}{N^2} \cos^2\omega_k\tau$$

由于实际的功率谱密度函数是有界,设 $S_x(\omega)$ 的最大值为 S,则

$$\sigma_{I(\tau)}^2 \leqslant 8 \sum_{k=1}^{N} \mid S_x^2(\omega_k) \frac{(\omega_u - \omega_l)^2}{N^2} \cos^2\omega_k\tau \mid$$
$$\leqslant 8 \sum_{k=1}^{N} S^2 \frac{(\omega_u - \omega_l)^2}{N^2}$$

所以

$$\sigma_{I(\tau)}^2 \leqslant 8S^2 \frac{(\omega_u - \omega_l)^2}{N}$$

设 N 充分大,则

$$\lim_{N\to\infty}\sigma^2_{\bar{I}(\tau)}\leqslant\lim_{N\to\infty}\frac{8S^2(\omega_u-\omega_l)^2}{N}=0 \tag{5.43}$$

根据式(5.40)和式(5.43)可知,当 N 充分大时,$\phi^d(\tau)$ 和 $R^d(\tau)$ 几乎相等。因此,各态历经性成立。

5.4.2　三角级数法 2

平均值为 0 的平稳高斯过程 $\eta(t)$,有功率谱密度函数 $S_x(\omega)$。$\eta(t)$ 的抽样函数可以利用下列三角级数模拟[12],即

$$\eta^d(t)=\sum_{k=1}^{N}\{a_k\cos\omega_k t+b_k\sin\omega_k t\} \tag{5.44}$$

其中,a_k 是平均值为 0、标准差为 σ_k 的高斯随机变数,对于 $k=1,2,\cdots,N$ 来说,是互相独立的;b_k 与 a_k 无关,其本身也是互相独立的,且平均值为 0、标准差为 σ_k 的高斯随机变数。

设

$$\sigma_k^2=2S_x(\omega_k)\Delta\omega,\quad k=1,2,\cdots,N \tag{5.45}$$

其中,$\Delta\omega$ 和 ω_k 分别由式(5.28)和式(5.29)给出。

5.4.3　三角级数法 3

平均值为 0 的平稳高斯过程 $\eta(t)$,有功率谱密度函数 $S_x(\omega)$。$\eta(t)$ 的抽样函数可以利用下列三角级数模拟[12],即

$$\eta^d(t)=\sum_{k=1}^{N}a_k\cos(\omega_k t+\phi_k) \tag{5.46}$$

其中,a_k 是平均值为 0、标准差为 σ_k 的高斯随机变数,对于 $k=1,2,\cdots,N$ 来说,是互相独立的;ϕ_k 是与 a_k 独立的、0~2π 范围均匀分布的随机变数,ϕ_k 本身对于 $k=1,2,\cdots,N$ 来说也是互相独立的。

$$\sigma_k^2=4S_x(\omega_k)\Delta\omega,\quad k=1,2,\cdots,N \tag{5.47}$$

其中,$\Delta\omega$ 和 ω_k 分别由式(5.28)和式(5.29)给出。

5.4.4　三角级数法 4

平均值为 0 的平稳高斯过程 $\eta(t)$,有功率谱密度函数 $S_x(\omega)$。$\eta(t)$ 的抽样函数可以利用下列三角级数模拟[12],即

$$\eta^d(t)=\sigma_x\sqrt{\frac{2}{N}}\sum_{k=1}^{N}\cos(\omega_k t+\phi_k) \tag{5.48}$$

其中,$\sigma_x^2=\int_{-\infty}^{\infty}S_x(\omega)\mathrm{d}\omega=x(t)$ 的方差;$\omega_k=$ 具有概率密度函数 $p(\omega)=\dfrac{S_x(\omega)}{\sigma_x^2}$ 的

随机变数；ϕ_k 是 $0 \sim 2\pi$ 范围均匀分布的随机变数，是互相独立的；N 是充分大的正整数。　　　　　　　　　　　　　　　　　　　　　　　　　　　　　　(5.49)

5.5　轨道结构随机不平顺样本

　　在本算例中，作为激扰输入的随机不平顺空间样本，是借用美国 AAR 标准的 4、5、6 级线路轨道高低不平顺谱，利用三角级数产生。取空间波长为 $0.5 \sim 50\text{m}$，对应的 ω_l 和 ω_u 分别为 $2\pi(0.02-2)\text{rad/m}$，N 取为 2500。典型不平顺空间样本如图 5.11 所示。

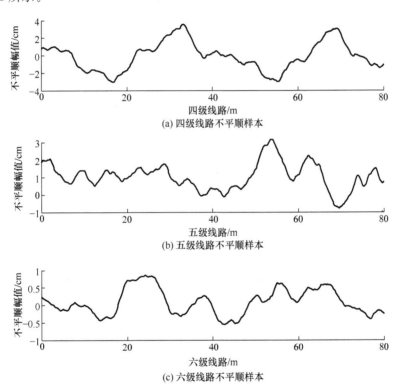

图 5.11　用三角级数产生的线路空间不平顺样本

参 考 文 献

[1] 陈果. 车辆-轨道耦合系统随机振动分析[D]. 成都:西南交通大学博士学位论文,2000.
[2] 雷晓燕. 轨道力学与工程新方法[M]. 北京:中国铁道出版社,2002.
[3] 盛骤,谢式千,潘承毅. 概率论与数理统计[M]. 北京:高等教育出版社,2001.
[4] 王福天. 车辆系统动力学[M]. 北京:中国铁道出版社,1994.

［5］西南交通大学．德国联邦铁路城间特快列车 ICE 技术任务书［R］．铁道部科学技术司，1993．

［6］Sato Y. Study on high-frequency vibrations in track operated high-speed trains［J］. Quarterly Reports，1977，18(3)．

［7］长沙铁道学院随机振动研究室．关于机车车辆/轨道系统随机激励函数的研究［J］．长沙铁道学院学报，1985，(2)：1-36．

［8］罗林，魏世斌．我国干线轨道不平顺功率谱的研究［R］．北京：铁道科学研究院，1999．

［9］康熊，刘秀波，等．高速铁路无砟轨道不平顺谱［J］．中国科学：技术科学，2014，44(7)：687-696．

［10］房建．轨道不平顺对高速客运专线高架轨道结构振动特性的影响［D］．上海：同济大学博士学位论文，2013．

［11］曹雪琴，等．桥梁结构动力分析［M］．北京：中国铁道出版社，1987．

［12］星谷胜．随机振动分析［M］．常宝琦，译．北京：地震出版社，1977．

第六章 车辆-轨道耦合系统竖向动力分析模型

随着国家经济社会的持续快速发展,铁路客运和货运的任务日益繁重。不断增长的运输量,要求铁路必须在保证安全的前提下,增加货物列车的重量,提高客运列车的速度和运行品质。因此,新型机车车辆的设计、制造和线路的建设与维护都迫切需要预知轮轨之间的动力作用特性。动力学性能好的线路是列车安全、平稳通过的条件,动力学性能好的车辆在车-线相互作用的情况下,应尽量减轻对线路的破坏作用。现在,人类已经能够准确地模拟一个飞行体在宇宙空间的运动,并进行精确控制,但不能精确模拟铁路轮轨的相互作用。可见,轮轨关系和车辆与轨道相互作用仍然是车辆、轨道动力学中的难题。机车车辆与轨道结构是一个整体系统。在这个系统中,它们相互关联、相互作用。因此,在研究机车车辆动力学性能时,不能简单地视线路为外激干扰。换言之,线路也不存在独立于列车的激扰特性。引起系统产生振动和动力作用的是钢轨和车轮表面的随机不平顺。

对轨道结构动力特性的研究,世界各国多采用仿真分析的方法,仿真分析的突出优点是能够替代昂贵而又非常耗时的物理试验,对所研究的问题进行数值模拟。近年来出现了各种计算模型[1-22],并取得了一些成果。

本章首先介绍作为轨道结构振动分析基础的动力有限元法基本理论,然后讨论各种车辆-轨道耦合系统分析模型。

6.1 动力有限元基本理论

6.1.1 动力有限元法概述

结构对于动力荷载的响应分析已经取得了很大的进展。一方面是由于实际的需要,例如原子能电站、水坝、高层建筑在地震荷载作用下的动力分析;海洋平台在风、浪、流等荷载作用下的动力分析;轨道结构在列车通过时的振动分析;各种机械设备在高速运转过程或冲击荷载作用下的动力分析等,这都是保证结构或机械良好工作性能和安全可靠性所必不可少的步骤。另一方面是由于高性能计算机及相应数值分析方法,特别是有限单元法的发展,使各种复杂结构的动力学分析成为可能。

结构在随时间变化的荷载作用下,位移、速度、加速度、应变和应力都是时间的函数,以平面问题为例,有限元动力分析步骤可表述如下[23,24]:

（1）连续区域的离散化

在动力分析中，因为引入了时间坐标，我们处理的是(x,y,t)问题。在有限元分析中一般采用部分离散的方法，即只对空间进行离散，在时间尺度上则采用差分法。

（2）构造插值函数

由于只对空间域进行离散，所以单元内任意一点位移 u 和 v 的插值可以表示为

$$u(x,y,t) = \sum_{i=1}^{n} N_i(x,y)u_i(t)$$
$$v(x,y,t) = \sum_{i=1}^{n} N_i(x,y)v_i(t) \tag{6.1}$$

其中，u 和 v 是单元内(x,y)处的位移；N_i 是插值函数；u_i 和 v_i 是单元结点位移。

式（6.1）可以用矩阵表示，即

$$\boldsymbol{f}=\boldsymbol{N}\boldsymbol{a}^e \tag{6.2}$$

其中，$\boldsymbol{f}$ 是单元位移向量；$\boldsymbol{N}$ 是插值函数矩阵；$\boldsymbol{a}^e$ 是单元结点位移向量。

$$\boldsymbol{f}=\begin{Bmatrix}u(x,y,t)\\v(x,y,t)\end{Bmatrix}$$

$$\boldsymbol{N}=\begin{bmatrix}N_1 & O & N_2 & O & \cdots & N_n & O\\O & N_1 & O & N_2 & \cdots & O & N_n\end{bmatrix}$$

$$\boldsymbol{a}^e=\{\boldsymbol{a}_1 \quad \boldsymbol{a}_2 \quad \cdots \quad \boldsymbol{a}_n\}^{\mathrm{T}}$$

$$\boldsymbol{a}_i=\begin{Bmatrix}u_i(t)\\v_i(t)\end{Bmatrix}$$

在动力问题中，结点位移 $\boldsymbol{a}^e$ 是时间的函数。

（3）形成单元特性矩阵和特性向量

由式（6.2）可以得到单元应变向量和单元应力向量，即

$$\boldsymbol{\varepsilon}=\boldsymbol{B}\boldsymbol{a}^e \tag{6.3}$$
$$\boldsymbol{\sigma}=\boldsymbol{D}\boldsymbol{\varepsilon}=\boldsymbol{D}\boldsymbol{B}\boldsymbol{a}^e \tag{6.4}$$

其中，$\boldsymbol{\varepsilon}$ 是单元应变向量；$\boldsymbol{B}$ 是应变矩阵；$\boldsymbol{\sigma}$ 是单元应力向量；$\boldsymbol{D}$ 是弹性矩阵。

位移对时间微分，可以得到速度，即

$$\dot{\boldsymbol{f}}(x,y,t)=\boldsymbol{N}(x,y)\dot{\boldsymbol{a}}^e(t) \tag{6.5}$$

其中，$\dot{\boldsymbol{a}}^e$ 为结点的速度向量。

为建立结构的动力学方程，可以依据 Hamilton 原理，也可直接利用 Lagrange 方程，后者可以表示为

$$\frac{\mathrm{d}}{\mathrm{d}t}\frac{\partial L}{\partial \dot{\boldsymbol{a}}}-\frac{\partial L}{\partial \boldsymbol{a}}+\frac{\partial R}{\partial \dot{\boldsymbol{a}}}=\boldsymbol{0} \tag{6.6}$$

其中，L 为 Lagrange 函数。

$$L = T - \Pi_p \tag{6.7}$$

式中，T、Π_p、R、a 和 $\dot{a}$ 分别为系统的动能、势能、耗散能函数、结点位移向量和结点速度向量。

单元的动能和势能可以分别表示为

$$T^e = \frac{1}{2}\int_{\Omega^e}\rho\dot{f}^\mathrm{T}\dot{f}\mathrm{d}\Omega \tag{6.8}$$

$$\Pi_p^e = \frac{1}{2}\int_{\Omega^e}\boldsymbol{\varepsilon}^\mathrm{T}\boldsymbol{D}\boldsymbol{\varepsilon}\mathrm{d}\Omega - \int_{\Omega^e}f^\mathrm{T}b\mathrm{d}\Omega - \int_{\Gamma_\sigma}f^\mathrm{T}q\mathrm{d}\Gamma \tag{6.9}$$

其中，ρ 为材料的密度；右端第一项代表单元的应变能，第二、三项代表外力的势能，b、q 分别为作用于单元的体积力向量和面力向量。

至于单元的耗散能函数，如果假设阻尼力比例于各质点的速度，则可以表示为

$$R^e = \frac{1}{2}\int_{\Omega^e}\mu\dot{f}^\mathrm{T}\dot{f}\mathrm{d}\Omega \tag{6.10}$$

其中，μ 为阻尼系数。

将式(6.2)代入式(6.8)～式(6.10)，则可以得到

$$T^e = \frac{1}{2}(\dot{a}^e)^\mathrm{T}m^e\dot{a}^e$$

$$\Pi_p^e = \frac{1}{2}(a^e)^\mathrm{T}k^e a^e - (a^e)^\mathrm{T}Q^e \tag{6.11}$$

$$R^e = \frac{1}{2}(\dot{a}^e)^\mathrm{T}c^e\dot{a}^e$$

其中

$$m^e = \int_{\Omega^e}\rho\boldsymbol{N}^\mathrm{T}\boldsymbol{N}\mathrm{d}\Omega,\quad k^e = \int_{\Omega^e}\boldsymbol{B}^\mathrm{T}\boldsymbol{D}\boldsymbol{B}\mathrm{d}\Omega,\quad c^e = \int_{\Omega^e}\mu\boldsymbol{N}^\mathrm{T}\boldsymbol{N}\mathrm{d}\Omega \tag{6.12}$$

分别为单元的质量矩阵、刚度矩阵和阻尼矩阵。

$$Q^e = \int_{\Omega^e}\boldsymbol{N}^\mathrm{T}b\mathrm{d}\Omega + \int_{\Gamma_\sigma}\boldsymbol{N}^\mathrm{T}q\mathrm{d}\Gamma \tag{6.13}$$

为单元的等效结点荷载向量。

(4) 集合各个单元的矩阵和向量，以形成整个系统的运动方程

集合各个单元的 T^e、Π_p^e、R^e 组成系统的 T、Π_p、R，即

$$T = \sum_e T^e = \frac{1}{2}\dot{a}^\mathrm{T}M\dot{a}$$

$$\Pi_p = \sum_e \Pi_p^e = \frac{1}{2}a^\mathrm{T}Ka - a^\mathrm{T}Q \tag{6.14}$$

$$R = \sum_e R^e = \frac{1}{2}\dot{a}^\mathrm{T}C\dot{a}$$

其中

$$M=\sum_e m^e, \quad K=\sum_e k^e, \quad C=\sum_e c^e, \quad Q=\sum_e Q^e \tag{6.15}$$

分别为系统的质量矩阵、刚度矩阵、阻尼矩阵和荷载向量。

进一步将式(6.14)代入式(6.6),可以得到系统的运动方程,即

$$M\ddot{a}(t)+C\dot{a}(t)+Ka(t)=Q(t) \tag{6.16}$$

这是一个二阶常微分方程组,$\ddot{a}(t)$是系统结点加速度向量。

(5) 计算结构的应变和应力

求解系统的运动方程(6.16),可以得到结点的位移向量 $a(t)$。利用式(6.3)和式(6.4)可以计算单元应变 $\varepsilon(t)$ 和单元应力 $\sigma(t)$。

从上述步骤可以看出,与静力分析相比,在动力分析中,由于动能和耗散能出现在能量方程中,因此引入了质量矩阵和阻尼矩阵,最后得到的求解方程不是代数方程组,而是常微分方程组。关于二阶常微分方程组的解法,原则上可以利用常微分方程组的常用方法(如 Runge-Kutta 方法)求解。在有限元动力分析中,因为矩阵的阶数较高,用这些常用算法一般是很不经济的,常采用数值积分法。

6.1.2 梁单元理论

1. 单元刚度矩阵

对两结点的平面梁单元,每个结点有三个自由度,如图 6.1 所示。

假定梁单元的位移模式为

$$u=\alpha_1+\alpha_2 x \tag{6.17}$$

$$v=\beta_1+\beta_2 x+\beta_3 x^2+\beta_4 x^3 \tag{6.18}$$

其中,α_i 和 β_i 为 6 个待定的广义坐标,可以由单元的 6 个结点位移表示。

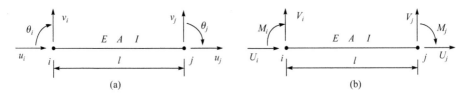

图 6.1　2 结点 6 自由度梁单元

将结点坐标 $i(0)$ 和 $j(l)$ 代入式(6.17)得到

$$\begin{bmatrix} 1 & 0 \\ 1 & l \end{bmatrix} \begin{Bmatrix} \alpha_1 \\ \alpha_2 \end{Bmatrix} = \begin{Bmatrix} u_i \\ u_j \end{Bmatrix} \tag{6.19}$$

求逆可得

$$\left\{\begin{matrix} \alpha_1 \\ \alpha_2 \end{matrix}\right\} = \begin{bmatrix} 1 & 0 \\ -\dfrac{1}{l} & \dfrac{1}{l} \end{bmatrix} \left\{\begin{matrix} u_i \\ u_j \end{matrix}\right\} \tag{6.20}$$

$\beta_1 \sim \beta_4$ 可以根据结点位移 v_i、θ_i、v_j 和 θ_j 确定，由式(6.18)可得

$$\theta = -\frac{\mathrm{d}v}{\mathrm{d}x} = -\beta_2 - 2\beta_3 x - 3\beta_4 x^2 \tag{6.21}$$

将结点坐标代入式(6.18)和式(6.21)中，可以得到

$$\begin{bmatrix} 1 & 0 & 0 & 0 \\ 0 & -1 & 0 & 0 \\ 1 & l & l^2 & l^3 \\ 0 & -1 & -2l & -3l^2 \end{bmatrix} \left\{\begin{matrix} \beta_1 \\ \beta_2 \\ \beta_3 \\ \beta_4 \end{matrix}\right\} = \left\{\begin{matrix} v_i \\ \theta_i \\ v_j \\ \theta_j \end{matrix}\right\} \tag{6.22}$$

解上述方程，有

$$\left\{\begin{matrix} \beta_1 \\ \beta_2 \\ \beta_3 \\ \beta_4 \end{matrix}\right\} = \begin{bmatrix} 1 & 0 & 0 & 0 \\ 0 & -1 & 0 & 0 \\ -\dfrac{3}{l^2} & \dfrac{2}{l} & \dfrac{3}{l^2} & \dfrac{1}{l} \\ \dfrac{2}{l^3} & -\dfrac{1}{l^2} & -\dfrac{2}{l^3} & -\dfrac{1}{l^2} \end{bmatrix} \left\{\begin{matrix} v_i \\ \theta_i \\ v_j \\ \theta_j \end{matrix}\right\} \tag{6.23}$$

将式(6.20)和式(6.23)代入式(6.17)和式(6.18)，可以得到用插值函数和结点位移表示的单元位移，即

$$\begin{aligned} u &= N_1 u_i + N_4 u_j \\ v &= N_2 v_i + N_3 \theta_i + N_5 v_j + N_6 \theta_j \end{aligned} \tag{6.24}$$

其中，$N_1 \sim N_6$ 为插值函数，是单元局部坐标 x 的函数，即

$$N_1 = 1 - \frac{x}{l}, \quad N_2 = 1 - \frac{3}{l^2}x^2 + \frac{2}{l^3}x^3, \quad N_3 = -x + \frac{2}{l}x^2 - \frac{1}{l^2}x^3$$

$$N_4 = \frac{x}{l}, \quad N_5 = \frac{3}{l^2}x^2 - \frac{2}{l^3}x^3, \quad N_6 = \frac{1}{l}x^2 - \frac{1}{l^2}x^3 \tag{6.25}$$

令单元结点位移向量为

$$\boldsymbol{a}^e = \{u_i \quad v_i \quad \theta_i \quad u_j \quad v_j \quad \theta_j\}^{\mathrm{T}}$$

则式(6.24)的矩阵形式为

$$\boldsymbol{f} = \left\{\begin{matrix} u \\ v \end{matrix}\right\} = \boldsymbol{N}\boldsymbol{a}^e \tag{6.26}$$

其中

$$\boldsymbol{N} = \begin{bmatrix} N_1 & 0 & 0 & N_4 & 0 & 0 \\ 0 & N_2 & N_3 & 0 & N_5 & N_6 \end{bmatrix} \tag{6.27}$$

　　获得单元位移后就可以确定单元应变。对于长细比较大的杆件，可以忽略剪切变形，此时应变只包含轴向变形和弯曲变形两个部分。

$$\boldsymbol{\varepsilon}=\left\{\begin{matrix}\varepsilon_{\chi}\\k_{\chi}\end{matrix}\right\}=\left\{\begin{matrix}\dfrac{\mathrm{d}u}{\mathrm{d}x}\\[2mm]\dfrac{\mathrm{d}^{2}v}{\mathrm{d}x^{2}}\end{matrix}\right\}=\boldsymbol{L}f \tag{6.28}$$

其中，微分算子

$$\boldsymbol{L}=\begin{bmatrix}\dfrac{\mathrm{d}}{\mathrm{d}x}&0\\[3mm]0&\dfrac{\mathrm{d}^{2}}{\mathrm{d}x^{2}}\end{bmatrix} \tag{6.29}$$

将式(6.26)代入式(6.28)，则有

$$\boldsymbol{\varepsilon}=\boldsymbol{B}a^{e} \tag{6.30}$$

其中

$$\boldsymbol{B}=\boldsymbol{L}\boldsymbol{N}=\begin{bmatrix}\boldsymbol{B}_{i}&\boldsymbol{B}_{j}\end{bmatrix} \tag{6.31}$$

$$\boldsymbol{B}_{i}=\begin{bmatrix}a_{i}&0&0\\0&b_{i}&c_{i}\end{bmatrix},\quad \boldsymbol{B}_{j}=\begin{bmatrix}a_{j}&0&0\\0&b_{j}&c_{j}\end{bmatrix} \tag{6.32}$$

式中，$a_{j}=-a_{i}=\dfrac{1}{l}$；$b_{j}=-b_{i}=\dfrac{6}{l^{2}}-\dfrac{12}{l^{3}}x$；$c_{i}=\dfrac{4}{l}-\dfrac{6}{l^{2}}x$；$c_{j}=\dfrac{2}{l}-\dfrac{6}{l^{2}}x$。

　　单元刚度矩阵可由下式得到，即

$$\begin{aligned}\boldsymbol{k}^{e}&=\int_{\varOmega^{e}}\boldsymbol{B}^{\mathrm{T}}\boldsymbol{D}\boldsymbol{B}\,\mathrm{d}\varOmega\\&=\int_{\varOmega^{e}}\begin{bmatrix}\boldsymbol{B}_{i}^{\mathrm{T}}\\\boldsymbol{B}_{j}^{\mathrm{T}}\end{bmatrix}\boldsymbol{D}\begin{bmatrix}\boldsymbol{B}_{i}&\boldsymbol{B}_{j}\end{bmatrix}\mathrm{d}\varOmega\\&=\begin{bmatrix}\boldsymbol{k}_{ii}&\boldsymbol{k}_{ij}\\\boldsymbol{k}_{ji}&\boldsymbol{k}_{jj}\end{bmatrix}\end{aligned} \tag{6.33}$$

其中，任一分块子矩阵的计算公式是

$$\begin{aligned}\boldsymbol{k}_{rs}&=\int_{\varOmega^{e}}\boldsymbol{B}_{r}^{\mathrm{T}}\boldsymbol{D}\boldsymbol{B}_{s}\,\mathrm{d}\varOmega\\&=\int_{l}\begin{bmatrix}a_{r}&0\\0&b_{r}\\0&c_{r}\end{bmatrix}\begin{bmatrix}EA&0\\0&EI\end{bmatrix}\begin{bmatrix}a_{s}&0&0\\0&b_{s}&c_{s}\end{bmatrix}\mathrm{d}x\end{aligned} \tag{6.34}$$

式中，A 和 I 分别为梁的横截面积和截面惯性矩；E 为材料弹性模量。

　　平面梁单元刚度矩阵的显式表达式为

$$k^e = \begin{bmatrix} \dfrac{EA}{l} & 0 & 0 & -\dfrac{EA}{l} & 0 & 0 \\[2mm] & \dfrac{12EI}{l^3} & -\dfrac{6EI}{l^2} & 0 & -\dfrac{12EI}{l^3} & -\dfrac{6EI}{l^2} \\[2mm] & & \dfrac{4EI}{l} & 0 & \dfrac{6EI}{l^2} & \dfrac{2EI}{l} \\[2mm] & & & \dfrac{EA}{l} & 0 & 0 \\[2mm] & \text{对称} & & & \dfrac{12EI}{l^3} & \dfrac{6EI}{l^2} \\[2mm] & & & & & \dfrac{4EI}{l} \end{bmatrix} \quad (6.35)$$

2. 单元等效结点荷载向量

单元等效结点荷载向量 $\boldsymbol{Q}^e$ 为

$$\boldsymbol{Q}^e = \boldsymbol{Q}_q^e + \boldsymbol{Q}_b^e + \boldsymbol{Q}_p^e \quad (6.36)$$

其中，$\boldsymbol{Q}_q^e$ 为分布荷载产生的等效结点荷载向量；$\boldsymbol{Q}_b^e$ 为体积力荷载产生的等效结点荷载向量；$\boldsymbol{Q}_p^e$ 为集中荷载产生的等效结点荷载向量。

$$\boldsymbol{Q}_q^e = \int_l \boldsymbol{N}^{\mathrm{T}} \boldsymbol{q} \mathrm{d}x \quad (6.37)$$

$$\boldsymbol{Q}_b^e = \int_{\Omega^e} \boldsymbol{N}^{\mathrm{T}} \boldsymbol{b} \mathrm{d}\Omega \quad (6.38)$$

$$\boldsymbol{Q}_p^e = \boldsymbol{N}^{\mathrm{T}} \boldsymbol{P} \quad (6.39)$$

下面计算几种常见荷载的等效结点荷载。

（1）均布荷载

如图 6.2 所示，这时有

$$\boldsymbol{q} = \{0 \quad -q\}^{\mathrm{T}}$$

由式（6.37），可得由均布荷载 q 产生的等效结点荷载为

$$\boldsymbol{Q}_q^e = \left\{0 \quad -\frac{qa}{2l^3}(2l^3 - 2la^2 + a^3) \quad \frac{qa^2}{12l^2}(6l^2 - 8la + 3a^2) \right.$$
$$\left. 0 \quad -\frac{qa^3}{2l^3}(2l-a) \quad -\frac{qa^3}{12l^2}(4l-3a)\right\}^{\mathrm{T}} \quad (6.40)$$

当满跨作用均布荷载时（$a=l$），上述结果为

$$\boldsymbol{Q}_q^e = \left\{0 \quad -\frac{1}{2}ql \quad \frac{1}{12}ql^2 \quad 0 \quad -\frac{1}{2}ql \quad -\frac{1}{12}ql^2\right\}^{\mathrm{T}} \quad (6.41)$$

（2）竖向集中力

如图 6.3 所示，这时有

$$\boldsymbol{Q}_p^e = \left\{ 0 \quad \frac{P_y b^2}{l^3}(l+2a) \quad -\frac{P_y a b^2}{l^2} \quad 0 \quad \frac{P_y a^2}{l^3}(l+2b) \quad \frac{P_y a^2 b}{l^2} \right\}^{\mathrm{T}} \tag{6.42}$$

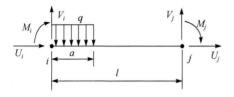

图 6.2　梁单元作用均布荷载 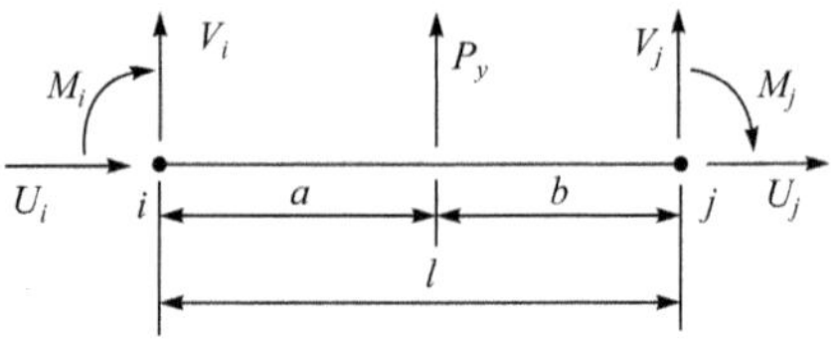　　　　　图 6.3　梁单元作用竖向集中力

（3）平行集中力

如图 6.4 所示，这时有

$$\boldsymbol{Q}_p^e = \left\{ \frac{P_x b}{l} \quad 0 \quad 0 \quad \frac{P_x a}{l} \quad 0 \quad 0 \right\}^{\mathrm{T}} \tag{6.43}$$

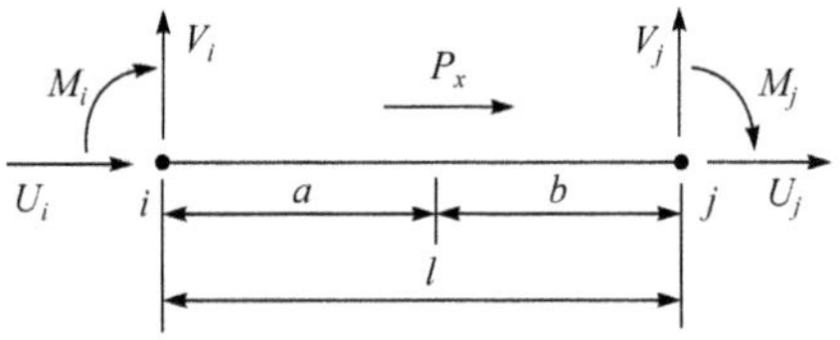

图 6.4　梁单元作用平行集中力

3. 单元质量矩阵

式（6.12）表达的单元质量矩阵为

$$\boldsymbol{m}^e = \int_{\Omega^e} \rho \mathbf{N}^{\mathrm{T}} \mathbf{N} \mathrm{d}\Omega \tag{6.44}$$

称为协调质量矩阵或一致质量矩阵，这是因为从单元的动能导出时，质量分布按照实际分布情况，同时位移插值函数和从势能导出刚度矩阵时所采用的形式相同。此外，在有限元法中，还经常采用所谓集中质量矩阵。假定单元的质量集中在结点上，这样得到的质量矩阵是对角矩阵。

将梁单元的插值函数（6.27）代入式（6.44），则可以得到单元的协调质量矩阵，即

$$m^e = \frac{\rho A l}{420} \begin{bmatrix} 140 & 0 & 0 & 70 & 0 & 0 \\ & 156 & -22l & 0 & 54 & 13l \\ & & 4l^2 & 0 & -13l & -3l^2 \\ & & & 140 & 0 & 0 \\ & \text{对称} & & & 156 & 22l \\ & & & & & 4l^2 \end{bmatrix} \quad (6.45)$$

其中，A 为梁的横截面面积；l 为梁单元的长度。

如果将单元二分之一的质量集中在每个结点上，并略去转动项，得到的单元的集中质量矩阵为

$$m^e = \frac{\rho A l}{2} \begin{bmatrix} 1 & 0 & 0 & 0 & 0 & 0 \\ & 1 & 0 & 0 & 0 & 0 \\ & & 0 & 0 & 0 & 0 \\ & & & 1 & 0 & 0 \\ & \text{对称} & & & 1 & 0 \\ & & & & & 0 \end{bmatrix} \quad (6.46)$$

在实际分析中，这两种质量矩阵都有应用。一般情况下，两者给出的结果也相差不多。从式(6.44)可以看到，质量矩阵积分表达式的被积函数是插值函数的平方项，而刚度矩阵则是其导数的平方项。因此，在相同精度要求条件下，质量矩阵可以用较低阶的插值函数。集中质量矩阵从实质来看，正是这样一种替换方案。替换的好处是使计算得到简化，特别是采用直接积分的显式方案求解运动方程时，如果阻尼矩阵也采用对角矩阵，就可以省去等效刚度矩阵的分解步骤，这点在非线性分析中有重要的作用。

4. 单元阻尼矩阵

式(6.12)表示的单元阻尼矩阵为

$$c^e = \int_{\Omega^e} \mu N^T N d\Omega \quad (6.47)$$

基于与协调质量矩阵的同样理由，式(6.47)称为协调阻尼矩阵，它是假定阻尼力正比于质点运动速度的结果。通常均将介质阻尼简化为这种情况，这时单元阻尼矩阵比例于单元质量矩阵。

除此之外，还有比例于应变速度的阻尼，例如由于材料内摩擦引起的阻尼通常可简化为这种情况，这时耗散能函数可以表示为

$$R^e = \frac{1}{2} \int_{\Omega^e} \mu \dot{\boldsymbol{\varepsilon}}^T \boldsymbol{D} \dot{\boldsymbol{\varepsilon}} d\Omega \quad (6.48)$$

由此可以得到单元阻尼矩阵，即

$$c^e = \mu \int_{\Omega^e} \boldsymbol{B}^\top \boldsymbol{D} \boldsymbol{B} \, \mathrm{d}\Omega \tag{6.49}$$

该单元阻尼矩阵比例于单元刚度矩阵。

在实际分析中,要精确地决定阻尼矩阵是相当困难的,通常允许将实际结构的阻尼简化为以上两种形式的线性组合,即

$$c^e = \alpha m^e + \beta k^e \tag{6.50}$$

这种阻尼称为比例阻尼或振型阻尼。

6.2　轨道结构的有限元方程

6.2.1　基本假设与计算模型

在用有限元法建立车辆-轨道耦合系统竖向振动模型时,采用以下基本假设。

① 考虑车辆-轨道耦合系统竖向动力效应和纵向动力效应。

② 轨道和上部车辆结构沿线路方向左右对称,可取一半结构研究。

③ 上部结构为附有二系弹簧阻尼系统的整车模型,车体和转向架考虑沉浮振动和点头振动。

④ 轮轨间为线弹性接触。

⑤ 钢轨被离散为二维梁单元,轨下垫板和扣件的弹性及阻尼分别用弹性系数 k_{y1} 和阻尼系数 c_{y1} 表示。

⑥ 轨枕质量作为集中质量处理并仅考虑竖向振动效应;枕下道床的弹性系数和阻尼系数分别用 k_{y2} 和 c_{y2} 表示。

⑦ 道砟质量简化为集中质量并仅考虑竖向振动效应;道砟下路基的弹性系数和阻尼系数分别用 k_{y3} 和 C_{y3} 表示。

车辆-轨道耦合系统计算模型如图 6.5 所示。

6.2.2　轨道结构广义梁单元理论[1]

为便于计算程序的设计,减小总刚度矩阵的带宽,建立轨道结构广义梁单元模型,取两轨枕之间的一跨钢轨、轨枕、道砟和路基作为一个单元,如图 6.6 所示。

定义轨道结构广义梁单元结点位移和结点力为

$$a_l^e = \{u_1 \quad v_1 \quad \theta_1 \quad v_2 \quad v_3 \quad u_4 \quad v_4 \quad \theta_4 \quad v_5 \quad v_6\}^\top$$
$$F^e = \{U_1 \quad V_1 \quad M_1 \quad V_2 \quad V_3 \quad U_4 \quad V_4 \quad M_4 \quad V_5 \quad V_6\}^\top$$

其中,$u_i, v_i (i=1,2,\cdots,6)$ 分别为广义梁单元中第 i 个结点的纵向(沿线路方向)和竖向位移,$\theta_i (i=1,4)$ 为梁单元中第 i 个结点的转角;U_i 和 $V_i (i=1,2,\cdots,6)$ 分别

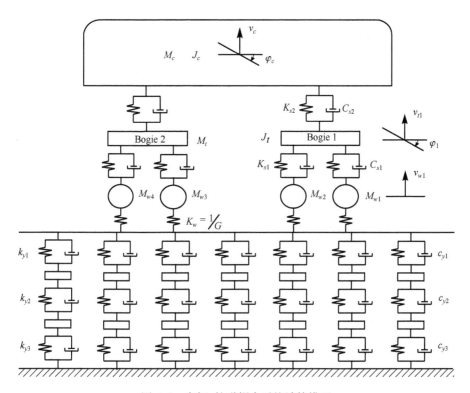

图 6.5　车辆-轨道耦合系统计算模型

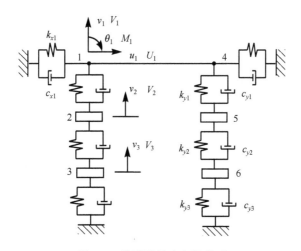

图 6.6　轨道结构广义梁单元

为单元中第 i 个结点的纵向和竖向结点荷载分量；$M_i(i=1,4)$ 为单元中第 i 个结点的弯矩。

(1) 单元刚度矩阵

轨道结构广义梁单元的刚度矩阵扩大为

$$
k_r^e = \begin{bmatrix}
EA/l & 0 & 0 & 0 & 0 & -EA/l & 0 & 0 & 0 & 0 \\
 & 12EI/l^3 & -6EI/l^2 & 0 & 0 & 0 & -12EI/l^3 & -6EI/l^2 & 0 & 0 \\
 & & 4EI/l & 0 & 0 & 0 & 6EI/l^2 & 2EI/l & 0 & 0 \\
 & & & 0 & 0 & 0 & 0 & 0 & 0 & 0 \\
 & & & & 0 & 0 & 0 & 0 & 0 & 0 \\
 & & & & & EA/l & 0 & 0 & 0 & 0 \\
 & \text{对称} & & & & & 12EI/l^3 & 6EI/l^2 & 0 & 0 \\
 & & & & & & & 4EI/l & 0 & 0 \\
 & & & & & & & & 0 & 0 \\
 & & & & & & & & & 0
\end{bmatrix}
$$

$$(6.51)$$

在轨道结构广义梁单元模型中,除钢轨应变能产生的刚度外,还需要考虑由支承弹性产生的刚度。

假设弹性力正比于结点位移,由图 6.6 可得

$$
\begin{cases}
U_{ie} = \dfrac{1}{2}k_{x1}u_i \\[2mm]
V_{ie} = \dfrac{1}{2}k_{y1}(v_i - v_{i+1}), \quad i = 1,4 \\[2mm]
M_{ie} = 0
\end{cases}
$$

$$V_{ie} = \frac{1}{2}k_{y2}(v_i - v_{i+1}) - \frac{1}{2}k_{y1}(v_{i-1} - v_i), \quad i = 2,5$$

$$V_{ie} = \frac{1}{2}k_{y3}v_i - \frac{1}{2}k_{y2}(v_{i-1} - v_i), \quad i = 3,6 \qquad (6.52)$$

其中,k_{x1} 和 k_{y1} 分别为扣压件(含垫板)的纵向和竖向刚度系数;k_{y2} 和 k_{y3} 分别为道砟和路基的竖向刚度系数。

由于扣压件、道砟和路基所在结点的刚度等于两相邻单元的刚度之和,因此每个单元的刚度系数为二分之一。

写成矩阵的形式有

$$\boldsymbol{F}_e^e = \boldsymbol{k}_e^e \boldsymbol{a}^e \qquad (6.53)$$

其中,$\boldsymbol{F}_e^e$ 为广义梁单元弹性力向量;$\boldsymbol{k}_e^e$ 为由支承弹性能产生的单元刚度矩阵,即

$$\boldsymbol{k}_e^e=\frac{1}{2}\begin{bmatrix} k_{x1} & 0 & 0 & 0 & 0 & 0 & 0 & 0 & 0 & 0 \\ & k_{y1} & 0 & -k_{y1} & 0 & 0 & 0 & 0 & 0 & 0 \\ & & 0 & 0 & 0 & 0 & 0 & 0 & 0 & 0 \\ & & & k_{y1}+k_{y2} & -k_{y2} & 0 & 0 & 0 & 0 & 0 \\ & & & & k_{y2}+k_{y3} & 0 & 0 & 0 & 0 & 0 \\ & & & & & k_{x1} & 0 & 0 & 0 & 0 \\ & & & & & & k_{y1} & 0 & -k_{y1} & 0 \\ & \text{对称} & & & & & & 0 & 0 & 0 \\ & & & & & & & & k_{y1}+k_{y2} & -k_{y2} \\ & & & & & & & & & k_{y2}+k_{y3} \end{bmatrix}$$

$$(6.54)$$

由式(6.51)和式(6.54)可以得到轨道结构广义梁单元的刚度矩阵,即

$$\boldsymbol{k}_l^e=\boldsymbol{k}_r^e+\boldsymbol{k}_e^e \tag{6.55}$$

(2) 单元质量矩阵

轨道结构广义梁单元一致质量矩阵扩大为

$$\boldsymbol{m}_r^e=\frac{\rho Al}{420}\begin{bmatrix} 140 & 0 & 0 & 0 & 0 & 70 & 0 & 0 & 0 & 0 \\ & 156 & -22l & 0 & 0 & 0 & 54 & 13l & 0 & 0 \\ & & 4l^2 & 0 & 0 & 0 & -13l & -3l^2 & 0 & 0 \\ & & & 0 & 0 & 0 & 0 & 0 & 0 & 0 \\ & & & & 0 & 0 & 0 & 0 & 0 & 0 \\ & & & & & 140 & 0 & 0 & 0 & 0 \\ & & \text{对称} & & & & 156 & 22l & 0 & 0 \\ & & & & & & & 4l^2 & 0 & 0 \\ & & & & & & & & 0 & 0 \\ & & & & & & & & & 0 \end{bmatrix}$$

$$(6.56)$$

其中,ρ 为钢轨密度。

轨道结构的质量矩阵除了考虑钢轨的质量外,还要计及轨枕和道砟的质量。根据基本假设⑥和⑦,分别将轨枕质量 m_t 和两轨枕间道砟质量 m_b 作为集中质量施加于轨道结构广义梁单元上,可以得到

$$\boldsymbol{m}_b^e=\text{diag}\left(0\quad 0\quad \frac{1}{4}m_t\quad \frac{1}{4}m_b\quad 0\quad 0\quad \frac{1}{4}m_t\quad \frac{1}{4}m_b\right) \tag{6.57}$$

由式(6.56)和式(6.57)可得轨道结构的质量矩阵,即

$$\boldsymbol{m}_l^e=\boldsymbol{m}_r^e+\boldsymbol{m}_b^e \tag{6.58}$$

其中,$\boldsymbol{m}_r^e$ 为钢轨的协调质量矩阵;$\boldsymbol{m}_b^e$ 为轨枕和道砟的质量矩阵。

（3）单元阻尼矩阵

在梁单元理论中，常将阻尼矩阵表示为

$$\boldsymbol{c}_r^e = \alpha \boldsymbol{m}_r^e + \beta \boldsymbol{k}_r^e \qquad (6.59)$$

这种阻尼称为比例阻尼，α 和 β 为阻尼系数，与阻尼比和系统的固有频率有关。

如同与讨论轨道结构的单元刚度矩阵一样，轨道结构除了上述由钢轨引起的比例阻尼外，还应考虑由阻尼元件引起的阻尼力，即

$$\begin{cases} U_{id} = \dfrac{1}{2} c_{x1} \dot{u}_i \\[2mm] V_{id} = \dfrac{1}{2} c_{y1} (\dot{v}_i - \dot{v}_{i+1}), \quad i=1,4 \\[2mm] M_{id} = 0 \end{cases}$$

$$V_{id} = \frac{1}{2} c_{y2} (\dot{v}_i - \dot{v}_{i+1}) - \frac{1}{2} c_{y1} (\dot{v}_{i-1} - \dot{v}_i), \quad i=2,5$$

$$V_{id} = \frac{1}{2} c_{y3} \dot{v}_i - \frac{1}{2} c_{y2} (\dot{v}_{i-1} - \dot{v}_i), \quad i=3,6 \qquad (6.60)$$

其中，c_{x1} 和 c_{y1} 分别为扣压件（含垫板）的纵向和竖向阻尼系数；c_{y2} 和 c_{y3} 分别为道砟和路基的竖向阻尼系数。

由于扣压件、道砟和路基所在结点的阻尼等于两相邻单元的阻尼之和，因此每个单元阻尼系数为二分之一。

写成矩阵的形式有

$$\boldsymbol{F}_c^e = \boldsymbol{c}_c^e \dot{\boldsymbol{a}}^e \qquad (6.61)$$

其中，$\boldsymbol{F}_c^e$ 为广义梁单元阻尼力向量；$\boldsymbol{c}_c^e$ 为阻尼力系数矩阵，在广义坐标系中为

$$\boldsymbol{c}_c^e = \frac{1}{2} \begin{bmatrix} c_{x1} & 0 & 0 & 0 & 0 & 0 & 0 & 0 & 0 & 0 \\ & c_{y1} & 0 & -c_{y1} & 0 & 0 & 0 & 0 & 0 & 0 \\ & & 0 & 0 & 0 & 0 & 0 & 0 & 0 & 0 \\ & & & c_{y1}+c_{y2} & -c_{y2} & 0 & 0 & 0 & 0 & 0 \\ & & & & c_{y2}+c_{y3} & 0 & 0 & 0 & 0 & 0 \\ & & & & & c_{x1} & 0 & 0 & 0 & 0 \\ & & & & & & c_{y1} & 0 & -c_{y1} & 0 \\ & & & \text{对称} & & & & 0 & 0 & 0 \\ & & & & & & & & c_{y1}+c_{y2} & -c_{y2} \\ & & & & & & & & & c_{y2}+c_{y3} \end{bmatrix}$$

$$(6.62)$$

由式（6.59）和式（6.62）可以得到轨道结构广义梁单元的阻尼矩阵，即

$$\boldsymbol{c}_l^e = \boldsymbol{c}_r^e + \boldsymbol{c}_c^e \qquad (6.63)$$

（4）单元等效结点荷载向量

在轨道结构振动分析中，考虑由轮载引起的竖向集中力和由牵引和制动引起的纵向力，分别用 P_y 和 P_x 表示，如图 6.7 所示。

由竖向和纵向集中力引起的单元等效结点荷载向量为

$$Q_l^e = \left\{ \frac{b}{l}P_x \quad -\frac{P_y b^2}{l^3}(l+2a) \quad \frac{P_y ab^2}{l^2} \quad 0 \quad 0 \quad \frac{a}{l}P_x \quad -\frac{P_y a^2}{l^3}(l+2b) \quad -\frac{P_y a^2 b}{l^2} \quad 0 \quad 0 \right\}^{\mathrm{T}}$$

$$(6.64)$$

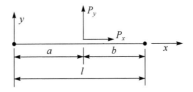

图 6.7　竖向集中力与纵向集中力

（5）轨道结构动力有限元方程

运用 Lagrange 方程可得动力问题的有限元方程，即

$$M_l \ddot{a}_l + C_l \dot{a}_l + K_l a_l = Q_l \qquad (6.65)$$

其中，下标"l"代表下部轨道结构中的量。

$$M_l = \sum_e m_l^e, \quad C_l = \sum_e c_l^e, \quad K_l = \sum_e k_l^e, \quad Q_l = \sum_e Q_l^e \qquad (6.66)$$

分别是轨道结构的总质量矩阵、总阻尼矩阵、总刚度矩阵和总荷载向量。

6.3　移动轴荷载作用下轨道动力学模型

近年来，在高速重载铁路运输方面出现的新问题迫切要求我们对轮轨动力相互作用有更深入的了解。数值分析方法是研究轮轨动力相互作用强有力的手段。目前已有许多将车辆-轨道-路基作为一体的理论分析模型。利用理论分析模型对轨道结构的动力响应和长期稳定性作出预测、对通常需要经过现场检验的新型轨道结构的初步设计进行评定是数值分析方法的突出优点。把一个具有复杂分散参数体系的轨道结构，描述成一个具有单个自由度的集总参数模型或具有多个自由度的离散结构是各种计算模型常用的做法。

本节先讨论最简单的不计车辆的一系和二系弹簧作用，将列车作为移动轴荷载，建立移动轴荷载作用下的轨道动力学模型。在这个模型中，忽略不计机车和车辆悬挂系统簧上、簧下质量的点头振动和沉浮振动，将列车荷载平均分配到每个轮对上，并考虑车轮的惯性力。由于不计簧上、簧下质量的点头和沉浮振动，模型相对简单,可以选取整个列车长度为计算对象。移动轴荷载作用下的轨道动力学模型如图6.8所示。

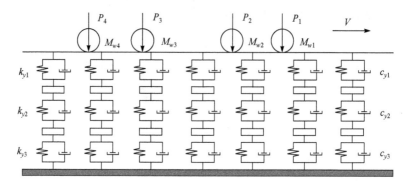

图6.8　移动轴荷载作用下的轨道动力学模型

由于我们已经建立了轨道结构的有限元方程(6.65),因此只需将轮对的质量迭加到单元质量矩阵中。轮对在钢轨上的位置是时间的函数,如图6.9所示。

由簧下二分之一轮对质量引起的轨道广义梁单元附加质量矩阵为

$$\boldsymbol{m}_w^e = \mathrm{diag}(m_{w1} \quad m_{w1} \quad 0 \quad 0 \quad 0 \quad m_{w2} \quad m_{w2} \quad 0 \quad 0 \quad 0) \tag{6.67}$$

其中,$m_{w_1} = \left(1 - \dfrac{x_i}{l}\right)M_w$;$m_{w_2} = \dfrac{x_i}{l}M_w$;$M_w$ 为簧下二分之一的轮对质量。

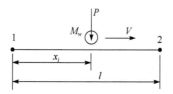

图6.9　轮对在钢轨上的位置

为此,只需将式(6.58)中的 $\boldsymbol{m}^e$ 改为

$$\boldsymbol{m}_l^e = \boldsymbol{m}_r^e + \boldsymbol{m}_b^e + \boldsymbol{m}_w^e \tag{6.68}$$

同时,将列车移动轴荷载 $P_i(i=1,2,3,4)$ 作为集中力施加于轨道结构上。

6.4　单轮附有一系弹簧阻尼的车辆模型

上节的讨论忽略了弹簧与阻尼的作用,没有考虑列车与轨道的相互作用。从本节开始,我们遵循由易到难的原则,从最简单的单轮附有一系弹簧阻尼的车辆模型入手,到半车附有二系弹簧阻尼的车辆模型,再到整车附有二系弹簧阻尼的车辆模型。在讨论各种车辆模型时,我们规定位移和力的方向以竖直向上为正,转角和力矩的方向以顺时针为正。

单轮附有一系弹簧阻尼的车辆模型如图 6.10 所示。在这个模型中,只考虑车辆的沉浮振动,忽略车辆的点头振动。由于与车体质量相比,转向架框架的质量比较小,车体的振动是轨道结构动力分析中的主要因素。因此,为了减少计算的复杂性,将转向架框架质量并入轮对,而将机车作为单层动力系统。

弹簧刚度 K_s 按串联公式将两系统弹簧合并,则有

$$K_s = \frac{K_{s1} K_{s2}}{K_{s1} + K_{s2}} \tag{6.69}$$

其中,K_{s1} 和 K_{s2} 分别为车辆一系和二系弹簧刚度系数。

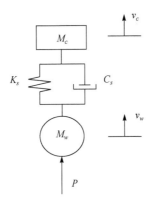

图 6.10　单轮附有一系弹簧阻尼的车辆模型

车体沉浮振动方程为

$$M_c \ddot{v}_c + C_s (\dot{v}_c - \dot{v}_w) + K_s (v_c - v_w) = -M_c g \tag{6.70}$$

车轮沉浮振动方程为

$$M_w \ddot{v}_w - C_s (\dot{v}_c - \dot{v}_w) - K_s (v_c - v_w) = P \tag{6.71}$$

其中,M_c 为 $2n$ 分之一的车体质量(n 为一节机车或车辆的轮对数);M_w 为簧下二分之一的轮对质量;K_s 和 C_s 分别为单层动力系统的等效弹簧刚度和阻尼系数;$P = -M_w g + F_{wi}$,F_{wi} 为轮轨接触力,可根据轮轨相对接触竖向位移由赫兹公式求得,即

$$F_{wi} = \begin{cases} \dfrac{1}{G^{\frac{3}{2}}} \left(|v_{wi} - (v_{xi} + \eta_i)| \right)^{\frac{3}{2}}, & v_{wi} - (v_{xi} + \eta_i) \leqslant 0 \\ 0, & v_{wi} - (v_{xi} + \eta_i) > 0 \end{cases} \tag{6.72}$$

其中,v_{wi} 和 v_{xi} 分别为车轮和钢轨在坐标 x_i 点的位移;η_i 为钢轨表面的不平顺值;G 为接触挠度系数,当车轮为锥形踏面时,有

$$G = 4.57 R^{-0.149} \times 10^{-8} \quad (\text{m}/\text{N}^{\frac{2}{3}}) \tag{6.73}$$

当车轮为磨耗形踏面时,有

$$G=3.86R^{-0.115}\times10^{-8}\quad(\mathrm{m/N}^{\frac{2}{3}})\tag{6.74}$$

轮轨间的相互作用可以用迭代法求得,有关用迭代法求解车辆-轨道耦合方程的算法将在第七章详细介绍。

式(6.70)和式(6.71)用矩阵的形式可以写为

$$\boldsymbol{M}_u\ddot{\boldsymbol{a}}_u+\boldsymbol{C}_u\dot{\boldsymbol{a}}_u+\boldsymbol{K}_u\boldsymbol{a}_u=\boldsymbol{Q}_u\tag{6.75}$$

其中,下标"u"代表上部结构,即车辆结构中的量。

$$\boldsymbol{a}_u=\{v_c\quad v_w\}^{\mathrm{T}},\quad \dot{\boldsymbol{a}}_u=\{\dot{v}_c\quad \dot{v}_w\}^{\mathrm{T}},\quad \ddot{\boldsymbol{a}}_u=\{\ddot{v}_c\quad \ddot{v}_w\}^{\mathrm{T}}\tag{6.76}$$

$$\boldsymbol{Q}_u=\{-M_cg\quad P\}^{\mathrm{T}}\tag{6.77}$$

$$\boldsymbol{M}_u=\begin{bmatrix}M_c&0\\0&M_w\end{bmatrix}\tag{6.78}$$

$$\boldsymbol{C}_u=\begin{bmatrix}C_s&-C_s\\-C_s&C_s\end{bmatrix}\tag{6.79}$$

$$\boldsymbol{K}_u=\begin{bmatrix}K_s&-K_s\\-K_s&K_s\end{bmatrix}\tag{6.80}$$

单轮附有簧上质量车辆模型共有 2 个自由度。

6.5　半车附有二系弹簧阻尼的车辆模型

本节讨论半车附有二系弹簧阻尼的车辆模型,如图 6.11 所示。在半车模型

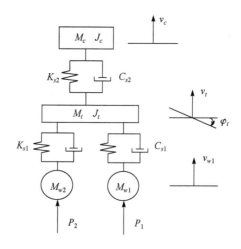

图 6.11　半车附有二系弹簧阻尼的车辆模型

中,将车体的一半质量作为集中质量,考虑其沉浮振动。对于转向架,除考虑沉浮振动外,还考虑点头振动。

根据图 6.11,可以写出车体的沉浮振动方程为

$$M_c \ddot{v}_c + (\dot{v}_c - \dot{v}_t)C_{s2} + (v_c - v_t)K_{s2} = -M_c g \tag{6.81}$$

其中,M_c 和 v_c 分别为车体二分之一的半车质量和车体竖向位移;K_{s1} 和 C_{s1} 分别为车辆一系弹簧的弹性系数和阻尼系数;K_{s2} 和 C_{s2} 分别为车辆二系弹簧的弹性系数和阻尼系数;v_t 为转向架的竖向位移。

转向架沉浮振动方程为

$$
\begin{aligned}
M_t \ddot{v}_t &+ [(\dot{v}_t - \dot{v}_{w1} - \dot{\varphi}_t l_1) + (\dot{v}_t - \dot{v}_{w2} + \dot{\varphi}_t l_1)]C_{s1} \\
&+ [(v_t - v_{w1} - \varphi_t l_1) + (v_t - v_{w2} + \varphi_t l_1)]K_{s1} \\
&- (\dot{v}_c - \dot{v}_t)C_{s2} - (v_c - v_t)K_{s2} = -M_t g
\end{aligned}
\tag{6.82}
$$

转向架点头振动方程为

$$
\begin{aligned}
J_t \ddot{\varphi}_t &+ [-(\dot{v}_t - \dot{v}_{w1} - \dot{\varphi}_t l_1) + (\dot{v}_t - \dot{v}_{w2} + \dot{\varphi}_t l_1)]C_{s1} l_1 \\
&+ [-(v_t - v_{w1} - \varphi_t l_1) + (v_t - v_{w2} + \varphi_t l_1)]K_{s1} l_1 = 0
\end{aligned}
\tag{6.83}
$$

其中,M_t 为转向架质量;J_t 为转向架惯性矩;φ_t 为转向架绕水平轴转角;l_1 为二分之一的转向架长度;v_{w1} 和 v_{w2} 分别为车轮 1 和车轮 2 的竖向位移。

车轮的沉浮振动方程为

$$M_{w1} \ddot{v}_{w1} - (\dot{v}_t - \dot{v}_{w1} - \dot{\varphi}_t l_1)]C_{s1} - (v_t - v_{w1} - \varphi_t l_1)K_{s1} = P_1 \tag{6.84}$$

$$M_{w2} \ddot{v}_{w2} - (\dot{v}_t - \dot{v}_{w2} + \dot{\varphi}_t l_1)]C_{s1} - (v_t - v_{w2} + \varphi_t l_1)K_{s1} = P_2 \tag{6.85}$$

其中,M_{wi} 为簧下二分之一的第 i 个轮对质量;$P_i = -M_{wi}g + F_{wi}$,F_{wi} 为轮轨接触力,可由式(6.72)根据轮轨相对接触竖向位移由赫兹公式求得。

式(6.81)~式(6.85)用矩阵的形式可以写为

$$\boldsymbol{M}_u \ddot{\boldsymbol{a}}_u + \boldsymbol{C}_u \dot{\boldsymbol{a}}_u + \boldsymbol{K}_u \boldsymbol{a}_u = \boldsymbol{Q}_u$$

其中

$$\boldsymbol{a}_u = \{v_c \quad v_t \quad \varphi_t \quad v_{w1} \quad v_{w2}\}^{\mathrm{T}} \tag{6.86}$$

$$\ddot{\boldsymbol{a}}_u = \{\ddot{v}_c \quad \ddot{v}_t \quad \ddot{\varphi}_t \quad \ddot{v}_{w1} \quad \ddot{v}_{w2}\}^{\mathrm{T}}$$

$$\boldsymbol{Q}_u = \{-M_c g \quad -M_t g \quad 0 \quad P_1 \quad P_2\}^{\mathrm{T}} \tag{6.87}$$

$$
\boldsymbol{M}_u =
\begin{bmatrix}
M_c & & & & 0 \\
& M_t & & & \\
& & J_t & & \\
& & & M_{w1} & \\
0 & & & & M_{w2}
\end{bmatrix}
\tag{6.88}
$$

$$\boldsymbol{C}_u=\begin{bmatrix} C_{s2} & -C_{s2} & 0 & 0 & 0 \\ & C_{s2}+2C_{s1} & 0 & -C_{s1} & -C_{s1} \\ & & 2C_{s1}l_1^2 & C_{s1}l_1 & -C_{s1}l_1 \\ & \text{对称} & & C_{s1} & 0 \\ & & & & C_{s1} \end{bmatrix} \tag{6.89}$$

$$\boldsymbol{K}_u=\begin{bmatrix} K_{s2} & -K_{s2} & 0 & 0 & 0 \\ & K_{s2}+2K_{s1} & 0 & -K_{s1} & -K_{s1} \\ & & 2K_{s1}l_1^2 & K_{s1}l_1 & -K_{s1}l_1 \\ & \text{对称} & & K_{s1} & 0 \\ & & & & K_{s1} \end{bmatrix} \tag{6.90}$$

半车附有二系弹簧阻尼的车辆模型共有 5 个自由度。

6.6　整车附有二系弹簧阻尼的车辆模型

整车附有二系弹簧阻尼的车辆模型如图 6.12 所示。在整车模型中,车体和转向架都考虑沉浮振动和点头振动。整车模型比较符合实际情况。

由图 6.17 可以写出车体的沉浮振动方程,即

$$\begin{aligned} &M_c\ddot{v}_c+[(\dot{v}_c-\dot{v}_{t1}-\dot{\varphi}_cl_2)+(\dot{v}_c-\dot{v}_{t2}+\dot{\varphi}_cl_2)]C_{s2} \\ &+[(v_c-v_{t1}-\varphi_cl_2)+(v_c-v_{t2}+\varphi_cl_2)]K_{s2}=-M_cg \end{aligned} \tag{6.91}$$

车体的点头振动方程为

$$\begin{aligned} &J_c\ddot{\varphi}_c+[-(\dot{v}_c-\dot{v}_{t1}-\dot{\varphi}_cl_2)+(\dot{v}_c-\dot{v}_{t2}+\dot{\varphi}_cl_2)]C_{s2}l_2 \\ &+[-(v_c-v_{t1}-\varphi_cl_2)+(v_c-v_{t2}+\varphi_cl_2)]K_{s2}l_2=0 \end{aligned} \tag{6.92}$$

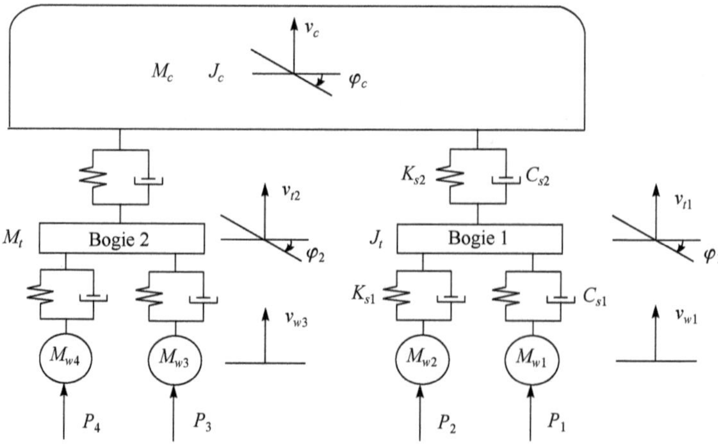

图 6.12　整车附有二系弹簧阻尼的车辆模型

簧上质量的沉浮振动为

$$M_t\ddot{v}_{t1}-(v_c-v_{t1}-\varphi_c l_2)K_{s2}-(\dot{v}_c-\dot{v}_{t1}-\dot{\varphi}_c l_2)C_{s2}$$
$$+[(v_{t1}-v_{w1}-\varphi_1 l_1)+(v_{t1}-v_{w2}+\varphi_1 l_1)]K_{s1} \quad (6.93)$$
$$+[(\dot{v}_{t1}-\dot{v}_{w1}-\dot{\varphi}_1 l_1)+(\dot{v}_{t1}-\dot{v}_{w2}+\dot{\varphi}_1 l_1)]C_{s1}=-M_t g$$

$$M_t\ddot{v}_{t2}-(v_c-v_{t2}+\varphi_c l_2)K_{s2}-(\dot{v}_c-\dot{v}_{t2}+\dot{\varphi}_c l_2)C_{s2}$$
$$+[(v_{t2}-v_{w3}-\varphi_2 l_1)+(v_{t2}-v_{w4}+\varphi_2 l_1)]K_{s1} \quad (6.94)$$
$$+[(\dot{v}_{t2}-\dot{v}_{w3}-\dot{\varphi}_2 l_1)+(\dot{v}_{t2}-\dot{v}_{w4}+\dot{\varphi}_2 l_1)]C_{s1}=-M_t g$$

簧上质量的点头振动为

$$J_t\ddot{\varphi}_1+[-(v_{t1}-v_{w1}-\varphi_1 l_1)+(v_{t1}-v_{w2}+\varphi_1 l_1)]K_{s1}l_1$$
$$+[-(\dot{v}_{t1}-\dot{v}_{w1}-\dot{\varphi}_1 l_1)+(\dot{v}_{t1}-\dot{v}_{w2}+\dot{\varphi}_1 l_1)]C_{s1}l_1=0 \quad (6.95)$$

$$J_t\ddot{\varphi}_2+[-(v_{t2}-v_{w3}-\varphi_2 l_1)+(v_{t2}-v_{w4}+\varphi_2 l_1)]K_{s1}l_1$$
$$+[-(\dot{v}_{t2}-\dot{v}_{w3}-\dot{\varphi}_2 l_1)+(\dot{v}_{t2}-\dot{v}_{w4}+\dot{\varphi}_2 l_1)]C_{s1}l_1=0 \quad (6.96)$$

簧下质量的沉浮振动为

$$M_{w1}\ddot{v}_{w1}-(v_{t1}-v_{w1}-\varphi_1 l_1)K_{s1}-(\dot{v}_{t1}-\dot{v}_{w1}-\dot{\varphi}_1 l_1)C_{s1}=P_1 \quad (6.97)$$
$$M_{w2}\ddot{v}_{w2}-(v_{t1}-v_{w2}+\varphi_1 l_1)K_{s1}-(\dot{v}_{t1}-\dot{v}_{w2}+\dot{\varphi}_1 l_1)C_{s1}=P_2 \quad (6.98)$$
$$M_{w3}\ddot{v}_{w3}-(v_{t2}-v_{w3}-\varphi_2 l_1)K_{s1}-(\dot{v}_{t2}-\dot{v}_{w3}-\dot{\varphi}_2 l_1)C_{s1}=P_3 \quad (6.99)$$
$$M_{w4}\ddot{v}_{w4}-(v_{t2}-v_{w4}+\varphi_2 l_1)K_{s1}-(\dot{v}_{t2}-\dot{v}_{w4}+\dot{\varphi}_2 l_1)C_{s1}=P_4 \quad (6.100)$$

其中，M_c 为车体质量；v_c 和 φ_c 分别为车体质心竖向位移和绕水平轴转角；J_c 为车体惯性矩；v_{t1} 和 v_{t2} 为前、后转向架质心竖向位移；φ_1 和 φ_2 为前、后转向架绕水平轴转角；J_t 为转向架惯性矩；$2l_1$ 为转向架上两悬挂系中心之间的距离；$2l_2$ 为车体上两转向架中心之间的距离，其他符号的意义同上。

式(6.91)～式(6.100)用矩阵的形式可以写为

$$\boldsymbol{M}_u\ddot{\boldsymbol{a}}_u+\boldsymbol{C}_u\dot{\boldsymbol{a}}_u+\boldsymbol{K}_u\boldsymbol{a}_u=\boldsymbol{Q}_u$$

其中

$$\boldsymbol{a}_u=\{v_c \quad \varphi_c \quad v_{t1} \quad v_{t2} \quad \varphi_1 \quad \varphi_2 \quad v_{w1} \quad v_{w2} \quad v_{w3} \quad v_{w4}\}^T$$
$$\dot{\boldsymbol{a}}_u=\{\dot{v}_c \quad \dot{\varphi}_c \quad \dot{v}_{t1} \quad \dot{v}_{t2} \quad \dot{\varphi}_1 \quad \dot{\varphi}_2 \quad \dot{v}_{w1} \quad \dot{v}_{w2} \quad \dot{v}_{w3} \quad \dot{v}_{w4}\}^T \quad (6.101)$$
$$\ddot{\boldsymbol{a}}_u=\{\ddot{v}_c \quad \ddot{\varphi}_c \quad \ddot{v}_{t1} \quad \ddot{v}_{t2} \quad \ddot{\varphi}_1 \quad \ddot{\varphi}_2 \quad \ddot{v}_{w1} \quad \ddot{v}_{w2} \quad \ddot{v}_{w3} \quad \ddot{v}_{w4}\}^T$$

$$\boldsymbol{Q}_u=\{-M_c g \quad 0 \quad -M_t g \quad -M_t g \quad 0 \quad 0 \quad P_1 \quad P_2 \quad P_3 \quad P_4\}^T \quad (6.102)$$
$$\boldsymbol{M}_u=\mathrm{diag}\{M_c \quad J_c \quad M_t \quad M_t \quad J_t \quad J_t \quad M_{w1} \quad M_{w2} \quad M_{w3} \quad M_{w4}\} \quad (6.103)$$

$$\boldsymbol{C}_u = \begin{bmatrix} 2C_{s2} & 0 & -C_{s2} & -C_{s2} & 0 & 0 & 0 & 0 & 0 & 0 \\ & 2C_{s2}l_2^2 & C_{s2}l_2 & -C_{s2}l_2 & 0 & 0 & 0 & 0 & 0 & 0 \\ & & 2C_{s1}+C_{s2} & 0 & 0 & 0 & -C_{s1} & -C_{s1} & 0 & 0 \\ & & & 2C_{s1}+C_{s2} & 0 & 0 & 0 & 0 & -C_{s1} & -C_{s1} \\ & & & & 2C_{s1}l_1^2 & 0 & C_{s1}l_1 & -C_{s1}l_1 & 0 & 0 \\ & & & & & 2C_{s1}l_1^2 & 0 & 0 & C_{s1}l_1 & -C_{s1}l_1 \\ & & & & & & C_{s1} & 0 & 0 & 0 \\ & & & & & & & C_{s1} & 0 & 0 \\ & & \text{对称} & & & & & & C_{s1} & 0 \\ & & & & & & & & & C_{s1} \end{bmatrix} \tag{6.104}$$

$$\boldsymbol{K}_u = \begin{bmatrix} 2K_{s2} & 0 & -K_{s2} & -K_{s2} & 0 & 0 & 0 & 0 & 0 & 0 \\ & 2K_{s2}l_2^2 & K_{s2}l_2 & -K_{s2}l_2 & 0 & 0 & 0 & 0 & 0 & 0 \\ & & 2K_{s1}+K_{s2} & 0 & 0 & 0 & -K_{s1} & -K_{s1} & 0 & 0 \\ & & & 2K_{s1}+K_{s2} & 0 & 0 & 0 & 0 & -K_{s1} & -K_{s1} \\ & & & & 2K_{s1}l_1^2 & 0 & K_{s1}l_1 & -K_{s1}l_1 & 0 & 0 \\ & & & & & 2K_{s1}l_1^2 & 0 & 0 & K_{s1}l_1 & -K_{s1}l_1 \\ & & & & & & K_{s1} & 0 & 0 & 0 \\ & & & & & & & K_{s1} & 0 & 0 \\ & & \text{对称} & & & & & & K_{s1} & 0 \\ & & & & & & & & & K_{s1} \end{bmatrix} \tag{6.105}$$

整车附有二系弹簧阻尼的车辆模型共有 10 个自由度。

6.7 车辆与轨道结构参数

前面几节介绍了各种车辆-轨道耦合系统分析模型。无论何种模型都要预先确定一些必要的参数,如机车车辆各部件的质量、惯性矩、弹簧和阻尼系数,轨道结构各部分的质量、弹簧、阻尼系数、轮轨接触刚度等。本节将给出国内外主型机车、车辆、有砟和无砟轨道结构各部件的参数取值范围,供读者在计算时参考。

6.7.1 机车车辆基本参数

我国常用的铁道车辆有 C_{62A} 和 C_{75} 型货车、SWJ 新型重载货车及 HSC 高速铁道车辆[20],它们的结构几何型式如图 6.13 所示,基本参数如表 6.1 所示。

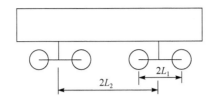

图 6.13　我国常见的铁道车辆结构几何型式

表 6.1　我国常见铁道车辆基本参数

车型	C_{62A}	C_{75}	SWJ	HSC
车体质量 M_c/kg	77000	91800	91100	52000
构架质量 M_t/kg	1100	1510	1950	3200
车轮质量 M_w/kg	1200	1295	1250	1400
车体点头惯量 J_c/(kg·m²)	1.2×10^6	4.22×10^6	4.28×10^6	2.31×10^6
构架点头惯量 J_t/(kg·m²)	760	1560	1800	3120
一系弹簧刚度 K_{s1}/(kN/m)	—	—	5×10^3	1.87×10^3
二系弹簧刚度 K_{s2}/(kN/m)	5.32×10^3	5.014×10^3	—	1.72×10^3
一系阻尼系数 C_{s1}/(kN·s/m)	—	—	30	5×10^2
二系阻尼系数 C_{s2}/(kN·s/m)	70	50	—	1.96×10^2
固定轴距 $2l_1$/m	1.75	1.75	1.75	2.50
转向架中心距离 $2l_2$/m	8.50	8.70	8.70	18.0
车轮半径/m	0.42	0.42	0.42	0.4575

德国 ICE 高速动车和拖车的结构型式如图 6.14 和图 6.15 所示,基本参数如表 6.2 和表 6.3 所示。

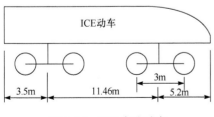

图 6.14　ICE 高速动车

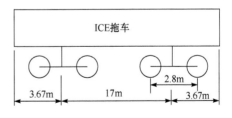

图 6.15　ICE 高速拖车

表 6.2　ICE 高速动车基本参数

参数	取值	参数	取值
车速 $V/(\mathrm{km/h})$	$\leqslant 300$	一系弹簧纵向刚度 $K_{1x}/(\mathrm{kN/m})$	2×10^4
轴重/kN	195	一系弹簧横向刚度 $K_{1y}/(\mathrm{kN/m})$	4.86×10^3
车体质量 M_c/kg	5.88×10^4	一系弹簧竖向刚度 $K_{1z}/(\mathrm{kN/m})$	2.418×10^3
构架质量 M_t/kg	5.35×10^3	一系纵向阻尼 $C_{1x}/(\mathrm{kN\cdot s/m})$	7.3×10^3
轮对质量 M_w/kg	2.2×10^3	一系横向阻尼 $C_{1y}/(\mathrm{kN\cdot s/m})$	2.12×10^3
车体侧滚惯量 $J_{cx}/(\mathrm{kg\cdot m^2})$	1.337×10^5	一系竖向阻尼 $C_{1z}/(\mathrm{kN\cdot s/m})$	30
车体点头惯量 $J_{cy}/(\mathrm{kg\cdot m^2})$	3.089×10^6	二系弹簧横向刚度 $K_{2y}/(\mathrm{kN/m})$	187
车体摇头惯量 $J_{cz}/(\mathrm{kg\cdot m^2})$	3.089×10^6	二系弹簧竖向刚度 $K_{2z}/(\mathrm{kN/m})$	1.52×10^3
构架侧滚惯量 $J_{tx}/(\mathrm{kg\cdot m^2})$	2.79×10^3	二系横向阻尼 $C_{2y}/(\mathrm{kN\cdot s/m})$	100
构架点头惯量 $J_{ty}/(\mathrm{kg\cdot m^2})$	5.46×10^2	二系竖向阻尼 $C_{2z}/(\mathrm{kN\cdot s/m})$	90
构架摇头惯量 $J_{tz}/(\mathrm{kg\cdot m^2})$	6.6×10^3	车轮半径 r_0/m	0.46
轮对侧滚惯量 $J_{wx}/(\mathrm{kg\cdot m^2})$	950	一系悬挂横距 $2b_1/\mathrm{m}$	2.0
轮对摇头惯量 $J_{wz}/(\mathrm{kg\cdot m^2})$	950	二系悬挂横距 $2b_2/\mathrm{m}$	2.284
轮缘摩擦系数 μ_1	0.3	车体中心至二系上悬挂点距离 h_1/m	0.9
踏面摩擦系数 μ_2	0.3	二系上悬挂点至构架中心距离 h_2/m	0.451
轮轨游间 δ/m	0.019	构架中心至轮对中心距离 h_3/m	0.1

表 6.3　ICE 高速拖车基本参数

参数	取值	参数	取值
车速 $V/(\mathrm{km/h})$	$\leqslant 300$	一系弹簧纵向刚度 $K_{1x}/(\mathrm{kN/m})$	7.3×10^3
轴重/kN	145	一系弹簧横向刚度 $K_{1y}/(\mathrm{kN/m})$	2.12×10^3
车体质量 M_c/kg	4.55×10^4	一系弹簧竖向刚度 $K_{1z}/(\mathrm{kN/m})$	2.82×10^4
构架质量 M_t/kg	3.09×10^3	一系纵向阻尼 $C_{1x}/(\mathrm{kN\cdot s/m})$	41.6
轮对质量 M_w/kg	1.56×10^3	一系横向阻尼 $C_{1y}/(\mathrm{kN\cdot s/m})$	29.5
车体侧滚惯量 $J_{cx}/(\mathrm{kg\cdot m^2})$	1.035×10^5	一系竖向阻尼 $C_{1z}/(\mathrm{kN\cdot s/m})$	21.9
车体点头惯量 $J_{cy}/(\mathrm{kg\cdot m^2})$	2.391×10^6	二系弹簧横向刚度 $K_{2y}/(\mathrm{kN/m})$	146
车体摇头惯量 $J_{cz}/(\mathrm{kg\cdot m^2})$	2.391×10^6	二系弹簧竖向刚度 $K_{2z}/(\mathrm{kN/m})$	324
构架侧滚惯量 $J_{tx}/(\mathrm{kg\cdot m^2})$	2.366×10^3	二系横向阻尼 $C_{2y}/(\mathrm{kN\cdot s/m})$	17.5
构架点头惯量 $J_{ty}/(\mathrm{kg\cdot m^2})$	4.989×10^2	二系竖向阻尼 $C_{2z}/(\mathrm{kN\cdot s/m})$	29.2
构架摇头惯量 $J_{tz}/(\mathrm{kg\cdot m^2})$	2.858×10^3	车轮半径 r_0/m	0.46
轮对侧滚惯量 $J_{wx}/(\mathrm{kg\cdot m^2})$	678	一系悬挂横距 $2b_1/\mathrm{m}$	2.0
轮对摇头惯量 $J_{wz}/(\mathrm{kg\cdot m^2})$	678	二系悬挂横距 $2b_2/\mathrm{m}$	2.284
轮缘摩擦系数 μ_1	0.3	车体中心至二系上悬挂点距离 h_1/m	0.9
踏面摩擦系数 μ_2	0.2	二系上悬挂点至构架中心距离 h_2/m	0.451
轮轨游间 δ/m	0.019	构架中心至轮对中心距离 h_3/m	0.1

法国 TGV 中速、高速动车和拖车的结构型式如图 6.16 和图 6.17 所示,基本参数如表 6.4～表 6.6 所示。

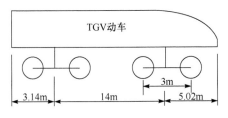

图 6.16　TGV 中高速动车

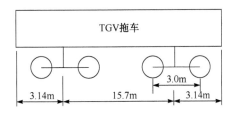

图 6.17　TGV 中高速拖车

表 6.4　TGV 中速动车基本参数

参数	取值	参数	取值
车速 $V/(\text{km/h})$	$\leqslant270$	一系弹簧纵向刚度 $K_{1x}/(\text{kN/m})$	1×10^4
轴重/kN	168	一系弹簧横向刚度 $K_{1y}/(\text{kN/m})$	5.0×10^3
车体质量 M_c/kg	4.24×10^4	一系弹簧竖向刚度 $K_{1z}/(\text{kN/m})$	1.04×10^3
构架质量 M_t/kg	3.4×10^3	一系纵向阻尼 $C_{1x}/(\text{kN}\cdot\text{s/m})$	60
轮对质量 M_w/kg	2.2×10^3	一系横向阻尼 $C_{1y}/(\text{kN}\cdot\text{s/m})$	69.6
车体侧滚惯量 $J_{cx}/(\text{kg}\cdot\text{m}^2)$	1.015×10^5	一系竖向阻尼 $C_{1z}/(\text{kN}\cdot\text{s/m})$	50
车体点头惯量 $J_{cy}/(\text{kg}\cdot\text{m}^2)$	1.064×10^6	二系弹簧横向刚度 $K_{2y}/(\text{kN/m})$	200
车体摇头惯量 $J_{cz}/(\text{kg}\cdot\text{m}^2)$	8.672×10^5	二系弹簧竖向刚度 $K_{2z}/(\text{kN/m})$	500
构架侧滚惯量 $J_{tx}/(\text{kg}\cdot\text{m}^2)$	3.2×10^3	二系横向阻尼 $C_{2y}/(\text{kN}\cdot\text{s/m})$	50
构架点头惯量 $J_{ty}/(\text{kg}\cdot\text{m}^2)$	7.2×10^3	二系竖向阻尼 $C_{2z}/(\text{kN}\cdot\text{s/m})$	60
构架摇头惯量 $J_{tz}/(\text{kg}\cdot\text{m}^2)$	6.8×10^3	车轮半径 r_0/m	0.43
轮对侧滚惯量 $J_{ux}/(\text{kg}\cdot\text{m}^2)$	1630	一系悬挂横距 $2b_1/\text{m}$	2.05
轮对摇头惯量 $J_{uz}/(\text{kg}\cdot\text{m}^2)$	1630	二系悬挂横距 $2b_2/\text{m}$	2.05
轮缘摩擦系数 μ_1	0.3	车体中心至二系上悬挂点距离 h_1/m	0.38
踏面摩擦系数 μ_2	0.3	二系上悬挂点至构架中心距离 h_2/m	0.38
轮轨游间 δ/m	0.019	构架中心至轮对中心距离 h_3/m	0.1

表 6.5　TGV 中速拖车基本参数

参数	取值	参数	取值
车速 $V/(\text{km/h})$	$\leqslant270$	一系弹簧纵向刚度 $K_{1x}/(\text{kN/m})$	5×10^4
轴重/kN	168	一系弹簧横向刚度 $K_{1y}/(\text{kN/m})$	5.0×10^3
车体质量 M_c/kg	4.4×10^4	一系弹簧竖向刚度 $K_{1z}/(\text{kN/m})$	700
构架质量 M_t/kg	1.7×10^3	一系纵向阻尼 $C_{1x}/(\text{kN}\cdot\text{s/m})$	60

参数	取值	参数	取值
轮对质量 M_w/kg	1.9×10^3	一系横向阻尼 C_{1y}/(kN·s/m)	69.6
车体侧滚惯量 J_{cx}/(kg·m²)	7.42×10^4	一系竖向阻尼 C_{1z}/(kN·s/m)	38
车体点头惯量 J_{cy}/(kg·m²)	2.74×10^6	二系弹簧横向刚度 K_{2y}/(kN/m)	210
车体摇头惯量 J_{cz}/(kg·m²)	2.74×10^6	二系弹簧竖向刚度 K_{2z}/(kN/m)	350
构架侧滚惯量 J_{tx}/(kg·m²)	1600	二系横向阻尼 C_{2y}/(kN·s/m)	15
构架点头惯量 J_{ty}/(kg·m²)	1700	二系竖向阻尼 C_{2z}/(kN·s/m)	40
构架摇头惯量 J_{tz}/(kg·m²)	1700	车轮半径 r_0/m	0.43
轮对侧滚惯量 J_{ux}/(kg·m²)	1067	一系悬挂横距 $2b_1$/m	2.05
轮对摇头惯量 J_{uz}/(kg·m²)	1067	二系悬挂横距 $2b_2$/m	2.05
轮缘摩擦系数 μ_1	0.3	车体中心至二系上悬挂点距离 h_1/m	0.49
踏面摩擦系数 μ_2	0.2	二系上悬挂点至构架中心距离 h_2/m	0.49
轮轨游间 δ/m	0.019	构架中心至轮对中心距离 h_3/m	0.34

表 6.6 TGV 高速动车基本参数

参数	取值	参数	取值
轴重/kN	170	车轮名义半径/m	0.458
固定轴距/m	3.0	车体质量/kg	53.5×10^3
构架质量/kg	3.26×10^3	轮对质量/kg	2.0×10^3
构架点头惯量/(kg·m²)	3.33×10^3	车体转动惯量/(kg·m²)	2.4×10^6
二系垂向刚度/(kN/m)	3.28×10^3	二系垂向阻尼/(kN·s/m)	90
一系垂向刚度/(kN/m)	1.31×10^3	一系垂向阻尼/(kN·s/m)	30

我国和谐号高速动车 CRH3 车辆结构参数如表 6.7 所示。

表 6.7 和谐号高速动车 CRH3 车辆结构参数

参数	取值	参数	取值
车体质量 M_c/kg	40×10^3	二系弹簧刚度 K_{s2}/(kN/m)	0.8×10^3
构架质量 M_t/kg	3200	一系阻尼系数 C_{s1}/(kN·s/m)	100
轮对质量 M_w/kg	2400	二系阻尼系数 C_{s2}/(kN·s/m)	120
车体点头惯量 J_c/(kg·m²)	5.47×10^5	固定轴距 $2l_1$/m	2.5
构架点头惯量 J_t/(kg·m²)	6800	构架中心距离 $2l_2$/m	17.375
一系弹簧刚度 K_{s1}/(kN/m)	2.08×10^3	轮轨接触弹簧刚度 K_c/(kN/m)	1.325×10^6

6.7.2 轨道基本参数

（1）钢轨点支承刚度

如果把钢轨视为一根支承在有限个弹性点支承上的连续梁，则钢轨点支承刚度 k 可以表示为

$$\frac{1}{k}=\frac{1}{k_{pc}}+\frac{1}{k_{bs}} \tag{6.106}$$

其中，k 为钢轨扣压件和道床、路基串联在一起时的换算刚度；k_{pc} 为扣压件刚度；k_{bs} 为轨枕底部道床、路基串联在一起时的刚度。

钢轨扣压件刚度 k_{pc} 等于扣件刚度 k_c 与轨下弹性垫板刚度 k_p 之和，即

$$k_{pc}=k_c+k_p \tag{6.107}$$

一般扣件刚度小，弹性垫板刚度大。一组扣件的平均刚度为

$$k_c=2.94-3.92\mathrm{MN/m}, \quad 扣板式扣件$$

$$k_c=3.92\mathrm{MN/m}, \quad 弹条式扣件$$

橡胶垫板的平均刚度为

$$k_p=49\mathrm{MN/m}, \quad 12\sim14\mathrm{mm} 高强轨下橡胶垫板$$

$$k_p=117.6\mathrm{MN/m}, \quad 7\sim8\mathrm{mm} 轨下橡胶垫板$$

道床和路基串联刚度 k_{bs} 为

$$\frac{1}{k_{bs}}=\frac{1}{k_b}+\frac{1}{k_s} \tag{6.108}$$

道床的有效刚度取决于轨枕荷载面积的大小及形状、荷载压力的分布，以及道床的弹性。应用一个均布荷载并假设向下作锥体分布，使每一道床深处的压力分布均匀的简化模型，可以得到

$$k_b=\frac{c(l-b)E_b}{\ln\left[\dfrac{l(b+ch_b)}{b(l+ch_b)}\right]} \tag{6.109}$$

其中，E_b 为道床的弹性模量；l 为荷载面积的长度，即轨枕有效支承长度的一半；b 为荷载面积的宽度，即轨枕平均底宽；h_b 为道床厚度；$c=2\mathrm{tg}\varphi$，φ 为道砟内摩擦角，φ 的取值范围为 $20°\sim35°$。

若将钢轨视为支承在连续弹性基础上的无限长梁，则钢轨均布弹簧刚度可由下式计算，即

$$K=\frac{k}{a} \tag{6.110}$$

其中，a 为轨枕间距。

（2）轮轨接触刚度

轮轨接触刚度不仅与轮轨间的接触力、相对接触位移、材质的弹性系数有关，还与轮轨踏面的形状有关。

当车轮为新轮时，可将钢轨和车轮都看成圆柱体，根据两圆柱体垂直相交接触的赫兹公式，有

$$y = Gp^{\frac{2}{3}} \tag{6.111}$$

其中，y 为轮轨间相对位移；p 为轮轨接触力；G 称为挠度系数。

式（6.111）还可写成为

$$p = \frac{1}{G^{\frac{3}{2}}} y^{\frac{3}{2}} = Cy^{\frac{3}{2}} \tag{6.112}$$

其中，$C = \dfrac{1}{G^{\frac{3}{2}}}$ 称为刚度系数。

将 Hertz 非线性弹簧刚度在车轮静荷载 p_0 附近线性化，即

$$k_w = \frac{\mathrm{d}p}{\mathrm{d}y}\bigg|_{p=p_0} = \frac{3}{2} Cy^{\frac{1}{2}}\bigg|_{p=p_0} = \frac{3}{2} p_0^{\frac{1}{3}} C^{\frac{2}{3}} = \frac{3}{2G} p_0^{\frac{1}{3}} \tag{6.113}$$

这时式（6.112）变成为

$$p = k_w y \tag{6.114}$$

k_w 称为线性化的轮轨接触刚度系数。

当车轮为锥形踏面时，接触力与相对接触位移关系为

$$y = Gp^{\frac{2}{3}} \tag{6.115}$$

接触挠度系数为

$$G = 4.57 R^{-0.149} \times 10^{-8} \tag{6.116}$$

当车轮为磨耗形踏面时，接触力与相对接触位移关系仍为式（6.115），但接触挠度系数为

$$G = 3.86 R^{-0.115} \times 10^{-8} \tag{6.117}$$

实验结果表明，钢轨类型及荷载变化，对 k_w 的影响不大，车轮直径变化的影响大些，但一般均在 12 250～14 210 kN/cm 范围内。

（3）轨道结构参数取值范围

普通有砟轨道结构参数取值范围如表 6.8 所示。我国干线铁路有砟轨道结构参数如表 6.9 所示，博格板式轨道结构参数如表 6.10 所示，普通有砟轨道结构材料参数如表 6.11 所示。我国钢轨基本参数、轨枕基本参数、弹条性能参数及轨下胶垫静刚度值如表 6.12～表 6.15 所示。

表 6.8　有砟轨道结构参数取值范围

参数	取值范围
轨下垫板刚度 k_p/(MN/m)	50～100
扣件刚度 k_c/(MN/m)	2.94～3.92
扣件及垫板刚度 k_{px}/(MN/m)	53～104
扣件及垫板阻尼 c_{px}/(kN·s/m)	30～63
道床刚度 k_b/(MN/m)	165～220
道床阻尼 c_b/(kN·s/m)	55～82
路基刚度 k_s/(MN/m)	40～133
路基阻尼 c_s/(kN·s/m)	90～100
道床路基联合刚度 k_{bs}/(MN/m)	40～60（新线） 80～100（既有线）
单根钢轨道刚度 k/(MN/m)	14.4～23（木枕轨道） 34.5～48.9（混凝土轨道） 40.25～57.5（宽轨枕）
轮轨接触刚度 k_w/(MN/m)	1225～1500
轨排横向刚度 k_1/(MN/m)	402.5
轨枕横向刚度 k_2/(MN/m)	11.5

注:表中数值为假设钢轨为点支承时的弹性刚度,如假设钢轨为连续梁时,其弹性刚度等于表中各值除以轨枕间距。

表 6.9　干线铁路有砟轨道结构参数

类别		数值
钢轨	轨头半径/mm	300
	质量/(kg/m)	60.64
	断面积/cm²	77.45
	水平惯性矩/cm⁴	3217
	弹性模量/MPa	$2.06×10^5$
垫板	刚度系数/(MN/m)	78
	阻尼系数/(kN·s/m)	50
	质量/kg	3.0
轨枕	间距/m	0.568
	质量/kg	250
	长度/m	2.6
	宽度/m	0.25
	高度/m	0.20
	底面积/m²	0.6525（轨枕底面积） 0.5073（荷载作用面积）

续表

类别		数值
道床	密度/(kg/m³)	2500
	刚度系数/(MN/m)	180
	阻尼系数/(kN·s/m)	60
	道床厚度/m	0.35
	压力分布角/(°)	35
	质量/kg	560
路基	刚度系数/(MN/m)	65
	阻尼系数/(kN·s/m)	90

表 6.10　博格板式轨道结构参数表

类别		数值	类别		数值
轨道板	长度/mm	6450	混凝土支承层	长度/mm	6450
	宽度/mm	2550		宽度/mm	2950
	高度/mm	200		高/mm	300
	密度/(kg/m³)	2500		密度/(kg/m³)	2500
	弹性模量/MPa	3.9×10^4		弹性模量/MPa	3.0×10^4
垫板	刚度系数/(MN/m)	60	CA砂浆	刚度系数/(MN/m)	900
	阻尼系数/(kN·s/m)	47.7		阻尼系数/(kN·s/m)	83
路基	刚度系数/(MN/m)	60	路基	阻尼系/(kN·s/m)	90

表 6.11　普通有砟轨道结构材料参数

材料参数	弹性模量 E/MPa	泊松比 υ	密度 ρ/(kg/m³)
钢轨	2.1×10^5	0.30	7800
轨枕	1.5×10^4	0.30	2800
道砟	150	0.27	2500
底砟	50	0.35	2000
路基	20	0.25	2000

表6.12　钢轨基本参数

钢轨类型	75	60	50	45	43
每米质量/kg	74.414	60.64	51.514	45.11	44.653
断面积/cm²	90.06	77.45	65.8	57.61	57.0
对水平轴惯性矩/cm⁴	4490	3217	2037	1606	1489
对垂直轴惯性矩/cm⁴	661	524	377	283	260
钢轨高度/mm	192	176	152	145	140
轨头宽度/mm	75	73	70	67	70
钢轨底宽/mm	150	150	132	126	114

表6.13　轨枕基本参数

类型	轨枕质量/kg	轨枕长度/m	底面平均宽度/m	半枕有效支承长度/m
普通木轨枕	100	2.5	0.19~0.22	1.1
既有线混凝土轨枕（Ⅰ型）	237	2.5	0.267	0.95
混凝土宽轨枕（弦76型）	520	2.5	0.55	0.95
提速干线轨枕（Ⅱ型）	251	2.5	0.273	0.95
快速客运专线轨枕（Ⅲ型）	340	2.6	0.29	1.175

表6.14　弹条性能参数

弹条型号	扣压力/kN	弹程/mm
Ⅰ型弹条	8.5	9
Ⅱ型弹条	10.8	11
Ⅲ型弹条	11.0	13

表6.15　轨下胶垫静刚度

线路类型	胶垫型号	静刚度值/mm
普通既有线	10~11	90~120
准高速铁路	10~17	55~80
高速铁路	高弹性	40~60

参 考 文 献

[1] 雷晓燕. 轨道力学与工程新方法[M]. 北京:中国铁道出版社,2002.

[2] Knothe K, Grassie S L. Modeling of railway track and vehicle/track interaction at high frequencies[J]. Vehicle System Dynamics,1993,22(3/4):209-262.

[3] Trochanis A M, Chelliah R, Bielak J. Unified approach for beams on elastic foundation for

moving load[J]. Journal of Geotechnical Engineering, 1987, 112:879-895.

[4] Ono K, Yamada M. Analysis of railway track vibration[J]. Journal of Sound and Vibration, 1989,130(2):269-297.

[5] Grassie S L, Gregory R W, Harrison D, et al. The dynamic response of railway track to high frequency vertical excitation[J]. Journal of Mechanical Engineering Science, 1982, 24: 77-90.

[6] Cai Z, Raymond G P. Theoretical model for dynamic wheel/rail and track interaction[C]// Proceedings of the 10th International Wheelset Congress, 1992:127-131.

[7] Jenkins H H, Stephenson J E, Morland G A,et al. The effect of track and vehicle parameters on wheel/rail vertical dynamic forces[J]. Railway Engineering Journal, 1974, (3): 2-16.

[8] Kerr A D. On the vertical modulus in the standard railway track analyses[J]. Rail International, 1989,235 (2):37-45.

[9] Makoto I, Shigeru M, Akiko K. Track deforming characteristics and vehicle running characteristics due to the settlement of embankment behind the abutment of bridges[J]. RTRI Report,1998, 12(3): 41-46.

[10] Nielsen J C O. Train/track interaction: coupling of moving and stationary dynamic system [D]. Dissertation, Chalmers University of Technology, Gotebory, 1993.

[11] Kisilowski J, Knothe K. Advanced railway vehicle system dynamics [J]. Warsaw: Wydawnictwa Naukowo- Techniczne, 1991: 74-78.

[12] Zhai W M, Sun X. A detailed model for investigating vertical interactions between railway vehicle and track[J]. Vehicle System Dynamics, Supplement, 1994, 23:603-615.

[13] Makoto I, Shigeru M, Akiko K. Track dynamic model and its analytical results[J]. RTRI Report, 1997: 11(2), 19-26.

[14] Makoto I. The past and future of track dynamic models[J]. RTRI Report, 2000, 14(4): 1-6.

[15] Snyder J E, Wormley D N. Dynamic interactions between vehicle and elevated, flexible, randomly irregular guide ways[J]. Journal of Dynamical and Control Systems, 1977, 99: 23-33.

[16] Roberts J B, Spanos P D. Random vibration and statistical linearization[M]. New York: John Wiley, 1990.

[17] Shinozuka M. Simulation of multivariate and multidimensional random processes[J]. Journal of Acoustical Society of American, 1971, 49(1): 357-368.

[18] Yang F H, Ghislain. An iterative solution method for dynamic response of bridge-vehicles systems[J]. Journal of Earthquake Engineering and Structural Dynamics, 1996, 25: 195-215.

[19] Lei X Y, Wang J. Dynamic analysis of the train and slab track coupling system with finite elements in a moving frame of reference[J]. Journal of Vibration and Control, 2014, 20

(9)：1301-1317.

[20] 翟婉明. 车辆-轨道耦合动力学(3 版)[M]. 北京：科学出版社，2007.

[21] 雷晓燕,张斌,刘庆杰. 列车-轨道系统竖向动力分析的车辆轨道单元模型[J]. 振动与冲击，2010，29(3)：168-173.

[22] 冯青松,雷晓燕,练松良. 不平顺条件下高速铁路轨道振动的解析研究[J]. 振动工程学报，2008，21(6)：559-564.

[23] Zienkiewicz O C. The Finite Element Method（3rd Ed）[M]. New York：McGraw-Hill，1977.

[24] 雷晓燕. 有限元法[M]. 北京：中国铁道出版社，2000.

第七章　车辆-轨道耦合系统动力分析的交叉迭代算法

我们在第六章讨论并建立了轨道结构的有限元方程、移动轴荷载作用下的轨道动力学模型、单轮附有一系弹簧阻尼的车辆模型、半车附有二系弹簧阻尼的车辆模型，以及整车附有二系弹簧阻尼的车辆模型，并推导了相应的动力学方程。这些模型有一个共同的特点，就是车辆和轨道结构的方程不是完全独立的，而是通过轮轨接触力和轮轨接触位移互相耦合的，因此欲求解的方程是包含车辆-轨道系统的耦合方程组。关于车辆-轨道系统耦合方程的解法，已经有不少文献涉及[1-4]，大致可分为两类，一类是迭代法[5-7]，另一类是基于能量原理的解法[8-11]。本章将讨论车辆-轨道耦合系统动力分析的交叉迭代算法，基于能量原理的另一类解法将在第八章和第九章中讨论。

7.1　车辆-轨道非线性耦合交叉迭代算法

车辆-轨道耦合系统计算模型如图 7.1 所示。其有限元方程数值解的实现，可

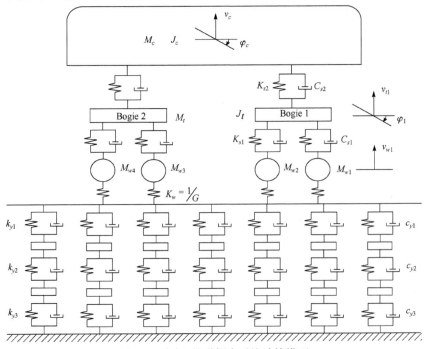

图 7.1　车辆-轨道耦合系统计算模型

通过将耦合系统分解为上部车辆子系统和下部轨道子系统,运用迭代法对两系统分别交叉迭代独立求解,两系统间通过几何相容和相互作用力的平衡条件联系。有限元动力方程的求解采用数值方法实现。

下面以 Newmark 数值积分法为例,讨论用迭代法求解车辆-轨道耦合方程的步骤。

在上、下两子系统中要求解的方程为二阶常微分方程组。对于车辆结构(图 7.2),有方程

$$\boldsymbol{M}_u\ddot{\boldsymbol{a}}_u + \boldsymbol{C}_u\dot{\boldsymbol{a}}_u + \boldsymbol{K}_u\boldsymbol{a}_u = \boldsymbol{Q}_{ug} + \boldsymbol{F}_{ul} \tag{7.1}$$

其中,$\boldsymbol{M}_u$、$\boldsymbol{C}_u$ 和 $\boldsymbol{K}_u$ 分别为车辆子系统的质量、阻尼和刚度矩阵;$\boldsymbol{a}_u$、$\dot{\boldsymbol{a}}_u$ 和 $\ddot{\boldsymbol{a}}_u$ 分别为车辆子系统的位移、速度和加速度;$\boldsymbol{Q}_{ug}$ 为车辆重力向量;$\boldsymbol{F}_{ul}$ 为轮轨接触力向量,可用 Hertz 非线性公式计算,即

$$F_{uli} = \begin{cases} \dfrac{1}{G^{\frac{3}{2}}}|\,v_{wi}-(v_{lci}+\eta_i)\,|^{\frac{3}{2}}, & v_{wi}-(v_{lci}+\eta_i)<0 \\ 0, & v_{wi}-(v_{lci}+\eta_i)\geqslant 0 \end{cases} \tag{7.2}$$

其中,G 为接触挠度系数;v_{wi} 为第 i 个车轮位移;v_{lci} 和 η_i 分别为第 i 个轮轨接触处的钢轨位移和轨道不平顺值。

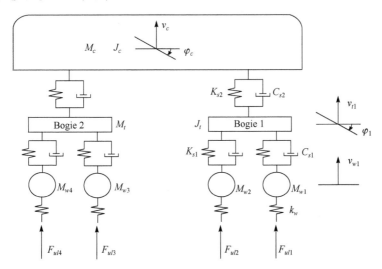

图 7.2　上部结构车辆模型

将 Hertz 非线性刚度线性化,则有

$$\boldsymbol{F}_{ul} = \begin{cases} -\boldsymbol{K}_w(\boldsymbol{a}_u-\boldsymbol{a}_{lc}-\boldsymbol{\eta}), & (\boldsymbol{a}_u-\boldsymbol{a}_{lc}-\boldsymbol{\eta})_i<0 \\ 0, & (\boldsymbol{a}_u-\boldsymbol{a}_{lc}-\boldsymbol{\eta})_i\geqslant 0 \end{cases} \tag{7.3}$$

其中,$\boldsymbol{K}_w$ 为轮轨接触刚度矩阵;$\boldsymbol{\eta}$ 为轮轨接触处轨道不平顺值。

$$\boldsymbol{Q}_{ug} = -g\{M_c \quad 0 \quad M_t \quad M_t \quad 0 \quad 0 \quad M_{w1} \quad M_{w2} \quad M_{w3} \quad M_{w4}\}^{\mathrm{T}} \tag{7.4}$$

$$\boldsymbol{a}_u=\{v_c \quad \varphi_c \quad v_{t1} \quad v_{t2} \quad \varphi_1 \quad \varphi_2 \quad v_{w1} \quad v_{w2} \quad v_{u3} \quad v_{w4}\}^{\mathrm{T}} \quad (7.5)$$

$$\boldsymbol{a}_{lc}=\{0 \quad 0 \quad 0 \quad 0 \quad 0 \quad 0 \quad v_{lc1} \quad v_{lc2} \quad v_{lc3} \quad v_{lc4}\}^{\mathrm{T}} \quad (7.6)$$

$$\boldsymbol{K}_w=\mathrm{diag}\{0 \quad 0 \quad 0 \quad 0 \quad 0 \quad 0 \quad k_w \quad k_w \quad k_w \quad k_w\} \quad (7.7)$$

k_w 为轮轨线性化接触刚度,即

$$k_w=\frac{3}{2G}p_0^{1/3} \quad (\mathrm{N/cm}) \quad (7.8)$$

其中,p_0 为车轮静荷载。

式(7.1)经刚度线性化后还可以写为

$$\boldsymbol{M}_u\ddot{\boldsymbol{a}}_u+\boldsymbol{C}_u\dot{\boldsymbol{a}}_u+(\boldsymbol{K}_u+\boldsymbol{K}_w)\boldsymbol{a}_u=\boldsymbol{Q}_{ug}+\boldsymbol{K}_w(\boldsymbol{a}_{lc}+\boldsymbol{\eta}) \quad (7.9)$$

对于轨道结构(图 7.3),有方程

$$\boldsymbol{M}_l\ddot{\boldsymbol{a}}_l+\boldsymbol{C}_l\dot{\boldsymbol{a}}_l+\boldsymbol{K}_l\boldsymbol{a}_l=\boldsymbol{Q}_{lg}-\boldsymbol{F}_{ul} \quad (7.10)$$

其中,$\boldsymbol{M}_l$、$\boldsymbol{C}_l$ 和 $\boldsymbol{K}_l$ 分别为轨道子系统的质量、阻尼和刚度矩阵;$\boldsymbol{a}_l$、$\dot{\boldsymbol{a}}_l$ 和 $\ddot{\boldsymbol{a}}_l$ 分别为轨道子系统的位移、速度和加速度;$\boldsymbol{Q}_{lg}$ 为轨道结构重力向量。

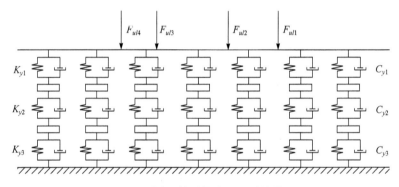

图 7.3　车辆-轨道耦合系统计算模型

利用 Newmark 数值积分法,已知系统在 $t-\Delta t$ 时刻的解答 $^{t-\Delta t}\boldsymbol{a}$,$^{t-\Delta t}\dot{\boldsymbol{a}}$,$^{t-\Delta t}\ddot{\boldsymbol{a}}$,欲求 t 时刻的解 $^t\boldsymbol{a}$,$^t\dot{\boldsymbol{a}}$,$^t\ddot{\boldsymbol{a}}$,可以通过解式(7.11)得到[12],即

$$(\boldsymbol{K}+c_0\boldsymbol{M}+c_1\boldsymbol{C})^t\boldsymbol{a}={}^t\boldsymbol{Q}+\boldsymbol{M}(c_0{}^{t-\Delta t}\boldsymbol{a}_{t-\Delta t}+c_2{}^{t-\Delta t}\dot{\boldsymbol{a}}+c_3{}^{t-\Delta t}\ddot{\boldsymbol{a}})+\boldsymbol{C}(c_1{}^{t-\Delta t}\boldsymbol{a}+c_4{}^{t-\Delta t}\dot{\boldsymbol{a}}+c_5{}^{t-\Delta t}\ddot{\boldsymbol{a}})$$

$$(7.11)$$

将 $^{t-\Delta t}\boldsymbol{a}$,$^{t-\Delta t}\dot{\boldsymbol{a}}$,$^{t-\Delta t}\ddot{\boldsymbol{a}}$ 和 $^t\boldsymbol{a}$ 代入式(7.12)和式(7.13),可以得到 t 时刻的速度 $^t\dot{\boldsymbol{a}}$ 和加速度 $^t\ddot{\boldsymbol{a}}$,即

$$^t\dot{\boldsymbol{a}}={}^{t-\Delta t}\dot{\boldsymbol{a}}+c_6{}^{t-\Delta t}\ddot{\boldsymbol{a}}+c_7{}^t\ddot{\boldsymbol{a}} \quad (7.12)$$

$$^t\ddot{\boldsymbol{a}}=c_0({}^t\boldsymbol{a}-{}^{t-\Delta t}\boldsymbol{a})-c_2{}^{t-\Delta t}\dot{\boldsymbol{a}}-c_3{}^{t-\Delta t}\ddot{\boldsymbol{a}} \quad (7.13)$$

1. 初始计算

① 在起始第一时间步和首次迭代时,假设轨道结构初始位移 $\boldsymbol{a}_l^0$(通常取 $\boldsymbol{a}_l^0=$ 0),根据 $\boldsymbol{a}_l^0$ 可得到第 i 个轮轨接触处的初始钢轨位移 v_{lci}^0($i=1,2,3,4$),进而得

到 a_{lc}^0。

② 将初始钢轨位移 a_{lc}^0 代入到式(7.9),解微分方程(7.9),可以得到车辆位移、速度和加速度(a_u^0、$\dot{a}_u^0$ 和 $\ddot{a}_u^0$)。

2. 对时间步长循环

设在时间步长 t,已进行了 $k-1$ 次迭代,现考察第 k 次迭代。

① 将车辆位移 $^t a_u^{k-1}$ 和轨道位移 $^t a_{lc}^{k-1}$ 代入式(7.2),计算 $^t F_{udi}^k (i=1,2,3,4)$,即

$$
^t F_{udi}^k = \begin{cases} \dfrac{1}{G^{\frac{3}{2}}} \left| ^t v_{wi}^{k-1} - (^t v_{lci}^{k-1} + \eta_i^{k-1}) \right|^{\frac{3}{2}}, & ^t v_{wi}^{k-1} - (^t v_{lci}^{k-1} + \eta_i^{k-1}) < 0 \\ 0, & ^t v_{wi}^{k-1} - (^t v_{lci}^{k-1} + \eta_i^{k-1}) \geqslant 0 \end{cases}
$$

② 运用松弛法对轮轨接触力进行修正,令

$$
^t F_{udi}^k = {}^t F_{udi}^{k-1} + \mu ({}^t F_{udi}^k - {}^t F_{udi}^{k-1}) \tag{7.14}
$$

其中,μ 为松弛因子,一般取 $0 < \mu < 1$,通常取 $\mu = 0.4 \sim 0.5$ 可以获得较好效果。

③ 将 $^t F_{udi}^k$ 组合成轮轨力向量 $^t F_{ud}^k$ 施加于下部轨道结构,解微分方程(7.10),可以得到轨道结构位移、速度和加速度($^t a_l^k$、$^t \dot{a}_l^k$ 和 $^t \ddot{a}_l^k$)。

④ 根据轨道结构位移 $^t a_l^k$ 可得第 i 个轮轨接触处的钢轨位移 $^t v_{lci}^k$,并由 Hertz 接触式(7.2)计算轨道结构对车辆系统的作用力 $^t F_{udi}^k$。

⑤ 将 $^t F_{udi}^k$ 组合成轮轨力向量 $^t F_{ud}^k$ 并作为外荷载施加于车辆子系统,解车辆子系统微分方程(7.1),得到车辆位移、速度和加速度($^t a_u^k$、$^t \dot{a}_u^k$ 和 $^t \ddot{a}_u^k$)。

⑥ 计算轨道位移差值,即

$$
\{\Delta^t a\}_l^k = {}^t a_l^k - {}^t a_l^{k-1} \tag{7.15}
$$

其中,$^t a_l^k$ 和 $^t a_l^{k-1}$ 分别为当前迭代步及上一迭代步结束时轨道结构的结点位移向量。

定义收敛准则

$$
\frac{\text{Norm}\{\Delta^t a\}_l^k}{\text{Norm}(^t a_l^k)} \leqslant \varepsilon \tag{7.16}
$$

其中

$$
\text{Norm}\{\Delta^t a\}_l^k = \sum_{i=1}^n \{\Delta^t a^2(i)\}_l^k, \quad \text{Norm}(^t a_l^k) = \sum_{i=1}^n \{^t a_l^{k^2}(i)\} \tag{7.17}
$$

ε 取 $1.0 \times 10^{-8} \sim 1.0 \times 10^{-5}$ 之间的数。

⑦ 对轨道结构位移进行收敛性判别。

第一,如果收敛性得到满足,转步骤 II,进入下一时间步长循环,令 $t = t + \Delta t$,并取

$$
^{t+\Delta t} a_u^0 = {}^t a_u^k, \quad ^{t+\Delta t} \dot{a}_u^0 = {}^t \dot{a}_u^k, \quad ^{t+\Delta t} \ddot{a}_u^0 = {}^t \ddot{a}_u^k
$$

$$
^{t+\Delta t} a_l^0 = {}^t a_l^k, \quad ^{t+\Delta t} \dot{a}_l^0 = {}^t \dot{a}_l^k, \quad ^{t+\Delta t} \ddot{a}_l^0 = {}^t \ddot{a}_l^k
$$

继续计算,直至整个时域 T。

第二,如果收敛性不满足,转步骤Ⅱ,令 $k=k+1$,进入下一迭代步循环。

7.2 算例验证及收敛性分析

7.2.1 算例验证

为了验证交叉迭代算法的正确性,与文献[9]提出的横向有限条与无砟轨道板段单元的车轨系统竖向振动分析法进行比较,计算条件为高速列车(1 动+4 拖)以 200km/h 速度在板式轨道上运行,取波长为 12.5m、波幅为 3mm 的周期性正弦函数为轨道高低不平顺激振源,比较两种方法的计算结果。

采用交叉迭代算法计算的结果如图 7.4~图 7.9 所示。可见两种方法计算得到的系统动力响应幅值与变化规律基本一致,证明了算法的有效性和可行性。

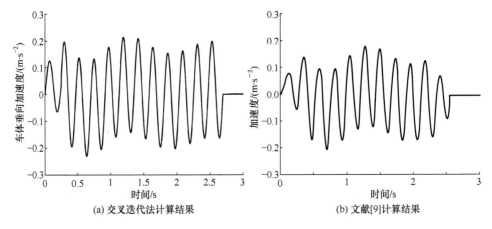

(a) 交叉迭代法计算结果   (b) 文献[9]计算结果

图 7.4　动车车体垂向加速度时程

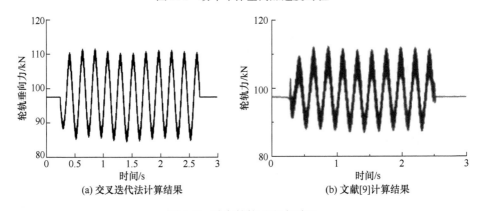

(a) 交叉迭代法计算结果   (b) 文献[9]计算结果

图 7.5　动车轮轨垂向力时程

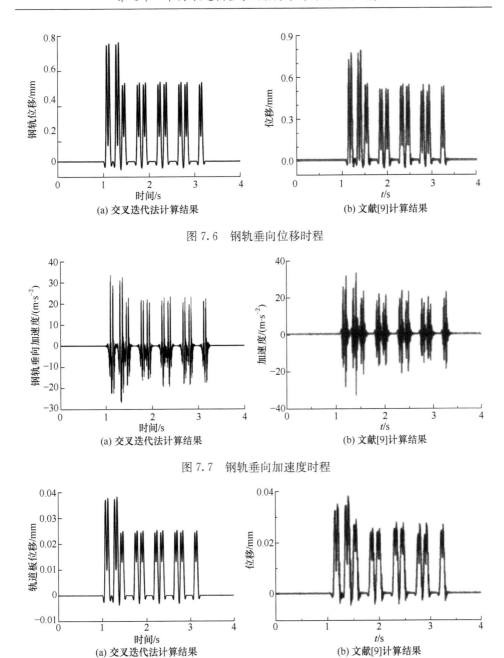

(a) 交叉迭代法计算结果　　　　　(b) 文献[9]计算结果

图 7.6　钢轨垂向位移时程

(a) 交叉迭代法计算结果　　　　　(b) 文献[9]计算结果

图 7.7　钢轨垂向加速度时程

(a) 交叉迭代法计算结果　　　　　(b) 文献[9]计算结果

图 7.8　轨道板垂向位移时程

图 7.10 和图 7.11 分别为系统某一时刻(t 时刻)拖车轮轨相互作用力和相应轮轨接触处钢轨位移的迭代收敛过程图[13]。可以看出,耦合系统以上一时刻($t-\Delta t$ 时刻)平衡状态为初值,经过若干次迭代,逐步在该时刻(t 时刻)达到新的平衡状态。

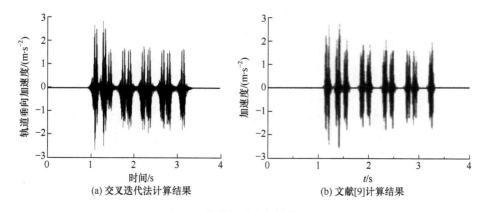

(a) 交叉迭代法计算结果　　　　　(b) 文献[9]计算结果

图 7.9　轨道板垂向加速度时程

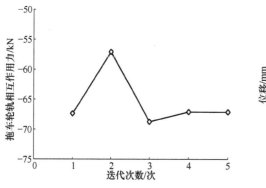

图 7.10　t 时刻拖车轮轨力迭代过程

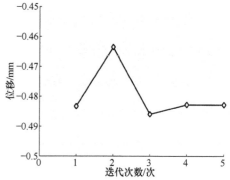

图 7.11　t 时刻轮轨接触点
钢轨位移迭代过程

7.2.2　时间步长的影响

时间步长 Δt 分别选取 0.05ms、0.1ms、0.5ms 及 1ms,考察时间步长对系统方程求解过程的影响。其中,车辆为 CRH3 型动车,轨道结构为 CRTSII 型板式轨道,列车速度为 250km/h,收敛精度设置为 1.0×10^{-7}。

表 7.1　不同时间步长系统求解迭代次数

时间步长 Δt/ms	松弛因子 μ						
	0.1	0.2	0.3	0.4	0.5	0.6	0.7
0.05	2	2	2	2	2	2	2
0.1	2	2	2	2	2	2	2
0.5	7	4	3	2	2	2	3
1.0	7	4	3	3	4	6	10

表 7.1 是不同时间步长系统求解迭代次数。这里约定,每一时间步内轨道系统方程和车辆系统方程各自分别完成 1 次求解记为耦合系统 1 次交叉迭代,每一工况迭代次数按照耦合系统求解过程中最大迭代次数统计[13]。

从表 7.1 可以看出,时间步长越小,系统下一时刻的状态越接近上一时刻系统的平衡状态,很容易再次达到平衡位置,因此系统迭代次数少、收敛速度快且松弛因子对系统求解的影响逐渐降低,但是计算效率低下。此时,配合松弛因子,适当增大时间步长,可有效提高求解效率。例如,计算时间取 1s,比较 $\mu=0.3$,时间步长 Δt 从 0.5ms 减小到 0.1ms,耦合系统求解效率。当 $\Delta t=0.5$ms 时,系统总迭代次数为 $1/0.0005\times(2\times78\%+3\times22\%)=4440$ 次,其中 2 和 3 为该工况包含的迭代次数,78% 和 22% 为各自比例。同理,$\Delta t=0.1$ms 时,系统总迭代次数为 $1/0.0001\times2\times100\%=20\,000$ 次,后者为前者的 4.5 倍,求解效率大大降低。因此,松弛因子的使用可以选取更大的时间步长,提高求解时间的经济性。

然而,时间步长取得较大时,系统将严重偏离上一时刻平衡状态,丧失稳定性,导致系统数值解的发散而最终无法收敛。因此,对于复杂的列车-轨道非线性耦合动力学问题,Newmark 数值积分法不再是无条件稳定的,也会产生数值不稳定现象。

7.2.3　收敛精度的影响

收敛精度 ε 分别选取 1.0×10^{-7}、1.0×10^{-8}、1.0×10^{-9} 及 1.0×10^{-10},考虑有砟轨道和无砟轨道两种轨道类型,讨论收敛精度对不同轨道结构动力响应的影响。车辆选用 CRH3 型动车,轨道参数分别采用铁路干线轨道设计参数和 CRTSⅡ 型板式轨道参数,列车速度取 250km/h。

图 7.12 为收敛精度对系统迭代次数的影响[13],可以看出无砟轨道耦合系统的迭代次数普遍多于有砟轨道,原因是无砟轨道单元模型较有砟轨道单元模型位

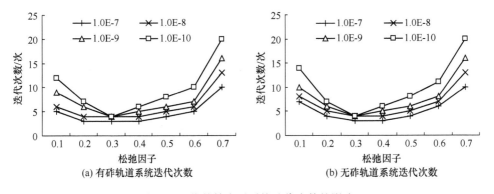

图 7.12　收敛精度对系统迭代次数的影响

移自由度更多,矩阵阶数更高。但是当松弛因子位于 $0.2 \sim 0.4$ 时,两者迭代次数差别不大,且均有明显减少趋势。同时,收敛精度要求越高,系统迭代的次数也越多。在松弛因子为 0.3 附近时,迭代次数并没有随收敛精度提高而增加,因此松弛因子的合理选择,有助于耦合系统的加速迭代。

此外,收敛精度对系统的动力响应具有显著影响,图 7.13 和图 7.14 分别为收敛精度为 1.0×10^{-7} 和 1.0×10^{-10} 时,有砟轨道系统的轮轨相互作用力时程图,此时松弛因子取 0.1。可以看出,轮轨力理论值为 70kN,计算机程序固有相对误差最大为 $2\% \sim 3\%$。因此,一般动力学分析收敛精度在 $1.0 \times 10^{-7} \sim 1.0 \times 10^{-10}$ 均可满足计算要求,对于精细化分析则需采用较高的收敛精度。还要指出的是,此工况松弛因子取 0.3 时,不同收敛精度间系统动力响应差别不明显,反映出松弛因子起到了增强迭代稳定性的作用。

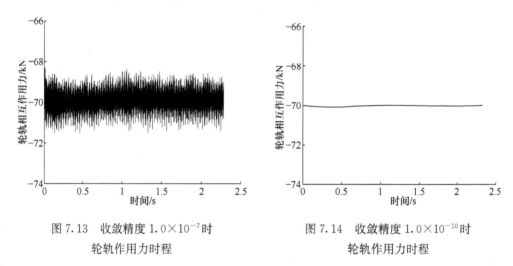

图 7.13　收敛精度 1.0×10^{-7} 时
轮轨作用力时程　　　　　　图 7.14　收敛精度 1.0×10^{-10} 时
轮轨作用力时程

7.3　列车-轨道非线性耦合系统动力分析

作为车辆-轨道非线性耦合系统动力响应分析的实例,考虑高速整车 CRH3 通过时车辆和轨道结构的动力响应,列车参数如表 7.2 所示。轨道结构为 60kg/m 有砟轨道,无缝线路,其参数如表 7.3 所示。采用美国六级不平顺功率谱密度函数作为轨道不平顺的激励。分别考虑轮轨线性和非线性接触,以及不同列车速度 ($V = 80$、120、160、200km/h)对车辆和轨道结构振动的影响。取轨道长度为 200m,时间积分步长对应于线性分析和非线性分析分别为 0.001s 和 0.0005s。

表 7.2 CRH3 高速列车车辆参数表[12]

参数	数值	参数	数值
车体质量 $2M_c$/kg	40 000	一系悬挂阻尼 c_{s1}/(kN·s·m^{-1})	50
转向架质量 $2M_t$/kg	3200	二系悬挂刚度 k_{s2}/(kN·m^{-1})	400
轮对质量 $2M_{wi}$/kg	2400	二系悬挂阻尼 c_{s2}/(kN·s·m^{-1})	60
车体点头惯量 $2J_C$/(kg·m^2)	547 000	固定轴距 $2l_1$/m	2.5
转向架点头惯量 $2J_t$/(kg·m^2)	6800	转向架中心距离 $2l_2$/m	17.375
一系悬挂刚度 k_{s1}/(kN·m^{-1})	1040	车辆长度/m	25.675

表 7.3 我国干线 60kg/m 轨道结构基本参数[11]

参数	数值	参数	数值
钢轨质量 m_r/kg	60.64	道砟质量 m_b/kg	560
钢轨密度 ρ_r/(kg·m^{-3})	7800	轨下垫板刚度 k_{y1}/(MN·m^{-1})	78
钢轨惯性矩 I_r/cm^4	3217	轨下垫板阻尼 c_{y1}/(kN·s·m^{-1})	50
钢轨弹性模量 E_r/Mpa	206 000	道床刚度 k_{y2}/(MN·m^{-1})	180
钢轨截面积 A_r/cm^2	77.45	道床阻尼 c_{y2}/(kN·s·m^{-1})	60
轨枕间距 l/m	0.568	路基刚度 k_{y3}/(MN·m^{-1})	65
轨枕质量 m_t/kg	250	路基阻尼 c_{y3}/(kN·s·m^{-1})	90

计算结果如表 7.4~表 7.13 所示,分别代表考虑轨道不平顺激励和不同列车速度下,轮轨线性接触和非线性接触所对应的钢轨位移、轨枕位移和道床位移,钢轨加速度、轨枕加速度和道床加速度,车轮加速度、转向架加速度和车体加速度,以及轮轨接触力的最大值和振幅[14]。图 7.15 和图 7.16 分别为考虑轮轨线性接触和非线性接触时的轮轨力时程曲线[14]。

表 7.4 钢轨位移最大值和振幅

速度/(km/h)	轮轨线性接触			轮轨非线性接触		
	Max/mm	Min/mm	振幅/mm	Max/mm	Min/mm	振幅/mm
200	0.054	−1.300	1.350	0.050	−1.100	1.150
160	0.050	−1.200	1.250	0.050	−0.879	0.929
120	0.048	−0.990	1.040	0.040	−0.847	0.887
80	0.051	−0.834	0.885	0.043	−0.901	0.944

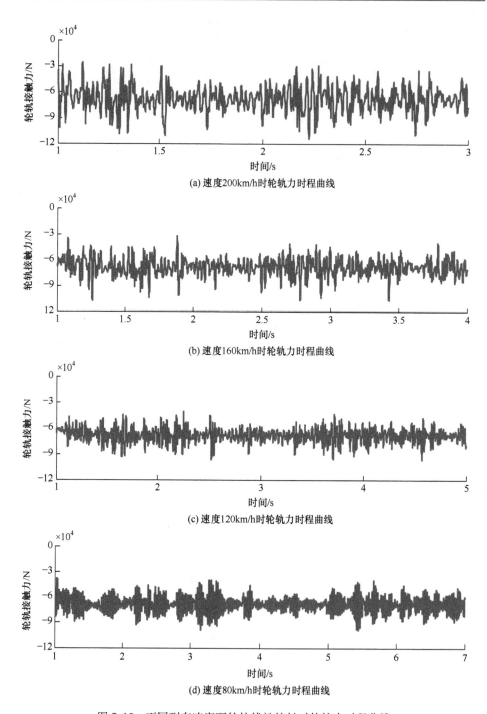

(a) 速度200km/h时轮轨力时程曲线

(b) 速度160km/h时轮轨力时程曲线

(c) 速度120km/h时轮轨力时程曲线

(d) 速度80km/h时轮轨力时程曲线

图 7.15　不同列车速度下轮轨线性接触时轮轨力时程曲线

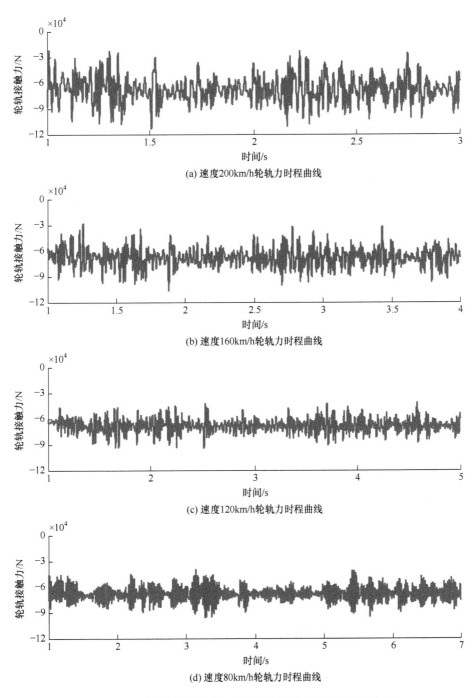

(a) 速度200km/h轮轨力时程曲线

(b) 速度160km/h轮轨力时程曲线

(c) 速度120km/h轮轨力时程曲线

(d) 速度80km/h轮轨力时程曲线

图 7.16　不同列车速度下轮轨非线性接触时轮轨力时程曲线

表 7.5　轨枕位移最大值和振幅

速度/(km/h)	轮轨线性接触			轮轨非线性接触		
	Max/mm	Min/mm	振幅/mm	Max/mm	Min/mm	振幅/mm
200	0.043	−0.902	0.945	0.040	−0.698	0.738
160	0.036	−0.769	0.805	0.038	−0.543	0.580
120	0.033	−0.630	0.663	0.027	−0.545	0.572
80	0.032	−0.526	0.559	0.028	−0.567	0.595

表 7.6　道床位移最大值和振幅

速度/(km/h)	轮轨线性接触			轮轨非线性接触		
	Max/mm	Min/mm	振幅/mm	Max/mm	Min/mm	振幅/mm
200	0.035	−0.682	0.717	0.034	−0.533	0.566
160	0.028	−0.574	0.602	0.031	−0.410	0.441
120	0.025	−0.468	0.493	0.021	−0.409	0.430
80	0.024	−0.389	0.413	0.021	−0.421	0.442

从表 7.4～表 7.6 可见速度对轨道结构位移影响较大,当列车速度从 80km/h 增加到 200 km/h 时,在线性接触时钢轨、轨枕、道床的振幅分别从 0.885mm、0.559mm、0.413mm 增加到 1.35mm、0.945mm、0.717mm,增幅分别为 52.5%、69.1%、73.6%。在非线性接触时,钢轨、轨枕、道床位移振幅随速度增大而增大,但在速度为 120km/h 时比 80km/h 小,速度为 160km/h 时比 120 km/h 增大不多,在速度为 200km/h 时,有明显的增大。

钢轨、轨枕和道床最大竖向挠度和振幅在线性接触时比非线性接触时大,其增大范围为 10%～20%,但在速度为 80km/h 时,结果相反。

表 7.7　钢轨加速度最大值和振幅

速度/(km/h)	轮轨线性接触			轮轨非线性接触		
	Max/(m/s²)	Min/(m/s²)	振幅/(m/s²)	Max/(m/s²)	Min/(m/s²)	振幅/(m/s²)
200	71.1	−112.8	183.9	101.9	−55.0	156.9
160	44.2	−86.5	130.7	81.2	−29.4	110.6
120	18.8	−57.6	76.4	56.2	−15.4	71.6
80	9.3	−27.7	37.1	24.7	−6.2	30.9

表 7.8　轨枕加速度最大值和振幅

速度/(km/h)	轮轨线性接触			轮轨非线性接触		
	Max/(m/s²)	Min/(m/s²)	振幅/(m/s²)	Max/(m/s²)	Min/(m/s²)	振幅/(m/s²)
200	46.7	−31.5	78.2	25.7	−37.4	63.1
160	26.4	−25.1	51.5	23.8	−20.8	44.6
120	12.6	−21.6	34.2	19.7	−10.8	30.5
80	6.0	−7.7	13.8	7.4	−5.0	12.4

表 7.9　道床加速度最大值和振幅

速度/(km/h)	轮轨线性接触			轮轨非线性接触		
	Max/(m/s²)	Min/(m/s²)	振幅/(m/s²)	Max/(m/s²)	Min/(m/s²)	振幅/(m/s²)
200	37.2	−26.4	63.6	26.0	−31.7	57.7
160	20.9	−25.4	46.4	25.3	−16.6	41.9
120	9.6	−18.1	27.7	18.1	−8.8	26.9
80	4.9	−6.5	11.3	6.9	−4.4	11.3

从表 7.7～表 7.9 可见,随着速度的增加,钢轨、轨枕和道床加速度最大值和振幅也增加,线性接触时其振幅从速度 80km/h 时的 37.1m/s²、13.8m/s²、11.3m/s² 增加到速度 200km/h 时的 183.9m/s²、78.2m/s²、63.6m/s²,增幅分别为 395.7%、466.7%、462.8%,非线性接触时其振幅增加的幅度分别为 407.8%、408.9%、410.6%。

线性接触时,钢轨、轨枕和道床加速度最大值和振幅均比非线性接触时大,其增大范围为 10%～20%,且速度越大越明显。

表 7.10　车轮加速度最大值和振幅

速度/(km/h)	轮轨线性接触			轮轨非线性接触		
	Max/(m/s²)	Min/(m/s²)	振幅/(m/s²)	Max/(m/s²)	Min/(m/s²)	振幅/(m/s²)
200	37.0	−36.3	73.3	37.5	−35.6	73.0
160	29.1	−21.4	50.5	25.2	−28.2	53.3
120	21.2	−21.7	42.9	20.3	−20.5	40.8
80	24.6	−22.9	47.5	21.4	−22.7	44.1

表 7.11　转向架加速度最大值和振幅

速度/(km/h)	轮轨线性接触			轮轨非线性接触		
	Max/(m/s²)	Min/(m/s²)	振幅/(m/s²)	Max/(m/s²)	Min/(m/s²)	振幅/(m/s²)
200	6.98	−4.67	11.70	4.79	−6.77	11.60
160	5.22	−3.90	9.11	3.71	−4.95	8.66
120	5.29	−3.67	8.96	3.43	−4.81	8.24
80	4.11	−4.16	8.27	3.95	−3.75	7.70

表 7.12　车体加速度最大值和振幅

速度/(km/h)	轮轨线性接触			轮轨非线性接触		
	Max/(m/s²)	Min/(m/s²)	振幅/(m/s²)	Max/(m/s²)	Min/(m/s²)	振幅/(m/s²)
200	0.361	−0.423	0.784	0.354	−0.319	0.674
160	0.270	−0.311	0.581	0.317	−0.278	0.594
120	0.233	−0.286	0.518	0.285	−0.231	0.517
80	0.196	−0.255	0.451	0.253	−0.193	0.446

从表 7.10~表 7.12 可以看出,转向架和车体的加速度振幅随着速度的增加而增加,线性接触时其加速度从速度 80km/h 时的 8.27m/s²、0.451m/s² 增加到 11.70m/s²、0.784m/s²,增幅分别为 41.5%、73.8%;非线性接触时增幅分别为 50.6%、51.1%。车轮加速度随着速度的增加基本增大,但是车轮的加速度振幅在车速为 80km/h 时比 120km/h 大,这可能与轨道个别点不平顺幅值过大有关。

考虑轮轨线性接触时的转向架和车轮的加速度振幅比非线性接触时略大,其增大范围在 5% 以内;车体加速度振幅在 200km/h 时线性接触比非线性接触时略大,其他速度下则基本相等,但无论是最大值还是振幅都在 1m/s² 范围内,说明车辆的一系和二系弹簧阻尼系统具有良好的隔振作用。

表 7.13　轮轨接触力最大值和振幅

速度/(km/h)	轮轨线性接触			轮轨非线性接触		
	Max/kN	Min/kN	振幅/kN	Max/kN	Min/kN	振幅/kN
200	112.0	27.7	84.2	113.0	26.4	86.6
160	106.0	41.7	64.0	98.7	33.1	65.6
120	97.3	45.4	51.9	93.4	42.1	51.3
80	98.1	40.7	57.4	95.0	40.9	54.1

从表 7.13、图 7.15 和图 7.16 可以看出,轮轨力最大值和振幅基本随速度增

加而增大,但速度为 80km/h 时的轮轨力最大值和振幅比 120km/h 时的略大些;当速度从 120km/h 增加到 200km/h 时,线性接触时轮轨力最大值和振幅分别从 97.3kN、51.9 kN 增加到 112kN、84.2kN,增幅为 15.1%、62.2%;非线性接触时轮轨力最大值和振幅分别从 93.4kN、51.3kN 增加到 113kN、86.6 kN,增幅为 20.9%、68.8%。

轮轨力最大值在线性接触时比非线性时略大些,轮轨力振幅差别较小。

7.4　结　　论

运用有限元法建立了车辆-轨道非线性耦合系统动力分析模型,该模型包含车辆、轨道两个子系统,其中车辆子系统为附有二系弹簧、阻尼的整车模型,轨道结构子系统为离散的三层弹性梁模型,两子系统通过轮轨非线性接触力和位移协调条件实现耦合。针对车辆-轨道非线性耦合系统动力学方程,提出了交叉迭代算法。为加速迭代收敛速度,引入松弛法对轮轨接触力进行修正。通过对车辆-轨道非线性耦合系统动力响应实例分析,可以得到如下结论。

① 列车速度对车辆和轨道结构的动力响应有显著影响,无论是轮轨线性接触模型,还是非线性接触模型,钢轨、轨枕和道床的位移,钢轨、轨枕、道床、转向架和车体的加速度,以及轮轨接触力均随着列车速度的提高而增加。

② 采用轮轨线性接触模型得到的车辆和轨道结构的动力响应比轮轨非线性接触模型得到的结果要大,其中位移、加速度最大值和振幅增大范围约在 10%～20%,轮轨接触力最大值和振幅增大范围约在 5% 以内。因此,在按轮轨线性接触模型进行车辆、轨道结构动力分析,并根据分析结果进行结构设计时是偏保守和偏安全的。

③ 采用交叉迭代算法和引入松弛因子对轮轨接触力进行修正能加快收敛速度,在每一时步中只要经过 3～8 次迭代即可收敛。

④ 将车辆-轨道非线性耦合系统分解为车辆子系统和轨道子系统,可分别独立求解,既降低了分析问题的规模,又减小了程序设计的难度。同时,由于两个子系统有限元方程的系数矩阵全部为定值,且为对称矩阵,只需对方程的系数矩阵一次求逆,在每一时步的迭代中只须进行回代计算,因此极大地提高了计算速度。目前已有的基于“对号入座”求解车辆-轨道耦合系统动力响应的算法,随着车辆在轨道上的位置不断改变,有限元耦合方程的系数矩阵也在不断变化,因此在每一时步的计算中,需要进行求逆运算,大大降低了计算效率。通过对列车在 300m 长轨道上运行引起车辆和轨道动力响应实例的仿真分析,得到结论:采用交叉迭代算法在

普通计算机工作站上运行用时只需 15 分钟,而基于对号入座算法用时则需要 150 分钟。一般情况下,前者的计算效率是后者的 5～10 倍,求解问题的规模越大则计算效率越高。

应当指出,本章提出的交叉迭代算法具有普遍适用性,可以广泛应用于移动荷载作用下的各类线性和非线性耦合动力学问题的分析中。

参 考 文 献

[1] Clough R W, Penzien J. Dynamic of Structures(3rd Ed)[M]. Berkeley: Computers and Structures, 1995.

[2] Rezaiee-Pajand M, Alamatian J. Numerical time integration for dynamic analysis using a new higher order predictor-corrector method[J]. Engineering Computations, 2008, 25(6): 541-568.

[3] Chen C, Ricles J M. Stability analysis of direct integration algorithms applied to MDOF nonlinear structural dynamics[J]. Journal of Engineering Mechanics, 2010, 136(4): 485-495.

[4] 翟婉明. 车辆-轨道耦合动力学(3 版)[M]. 北京:科学出版社,2007.

[5] 张楠,夏禾. 基于全过程迭代的车桥耦合动力系统分析方法[J]. 中国铁道科学,2013,34 (5):32-38.

[6] 吴定俊,李奇,陈艾荣. 车桥耦合振动迭代求解数值稳定性问题[J]. 力学季刊,2007,28 (3):405-411.

[7] Yang F H, Fonder G A. An iterative solution method for dynamic response of bridge-vehicles systems[J]. Journal of Earthquake Engineering and Structural Dynamics, 1996,25(2): 195-215.

[8] 张斌,雷晓燕. 基于车辆-轨道单元的无砟轨道动力特性有限元分析[J]. 铁道学报,2011, 33(7):78-85.

[9] 向俊,赫丹,曾庆元. 横向有限条与无砟轨道板段单元的车轨系统竖向振动分析法[J]. 铁道学报,2007,29(4):64-69.

[10] 雷晓燕. 轨道力学与工程新方法[M]. 北京:中国铁道出版社,2002.

[11] 雷晓燕,张斌,刘庆杰. 列车-轨道系统竖向动力分析的车辆轨道单元模型[J]. 振动与冲击,2010,29(3):168-173.

[12] 雷晓燕. 有限元法[M]. 北京:中国铁道出版社,2000.

[13] 张斌,雷晓燕,罗雁云. 列车-轨道-路基耦合系统振动分析的交叉迭代法[J]. 中南大学学报(自然科学版),2015(已录用).

[14] 雷晓燕,吴神花,张斌. 车辆-轨道非线性耦合系统交叉迭代算法及应用[J]. 噪声与振动控制,2015(已录用).

第八章　动轮单元模型及算法

第七章讨论了求解列车-轨道耦合系统动力响应的交叉迭代算法。交叉迭代算法的优点是能够考虑轮轨接触的非线性行为,且程序编制简单。对于线性问题,交叉迭代算法的计算效率并不具有优势。已经发表的文献只是简要地提到采用"对号入座"法形成列车-轨道耦合系统求解方程,并未给出具体算法和相关公式[1-6]。本章将以简单的单轮动轮单元模型、单轮附有一系弹簧阻尼的动轮单元模型,再到单轮附有二系弹簧阻尼的动轮单元模型为例,讨论联立求解列车-轨道耦合系统动力响应的算法,并推导出显式计算式。

8.1　动轮单元模型

考察在钢轨上运动的车轮,如图 8.1 所示,其中车轮可以简化为具有质量为 m_w 的质点,并以速度 V 运动,钢轨模拟为二维梁单元。假设车轮与钢轨之间为弹性接触,接触刚度为 k_c,该模型称为动轮单元模型[1]。在图 8.1 中,1、2 号点为钢轨梁单元的两个结点,分别考虑竖向位移和转角 v_i, θ_i $(i=1,2)$;3 号点为动轮结点,也称为目标点(target node),其竖向位移为 v_3;c 点为轮轨接触点,其竖向位移用 v_c 表示。

该模型有三个结点,分别为 1、2、3,共有 5 个自由度。结点 c 与结点 1 之间的距离为 x_c,单元长为 l,如图 8.1 所示。

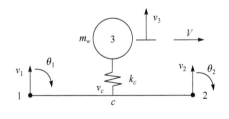

图 8.1　动轮单元模型

我们在第六章中讨论了两结点的平面梁单元,单元内任意一点的位移可通过插值函数和单元结点位移表示,即

$$v = N_1 v_1 + N_2 \theta_1 + N_3 v_2 + N_4 \theta_2 \qquad (8.1)$$

其中,$N_1 \sim N_4$ 为两结点平面梁单元的插值函数,即

$$N_1 = 1 - \frac{3}{l^2}x^2 + \frac{2}{l^3}x^3$$

$$N_2 = -x + \frac{2}{l}x^2 - \frac{1}{l^2}x^3$$

$$N_3 = \frac{3}{l^2}x^2 - \frac{2}{l^3}x^3 \tag{8.2}$$

$$N_4 = \frac{1}{l}x^2 - \frac{1}{l^2}x^3$$

对于结点 c,其竖向位移 v_c 可以表示为

$$v_c = N_1 v_1 + N_2 \theta_1 + N_3 v_2 + N_4 \theta_2 \tag{8.3}$$

其中,$N_1 \sim N_4$ 分别为 $x = x_c$ 时的插值函数。

令动轮单元的结点位移向量为

$$\boldsymbol{a}^e = \{ v_1 \quad \theta_1 \quad v_2 \quad \theta_2 \quad v_3 \}^{\mathrm{T}} \tag{8.4}$$

3 号结点的竖向位移为 v_3 可表示为

$$v_3 = \boldsymbol{N}_3^{\mathrm{T}} \boldsymbol{a}^e \tag{8.5}$$

$$\dot{v}_3 = \boldsymbol{N}_3^{\mathrm{T}} \dot{\boldsymbol{a}}^e \tag{8.6}$$

其中

$$\boldsymbol{N}_3^{\mathrm{T}} = \{ 0 \quad 0 \quad 0 \quad 0 \quad 1 \} \tag{8.7}$$

结点 c 的竖向位移为 v_c,可用插值函数表示为

$$v_c = \{ N_1 \quad N_2 \quad N_3 \quad N_4 \quad 0 \} \boldsymbol{a}^e \tag{8.8}$$

由此可得

$$v_3 - v_c = \{ -N_1 \quad -N_2 \quad -N_3 \quad -N_4 \quad 1 \} \boldsymbol{a}^e = \boldsymbol{N}_{3c}^{\mathrm{T}} \boldsymbol{a}^e \tag{8.9}$$

其中

$$\boldsymbol{N}_{3c}^{\mathrm{T}} = \{ -N_1 \quad -N_2 \quad -N_3 \quad -N_4 \quad 1 \} \tag{8.10}$$

运用 Lagrange 方程,即

$$\frac{\mathrm{d}}{\mathrm{d}t} \frac{\partial L}{\partial \dot{\boldsymbol{a}}} - \frac{\partial L}{\partial \boldsymbol{a}} + \frac{\partial R}{\partial \dot{\boldsymbol{a}}} = \boldsymbol{0} \tag{8.11}$$

其中,L 为 Lagrange 函数,即

$$L = T - \Pi \tag{8.12}$$

式中,T 为动能;Π 为势能;R 为耗散能。

动轮单元的动能为

$$T = \frac{1}{2} m_w \dot{v}_3^2 = \frac{1}{2} m_w (\boldsymbol{N}_3^{\mathrm{T}} \dot{\boldsymbol{a}}^e)^{\mathrm{T}} (\boldsymbol{N}_3^{\mathrm{T}} \dot{\boldsymbol{a}}^e) = \frac{1}{2} (\dot{\boldsymbol{a}}^e)^{\mathrm{T}} \boldsymbol{m}_u^e \dot{\boldsymbol{a}}^e \tag{8.13}$$

其中,动轮单元的质量矩阵为

$$
\boldsymbol{m}_u^e = m_w \boldsymbol{N}_3 \boldsymbol{N}_3^{\mathrm{T}} = \begin{bmatrix} 0 & 0 & 0 & 0 & 0 \\ 0 & 0 & 0 & 0 & 0 \\ 0 & 0 & 0 & 0 & 0 \\ 0 & 0 & 0 & 0 & 0 \\ 0 & 0 & 0 & 0 & m_w \end{bmatrix} \tag{8.14}
$$

动轮单元的势能为

$$
\begin{aligned}
\Pi &= \frac{1}{2} k_c (v_3 - v_c)^2 + (v_3 m_w g) \\
&= \frac{1}{2} k_c (\boldsymbol{N}_{3c}^{\mathrm{T}} \boldsymbol{a}^e)^{\mathrm{T}} \boldsymbol{N}_{3c}^{\mathrm{T}} \boldsymbol{a}^e + (\boldsymbol{a}^e)^{\mathrm{T}} m_w g \boldsymbol{N}_3 \\
&= \frac{1}{2} (\boldsymbol{a}^e)^{\mathrm{T}} \boldsymbol{k}_u^e \boldsymbol{a}^e - (\boldsymbol{a}^e)^{\mathrm{T}} \boldsymbol{Q}_u^e
\end{aligned} \tag{8.15}
$$

其中,动轮单元的刚度矩阵为

$$
\boldsymbol{k}_u^e = k_c \boldsymbol{N}_{3c} \boldsymbol{N}_{3c}^{\mathrm{T}} = k_c \begin{bmatrix} N_1^2 & N_1 N_2 & N_1 N_3 & N_1 N_4 & -N_1 \\ & N_2^2 & N_2 N_3 & N_2 N_4 & -N_2 \\ & & N_3^2 & N_3 N_4 & -N_3 \\ & \text{对称} & & N_4^2 & -N_4 \\ & & & & 1 \end{bmatrix} \tag{8.16}
$$

单元结点荷载向量为

$$
\boldsymbol{Q}_u^e = \{0 \quad 0 \quad 0 \quad 0 \quad -m_w g\}^{\mathrm{T}} \tag{8.17}
$$

将式(8.13)和式(8.15)代入式(8.11)和式(8.12)中,则得到动轮单元的动力学方程为

$$
\boldsymbol{m}_u^e \ddot{\boldsymbol{a}} + \boldsymbol{k}_u^e \boldsymbol{a} = \boldsymbol{Q}_u^e \tag{8.18}
$$

8.2　单轮附有一系弹簧阻尼的动轮单元模型

图 8.2 为单轮附有一系弹簧阻尼的动轮单元模型。该模型有四个结点,分别为 1、2、3 和 4,共 6 个自由度,其中 1、2 号点为钢轨梁单元的两个结点,分别考虑竖向位移和转角 $v_i, \theta_i (i=1,2)$;3 号点为车体结点,其竖向位移为 v_3,m_c 为 1/8 的车体质量;k_s 和 c_s 分别为等效的一系弹簧刚度和阻尼系数;4 号点为车轮结点,其竖向位移为 v_4,m_w 为车轮质量,且车轮以匀速 V 运动;c 点为轮轨接触点,其竖向位移用 v_c 表示,结点 1 与结点 c 之间的距离为 x_c,单元长为 l;k_c 为轮轨接触刚度。

定义该单元的结点位移向量为

$$
\boldsymbol{a}^e = \{v_1 \quad \theta_1 \quad v_2 \quad \theta_2 \quad v_3 \quad v_4\}^{\mathrm{T}} \tag{8.19}
$$

3 号结点的竖向位移为 v_3,则有

$$
v_3 = \boldsymbol{N}_3^{\mathrm{T}} \boldsymbol{a}^e \tag{8.20}
$$

$$v_3 = \mathbf{N}_3^{\mathrm{T}} \dot{\mathbf{a}}^e \tag{8.21}$$

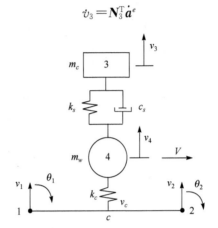

图 8.2　单轮附有一系弹簧阻尼的动轮单元模型

其中
$$\mathbf{N}_3^{\mathrm{T}} = \{0 \quad 0 \quad 0 \quad 0 \quad 1 \quad 0\} \tag{8.22}$$

4 号结点的竖向位移为 v_4，同理有
$$v_4 = \mathbf{N}_4^{\mathrm{T}} \mathbf{a}^e \tag{8.23}$$
$$\dot{v}_4 = \mathbf{N}_4^{\mathrm{T}} \dot{\mathbf{a}}^e \tag{8.24}$$

其中
$$\mathbf{N}_4^{\mathrm{T}} = \{0 \quad 0 \quad 0 \quad 0 \quad 0 \quad 1\} \tag{8.25}$$
$$v_3 - v_4 = \mathbf{N}_{34}^{\mathrm{T}} \mathbf{a}^e \tag{8.26}$$
$$\dot{v}_3 - \dot{v}_4 = \mathbf{N}_{34}^{\mathrm{T}} \dot{\mathbf{a}}^e \tag{8.27}$$

其中，$\mathbf{N}_{34}^{\mathrm{T}} = \{0 \quad 0 \quad 0 \quad 0 \quad 1 \quad -1\}$。

结点 c 的竖向位移为 v_c，用插值函数可表示为
$$v_c = \mathbf{N}_c^{\mathrm{T}} \mathbf{a}^e \tag{8.28}$$

其中
$$\mathbf{N}_c^{\mathrm{T}} = \{N_1 \quad N_2 \quad N_3 \quad N_4 \quad 0 \quad 0\} \tag{8.29}$$

由此可得
$$v_4 - v_c = \mathbf{N}_{4c}^{\mathrm{T}} \mathbf{a}^e \tag{8.30}$$

其中
$$\mathbf{N}_{4c}^{\mathrm{T}} = \{-N_1 \quad -N_2 \quad -N_3 \quad -N_4 \quad 0 \quad 1\} \tag{8.31}$$

单元的动能为
$$\begin{aligned} T &= \frac{1}{2} m_c v_3^2 + \frac{1}{2} m_w v_4^2 \\ &= \frac{1}{2} m_c \, (\mathbf{N}_3^{\mathrm{T}} \dot{\mathbf{a}}^e)^{\mathrm{T}} (\mathbf{N}_3^{\mathrm{T}} \dot{\mathbf{a}}^e) + \frac{1}{2} m_w \, (\mathbf{N}_4^{\mathrm{T}} \dot{\mathbf{a}}^e)^{\mathrm{T}} (\mathbf{N}_4^{\mathrm{T}} \dot{\mathbf{a}}^e) \end{aligned}$$

$$= \frac{1}{2} (\dot{\boldsymbol{a}}^e)^{\mathrm{T}} \boldsymbol{m}_u^e \dot{\boldsymbol{a}}^e \tag{8.32}$$

其中,单元质量矩阵为

$$\boldsymbol{m}_u^e = m_c \boldsymbol{N}_3 \boldsymbol{N}_3^{\mathrm{T}} + m_w \boldsymbol{N}_4 \boldsymbol{N}_4^{\mathrm{T}} = \mathrm{diag}(0 \quad 0 \quad 0 \quad 0 \quad m_c \quad m_w) \tag{8.33}$$

单元的势能为

$$\Pi = \frac{1}{2} k_s (v_3 - v_4)^2 + \frac{1}{2} k_c (v_4 - v_c)^2 + (v_3 m_c g) + (v_4 m_w g)$$

$$= \frac{1}{2} \boldsymbol{a}^{e\mathrm{T}} \{ k_s \boldsymbol{N}_{34} \boldsymbol{N}_{34}^{\mathrm{T}} + k_c \boldsymbol{N}_{4c} \boldsymbol{N}_{4c}^{\mathrm{T}} \} \boldsymbol{a}^e + (\boldsymbol{a}^e)^{\mathrm{T}} \{ m_c g \boldsymbol{N}_3 + m_w g \boldsymbol{N}_4 \}$$

$$= \frac{1}{2} (\boldsymbol{a}^e)^{\mathrm{T}} \boldsymbol{k}_u^e \boldsymbol{a}^e - (\boldsymbol{a}^e)^{\mathrm{T}} \boldsymbol{Q}_u^e \tag{8.34}$$

其中,单元刚度矩阵为

$$\boldsymbol{k}_u^e = \boldsymbol{k}_s^e + \boldsymbol{k}_c^e$$
$$= k_s \boldsymbol{N}_{34} \boldsymbol{N}_{34}^{\mathrm{T}} + k_c \boldsymbol{N}_{4c} \boldsymbol{N}_{4c}^{\mathrm{T}}$$

$$=\begin{bmatrix} 0 & 0 & 0 & 0 & 0 & 0 \\ & 0 & 0 & 0 & 0 & 0 \\ & & 0 & 0 & 0 & 0 \\ & & & 0 & 0 & 0 \\ 对称 & & & & k_s & -k_s \\ & & & & & k_s \end{bmatrix} + k_c \begin{bmatrix} N_1^2 & N_1 N_2 & N_1 N_3 & N_1 N_4 & 0 & -N_1 \\ & N_2^2 & N_2 N_3 & N_2 N_4 & 0 & -N_2 \\ & & N_3^2 & N_3 N_4 & 0 & -N_3 \\ & & & N_4^2 & 0 & -N_4 \\ 对称 & & & & 0 & 0 \\ & & & & & 1 \end{bmatrix}$$

$$\tag{8.35}$$

单元结点荷载向量为

$$\boldsymbol{Q}_u^e = \{ 0 \quad 0 \quad 0 \quad 0 \quad -m_c g \quad -m_w g \}^{\mathrm{T}} \tag{8.36}$$

单元的耗散能为

$$R = \frac{1}{2} c_s (\dot{v}_3 - \dot{v}_4)^2 = \frac{1}{2} (\dot{\boldsymbol{a}}^e)^{\mathrm{T}} \boldsymbol{c}_u^e \dot{\boldsymbol{a}}^e \tag{8.37}$$

其中,单元阻尼矩阵为

$$\boldsymbol{c}_u^e = c_s \boldsymbol{N}_{34} \boldsymbol{N}_{34}^{\mathrm{T}} = \begin{bmatrix} 0 & 0 & 0 & 0 & 0 & 0 \\ & 0 & 0 & 0 & 0 & 0 \\ & & 0 & 0 & 0 & 0 \\ & & & 0 & 0 & 0 \\ 对称 & & & & c_s & -c_s \\ & & & & & c_s \end{bmatrix} \tag{8.38}$$

将式(8.32)、式(8.34)和式(8.37)代入 Lagrange 方程式(8.11)和式(8.12)中,可以得到附有一系弹簧阻尼的动轮单元动力学方程为

$$m_u^e \ddot{a} + c_u^e \dot{a} + k_u^e a = Q_u^e \tag{8.39}$$

8.3 单轮附有二系弹簧阻尼的动轮单元模型

图 8.3 为附有二系弹簧阻尼的动轮单元模型。该模型有 5 个结点,7 个自由度,其中 1、2 号点为钢轨梁单元的两个结点,分别考虑竖向位移和转角 v_i,θ_i($i=1,2$);3 号点为车体结点,其竖向位移为 v_3,m_c 为 1/8 的车体质量;k_{s2} 和 c_{s2} 分别为二系弹簧刚度和阻尼系数;4 号点为转向架结点,其竖向位移为 v_4,m_t 为 1/4 的转向架质量;k_{s1} 和 c_{s1} 分别为一系弹簧刚度和阻尼系数;5 号点为车轮结点,其竖向位移为 v_5,m_w 为车轮质量,且车轮以匀速 V 运动;c 点为轮轨接触点,其竖向位移用 v_c 表示,结点 c 与结点 1 之间的距离为 x_c,单元长为 l;k_c 为轮轨接触刚度。

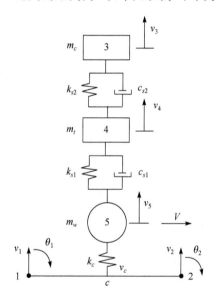

图 8.3 单轮附有二系弹簧阻尼的动轮单元模型

定义该单元的结点位移向量为

$$a^e = \{v_1 \quad \theta_1 \quad v_2 \quad \theta_2 \quad v_3 \quad v_4 \quad v_5\}^T \tag{8.40}$$

3 号结点的竖向位移为 v_3,则有

$$v_3 = N_3^T a^e \tag{8.41}$$

$$\dot{v}_3 = N_3^T \dot{a}^e \tag{8.42}$$

其中

$$N_3^T = \{0 \quad 0 \quad 0 \quad 0 \quad 1 \quad 0 \quad 0\} \tag{8.43}$$

4 号结点的竖向位移为 v_4,同理有

$$v_4 = \boldsymbol{N}_4^\mathrm{T} \boldsymbol{a}^e \tag{8.44}$$

$$\dot{v}_4 = \boldsymbol{N}_4^\mathrm{T} \dot{\boldsymbol{a}}^e \tag{8.45}$$

其中

$$\boldsymbol{N}_4^\mathrm{T} = \{0 \quad 0 \quad 0 \quad 0 \quad 0 \quad 1 \quad 0\} \tag{8.46}$$

由此可得

$$v_3 - v_4 = \boldsymbol{N}_{34}^\mathrm{T} \boldsymbol{a}^e \tag{8.47}$$

$$\dot{v}_3 - \dot{v}_4 = \boldsymbol{N}_{34}^\mathrm{T} \dot{\boldsymbol{a}}^e \tag{8.48}$$

其中

$$\boldsymbol{N}_{34}^\mathrm{T} = \{0 \quad 0 \quad 0 \quad 0 \quad 1 \quad -1 \quad 0\} \tag{8.49}$$

5 号结点的竖向位移为 v_5，同理有

$$v_5 = \boldsymbol{N}_5^\mathrm{T} \boldsymbol{a}^e \tag{8.50}$$

$$\dot{v}_5 = \boldsymbol{N}_5^\mathrm{T} \dot{\boldsymbol{a}}^e \tag{8.51}$$

其中

$$\boldsymbol{N}_5^\mathrm{T} = \{0 \quad 0 \quad 0 \quad 0 \quad 0 \quad 0 \quad 1\} \tag{8.52}$$

由此可得

$$v_4 - v_5 = \boldsymbol{N}_{45}^\mathrm{T} \boldsymbol{a}^e \tag{8.53}$$

$$\dot{v}_4 - \dot{v}_5 = \boldsymbol{N}_{45}^\mathrm{T} \dot{\boldsymbol{a}}^e \tag{8.54}$$

其中

$$\boldsymbol{N}_{45}^\mathrm{T} = \{0 \quad 0 \quad 0 \quad 0 \quad 0 \quad 1 \quad -1\} \tag{8.55}$$

结点 c 的竖向位移为 v_c，用插值函数可表示为

$$v_c = \boldsymbol{N}_c^\mathrm{T} \boldsymbol{a}^e \tag{8.56}$$

其中

$$\boldsymbol{N}_c^\mathrm{T} = \{N_1 \quad N_2 \quad N_3 \quad N_4 \quad 0 \quad 0 \quad 0\} \tag{8.57}$$

由此可得

$$v_5 - v_c = \boldsymbol{N}_{5c}^\mathrm{T} \boldsymbol{a}^e \tag{8.58}$$

其中

$$\boldsymbol{N}_{4c}^\mathrm{T} = \{-N_1 \quad -N_2 \quad -N_3 \quad -N_4 \quad 0 \quad 0 \quad 1\} \tag{8.59}$$

单元的动能为

$$\begin{aligned}
T &= \frac{1}{2} m_c \dot{v}_3^2 + \frac{1}{2} m_t \dot{v}_4^2 + \frac{1}{2} m_w \dot{v}_5^2 \\
&= \frac{1}{2} m_c (\boldsymbol{N}_3^\mathrm{T} \dot{\boldsymbol{a}}^e)^\mathrm{T} (\boldsymbol{N}_3^\mathrm{T} \dot{\boldsymbol{a}}^e) + \frac{1}{2} m_t (\boldsymbol{N}_4^\mathrm{T} \dot{\boldsymbol{a}}^e)^\mathrm{T} (\boldsymbol{N}_4^\mathrm{T} \dot{\boldsymbol{a}}^e) + \frac{1}{2} m_w (\boldsymbol{N}_5^\mathrm{T} \dot{\boldsymbol{a}}^e)^\mathrm{T} (\boldsymbol{N}_5^\mathrm{T} \dot{\boldsymbol{a}}^e) \\
&= \frac{1}{2} (\dot{\boldsymbol{a}}^e)^\mathrm{T} \boldsymbol{m}_u^e \dot{\boldsymbol{a}}^e
\end{aligned} \tag{8.60}$$

其中,单元质量矩阵为

$$\boldsymbol{m}_u^e = m_c \boldsymbol{N}_3 \boldsymbol{N}_3^{\mathrm{T}} + m_t \boldsymbol{N}_4 \boldsymbol{N}_4^{\mathrm{T}} + m_w \boldsymbol{N}_5 \boldsymbol{N}_5^{\mathrm{T}} = \mathrm{diag}(0 \quad 0 \quad 0 \quad 0 \quad m_c \quad m_t \quad m_w)$$

$$(8.61)$$

单元的势能为

$$\Pi = \frac{1}{2} k_{s2} (v_3 - v_4)^2 + \frac{1}{2} k_{s1} (v_4 - v_5)^2 + \frac{1}{2} k_c (v_5 - v_c)^2 + (v_3 m_c g) + (v_4 m_t g) + (v_5 m_w g)$$

$$= \frac{1}{2} \boldsymbol{a}^{e\mathrm{T}} \{ k_{s2} \boldsymbol{N}_{34} \boldsymbol{N}_{34}^{\mathrm{T}} + k_{s1} \boldsymbol{N}_{45} \boldsymbol{N}_{45}^{\mathrm{T}} + k_c \boldsymbol{N}_{5c} \boldsymbol{N}_{5c}^{\mathrm{T}} \} \boldsymbol{a}^e + (\boldsymbol{a}^e)^{\mathrm{T}} \{ m_c g \boldsymbol{N}_3 + m_t g \boldsymbol{N}_4 + m_w g \boldsymbol{N}_5 \}$$

$$= \frac{1}{2} (\boldsymbol{a}^e)^{\mathrm{T}} \boldsymbol{k}_u^e \boldsymbol{a}^e - (\boldsymbol{a}^e)^{\mathrm{T}} \boldsymbol{Q}_u$$

$$(8.62)$$

其中,单元刚度矩阵为

$$\boldsymbol{k}_u^e = \boldsymbol{k}_{s2}^e + \boldsymbol{k}_{s1}^e + \boldsymbol{k}_c^e$$

$$= k_{s2} \boldsymbol{N}_{34} \boldsymbol{N}_{34}^{\mathrm{T}} + k_{s1} \boldsymbol{N}_{45} \boldsymbol{N}_{45}^{\mathrm{T}} + k_c \boldsymbol{N}_{5c} \boldsymbol{N}_{5c}^{\mathrm{T}}$$

$$= \begin{bmatrix} 0 & 0 & 0 & 0 & 0 & 0 & 0 \\ & 0 & 0 & 0 & 0 & 0 & 0 \\ & & 0 & 0 & 0 & 0 & 0 \\ & & & 0 & 0 & 0 & 0 \\ & & & & k_{s2} & -k_{s2} & 0 \\ & \text{对称} & & & & k_{s2}+k_{s1} & -k_{s1} \\ & & & & & & k_{s1} \end{bmatrix} + k_c \begin{bmatrix} N_1^2 & N_1 N_2 & N_1 N_3 & N_1 N_4 & 0 & 0 & -N_1 \\ & N_2^2 & N_2 N_3 & N_2 N_4 & 0 & 0 & -N_2 \\ & & N_3^2 & N_3 N_4 & 0 & 0 & -N_3 \\ & & & N_4^2 & 0 & 0 & -N_4 \\ & & & & 0 & 0 & 0 \\ & \text{对称} & & & & 0 & 0 \\ & & & & & & 1 \end{bmatrix}$$

$$(8.63)$$

单元结点荷载向量为

$$\boldsymbol{Q}_u = \{ 0 \quad 0 \quad 0 \quad 0 \quad -m_c g \quad -m_t g \quad -m_w g \}^{\mathrm{T}} \qquad (8.64)$$

单元的耗散能为

$$R = \frac{1}{2} c_{s2} (\dot{v}_3 - \dot{v}_4)^2 + \frac{1}{2} c_{s1} (\dot{v}_4 - \dot{v}_5)^2 = \frac{1}{2} (\dot{\boldsymbol{a}}^e)^{\mathrm{T}} \boldsymbol{c}_u^e \dot{\boldsymbol{a}}^e \qquad (8.65)$$

其中,单元阻尼矩阵为

$$\boldsymbol{c}_v^e = c_{s2} \boldsymbol{N}_{34} \boldsymbol{N}_{34}^{\mathrm{T}} + c_{s1} \boldsymbol{N}_{45} \boldsymbol{N}_{45}^{\mathrm{T}} = \begin{bmatrix} 0 & 0 & 0 & 0 & 0 & 0 & 0 \\ & 0 & 0 & 0 & 0 & 0 & 0 \\ & & 0 & 0 & 0 & 0 & 0 \\ & & & 0 & 0 & 0 & 0 \\ & & & & c_{s2} & -c_{s2} & 0 \\ & \text{对称} & & & & c_{s2}+c_{s1} & -c_{s1} \\ & & & & & & c_{s1} \end{bmatrix} \qquad (8.66)$$

将式(8.60)、式(8.62)和式(8.65)代入 Lagrange 方程式(8.11)和式(8.12)中,可以得到附有二系弹簧阻尼的动轮单元动力学方程,即

$$m_u^e \ddot{a} + c_u^e \dot{a} + k_u^e a = Q_u^e \tag{8.67}$$

8.4 单轮过桥动力分析模型及算法

为了说明动轮单元在车辆-轨道(或桥梁)耦合系统动力分析中的应用,现考虑附有一系弹簧阻尼的单轮通过桥梁时的振动响应,有限元网格如图 8.4 所示。桥梁用仅考虑竖向位移和转动的二维梁单元模拟,如图 8.5 所示。其中,E 为桥梁的弹性模量,I 为截面绕水平轴的惯性矩,A 为横截面面积,l 为梁单元的长度。单轮过桥动力分析模型共划分为$(m+1)$个单元,其中 m 个梁单元,1 个动轮单元;共有$(n+2)$个结点,其中桥梁有 n 个结点,动轮单元有 2 个结点。单元编号和结点编号如图 8.4 所示。

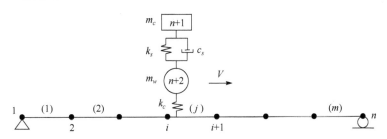

图 8.4 附有一系弹簧阻尼的单轮过桥动力分析模型

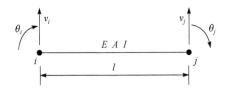

图 8.5 二维 2 结点 4 自由度梁单元

对二维 2 结点 4 自由度梁单元,有如下单元质量矩阵、刚度矩阵和阻尼矩阵[6],即

$$m_b^e = \frac{\rho A l}{420} \begin{bmatrix} 156 & -22l & 54 & 13l \\ & 4l^2 & -13l & -3l^2 \\ & & 156 & 22l \\ \text{对称} & & & 4l^2 \end{bmatrix} \tag{8.68}$$

$$
\boldsymbol{k}_b^e = \begin{bmatrix} \dfrac{12EI}{l^3} & -\dfrac{6EI}{l^2} & -\dfrac{12EI}{l^3} & -\dfrac{6EI}{l^2} \\[2mm] & \dfrac{4EI}{l} & \dfrac{6EI}{l^2} & \dfrac{2EI}{l} \\[2mm] & & \dfrac{12EI}{l^3} & \dfrac{6EI}{l^2} \\[2mm] \text{对称} & & & \dfrac{4EI}{l} \end{bmatrix} \tag{8.69}
$$

采用比例阻尼,有

$$
\boldsymbol{c}_b^e = \alpha \boldsymbol{m}_b^e + \beta \boldsymbol{k}_b^e \tag{8.70}
$$

其中,$\boldsymbol{m}_b^e$、$\boldsymbol{k}_b^e$ 和 $\boldsymbol{c}_b^e$ 分别表示二维梁单元的质量矩阵、刚度矩阵和阻尼矩阵。

对于附有一系弹簧阻尼的动轮单元,其单元质量矩阵、刚度矩阵、阻尼矩阵和单元结点荷载向量已在 8.2 节中给出了,分别见式(8.33)、式(8.35)、式(8.38)和式(8.36)。

现给出单轮过桥动力分析模型算法的主要计算步骤。

① 按式(8.68)~式(8.70)计算每个桥梁单元的质量矩阵、刚度矩阵和阻尼矩阵。

② 利用通用的有限元集成方法形成桥梁结构的总刚度矩阵、总质量矩阵和总阻尼矩阵,即

$$
\boldsymbol{M}_b = \sum_e \boldsymbol{m}_b^e, \quad \boldsymbol{K}_b = \sum_e \boldsymbol{k}_b^e, \quad \boldsymbol{C}_b = \sum_e \boldsymbol{c}_b^e \tag{8.71}
$$

③ 运用 Newmark 数值积分法,对时间步长循环,在每一时间步中执行如下步骤。

第一步,根据列车速度和运行时间判别动轮单元在桥梁上的位置,确定动轮与桥梁接触的单元号。

第二步,根据式(8.33)、式(8.35)、式(8.38)和式(8.36),计算动轮单元质量矩阵、刚度矩阵、阻尼矩阵和单元结点荷载向量。

第三步,按有限元集成方法,将动轮单元的质量矩阵、刚度矩阵和阻尼矩阵集成到桥梁结构的总刚度矩阵、总质量矩阵和总阻尼矩阵中,即

$$
\boldsymbol{M} = \sum_e (\boldsymbol{M}_b + \boldsymbol{m}_u^e), \quad \boldsymbol{K} = \sum_e (\boldsymbol{K}_b + \boldsymbol{k}_u^e), \quad \boldsymbol{C} = \sum_e (\boldsymbol{C}_b + \boldsymbol{c}_u^e) \tag{8.72}
$$

第四步,将动轮单元的单元结点荷载向量集成形成总结点荷载向量,即

$$
\boldsymbol{Q} = \sum_e \boldsymbol{Q}_u^e \tag{8.73}
$$

第五步,用 Newmark 数值积分法,求解下列有限元方程,即

$$
\boldsymbol{M}\ddot{\boldsymbol{a}} + \boldsymbol{C}\dot{\boldsymbol{a}} + \boldsymbol{K}\boldsymbol{a} = \boldsymbol{Q} \tag{8.74}
$$

得到桥梁结构和动轮单元的结点位移、速度和加速度。

第六步，返回步骤③，继续下一时间步长计算，直至计算结束。

参 考 文 献

[1] Koh C G，Ong J S Y，Chua D K H，et al. Moving element method for train-track dynamics [J]. International Journal for Numerical Methods in Engineering，2003，56:1549-1567.

[2] Ono K，Yamada M. Analysis of railway track vibration[J]. Journal of Sound and Vibration，1989，130:269-297.

[3] Venancio F F. Finite element analysis of structures under moving loads[J]. Shock and Vibration Digest. 1978，10:27-35.

[4] 翟婉明. 车辆-轨道耦合动力学(3 版) [M]. 北京：科学出版社，2007.

[5] 雷晓燕，圣小珍. 现代轨道理论研究(2 版)[M]. 北京:中国铁道出版社,2008.

[6] Lei X Y，Noda N A. Analyses of dynamic response of vehicle and track coupling system with random irregularity of track vertical profile[J]. Journal of Sound and Vibration，2002，258(1):147-165.

第九章 轨道单元和车辆单元模型及算法

随着高速铁路的快速发展,高速行驶的列车导致轨道结构动应力增加,车体振动增大,直接影响行车安全和舒适性。进行列车-轨道-路基耦合系统动力学分析是解决这一问题的基础。国内外学者在该领域做了许多工作,并取得了一定的研究成果[1-12]。例如,Nielsen 建立了车辆-轨道相互作用模型[1]。Knothe 研究了高频范围车辆与轨道的相互作用问题[2]。Koh 提出一种新的用于分析列车-轨道耦合系统的动轮单元[3]。翟婉明建立了将车辆、轨道作为一个整体耦合系统的分析模型[6]。雷晓燕采用有限元和交叉迭代法建立了车辆-轨道-路基非线性耦合系统振动分析模型[7,8]。这些模型各有特色,也有各自的局限性,有的计算效率低、有的编程复杂、有的只适合某些特殊问题的分析。

本章根据列车-轨道-路基耦合系统的特点,建立了适合分析该问题的新型车辆单元和轨道单元模型,运用有限元方法和 Lagrange 方程,推导了两种单元的刚度矩阵、质量矩阵和阻尼矩阵[8-12]。整个列车-轨道-路基耦合系统只需离散成车辆单元和轨道单元,轨道-路基系统离散成一系列的轨道单元,一节车辆离散为一个车辆单元。计算时只需形成一次轨道-路基系统的总刚度矩阵、总质量矩阵和总阻尼矩阵,以后在每一时步的计算中,只需组集车辆单元的刚度、质量和阻尼矩阵,因此极大地提高了计算效率。由于控制方程的建立基于能量原理,所得到的刚度、质量和阻尼矩阵都是对称的,又由于整个列车-轨道-路基耦合系统只包含车辆和轨道两种单元,使得程序编制特别容易,因此该单元具有程序编制容易、计算效率高的特点。

9.1 有砟轨道单元模型

9.1.1 基本假设

在用有限元法建立列车-有砟轨道-路基耦合系统竖向振动模型时,采用以下基本假设。

① 仅考虑车辆-轨道-路基耦合系统竖向振动效应。

② 轨道-路基系统和上部车辆系统沿线路方向左右对称,可取一半结构研究。

③ 上部车辆系统为附有二系弹簧阻尼的整车模型,车体和转向架考虑沉浮振动和点头振动。

④ 轮轨间为线弹性接触。

⑤ 钢轨被离散为二维梁单元,轨下垫板和扣件的弹性及阻尼分别用弹性系数 k_{y1} 和阻尼系数 c_{y1} 表示。

⑥ 轨枕质量作为集中质量处理并仅考虑竖向振动效应;枕下道床的弹性系数和阻尼系数分别用 k_{y2} 和 c_{y2} 表示。

⑦ 道砟质量简化为集中质量并仅考虑竖向振动效应;道砟下路基的弹性系数和阻尼系数分别用 k_{y3} 和 c_{y3} 表示。

9.1.2　三层有砟轨道单元

三层有砟轨道单元模型如图 9.1 所示,v_1 和 v_4 表示钢轨的竖向位移,θ_1 和 θ_4 表示钢轨的转角,v_2 和 v_5 表示轨枕的竖向位移,v_3 和 v_6 为道砟的竖向位移。

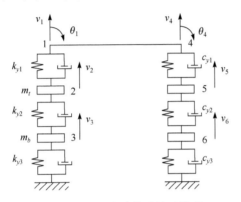

图 9.1　三层有砟轨道单元模型

定义三层有砟轨道单元的结点位移为

$$\boldsymbol{a}_l^e = \{ v_1 \quad \theta_1 \quad v_2 \quad v_3 \quad v_4 \quad \theta_4 \quad v_5 \quad v_6 \}^{\mathrm{T}} \tag{9.1}$$

其中,$v_i (i=1,2,\cdots,6)$ 分别表示有砟轨道单元中钢轨、轨枕和道砟的竖向位移;θ_i $(i=1,4)$ 表示钢轨第 i 个结点的转角。

三层有砟轨道单元的质量矩阵为

$$\boldsymbol{m}_l^e = \boldsymbol{m}_r^e + \boldsymbol{m}_b^e \tag{9.2}$$

其中,$\boldsymbol{m}_r^e$ 为钢轨的协调质量矩阵;$\boldsymbol{m}_b^e$ 为轨枕和道砟的质量矩阵,即

$$\boldsymbol{m}_r^e = \frac{\rho_r A_r l}{420} \begin{bmatrix} 156 & -22l & 0 & 0 & 54 & 13l & 0 & 0 \\ & 4l^2 & 0 & 0 & -13l & -3l^2 & 0 & 0 \\ & & 0 & 0 & 0 & 0 & 0 & 0 \\ & & & 0 & 0 & 0 & 0 & 0 \\ & & & & 156 & 22l & 0 & 0 \\ & & & & & 4l^2 & 0 & 0 \\ & & \text{对称} & & & & 0 & 0 \\ & & & & & & & 0 \end{bmatrix} \tag{9.3}$$

式中，ρ_r 为钢轨密度；A_r 为钢轨的横截面面积；l 为有砟轨道单元的长度。

根据基本假设⑥和⑦，分别将轨枕质量 m_t 和两轨枕间道砟质量 m_b 作为集中质量施加于三层有砟轨道单元上，可以得到

$$\boldsymbol{m}_b^e = \text{diag}\left(0 \quad 0 \quad \frac{1}{4}m_t \quad \frac{1}{4}m_b \quad 0 \quad 0 \quad \frac{1}{4}m_t \quad \frac{1}{4}m_b\right) \tag{9.4}$$

三层有砟轨道单元的刚度矩阵为

$$\boldsymbol{k}_l^e = \boldsymbol{k}_r^e + \boldsymbol{k}_e^e \tag{9.5}$$

其中，$\boldsymbol{k}_r^e$ 为钢轨弯曲引起的刚度；$\boldsymbol{k}_e^e$ 为轨道支承弹性引起的刚度。

$$\boldsymbol{k}_r^e = \frac{E_r I_r}{l^3} \begin{bmatrix} 12 & -6l & 0 & 0 & -12 & -6l & 0 & 0 \\ & 4l^2 & 0 & 0 & 6l & 2l^2 & 0 & 0 \\ & & 0 & 0 & 0 & 0 & 0 & 0 \\ & & & 0 & 0 & 0 & 0 & 0 \\ & & & & 12 & 6l & 0 & 0 \\ & & & & & 4l^2 & 0 & 0 \\ & \text{对称} & & & & & 0 & 0 \\ & & & & & & & 0 \end{bmatrix} \tag{9.6}$$

$$\boldsymbol{k}_e^e = \frac{1}{2} \begin{bmatrix} k_{y1} & 0 & -k_{y1} & 0 & 0 & 0 & 0 & 0 \\ & 0 & 0 & 0 & 0 & 0 & 0 & 0 \\ & & k_{y1}+k_{y2} & -k_{y2} & 0 & 0 & 0 & 0 \\ & & & k_{y2}+k_{y3} & 0 & 0 & 0 & 0 \\ & & & & k_{y1} & 0 & -k_{y1} & 0 \\ & & & & & 0 & 0 & 0 \\ & \text{对称} & & & & & k_{y1}+k_{y2} & -k_{y2} \\ & & & & & & & k_{y2}+k_{y3} \end{bmatrix} \tag{9.7}$$

其中，E_r 和 I_r 分别为钢轨的弹性模量和绕水平轴的截面惯性矩；l 为三层有砟轨道单元的长度，即相邻两轨枕间距；k_{y1}、k_{y2} 和 k_{y3} 分别为钢轨扣件、道砟和路基的弹性系数。

三层有砟轨道单元的阻尼矩阵为

$$\boldsymbol{c}_l^e = \boldsymbol{c}_r^e + \boldsymbol{c}_c^e \tag{9.8}$$

其中，$\boldsymbol{c}_r^e$ 为钢轨阻尼矩阵，与阻尼比和系统固有频率有关，即

$$\boldsymbol{c}_r^e = \alpha \boldsymbol{m}_r^e + \beta \boldsymbol{k}_r^e, \quad \alpha, \beta \text{ 为比例阻尼系数} \tag{9.9}$$

$\boldsymbol{c}_c^e$ 为由钢轨扣件、道砟和路基引起的阻尼，即

$$\boldsymbol{c}_c^e = \frac{1}{2} \begin{bmatrix} c_{y1} & 0 & -c_{y1} & 0 & 0 & 0 & 0 & 0 \\ & 0 & 0 & 0 & 0 & 0 & 0 & 0 \\ & & c_{y1}+c_{y2} & -c_{y2} & 0 & 0 & 0 & 0 \\ & & & c_{y2}+c_{y3} & 0 & 0 & 0 & 0 \\ & & & & c_{y1} & 0 & -c_{y1} & 0 \\ & & & & & 0 & 0 & 0 \\ \text{对称} & & & & & & c_{y1}+c_{y2} & -c_{y2} \\ & & & & & & & c_{y2}+c_{y3} \end{bmatrix} \tag{9.10}$$

其中，c_{y1}、c_{y2} 和 c_{y3} 分别为钢轨扣件、道砟和路基的阻尼系数。

按有限元集成规则组集单元质量、刚度和阻尼矩阵式(9.2)、式(9.5)和式(9.8)，可得到三层有砟轨道结构的总质量、总刚度和总阻尼矩阵为

$$\boldsymbol{m}_l = \sum_e \boldsymbol{m}_l^e = \sum_e (\boldsymbol{m}_r^e + \boldsymbol{m}_b^e)$$
$$\boldsymbol{k}_l = \sum_e \boldsymbol{k}_l^e = \sum_e (\boldsymbol{k}_r^e + \boldsymbol{k}_e^e) \tag{9.11}$$
$$\boldsymbol{c}_l = \sum_e \boldsymbol{c}_l^e = \sum_e (\boldsymbol{c}_r^e + \boldsymbol{c}_c^e)$$

9.2 板式轨道单元模型

9.2.1 基本假设

在用有限元法建立列车-板式轨道-路基耦合系统竖向振动模型时，采用以下基本假设。

① 仅考虑车辆-板式轨道-路基耦合系统竖向振动效应。

② 上部车辆系统为附有二系弹簧阻尼的整车模型，车体和转向架考虑沉浮振动和点头振动。

③ 板式轨道-路基系统和上部车辆系统沿线路方向左右对称，可取一半结构研究。

④ 轮轨间为线弹性接触。

⑤ 钢轨视为离散黏弹性点支承的二维梁单元，轨下垫板的支承弹性系数和阻尼系数分别用 k_{y1} 和 c_{y1} 表示。

⑥ 根据弹性基础上梁、板计算的一般规定，当结构物的长度小于其宽度的 3 倍时，应当作板计算，而在长度大于 3 倍宽度的情况下可当做梁计算。预制轨道板被离散为连续黏弹性支承的二维梁单元，预制轨道板下沥青水泥砂浆层的弹性系数和阻尼系数分别用 k_{y2} 和 c_{y2} 表示。

⑦ 混凝土支承层被离散为连续黏弹性支承的二维梁单元,混凝土支承层下防冻路基层的弹性系数和阻尼系数分别用 k_{y3} 和 c_{y3} 表示。

⑧ 仅讨论处于轨道板中间部分的单元,对于轨道板端部的单元可以依照同样的方法推导其相关矩阵。

9.2.2　三层板式轨道单元

三层板式轨道单元模型如图 9.2 所示,v_1 和 v_4 表示钢轨的竖向位移,θ_1 和 θ_4 表示钢轨的转角,v_2 和 v_5 表示预制轨道板的竖向位移,θ_2 和 θ_5 表示预制轨道板的转角,v_3 和 v_6 表示混凝土支承层的竖向位移,θ_3 和 θ_6 表示混凝土支承层的转角。

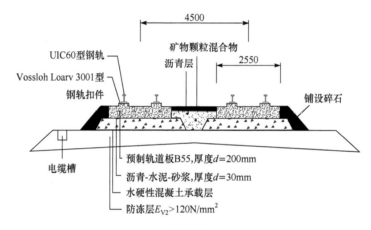

(a) 板式轨道横截面图

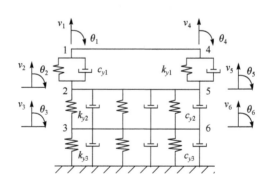

(b) 三层板式轨道单元

图 9.2　三层板式轨道单元模型

定义三层板式轨道单元的结点位移向量为

$$a^e = \{ v_1 \quad \theta_1 \quad v_2 \quad \theta_2 \quad v_3 \quad \theta_3 \quad v_4 \quad \theta_4 \quad v_5 \quad \theta_5 \quad v_6 \quad \theta_6 \}^{\mathrm{T}} \qquad (9.12)$$

其中,v_i 和 $\theta_i(i=1,2,\cdots,6)$ 分别表示板式轨道单元中第 i 个结点的竖向位移和转角。

9.2.3　板式轨道单元质量矩阵

板式轨道单元的质量矩阵包含钢轨、预制轨道板和混凝土支承层的质量,其质量矩阵为

$$\boldsymbol{m}_l^e = \boldsymbol{m}_r^e + \boldsymbol{m}_s^e + \boldsymbol{m}_h^e \tag{9.13}$$

其中,$\boldsymbol{m}_r^e$ 为钢轨的质量矩阵;$\boldsymbol{m}_s^e$ 为预制轨道板的质量矩阵;$\boldsymbol{m}_h^e$ 为混凝土支承层的质量矩阵。

$$\boldsymbol{m}_r^e = \frac{\rho_r A_r l}{420}
\begin{bmatrix}
156 & -22l & 0 & 0 & 0 & 0 & 54 & 13l & 0 & 0 & 0 & 0 \\
 & 4l^2 & 0 & 0 & 0 & 0 & -13l & -3l^2 & 0 & 0 & 0 & 0 \\
 & & 0 & 0 & 0 & 0 & 0 & 0 & 0 & 0 & 0 & 0 \\
 & & & 0 & 0 & 0 & 0 & 0 & 0 & 0 & 0 & 0 \\
 & & & & 0 & 0 & 0 & 0 & 0 & 0 & 0 & 0 \\
 & & & & & 0 & 0 & 0 & 0 & 0 & 0 & 0 \\
 & & & & & & 156 & 22l & 0 & 0 & 0 & 0 \\
 & & & & & & & 4l^2 & 0 & 0 & 0 & 0 \\
 & & & & & & & & 0 & 0 & 0 & 0 \\
 & \text{对称} & & & & & & & & 0 & 0 & 0 \\
 & & & & & & & & & & 0 & 0 \\
 & & & & & & & & & & & 0
\end{bmatrix} \tag{9.14}$$

$$\boldsymbol{m}_s^e = \frac{\rho_s A_s l}{420}
\begin{bmatrix}
0 & 0 & 0 & 0 & 0 & 0 & 0 & 0 & 0 & 0 & 0 & 0 \\
 & 0 & 0 & 0 & 0 & 0 & 0 & 0 & 0 & 0 & 0 & 0 \\
 & & 156 & -22l & 0 & 0 & 0 & 0 & 54 & 13l & 0 & 0 \\
 & & & 4l^2 & 0 & 0 & 0 & 0 & -13l & -3l^2 & 0 & 0 \\
 & & & & 0 & 0 & 0 & 0 & 0 & 0 & 0 & 0 \\
 & & & & & 0 & 0 & 0 & 0 & 0 & 0 & 0 \\
 & & & & & & 0 & 0 & 0 & 0 & 0 & 0 \\
 & & & & & & & 0 & 0 & 0 & 0 & 0 \\
 & & & & & & & & 156 & 22l & 0 & 0 \\
 & \text{对称} & & & & & & & & 4l^2 & 0 & 0 \\
 & & & & & & & & & & 0 & 0 \\
 & & & & & & & & & & & 0
\end{bmatrix} \tag{9.15}$$

$$
\boldsymbol{m}_h^e=\frac{\rho_h A_h l}{420}
\begin{bmatrix}
0 & 0 & 0 & 0 & 0 & 0 & 0 & 0 & 0 & 0 & 0 & 0 \\
 & 0 & 0 & 0 & 0 & 0 & 0 & 0 & 0 & 0 & 0 & 0 \\
 & & 0 & 0 & 0 & 0 & 0 & 0 & 0 & 0 & 0 & 0 \\
 & & & 0 & 0 & 0 & 0 & 0 & 0 & 0 & 0 & 0 \\
 & & & & 156 & -22l & 0 & 0 & 0 & 0 & 54 & 13l \\
 & & & & & 4l^2 & 0 & 0 & 0 & 0 & -13l & -3l^2 \\
 & & & & & & 0 & 0 & 0 & 0 & 0 & 0 \\
 & & & & & & & 0 & 0 & 0 & 0 & 0 \\
 & & 对称 & & & & & & 0 & 0 & 0 & 0 \\
 & & & & & & & & & 156 & 22l \\
 & & & & & & & & & & 4l^2 \\
\end{bmatrix}
$$

(9.16)

其中，ρ_r、ρ_s 和 ρ_h 分别为钢轨、预制轨道板和混凝土支承层的密度；A_r、A_s 和 A_h 分别为钢轨、预制轨道板和混凝土支承层的横截面面积；l 为板式轨道单元的长度。

9.2.4　板式轨道单元刚度矩阵

板式轨道单元的刚度矩阵由钢轨、预制轨道板、混凝土支承层弯曲势能引起的刚度，以及由钢轨扣件离散弹性点支承、沥青水泥砂浆层和防冻路基层的连续弹性支承引起的刚度组成。

（1）由钢轨引起的弯曲刚度

$$
\boldsymbol{k}_r^e=\frac{E_r I_r}{l^3}
\begin{bmatrix}
12 & -6l & 0 & 0 & 0 & 0 & -12 & -6l & 0 & 0 & 0 & 0 \\
 & 4l^2 & 0 & 0 & 0 & 0 & 6l & 2l^2 & 0 & 0 & 0 & 0 \\
 & & 0 & 0 & 0 & 0 & 0 & 0 & 0 & 0 & 0 & 0 \\
 & & & 0 & 0 & 0 & 0 & 0 & 0 & 0 & 0 & 0 \\
 & & & & 0 & 0 & 0 & 0 & 0 & 0 & 0 & 0 \\
 & & & & & 0 & 0 & 0 & 0 & 0 & 0 & 0 \\
 & & & & & & 12 & 6l & 0 & 0 & 0 & 0 \\
 & & & & & & & 4l^2 & 0 & 0 & 0 & 0 \\
 & & & & & & & & 0 & 0 & 0 & 0 \\
 & & 对称 & & & & & & & 0 & 0 & 0 \\
 & & & & & & & & & & 0 & 0 \\
 & & & & & & & & & & & 0 \\
\end{bmatrix}
$$

(9.17)

其中，$\pmb{k}_r^e$ 为钢轨弯曲刚度矩阵；E_r 和 I_r 分别为钢轨的弹性模量和绕水平轴的截面惯性矩；l 为板式轨道单元的长度。

（2）由预制轨道板引起的弯曲刚度

$$
\pmb{k}_s^e = \frac{E_s I_s}{l^3}
\begin{bmatrix}
0 & 0 & 0 & 0 & 0 & 0 & 0 & 0 & 0 & 0 & 0 & 0 \\
 & 0 & 0 & 0 & 0 & 0 & 0 & 0 & 0 & 0 & 0 & 0 \\
 & & 12 & -6l & 0 & 0 & 0 & 0 & -12 & -6l & 0 & 0 \\
 & & & 4l^2 & 0 & 0 & 0 & 0 & 6l & 2l^2 & 0 & 0 \\
 & & & & 0 & 0 & 0 & 0 & 0 & 0 & 0 & 0 \\
 & & & & & 0 & 0 & 0 & 0 & 0 & 0 & 0 \\
 & & & & & & 0 & 0 & 0 & 0 & 0 & 0 \\
 & & & & & & & 0 & 0 & 0 & 0 & 0 \\
 & & & & & & & & 12 & 6l & 0 & 0 \\
 & \text{对称} & & & & & & & & 4l^2 & 0 & 0 \\
 & & & & & & & & & & 0 & 0 \\
 & & & & & & & & & & & 0
\end{bmatrix}
\tag{9.18}
$$

其中，$\pmb{k}_s^e$ 为预制轨道板弯曲刚度矩阵；E_s 和 I_s 分别为预制轨道板的弹性模量和绕水平轴的截面惯性；l 为板式轨道单元的长度。

（3）由混凝土支承层引起的弯曲刚度

$$
\pmb{k}_h^e = \frac{E_h I_h}{l^3}
\begin{bmatrix}
0 & 0 & 0 & 0 & 0 & 0 & 0 & 0 & 0 & 0 & 0 & 0 \\
 & 0 & 0 & 0 & 0 & 0 & 0 & 0 & 0 & 0 & 0 & 0 \\
 & & 0 & 0 & 0 & 0 & 0 & 0 & 0 & 0 & 0 & 0 \\
 & & & 0 & 0 & 0 & 0 & 0 & 0 & 0 & 0 & 0 \\
 & & & & 12 & -6l & 0 & 0 & 0 & 0 & -12 & -6l \\
 & & & & & 4l^2 & 0 & 0 & 0 & 0 & 6l & 2l^2 \\
 & & & & & & 0 & 0 & 0 & 0 & 0 & 0 \\
 & & & & & & & 0 & 0 & 0 & 0 & 0 \\
 & & & & & & & & 0 & 0 & 0 & 0 \\
 & \text{对称} & & & & & & & & 0 & 0 & 0 \\
 & & & & & & & & & & 12 & 6l \\
 & & & & & & & & & & & 4l^2
\end{bmatrix}
\tag{9.19}
$$

其中，$\pmb{k}_h^e$ 为混凝土支承层弯曲刚度矩阵；E_h 和 I_h 分别为混凝土支承层的弹性模量和绕水平轴的截面惯性；l 为板式轨道单元的长度。

（4）由钢轨扣件离散弹性点支承引起的刚度

$$\boldsymbol{k}_{1c}^{e}=\frac{1}{2}\begin{bmatrix} k_{y1} & 0 & -k_{y1} & 0 & 0 & 0 & 0 & 0 & 0 & 0 & 0 & 0 \\ & 0 & 0 & 0 & 0 & 0 & 0 & 0 & 0 & 0 & 0 & 0 \\ & & k_{y1} & 0 & 0 & 0 & 0 & 0 & 0 & 0 & 0 & 0 \\ & & & 0 & 0 & 0 & 0 & 0 & 0 & 0 & 0 & 0 \\ & & & & 0 & 0 & 0 & 0 & 0 & 0 & 0 & 0 \\ & & & & & 0 & 0 & 0 & 0 & 0 & 0 & 0 \\ & & & & & & k_{y1} & 0 & -k_{y1} & 0 & 0 & 0 \\ & & & & & & & 0 & 0 & 0 & 0 & 0 \\ & & & & & & & & k_{y1} & 0 & 0 & 0 \\ & & \text{对称} & & & & & & & 0 & 0 \\ & & & & & & & & & & 0 & 0 \\ & & & & & & & & & & & 0 \end{bmatrix} \tag{9.20}$$

其中，$\boldsymbol{k}_{1c}^{e}$ 为钢轨扣件离散弹性点支承引起的刚度矩阵，k_{y1} 为钢轨扣件弹性系数。

（5）由沥青水泥砂浆层连续弹性支承引起的刚度

单元中任意一点轨道板与混凝土支承层间的相对位移为

$$
\begin{aligned}
v_{sh} &= v_s - v_h \\
&= N_1 v_2 + N_2 \theta_2 + N_3 v_5 + N_4 \theta_5 - N_1 v_3 - N_2 \theta_3 - N_3 v_6 - N_4 \theta_6 \\
&= \{0 \quad 0 \quad N_1 \quad N_2 \quad -N_1 \quad -N_2 \quad 0 \quad 0 \quad N_3 \quad N_4 \quad -N_3 \quad -N_4\} \boldsymbol{a}^e \\
&= \boldsymbol{N}_{sh}^{\mathrm{T}} \boldsymbol{a}^e
\end{aligned}
\tag{9.21}
$$

其中，$N_1 \sim N_4$ 为二维梁单元的插值函数，即

$$
\begin{cases}
N_1 = 1 - \dfrac{3}{l^2} x^2 + \dfrac{2}{l^3} x^3 \\[2mm]
N_2 = -x + \dfrac{2}{l} x^2 - \dfrac{1}{l^2} x^3 \\[2mm]
N_3 = \dfrac{3}{l^2} x^2 - \dfrac{2}{l^3} x^3 \\[2mm]
N_4 = \dfrac{1}{l} x^2 - \dfrac{1}{l^2} x^3
\end{cases}
\tag{9.22}
$$

由此可以得到，沥青水泥砂浆层的弹性势能，即

$$
\Pi_{2c} = \frac{1}{2} \int_l k_{y2} v_{sh}^2 \, \mathrm{d}x = \frac{1}{2} \boldsymbol{a}^{e\mathrm{T}} \int_l \{k_{y2} \boldsymbol{N}_{sh} \boldsymbol{N}_{sh}^{\mathrm{T}}\} \, \mathrm{d}x \boldsymbol{a}^e = \frac{1}{2} \boldsymbol{a}^{e\mathrm{T}} \boldsymbol{k}_{2c}^e \boldsymbol{a}^e \tag{9.23}
$$

其中

$$
\boldsymbol{k}_{2c}^{e}=\frac{k_{y2}l}{420}
\begin{bmatrix}
0 & 0 & 0 & 0 & 0 & 0 & 0 & 0 & 0 & 0 & 0 & 0 \\
 & 0 & 0 & 0 & 0 & 0 & 0 & 0 & 0 & 0 & 0 & 0 \\
 & & 156 & -22l & -156 & 22l & 0 & 0 & 54 & 13l & -54 & -13l \\
 & & & 4l^2 & 22l & -4l^2 & 0 & 0 & -13l & -3l^2 & 13l & 3l^2 \\
 & & & & 156 & -22l & 0 & 0 & -54 & -13l & 54 & 13l \\
 & & & & & 4l^2 & 0 & 0 & 13l & 3l^2 & -13l & -3l^2 \\
 & & & & & & 0 & 0 & 0 & 0 & 0 & 0 \\
 & & & & & & & 0 & 0 & 0 & 0 & 0 \\
 & & & & & & & & 156 & 22l & -156 & -22l \\
 & 对称 & & & & & & & & 4l^2 & -22l & -4l^2 \\
 & & & & & & & & & & 156 & 22l \\
 & & & & & & & & & & & 4l^2
\end{bmatrix}
$$

$$(9.24)$$

其中，$\boldsymbol{k}_{2c}^{e}$ 为沥青水泥砂浆层连续弹性支承引起的刚度矩阵；k_{y2} 为沥青水泥砂浆支承层的弹性系数。

（6）由防冻路基层连续弹性支承引起的刚度

同理，可得

$$
\boldsymbol{k}_{3c}^{e}=\frac{k_{y3}l}{420}
\begin{bmatrix}
0 & 0 & 0 & 0 & 0 & 0 & 0 & 0 & 0 & 0 & 0 & 0 \\
 & 0 & 0 & 0 & 0 & 0 & 0 & 0 & 0 & 0 & 0 & 0 \\
 & & 0 & 0 & 0 & 0 & 0 & 0 & 0 & 0 & 0 & 0 \\
 & & & 0 & 0 & 0 & 0 & 0 & 0 & 0 & 0 & 0 \\
 & & & & 156 & -22l & 0 & 0 & 0 & 0 & 54 & 13l \\
 & & & & & 4l^2 & 0 & 0 & 0 & 0 & -13l & -3l^2 \\
 & & & & & & 0 & 0 & 0 & 0 & 0 & 0 \\
 & & & & & & & 0 & 0 & 0 & 0 & 0 \\
 & & & & & & & & 0 & 0 & 0 & 0 \\
 & 对称 & & & & & & & & 0 & 0 & 0 \\
 & & & & & & & & & & & 156 & 22l \\
 & & & & & & & & & & & 4l^2
\end{bmatrix}
$$

$$(9.25)$$

其中，$\boldsymbol{k}_{3c}^{e}$ 为防冻路基层连续弹性支承引起的刚度矩阵；k_{y3} 为防冻路基支承层的弹性系数。

最后可得板式轨道单元的刚度矩阵，即

$$\boldsymbol{k}_{l}^{e}=\boldsymbol{k}_{r}^{e}+\boldsymbol{k}_{s}^{e}+\boldsymbol{k}_{h}^{e}+\boldsymbol{k}_{1c}^{e}+\boldsymbol{k}_{2c}^{e}+\boldsymbol{k}_{3c}^{e}$$

$$(9.26)$$

其中，$\boldsymbol{k}_{l}^{e}$ 为板式轨道单元的刚度矩阵。

9.2.5　板式轨道单元阻尼矩阵

板式轨道单元的阻尼矩阵由钢轨、预制轨道板和混凝土支承层的内摩擦引起的阻尼,和由钢轨扣件、沥青水泥砂浆层和防冻路基支承层引起的阻尼组成,其阻尼矩阵为

$$\boldsymbol{c}_l^e = \boldsymbol{c}_r^e + \boldsymbol{c}_{1c}^e + \boldsymbol{c}_{2c}^e + \boldsymbol{c}_{3c}^e \tag{9.27}$$

其中,$\boldsymbol{c}_r^e$ 为由钢轨、预制轨道板和混凝土支承层的内摩擦引起的阻尼矩阵,通常可采用比例阻尼;$\boldsymbol{c}_{1c}^e$、$\boldsymbol{c}_{2c}^e$ 和 $\boldsymbol{c}_{3c}^e$ 分别为由钢轨扣件、沥青水泥砂浆层和防冻路基支承层引起的阻尼矩阵。

$$\boldsymbol{c}_r^e = \alpha_r \boldsymbol{m}_r^e + \beta_r \boldsymbol{k}_r^e + \alpha_s \boldsymbol{m}_s^e + \beta_s \boldsymbol{k}_s^e + \alpha_h \boldsymbol{m}_h^e + \beta_h \boldsymbol{m}_h^e \tag{9.28}$$

其中,α_r、β_r、α_s、β_s、α_h 和 β_h 分别为钢轨、预制轨道板和混凝土支承层的比例阻尼系数。

$$\boldsymbol{c}_{1c}^e = \frac{1}{2}
\begin{bmatrix}
c_{y1} & 0 & -c_{y1} & 0 & 0 & 0 & 0 & 0 & 0 & 0 & 0 & 0 \\
 & 0 & 0 & 0 & 0 & 0 & 0 & 0 & 0 & 0 & 0 & 0 \\
 & & c_{y1} & 0 & 0 & 0 & 0 & 0 & 0 & 0 & 0 & 0 \\
 & & & 0 & 0 & 0 & 0 & 0 & 0 & 0 & 0 & 0 \\
 & & & & 0 & 0 & 0 & 0 & 0 & 0 & 0 & 0 \\
 & & & & & 0 & 0 & 0 & 0 & 0 & 0 & 0 \\
 & & & & & & c_{y1} & 0 & -c_{y1} & 0 & 0 & 0 \\
 & & & & & & & 0 & 0 & 0 & 0 & 0 \\
 & & & & & & & & c_{y1} & 0 & 0 & 0 \\
 & & \text{对称} & & & & & & & 0 & 0 & 0 \\
 & & & & & & & & & & 0 & 0 \\
 & & & & & & & & & & & 0
\end{bmatrix} \tag{9.29}$$

$$\boldsymbol{c}_{2c}^e = \frac{c_{y2}l}{420}
\begin{bmatrix}
0 & 0 & 0 & 0 & 0 & 0 & 0 & 0 & 0 & 0 & 0 & 0 \\
 & 0 & 0 & 0 & 0 & 0 & 0 & 0 & 0 & 0 & 0 & 0 \\
 & & 156 & -22l & -156 & 22l & 0 & 0 & 54 & 13l & -54 & -13l \\
 & & & 4l^2 & 22l & -4l^2 & 0 & 0 & -13l & -3l^2 & 13l & 3l^2 \\
 & & & & 156 & -22l & 0 & 0 & -54 & -13l & 54 & 13l \\
 & & & & & 4l^2 & 0 & 0 & 13l & 3l^2 & -13l & -3l^2 \\
 & & & & & & 0 & 0 & 0 & 0 & 0 & 0 \\
 & & & & & & & 0 & 0 & 0 & 0 & 0 \\
 & & & & & & & & 156 & 22l & -156 & -22l \\
 & & \text{对称} & & & & & & & 4l^2 & -22l & -4l^2 \\
 & & & & & & & & & & 156 & 22l \\
 & & & & & & & & & & & 4l^2
\end{bmatrix} \tag{9.30}$$

$$\boldsymbol{c}_{3c}^{e}=\frac{c_{y3}l}{420}\begin{bmatrix} 0 & 0 & 0 & 0 & 0 & 0 & 0 & 0 & 0 & 0 & 0 & 0 \\ & 0 & 0 & 0 & 0 & 0 & 0 & 0 & 0 & 0 & 0 & 0 \\ & & 0 & 0 & 0 & 0 & 0 & 0 & 0 & 0 & 0 & 0 \\ & & & 0 & 0 & 0 & 0 & 0 & 0 & 0 & 0 & 0 \\ & & & & 156 & -22l & 0 & 0 & 0 & 0 & 54 & 13l \\ & & & & & 4l^2 & 0 & 0 & 0 & 0 & -13l & -3l^2 \\ & & & & & & 0 & 0 & 0 & 0 & 0 & 0 \\ & & & & & & & 0 & 0 & 0 & 0 & 0 \\ & & & & & & & & 0 & 0 & 0 & 0 \\ 对称 & & & & & & & & & 0 & 0 & 0 \\ & & & & & & & & & & 156 & 22l \\ & & & & & & & & & & & 4l^2 \end{bmatrix}$$

$$(9.31)$$

其中，c_{y1}、c_{y2} 和 c_{y3} 分别为钢轨扣件、沥青水泥砂浆和防冻路基的阻尼系数。

按有限元集成规则组集单元质量、刚度和阻尼矩阵[式(9.13)、式(9.26)和式(9.27)]，可以得到三层板式轨道结构的总质量、总刚度和总阻尼矩阵，即

$$\boldsymbol{m}_l = \sum_e \boldsymbol{m}_l^e = \sum_e (\boldsymbol{m}_r^e + \boldsymbol{m}_s^e + \boldsymbol{m}_h^e)$$

$$\boldsymbol{k}_l = \sum_e \boldsymbol{k}_l^e = \sum_e (\boldsymbol{k}_r^e + \boldsymbol{k}_s^e + \boldsymbol{k}_h^e + \boldsymbol{k}_{1c}^e + \boldsymbol{k}_{2c}^e + \boldsymbol{k}_{3c}^e) \qquad (9.32)$$

$$\boldsymbol{c}_l = \sum_e \boldsymbol{c}_l^e = \sum_e (\boldsymbol{c}_r^e + \boldsymbol{c}_{1c}^e + \boldsymbol{c}_{2c}^e + \boldsymbol{c}_{3c}^e)$$

9.3　板式轨道-桥梁单元模型

9.3.1　基本假设

在用有限元法建立列车-板式轨道-桥梁耦合系统竖向振动模型时，采用以下基本假设。

① 仅考虑车辆-轨道-桥梁耦合系统竖向振动效应。

② 上部车辆系统为附有二系弹簧阻尼的整车模型，车体和转向架考虑沉浮振动和点头振动。

③ 板式轨道-桥梁耦合系统和上部车辆系统沿线路方向左右对称，可取一半结构研究。

④ 轮轨间为线弹性接触。

⑤ 钢轨视为离散黏弹性点支承的二维梁单元，轨下垫板的弹性系数和阻尼系

数分别用 k_{y1} 和 c_{y1} 表示。

⑥ 预制轨道板被离散为连续黏弹性支承的二维梁单元,预制轨道板下沥青水泥砂浆层的弹性系数和阻尼系数分别用 k_{y2} 和 c_{y2} 表示。

⑦ 混凝土桥梁被离散为二维梁单元。

⑧ 仅讨论处于轨道-桥梁耦合系统中间部分的单元,对于轨道板端部的单元可以依照同样的方法推导其相关矩阵。

9.3.2　三层板式轨道-桥梁单元

三层板式轨道-桥梁单元模型如图 9.3 所示,v_1 和 v_4 表示钢轨的竖向位移,θ_1 和 θ_4 表示钢轨的转角,v_2 和 v_5 表示预制轨道板的竖向位移,θ_2 和 θ_5 表示预制轨道板的转角,v_3 和 v_6 表示混凝土桥梁的竖向位移,θ_3 和 θ_6 表示混凝土桥梁的转角。

定义三层板式轨道-桥梁单元的结点位移向量为

$$\boldsymbol{a}^e = \{ v_1 \quad \theta_1 \quad v_2 \quad \theta_2 \quad v_3 \quad \theta_3 \quad v_4 \quad \theta_4 \quad v_5 \quad \theta_5 \quad v_6 \quad \theta_6 \}^{\mathrm{T}} \quad (9.33)$$

其中,v_i 和 $\theta_i(i=1,2,\cdots,6)$ 分别表示板式轨道-桥梁单元中第 i 个结点的竖向位移和转角。

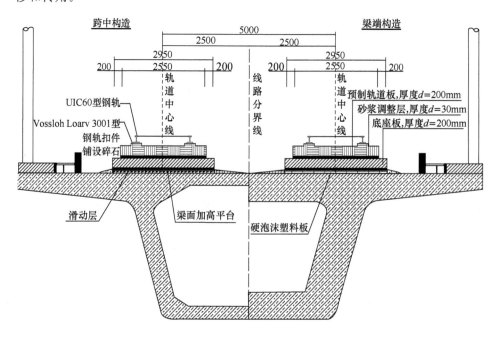

(a) 高架板式轨道横截面图

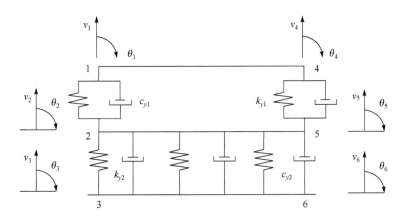

(b) 三层板式轨道-桥梁单元

图 9.3　三层板式轨道-桥梁单元模型

9.3.3　板式轨道-桥梁单元质量矩阵

板式轨道-桥梁单元的质量矩阵包含钢轨、预制轨道板和混凝土桥梁的质量，其质量矩阵为

$$m_l^e = m_r^e + m_s^e + m_b^e \qquad (9.34)$$

其中，m_r^e 为钢轨的质量矩阵；m_s^e 为预制轨道板的质量矩阵；m_b^e 为混凝土桥梁的质量矩阵。

$$m_r^e = \frac{\rho_r A_r l}{420}
\begin{bmatrix}
156 & -22l & 0 & 0 & 0 & 0 & 54 & 13l & 0 & 0 & 0 & 0 \\
 & 4l^2 & 0 & 0 & 0 & 0 & -13l & -3l^2 & 0 & 0 & 0 & 0 \\
 & & 0 & 0 & 0 & 0 & 0 & 0 & 0 & 0 & 0 & 0 \\
 & & & 0 & 0 & 0 & 0 & 0 & 0 & 0 & 0 & 0 \\
 & & & & 0 & 0 & 0 & 0 & 0 & 0 & 0 & 0 \\
 & & & & & 0 & 0 & 0 & 0 & 0 & 0 & 0 \\
 & & & & & & 156 & 22l & 0 & 0 & 0 & 0 \\
 & & & & & & & 4l^2 & 0 & 0 & 0 & 0 \\
 & & & & & & & & 0 & 0 & 0 & 0 \\
 & \text{对称} & & & & & & & & 0 & 0 & 0 \\
 & & & & & & & & & & 0 & 0 \\
 & & & & & & & & & & & 0
\end{bmatrix} \qquad (9.35)$$

$$
m_s^e = \frac{\rho_s A_s l}{420}
\begin{bmatrix}
0 & 0 & 0 & 0 & 0 & 0 & 0 & 0 & 0 & 0 & 0 & 0 \\
  & 0 & 0 & 0 & 0 & 0 & 0 & 0 & 0 & 0 & 0 & 0 \\
  &   & 156 & -22l & 0 & 0 & 0 & 0 & 54 & 13l & 0 & 0 \\
  &   &   & 4l^2 & 0 & 0 & 0 & 0 & -13l & -3l^2 & 0 & 0 \\
  &   &   &   & 0 & 0 & 0 & 0 & 0 & 0 & 0 & 0 \\
  &   &   &   &   & 0 & 0 & 0 & 0 & 0 & 0 & 0 \\
  &   &   &   &   &   & 0 & 0 & 0 & 0 & 0 & 0 \\
  &   &   &   &   &   &   & 0 & 0 & 0 & 0 & 0 \\
  &   &   &   &   &   &   &   & 156 & 22l & 0 & 0 \\
  & & \text{对称} & & & & & & & 4l^2 & 0 & 0 \\
  &   &   &   &   &   &   &   &   &   & 0 & 0 \\
  &   &   &   &   &   &   &   &   &   &   & 0
\end{bmatrix}
\tag{9.36}
$$

$$
m_b^e = \frac{\rho_b A_b l}{420}
\begin{bmatrix}
0 & 0 & 0 & 0 & 0 & 0 & 0 & 0 & 0 & 0 & 0 & 0 \\
  & 0 & 0 & 0 & 0 & 0 & 0 & 0 & 0 & 0 & 0 & 0 \\
  &   & 0 & 0 & 0 & 0 & 0 & 0 & 0 & 0 & 0 & 0 \\
  &   &   & 0 & 0 & 0 & 0 & 0 & 0 & 0 & 0 & 0 \\
  &   &   &   & 156 & -22l & 0 & 0 & 0 & 0 & 54 & 13l \\
  &   &   &   &   & 4l^2 & 0 & 0 & 0 & 0 & -13l & -3l^2 \\
  &   &   &   &   &   & 0 & 0 & 0 & 0 & 0 & 0 \\
  &   &   &   &   &   &   & 0 & 0 & 0 & 0 & 0 \\
  &   &   &   &   &   &   &   & 0 & 0 & 0 & 0 \\
  & & \text{对称} & & & & & & & 0 & 0 & 0 \\
  &   &   &   &   &   &   &   &   &   & 156 & 22l \\
  &   &   &   &   &   &   &   &   &   &   & 4l^2
\end{bmatrix}
\tag{9.37}
$$

其中，ρ_r、ρ_s 和 ρ_b 分别为钢轨、预制轨道板和混凝土桥梁的密度；A_r、A_s 和 A_b 分别为钢轨、预制轨道板和混凝土桥梁的横截面面积；l 为板式轨道-桥梁单元的长度。

9.3.4　板式轨道-桥梁单元刚度矩阵

板式轨道-桥梁单元的刚度矩阵由钢轨、预制轨道板、混凝土桥梁弯曲势能引起的刚度，以及由钢轨扣件离散弹性点支承和沥青水泥砂浆层的连续弹性支承引起的刚度组成。

$$\boldsymbol{k}_l^e = \boldsymbol{k}_r^e + \boldsymbol{k}_s^e + \boldsymbol{k}_b^e + \boldsymbol{k}_{1c}^e + \boldsymbol{k}_{2c}^e \tag{9.38}$$

其中，$\boldsymbol{k}_l^e$ 为板式轨道-桥梁单元的刚度矩阵。

$$\boldsymbol{k}_r^e = \frac{E_r I_r}{l^3}
\begin{bmatrix}
12 & -6l & 0 & 0 & 0 & 0 & -12 & -6l & 0 & 0 & 0 & 0 \\
 & 4l^2 & 0 & 0 & 0 & 0 & 6l & 2l^2 & 0 & 0 & 0 & 0 \\
 & & 0 & 0 & 0 & 0 & 0 & 0 & 0 & 0 & 0 & 0 \\
 & & & 0 & 0 & 0 & 0 & 0 & 0 & 0 & 0 & 0 \\
 & & & & 0 & 0 & 0 & 0 & 0 & 0 & 0 & 0 \\
 & & & & & 0 & 0 & 0 & 0 & 0 & 0 & 0 \\
 & & & & & & 12 & 6l & 0 & 0 & 0 & 0 \\
 & & & & & & & 4l^2 & 0 & 0 & 0 & 0 \\
 & & & & & & & & 0 & 0 & 0 & 0 \\
 & & & \text{对称} & & & & & & 0 & 0 & 0 \\
 & & & & & & & & & & 0 & 0 \\
 & & & & & & & & & & & 0
\end{bmatrix} \tag{9.39}$$

其中，$\boldsymbol{k}_r^e$ 为钢轨弯曲刚度矩阵；E_r 和 I_r 分别为钢轨的弹性模量和绕水平轴的截面惯性矩。

$$\boldsymbol{k}_s^e = \frac{E_s I_s}{l^3}
\begin{bmatrix}
0 & 0 & 0 & 0 & 0 & 0 & 0 & 0 & 0 & 0 & 0 & 0 \\
 & 0 & 0 & 0 & 0 & 0 & 0 & 0 & 0 & 0 & 0 & 0 \\
 & & 12 & -6l & 0 & 0 & 0 & 0 & -12 & -6l & 0 & 0 \\
 & & & 4l^2 & 0 & 0 & 0 & 0 & 6l & 2l^2 & 0 & 0 \\
 & & & & 0 & 0 & 0 & 0 & 0 & 0 & 0 & 0 \\
 & & & & & 0 & 0 & 0 & 0 & 0 & 0 & 0 \\
 & & & & & & 0 & 0 & 0 & 0 & 0 & 0 \\
 & & & & & & & 0 & 0 & 0 & 0 & 0 \\
 & & & & & & & & 12 & 6l & 0 & 0 \\
 & & & \text{对称} & & & & & & 4l^2 & 0 & 0 \\
 & & & & & & & & & & 0 & 0 \\
 & & & & & & & & & & & 0
\end{bmatrix} \tag{9.40}$$

其中，$\boldsymbol{k}_s^e$ 为预制轨道板弯曲刚度矩阵，E_s 和 I_s 分别为预制轨道板的弹性模量和绕水平轴的截面惯性。

$$\boldsymbol{k}_b^e = \frac{E_b I_b}{l^3} \begin{bmatrix} 0 & 0 & 0 & 0 & 0 & 0 & 0 & 0 & 0 & 0 & 0 & 0 \\ & 0 & 0 & 0 & 0 & 0 & 0 & 0 & 0 & 0 & 0 & 0 \\ & & 0 & 0 & 0 & 0 & 0 & 0 & 0 & 0 & 0 & 0 \\ & & & 0 & 0 & 0 & 0 & 0 & 0 & 0 & 0 & 0 \\ & & & & 12 & -6l & 0 & 0 & 0 & 0 & -12 & -6l \\ & & & & & 4l^2 & 0 & 0 & 0 & 0 & 6l & 2l^2 \\ & & & & & & 0 & 0 & 0 & 0 & 0 & 0 \\ & & & & & & & 0 & 0 & 0 & 0 & 0 \\ & & & & & & & & 0 & 0 & 0 & 0 \\ & & & \text{对称} & & & & & & 0 & 0 & 0 \\ & & & & & & & & & & 12 & 6l \\ & & & & & & & & & & & 4l^2 \end{bmatrix} \quad (9.41)$$

其中, $\boldsymbol{k}_b^e$ 为混凝土桥梁弯曲刚度矩阵; E_b 和 I_b 分别为混凝土桥梁的弹性模量和绕水平轴的截面惯性。

$$\boldsymbol{k}_{1c}^e = \frac{1}{2} \begin{bmatrix} k_{y1} & 0 & -k_{y1} & 0 & 0 & 0 & 0 & 0 & 0 & 0 & 0 & 0 \\ & 0 & 0 & 0 & 0 & 0 & 0 & 0 & 0 & 0 & 0 & 0 \\ & & k_{y1} & 0 & 0 & 0 & 0 & 0 & 0 & 0 & 0 & 0 \\ & & & 0 & 0 & 0 & 0 & 0 & 0 & 0 & 0 & 0 \\ & & & & 0 & 0 & 0 & 0 & 0 & 0 & 0 & 0 \\ & & & & & 0 & 0 & 0 & 0 & 0 & 0 & 0 \\ & & & & & & k_{y1} & 0 & -k_{y1} & 0 & 0 & 0 \\ & & & & & & & 0 & 0 & 0 & 0 & 0 \\ & & & & & & & & k_{y1} & 0 & 0 & 0 \\ & & & \text{对称} & & & & & & 0 & 0 & 0 \\ & & & & & & & & & & 0 & 0 \\ & & & & & & & & & & & 0 \end{bmatrix} \quad (9.42)$$

其中, $\boldsymbol{k}_{1c}^e$ 为钢轨扣件离散弹性点支承引起的刚度矩阵; k_{y1} 为钢轨扣件弹性系数。

$$
k_{2c}^e = \frac{k_{y2}l}{420}
\begin{bmatrix}
0 & 0 & 0 & 0 & 0 & 0 & 0 & 0 & 0 & 0 & 0 & 0 \\
 & 0 & 0 & 0 & 0 & 0 & 0 & 0 & 0 & 0 & 0 & 0 \\
 & & 156 & -22l & -156 & 22l & 0 & 0 & 54 & 13l & -54 & -13l \\
 & & & 4l^2 & 22l & -4l^2 & 0 & 0 & -13l & -3l^2 & 13l & 3l^2 \\
 & & & & 156 & -22l & 0 & 0 & -54 & -13l & 54 & 13l \\
 & & & & & 4l^2 & 0 & 0 & 13l & 3l^2 & -13l & -3l^2 \\
 & & & & & & 0 & 0 & 0 & 0 & 0 & 0 \\
 & & & & & & & 0 & 0 & 0 & 0 & 0 \\
 & & & & & & & & 156 & 22l & -156 & -22l \\
 & & \text{对称} & & & & & & & 4l^2 & -22l & -4l^2 \\
 & & & & & & & & & & 156 & 22l \\
 & & & & & & & & & & & 4l^2
\end{bmatrix}
$$

$$(9.43)$$

其中，k_{2c}^e 为沥青水泥砂浆层连续弹性支承引起的刚度矩阵；k_{y2} 为沥青水泥砂浆支承层的弹性系数。

9.3.5　板式轨道-桥梁单元阻尼矩阵

板式轨道-桥梁单元的阻尼矩阵由钢轨、预制轨道板和混凝土桥梁的内摩擦引起的阻尼，以及由轨下垫板和扣件及沥青水泥砂浆层引起的阻尼组成，其阻尼矩阵为

$$c_l^e = c_r^e + c_{1c}^e + c_{2c}^e \tag{9.44}$$

其中，c_r^e 为由钢轨、预制轨道板和混凝土桥梁的内摩擦引起的阻尼矩阵，通常可采用比例阻尼；c_{1c}^e 和 c_{2c}^e 分别为由轨下垫板和扣件及沥青水泥砂浆层引起的阻尼矩阵。

$$c_r^e = \alpha_r m_r^e + \beta_r k_r^e + \alpha_s m_s^e + \beta_s k_s^e + \alpha_b m_b^e + \beta_b m_b^e \tag{9.45}$$

其中，α_r、β_r、α_s、β_s、α_b 和 β_b 分别为钢轨、预制轨道板和混凝土桥梁的比例阻尼系数。

$$
c_{1c}^e = \frac{1}{2}
\begin{bmatrix}
c_{y1} & 0 & -c_{y1} & 0 & 0 & 0 & 0 & 0 & 0 & 0 & 0 & 0 \\
 & 0 & 0 & 0 & 0 & 0 & 0 & 0 & 0 & 0 & 0 & 0 \\
 & & c_{y1} & 0 & 0 & 0 & 0 & 0 & 0 & 0 & 0 & 0 \\
 & & & 0 & 0 & 0 & 0 & 0 & 0 & 0 & 0 & 0 \\
 & & & & 0 & 0 & 0 & 0 & 0 & 0 & 0 & 0 \\
 & & & & & 0 & 0 & 0 & 0 & 0 & 0 & 0 \\
 & & & & & & c_{y1} & 0 & -c_{y1} & 0 & 0 & 0 \\
 & & & & & & & 0 & 0 & 0 & 0 & 0 \\
 & & & & & & & & c_{y1} & 0 & 0 & 0 \\
 & & \text{对称} & & & & & & & 0 & 0 & 0 \\
 & & & & & & & & & & 0 & 0 \\
 & & & & & & & & & & & 0
\end{bmatrix}
\tag{9.46}
$$

$$\boldsymbol{c}_{2c}^{e}=\frac{c_{y2}l}{420}\begin{bmatrix} 0 & 0 & 0 & 0 & 0 & 0 & 0 & 0 & 0 & 0 & 0 & 0 \\ & 0 & 0 & 0 & 0 & 0 & 0 & 0 & 0 & 0 & 0 & 0 \\ & & 156 & -22l & -156 & 22l & 0 & 0 & 54 & 13l & -54 & -13l \\ & & & 4l^2 & 22l & -4l^2 & 0 & 0 & -13l & -3l^2 & 13l & 3l^2 \\ & & & & 156 & -22l & 0 & 0 & -54 & -13l & 54 & 13l \\ & & & & & 4l^2 & 0 & 0 & 13l & 3l^2 & -13l & -3l^2 \\ & & & & & & 0 & 0 & 0 & 0 & 0 & 0 \\ & & & & & & & 0 & 0 & 0 & 0 & 0 \\ & & & & & & & & 156 & 22l & -156 & -22l \\ & \text{对称} & & & & & & & & 4l^2 & -22l & -4l^2 \\ & & & & & & & & & & 156 & 22l \\ & & & & & & & & & & & 4l^2 \end{bmatrix}$$

$$\tag{9.47}$$

其中，c_{y1} 和 c_{y2} 分别为轨下垫板和扣件及沥青水泥砂浆的阻尼系数。

按有限元集成规则组集单元质量、刚度和阻尼矩阵[式(9.34)、式(9.38)和式(9.44)]，可得到车辆-轨道-桥梁耦合系统的总质量、总刚度和总阻尼矩阵，即

$$\begin{aligned} \boldsymbol{m}_l &= \sum_e \boldsymbol{m}_l^e = \sum_e (\boldsymbol{m}_r^e + \boldsymbol{m}_s^e + \boldsymbol{m}_b^e) \\ \boldsymbol{k}_l &= \sum_e \boldsymbol{k}_l^e = \sum_e (\boldsymbol{k}_r^e + \boldsymbol{k}_s^e + \boldsymbol{k}_b^e + \boldsymbol{k}_{1c}^e + \boldsymbol{k}_{2c}^e) \\ \boldsymbol{c}_l &= \sum_e \boldsymbol{c}_l^e = \sum_e (\boldsymbol{c}_r^e + \boldsymbol{c}_{1c}^e + \boldsymbol{c}_{2c}^e) \end{aligned} \tag{9.48}$$

运用 Lagrange 方程，可以得到有砟轨道结构、板式轨道结构和高架轨道结构的有限元方程，写成统一的形式，即

$$m_l \ddot{a}_l + c_l \dot{a}_l + k_l a_l = Q_l \tag{9.49}$$

其中，$\boldsymbol{Q}_l$ 为有砟轨道结构，或板式轨道结构，或高架轨道结构的总结点荷载向量。

9.4　车辆单元模型

车辆单元模型如图 9.4 所示，M_c 和 J_c 为 1/2 的车体质量与转动惯量；M_t 和 J_t 为 1/2 的转向架质量与转动惯量；k_{s1} 和 k_{s2} 为车辆一系和二系弹簧悬挂刚度；c_{s1} 和 c_{s2} 为车辆一系和二系悬挂系统阻尼；$M_{ui}(i=1,2,3,4)$ 为第 i 个车轮的质量；k_c 为轮轨间赫兹接触刚度；v_9 和 θ_9 为车体沉浮振动的竖向位移和车体点头振动的角位移；v_i 和 $\theta_i(i=10,11)$ 为前、后转向架沉浮振动的竖向位移和点头振动的角位移；$v_i(i=12,13,14,15)$ 为第 i 个车轮的竖向位移；$v_{ci}(i=1,2,3,4)$ 为第 i 个轮轨接触处钢轨的竖向位移；$v_i(i=1,2,\cdots,8)$ 表示钢轨第 i 个结点的竖向位移；$\theta_i(i=$

$1,2,\cdots,8$)表示钢轨第 i 个结点的转角。考虑轨面随机不平顺,不平顺幅值用 η 表示,与四个车轮接触处的不平顺幅值分别为 η_1、η_2、η_3 和 η_4。

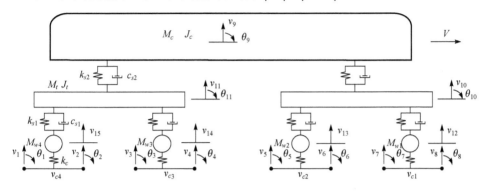

图 9.4　车辆单元模型

如图 9.4 所示,单元共有 26 个自由度,定义单元的结点位移向量为

$$\boldsymbol{a}^e = \{ v_1 \quad \theta_1 \quad v_2 \quad \theta_2 \quad v_3 \quad \theta_3 \quad v_4 \quad \theta_4 \quad v_5 \quad \theta_5 \quad v_6 \quad \theta_6 \quad v_7 \quad \theta_7 \quad v_8 \quad \theta_8 \quad v_9$$
$$\theta_9 \quad v_{10} \quad v_{11} \quad \theta_{10} \quad \theta_{11} \quad v_{12} \quad v_{13} \quad v_{14} \quad v_{15} \}^{\mathrm{T}} \tag{9.50}$$

为建立车辆单元的有限元方程,可以运用 Lagrange 方程,即

$$\frac{\mathrm{d}}{\mathrm{d}t}\frac{\partial L}{\partial \dot{\boldsymbol{a}}} - \frac{\partial L}{\partial \boldsymbol{a}} + \frac{\partial R}{\partial \dot{\boldsymbol{a}}} = 0 \tag{9.51}$$

其中,L 为 Lagrange 函数,$L=T-\Pi$,T 为动能,Π 为势能;R 为耗散能。

9.4.1　车辆单元的势能

$$\boldsymbol{\Pi}_u = \frac{1}{2}k_{s2}(v_9 - v_{10} - \theta_9 l_2)^2 + \frac{1}{2}k_{s2}(v_9 - v_{11} + \theta_9 l_2)^2 + \frac{1}{2}k_{s1}(v_{10} - v_{12} - \theta_{10} l_1)^2$$
$$+ \frac{1}{2}k_{s1}(v_{10} - v_{13} + \theta_{10} l_1)^2 + \frac{1}{2}k_{s1}(v_{11} - v_{14} - \theta_{11} l_1)^2 + \frac{1}{2}k_{s1}(v_{11} - v_{15} + \theta_{11} l_1)^2$$
$$+ \frac{1}{2}k_c(v_{12} - v_{c1} - \eta_1)^2 + \frac{1}{2}k_c(v_{13} - v_{c2} - \eta_2)^2 + \frac{1}{2}k_c(v_{14} - v_{c3} - \eta_3)^2$$
$$+ \frac{1}{2}k_c(v_{15} - v_{c4} - \eta_4)^2 + v_9 M_c g + v_{10} M_t g + v_{11} M_t g + v_{12} M_w g + v_{13} M_w g$$
$$+ v_{14} M_w g + v_{15} M_w g \tag{9.52}$$

其中

$$v_9 - v_{10} - \theta_9 l_2 = \{0 \quad 0 \quad 0 \quad 0 \quad 0 \quad 0 \quad 0 \quad 0 \quad 0 \quad 0 \quad 0 \quad 0 \quad 0 \quad 0 \quad 0 \quad 0 \quad 0$$
$$1 \quad -l_2 \quad -1 \quad 0 \quad 0 \quad 0 \quad 0 \quad 0 \quad 0 \}\boldsymbol{a}^e = \boldsymbol{N}_{9-10}^{\mathrm{T}}\boldsymbol{a}^e$$
$$\dot{v}_9 - \dot{v}_{10} - \dot{\theta}_9 l_2 = \{0 \quad 0 \quad 0 \quad 0 \quad 0 \quad 0 \quad 0 \quad 0 \quad 0 \quad 0 \quad 0 \quad 0 \quad 0 \quad 0 \quad 0 \quad 0 \quad 0$$
$$1 \quad -l_2 \quad -1 \quad 0 \quad 0 \quad 0 \quad 0 \quad 0 \quad 0 \}\dot{\boldsymbol{a}}^e = \boldsymbol{N}_{9-10}^{\mathrm{T}}\dot{\boldsymbol{a}}^e$$

$$v_9 - v_{11} + \theta_9 l_2 = \{0 \quad 0 \quad 0 \quad 0 \quad 0 \quad 0 \quad 0 \quad 0 \quad 0 \quad 0 \quad 0 \quad 0 \quad 0 \quad 0 \quad 0 \quad 0 \quad 0$$
$$1 \quad l_2 \quad 0 \quad -1 \quad 0 \quad 0 \quad 0 \quad 0 \quad 0 \quad 0\} \boldsymbol{a}^e = \boldsymbol{N}_{9-11}^{\mathrm{T}} \boldsymbol{a}^e$$

$$\dot{v}_9 - \dot{v}_{11} + \dot{\theta}_9 l_2 = \{0 \quad 0 \quad 0 \quad 0 \quad 0 \quad 0 \quad 0 \quad 0 \quad 0 \quad 0 \quad 0 \quad 0 \quad 0 \quad 0 \quad 0 \quad 0 \quad 0$$
$$1 \quad l_2 \quad 0 \quad -1 \quad 0 \quad 0 \quad 0 \quad 0 \quad 0 \quad 0\} \dot{\boldsymbol{a}}^e = \boldsymbol{N}_{9-11}^{\mathrm{T}} \dot{\boldsymbol{a}}^e$$

$$v_{10} - v_{12} - \theta_{10} l_1 = \{0 \quad 0 \quad 0 \quad 0 \quad 0 \quad 0 \quad 0 \quad 0 \quad 0 \quad 0 \quad 0 \quad 0 \quad 0 \quad 0 \quad 0 \quad 0 \quad 0$$
$$0 \quad 0 \quad 1 \quad 0 \quad -l_1 \quad 0 \quad -1 \quad 0 \quad 0 \quad 0\} \boldsymbol{a}^e = \boldsymbol{N}_{10-12}^{\mathrm{T}} \boldsymbol{a}^e$$

$$\dot{v}_{10} - \dot{v}_{12} - \dot{\theta}_{10} l_1 = \{0 \quad 0 \quad 0 \quad 0 \quad 0 \quad 0 \quad 0 \quad 0 \quad 0 \quad 0 \quad 0 \quad 0 \quad 0 \quad 0 \quad 0 \quad 0 \quad 0$$
$$0 \quad 0 \quad 1 \quad 0 \quad -l_1 \quad 0 \quad -1 \quad 0 \quad 0 \quad 0\} \dot{\boldsymbol{a}}^e = \boldsymbol{N}_{10-12}^{\mathrm{T}} \dot{\boldsymbol{a}}^e$$

$$v_{10} - v_{13} + \theta_{10} l_1 = \{0 \quad 0 \quad 0 \quad 0 \quad 0 \quad 0 \quad 0 \quad 0 \quad 0 \quad 0 \quad 0 \quad 0 \quad 0 \quad 0 \quad 0 \quad 0 \quad 0$$
$$0 \quad 0 \quad 1 \quad 0 \quad l_1 \quad 0 \quad 0 \quad -1 \quad 0 \quad 0\} \boldsymbol{a}^e = \boldsymbol{N}_{10-13}^{\mathrm{T}} \boldsymbol{a}^e$$

$$\dot{v}_{10} - \dot{v}_{13} + \dot{\theta}_{10} l_1 = \{0 \quad 0 \quad 0 \quad 0 \quad 0 \quad 0 \quad 0 \quad 0 \quad 0 \quad 0 \quad 0 \quad 0 \quad 0 \quad 0 \quad 0 \quad 0 \quad 0$$
$$0 \quad 0 \quad 1 \quad 0 \quad l_1 \quad 0 \quad 0 \quad -1 \quad 0 \quad 0\} \dot{\boldsymbol{a}}^e = \boldsymbol{N}_{10-13}^{\mathrm{T}} \dot{\boldsymbol{a}}^e$$

$$v_{11} - v_{14} - \theta_{11} l_1 = \{0 \quad 0 \quad 0 \quad 0 \quad 0 \quad 0 \quad 0 \quad 0 \quad 0 \quad 0 \quad 0 \quad 0 \quad 0 \quad 0 \quad 0 \quad 0 \quad 0$$
$$0 \quad 0 \quad 0 \quad 1 \quad 0 \quad -l_1 \quad 0 \quad 0 \quad -1 \quad 0\} \boldsymbol{a}^e = \boldsymbol{N}_{11-14}^{\mathrm{T}} \boldsymbol{a}^e$$

$$\dot{v}_{11} - \dot{v}_{14} - \dot{\theta}_{11} l_1 = \{0 \quad 0 \quad 0 \quad 0 \quad 0 \quad 0 \quad 0 \quad 0 \quad 0 \quad 0 \quad 0 \quad 0 \quad 0 \quad 0 \quad 0 \quad 0 \quad 0$$
$$0 \quad 0 \quad 0 \quad 1 \quad 0 \quad -l_1 \quad 0 \quad 0 \quad -1 \quad 0\} \dot{\boldsymbol{a}}^e = \boldsymbol{N}_{11-14}^{\mathrm{T}} \dot{\boldsymbol{a}}^e$$

$$v_{11} - v_{15} + \theta_{11} l_1 = \{0 \quad 0 \quad 0 \quad 0 \quad 0 \quad 0 \quad 0 \quad 0 \quad 0 \quad 0 \quad 0 \quad 0 \quad 0 \quad 0 \quad 0 \quad 0 \quad 0$$
$$0 \quad 0 \quad 0 \quad 1 \quad 0 \quad l_1 \quad 0 \quad 0 \quad 0 \quad -1\} \boldsymbol{a}^e = \boldsymbol{N}_{11-15}^{\mathrm{T}} \boldsymbol{a}^e$$

$$\dot{v}_{11} - \dot{v}_{15} + \dot{\theta}_{11} l_1 = \{0 \quad 0 \quad 0 \quad 0 \quad 0 \quad 0 \quad 0 \quad 0 \quad 0 \quad 0 \quad 0 \quad 0 \quad 0 \quad 0 \quad 0 \quad 0 \quad 0$$
$$0 \quad 0 \quad 0 \quad 1 \quad 0 \quad l_1 \quad 0 \quad 0 \quad 0 \quad -1\} \dot{\boldsymbol{a}}^e = \boldsymbol{N}_{11-15}^{\mathrm{T}} \dot{\boldsymbol{a}}^e$$

$$(9.53)$$

$$v_{12} - v_{c1} = \{0 \quad 0 \quad 0 \quad 0 \quad 0 \quad 0 \quad 0 \quad 0 \quad 0 \quad 0 \quad 0 \quad 0 \quad -N_1 \quad -N_2 \quad -N_3 \quad -N_4$$
$$0 \quad 0 \quad 0 \quad 0 \quad 0 \quad 0 \quad 1 \quad 0 \quad 0 \quad 0\} \boldsymbol{a}^e = \boldsymbol{N}_{c1}^{\mathrm{T}} \boldsymbol{a}^e$$

$$v_{13} - v_{c2} = \{0 \quad 0 \quad 0 \quad 0 \quad 0 \quad 0 \quad 0 \quad 0 \quad -N_1 \quad -N_2 \quad -N_3 \quad -N_4 \quad 0 \quad 0 \quad 0 \quad 0$$
$$0 \quad 0 \quad 0 \quad 0 \quad 0 \quad 0 \quad 1 \quad 0 \quad 0\} \boldsymbol{a}^e = \boldsymbol{N}_{c2}^{\mathrm{T}} \boldsymbol{a}^e$$

$$v_{14} - v_{c3} = \{0 \quad 0 \quad 0 \quad 0 \quad -N_1 \quad -N_2 \quad -N_3 \quad -N_4 \quad 0 \quad 0 \quad 0 \quad 0 \quad 0 \quad 0 \quad 0 \quad 0$$
$$0 \quad 0 \quad 0 \quad 0 \quad 0 \quad 0 \quad 0 \quad 1 \quad 0\} \boldsymbol{a}^e = \boldsymbol{N}_{c3}^{\mathrm{T}} \boldsymbol{a}^e$$

$$v_{15} - v_{c4} = \{-N_1 \quad -N_2 \quad -N_3 \quad -N_4 \quad 0 \quad 0 \quad 0 \quad 0 \quad 0 \quad 0 \quad 0 \quad 0 \quad 0 \quad 0 \quad 0 \quad 0$$
$$0 \quad 0 \quad 0 \quad 0 \quad 0 \quad 0 \quad 0 \quad 0 \quad 1\} \boldsymbol{a}^e = \boldsymbol{N}_{c4}^{\mathrm{T}} \boldsymbol{a}^e$$

$$(9.54)$$

$$v_9 = \{0 \quad 0 \quad 0 \quad 0 \quad 0 \quad 0 \quad 0 \quad 0 \quad 0 \quad 0 \quad 0 \quad 0 \quad 0 \quad 0 \quad 0 \quad 0 \quad 0$$
$$1 \quad 0 \quad 0 \quad 0 \quad 0 \quad 0 \quad 0 \quad 0 \quad 0\} \boldsymbol{a}^e = \boldsymbol{N}_9^{\mathrm{T}} \boldsymbol{a}^e$$

$$v_{10} = \{0 \quad 0 \quad 0 \quad 0 \quad 0 \quad 0 \quad 0 \quad 0 \quad 0 \quad 0 \quad 0 \quad 0 \quad 0 \quad 0 \quad 0 \quad 0$$
$$0 \quad 0 \quad 1 \quad 0 \quad 0 \quad 0 \quad 0 \quad 0 \quad 0 \quad 0\} \boldsymbol{a}^e = \boldsymbol{N}_{10}^{\mathrm{T}} \boldsymbol{a}^e$$

$$v_{11} = \{0 \quad 0 \quad 0 \quad 0 \quad 0 \quad 0 \quad 0 \quad 0 \quad 0 \quad 0 \quad 0 \quad 0 \quad 0 \quad 0 \quad 0 \quad 0$$
$$0 \quad 0 \quad 0 \quad 1 \quad 0 \quad 0 \quad 0 \quad 0 \quad 0 \quad 0\} \boldsymbol{a}^e = \boldsymbol{N}_{11}^{\mathrm{T}} \boldsymbol{a}^e$$

$$v_{12} = \{0 \quad 0 \quad 0 \quad 0 \quad 0 \quad 0 \quad 0 \quad 0 \quad 0 \quad 0 \quad 0 \quad 0 \quad 0 \quad 0 \quad 0 \quad 0$$
$$0 \quad 0 \quad 0 \quad 0 \quad 0 \quad 0 \quad 1 \quad 0 \quad 0 \quad 0\} \boldsymbol{a}^e = \boldsymbol{N}_{12}^{\mathrm{T}} \boldsymbol{a}^e$$

$$v_{13} = \{0 \quad 0 \quad 0 \quad 0 \quad 0 \quad 0 \quad 0 \quad 0 \quad 0 \quad 0 \quad 0 \quad 0 \quad 0 \quad 0 \quad 0 \quad 0$$
$$0 \quad 0 \quad 0 \quad 0 \quad 0 \quad 0 \quad 0 \quad 1 \quad 0 \quad 0\} \boldsymbol{a}^e = \boldsymbol{N}_{13}^{\mathrm{T}} \boldsymbol{a}^e$$

$$v_{14} = \{0 \quad 0 \quad 0 \quad 0 \quad 0 \quad 0 \quad 0 \quad 0 \quad 0 \quad 0 \quad 0 \quad 0 \quad 0 \quad 0 \quad 0 \quad 0$$
$$0 \quad 0 \quad 0 \quad 0 \quad 0 \quad 0 \quad 0 \quad 0 \quad 1 \quad 0\} \boldsymbol{a}^e = \boldsymbol{N}_{14}^{\mathrm{T}} \boldsymbol{a}^e$$

$$v_{15} = \{0 \quad 0 \quad 0 \quad 0 \quad 0 \quad 0 \quad 0 \quad 0 \quad 0 \quad 0 \quad 0 \quad 0 \quad 0 \quad 0 \quad 0 \quad 0$$
$$0 \quad 0 \quad 0 \quad 0 \quad 0 \quad 0 \quad 0 \quad 0 \quad 0 \quad 1\} \boldsymbol{a}^e = \boldsymbol{N}_{15}^{\mathrm{T}} \boldsymbol{a}^e$$

$$\tag{9.55}$$

式(9.54)中的 v_{c1}、v_{c2}、v_{c3} 和 v_{c4} 可以用钢轨两端的位移通过插值表示,即

$$v_{c4} = N_1 v_1 + N_2 \theta_1 + N_3 v_2 + N_4 \theta_2 \tag{9.56}$$

其中,$N_1 \sim N_4$ 为插值函数[式(9.22)]。

将轮轨接触处的局部坐标 x_{c4} 代入 $N_1 \sim N_4$,再代入式(9.54)中,即可得到 $\boldsymbol{N}_{c4}$。同理,将局部坐标 x_{c1}、x_{c2} 和 x_{c3} 分别代入插值函数,可计算 $\boldsymbol{N}_{c1}$、$\boldsymbol{N}_{c2}$ 和 $\boldsymbol{N}_{c3}$。

将式(9.53)~式(9.55)代入式(9.52)中,有

$$\begin{aligned}
\boldsymbol{\Pi}_V = &\frac{1}{2} \boldsymbol{a}^{e\mathrm{T}} \{ k_{s2} \boldsymbol{N}_{9-10} \boldsymbol{N}_{9-10}^{\mathrm{T}} + k_{s2} \boldsymbol{N}_{9-11} \boldsymbol{N}_{9-11}^{\mathrm{T}} + k_{s1} \boldsymbol{N}_{10-12} \boldsymbol{N}_{10-12}^{\mathrm{T}} + k_{s1} \boldsymbol{N}_{10-13} \boldsymbol{N}_{10-13}^{\mathrm{T}} \\
&+ k_{s1} \boldsymbol{N}_{11-14} \boldsymbol{N}_{11-14}^{\mathrm{T}} + k_{s1} \boldsymbol{N}_{11-15} \boldsymbol{N}_{11-15}^{\mathrm{T}} + k_c \boldsymbol{N}_{c1} \boldsymbol{N}_{c1}^{\mathrm{T}} + k_c \boldsymbol{N}_{c2} \boldsymbol{N}_{c2}^{\mathrm{T}} + k_c \boldsymbol{N}_{c3} \boldsymbol{N}_{c3}^{\mathrm{T}} + k_c \boldsymbol{N}_{c4} \boldsymbol{N}_{c4}^{\mathrm{T}} \} \boldsymbol{a}^e \\
&- \boldsymbol{a}^{e\mathrm{T}} (k_c \eta_1 \boldsymbol{N}_{c1} + k_c \eta_2 \boldsymbol{N}_{c2} + k_c \eta_3 \boldsymbol{N}_{c3} + k_c \eta_4 \boldsymbol{N}_{c4}) + \frac{1}{2} k_c (\eta_1^2 + \eta_2^2 + \eta_3^2 + \eta_4^2) \\
&+ \boldsymbol{a}^{e\mathrm{T}} (M_c g \boldsymbol{N}_9 + M_t g \boldsymbol{N}_{10} + M_t g \boldsymbol{N}_{11} + M_w g \boldsymbol{N}_{12} + M_w g \boldsymbol{N}_{13} + M_w g \boldsymbol{N}_{14} + M_w g \boldsymbol{N}_{15}) \\
= &\frac{1}{2} \boldsymbol{a}^{e\mathrm{T}} \{ \boldsymbol{k}_1 + \boldsymbol{k}_2 + \boldsymbol{k}_3 + \boldsymbol{k}_4 + \boldsymbol{k}_5 + \boldsymbol{k}_6 + \boldsymbol{k}_{c1} + \boldsymbol{k}_{c2} + \boldsymbol{k}_{c3} + \boldsymbol{k}_{c4} \} \boldsymbol{a}^e \\
&- \boldsymbol{a}^{e\mathrm{T}} (k_c \eta_1 \boldsymbol{N}_{c1} + k_c \eta_2 \boldsymbol{N}_{c2} + k_c \eta_3 \boldsymbol{N}_{c3} + k_c \eta_4 \boldsymbol{N}_{c4}) + \frac{1}{2} k_c (\eta_1^2 + \eta_2^2 + \eta_3^2 + \eta_4^2) \\
&+ \boldsymbol{a}^{e\mathrm{T}} (M_c g \boldsymbol{N}_9 + M_t g \boldsymbol{N}_{10} + M_t g \boldsymbol{N}_{11} + M_w g \boldsymbol{N}_{12} + M_w g \boldsymbol{N}_{13} + M_w g \boldsymbol{N}_{14} + M_w g \boldsymbol{N}_{15}) \\
= &\frac{1}{2} \boldsymbol{a}^{e\mathrm{T}} \boldsymbol{k}_u^e \boldsymbol{a}^e + \boldsymbol{a}^{e\mathrm{T}} \boldsymbol{Q}_u^e + \frac{1}{2} k_c (\eta_1^2 + \eta_2^2 + \eta_3^2 + \eta_4^2)
\end{aligned} \tag{9.57}$$

其中，$\boldsymbol{k}_u^e$ 为车辆单元的刚度矩阵；$\boldsymbol{Q}_u^e$ 为结点荷载向量。

$$\boldsymbol{k}_u^e = \boldsymbol{k}_v + \boldsymbol{k}_c \tag{9.58}$$

$$\boldsymbol{Q}_u^e = \boldsymbol{Q}_v + \boldsymbol{Q}_\eta \tag{9.59}$$

$$\begin{aligned}
\boldsymbol{k}_v &= \boldsymbol{k}_1 + \boldsymbol{k}_2 + \boldsymbol{k}_3 + \cdots + \boldsymbol{k}_6 \\
&= k_{s2}\boldsymbol{N}_{9\text{-}10}\boldsymbol{N}_{9\text{-}10}^{\mathrm{T}} + k_{s2}\boldsymbol{N}_{9\text{-}11}\boldsymbol{N}_{9\text{-}11}^{\mathrm{T}} \\
&\quad + k_{s1}\boldsymbol{N}_{10\text{-}12}\boldsymbol{N}_{10\text{-}12}^{\mathrm{T}} + k_{s1}\boldsymbol{N}_{10\text{-}13}\boldsymbol{N}_{10\text{-}13}^{\mathrm{T}} + k_{s1}\boldsymbol{N}_{11\text{-}14}\boldsymbol{N}_{11\text{-}14}^{\mathrm{T}} + k_{s1}\boldsymbol{N}_{11\text{-}15}\boldsymbol{N}_{11\text{-}15}^{\mathrm{T}} \\
&= \begin{bmatrix} \boldsymbol{0}_{16\times16} & \\ & \boldsymbol{k}_{ve} \end{bmatrix}_{26\times26}
\end{aligned} \tag{9.60}$$

$$\boldsymbol{k}_{ve} = \begin{bmatrix}
2k_{s2} & 0 & -k_{s2} & -k_{s2} & 0 & 0 & 0 & 0 & 0 & 0 \\
 & 2k_{s2}l_2^2 & k_{s2}l_2 & -k_{s2}l_2 & 0 & 0 & 0 & 0 & 0 & 0 \\
 & & 2k_{s1}+k_{s2} & 0 & 0 & 0 & -k_{s1} & -k_{s1} & 0 & 0 \\
 & & & 2k_{s1}+k_{s2} & 0 & 0 & 0 & 0 & -k_{s1} & -k_{s1} \\
 & & & & 2k_{s1}l_1^2 & 0 & k_{s1}l_1 & -k_{s1}l_1 & 0 & 0 \\
 & & & & & 2k_{s1}l_1^2 & 0 & 0 & k_{s1}l_1 & -k_{s1}l_1 \\
 & & & & & & k_{s1} & 0 & 0 & 0 \\
 & & & & & & & k_{s1} & 0 & 0 \\
 & \text{对称} & & & & & & & k_{s1} & 0 \\
 & & & & & & & & & k_{s1}
\end{bmatrix} \tag{9.61}$$

其中，l_1 是二分之一的转向架长度；l_2 是二分之一的车体上两转向架中心之间长度。

$$\begin{aligned}
\boldsymbol{k}_c &= \boldsymbol{k}_{c1} + \boldsymbol{k}_{c2} + \boldsymbol{k}_{c3} + \boldsymbol{k}_{c4} \\
&= k_c\boldsymbol{N}_{c1}\boldsymbol{N}_{c1}^{\mathrm{T}} + k_c\boldsymbol{N}_{c2}\boldsymbol{N}_{c2}^{\mathrm{T}} + k_c\boldsymbol{N}_{c3}\boldsymbol{N}_{c3}^{\mathrm{T}} + k_c\boldsymbol{N}_{c4}\boldsymbol{N}_{c4}^{\mathrm{T}} \\
&= k_c \begin{bmatrix}
\mathbf{NN}_{c4} & \boldsymbol{0} & \boldsymbol{0} & \boldsymbol{0} & \boldsymbol{0} & \mathbf{NI}_{c4} \\
 & \mathbf{NN}_{c3} & \boldsymbol{0} & \boldsymbol{0} & \boldsymbol{0} & \mathbf{NI}_{c3} \\
 & & \mathbf{NN}_{c2} & \boldsymbol{0} & \boldsymbol{0} & \mathbf{NI}_{c2} \\
 & & & \mathbf{NN}_{c1} & \boldsymbol{0} & \mathbf{NI}_{c1} \\
 & \text{对称} & & & \boldsymbol{0}_{6\times6} & \boldsymbol{0} \\
 & & & & & \boldsymbol{I}_{4\times4}
\end{bmatrix}_{26\times26}
\end{aligned} \tag{9.62}$$

其中，$\boldsymbol{I}_{4\times4}$ 为四阶的单位矩阵。

$$\mathbf{NN}_{ci} = \begin{bmatrix}
N_1^2 & N_1N_2 & N_1N_3 & N_1N_4 \\
 & N_2^2 & N_2N_3 & N_2N_4 \\
 & & N_3^2 & N_3N_4 \\
 & \text{对称} & & N_4^2
\end{bmatrix}_{x_{ci}}, \quad i=1,2,3,4 \tag{9.63}$$

$$\mathbf{NI}_{c1}=\begin{bmatrix}-N_1 & 0 & 0 & 0\\ -N_2 & 0 & 0 & 0\\ -N_3 & 0 & 0 & 0\\ -N_4 & 0 & 0 & 0\end{bmatrix}_{x_{c1}} \tag{9.64}$$

$$\mathbf{NI}_{c2}=\begin{bmatrix}0 & -N_1 & 0 & 0\\ 0 & -N_2 & 0 & 0\\ 0 & -N_3 & 0 & 0\\ 0 & -N_4 & 0 & 0\end{bmatrix}_{x_{c2}} \tag{9.65}$$

$$\mathbf{NI}_{c3}=\begin{bmatrix}0 & 0 & -N_1 & 0\\ 0 & 0 & -N_2 & 0\\ 0 & 0 & -N_3 & 0\\ 0 & 0 & -N_4 & 0\end{bmatrix}_{x_{c3}} \tag{9.66}$$

$$\mathbf{NI}_{c4}=\begin{bmatrix}0 & 0 & 0 & -N_1\\ 0 & 0 & 0 & -N_2\\ 0 & 0 & 0 & -N_3\\ 0 & 0 & 0 & -N_4\end{bmatrix}_{x_{c4}} \tag{9.67}$$

$$\boldsymbol{Q}_v=\{0\ 0\ 0\ 0\ 0\ 0\ 0\ 0\ 0\ 0\ 0\ 0\ 0\ 0\ 0\ 0\ 0\ 0\ -M_cg\ 0\ -M_tg$$
$$-M_tg\ 0\ 0\ -M_wg\ -M_wg\ -M_wg\ -M_wg\ \}^{\mathrm{T}} \tag{9.68}$$

$$\boldsymbol{Q}_\eta=k_c\eta_1\boldsymbol{N}_{c1}+k_c\eta_2\boldsymbol{N}_{c2}+k_c\eta_3\boldsymbol{N}_{c3}+k_c\eta_4\boldsymbol{N}_{c4} \tag{9.69}$$

9.4.2　车辆单元的动能

$$T_v=\frac12 M_cv_9^2+\frac12 J_c\dot\theta_9^2+\frac12 M_tv_{10}^2+\frac12 M_tv_{11}^2+\frac12 J_t\dot\theta_{10}^2+\frac12 J_t\dot\theta_{11}^2$$
$$+\frac12 M_wv_{12}^2+\frac12 M_wv_{13}^2+\frac12 M_wv_{14}^2+\frac12 M_wv_{15}^2$$
$$=\frac12\dot{\boldsymbol{a}}^{e\mathrm{T}}\boldsymbol{m}_u^e\dot{\boldsymbol{a}}^e \tag{9.70}$$

其中，$\boldsymbol{m}_u^e$ 为车辆单元的质量矩阵，即

$$\boldsymbol{m}_u^e=\begin{bmatrix}\mathbf{0}_{16\times16} & \\ & \boldsymbol{m}_{ve}\end{bmatrix}_{26\times26} \tag{9.71}$$

$$\boldsymbol{m}_{ve}=\mathrm{diag}(M_c\quad J_c\quad M_t\quad M_t\quad J_t\quad J_t\quad M_w\quad M_w\quad M_w\quad M_w) \tag{9.72}$$

9.4.3　车辆单元的耗散能

$$R_V=\frac12 c_{s2}(v_9-v_{10}-\dot\theta_9 l_2)^2+\frac12 c_{s2}(v_9-v_{11}+\dot\theta_9 l_2)^2+\frac12 c_{s1}(v_{10}-v_{12}-\dot\theta_{10}l_1)^2$$

$$+\frac{1}{2}c_{s1}(v_{10}-v_{13}+\dot\theta_{10}l_1)^2+\frac{1}{2}c_{s1}(v_{11}-v_{14}-\dot\theta_{11}l_1)^2+\frac{1}{2}c_{s1}(v_{11}-v_{15}+\dot\theta_{11}l_1)^2$$

$$=\frac{1}{2}\dot{\boldsymbol a}^{e\mathrm T}\boldsymbol c_u^e\dot{\boldsymbol a}^e \tag{9.73}$$

其中,$\boldsymbol c_u^e$ 为车辆单元的阻尼矩阵,即

$$\boldsymbol c_u^e=\begin{bmatrix}\boldsymbol 0_{16\times16}&\\&\boldsymbol c_w\end{bmatrix}_{26\times26} \tag{9.74}$$

$$\boldsymbol c_w=\begin{bmatrix}2c_{s2}&0&-c_{s2}&-c_{s2}&0&0&0&0&0&0\\&2c_{s2}l_2^2&c_{s2}l_2&-c_{s2}l_2&0&0&0&0&0&0\\&&2c_{s1}+c_{s2}&0&0&0&-c_{s1}&-c_{s1}&0&0\\&&&2c_{s1}+c_{s2}&0&0&0&0&-c_{s1}&-c_{s1}\\&&&&2c_{s1}l_1^2&0&c_{s1}l_1&-c_{s1}l_1&0&0\\&&&&&2c_{s1}l_1^2&0&0&c_{s1}l_1&-c_{s1}l_1\\&&&&&&c_{s1}&0&0&0\\&&&&&&&c_{s1}&0&0\\&\text{对称}&&&&&&&c_{s1}&0\\&&&&&&&&&c_{s1}\end{bmatrix} \tag{9.75}$$

9.5　车辆-轨道耦合系统有限元方程

考虑车辆-轨道(或轨道桥梁)耦合系统的有限元方程包含两种单元,即轨道单元(有砟轨道、板式轨道、板式轨道-桥梁)和车辆单元,其中轨道单元的刚度矩阵、质量矩阵和阻尼矩阵分别为 $\boldsymbol k_t^e$、$\boldsymbol m_t^e$ 和 $\boldsymbol c_t^e$,已在 9.2 节～9.4 节中给出了计算公式;车辆单元的刚度矩阵、质量矩阵和阻尼矩阵分别为 $\boldsymbol k_u^e$、$\boldsymbol m_u^e$ 和 $\boldsymbol c_u^e$,见式(9.58)、式(9.71)和式(9.74)。在数值计算时,只需集成一次轨道结构的总刚度矩阵、总质量矩阵、总阻尼矩阵和总荷载向量,然后在每一计算时间步长中,利用标准的有限元集成方法将车辆单元的刚度矩阵、质量矩阵、阻尼矩阵和荷载向量组集到轨道结构的总刚度矩阵、总质量矩阵、总阻尼矩阵和总荷载向量中,形成车辆-轨道(或轨道桥梁)耦合系统的总刚度矩阵、总质量矩阵、总阻尼矩阵和总荷载向量。

由此可以得到车辆-轨道(或轨道桥梁)耦合系统的动力有限元方程,即

$$\boldsymbol M\ddot{\boldsymbol a}+\boldsymbol C\dot{\boldsymbol a}+\boldsymbol K\boldsymbol a=\boldsymbol Q \tag{9.76}$$

其中,$\boldsymbol M$、$\boldsymbol C$、$\boldsymbol K$ 和 $\boldsymbol Q$ 分别为车辆-轨道(或轨道桥梁)耦合系统的总质量矩阵、总阻尼

矩阵、总刚度矩阵和总荷载向量,即

$$M = \sum_e (m_l + m_u^e), \quad C = \sum_e (c_l + c_u^e), \quad K = \sum_e (k_l + k_u^e), \quad Q = \sum_e (Q_l + Q_u^e)$$

$$(9.77)$$

车辆-轨道(或轨道桥梁)耦合系统动力有限元方程数值解可通过采用直接积分法,如 Newmark 积分法来实现。利用 Newmark 数值积分法,若已知系统在 t 时刻的解答 a_t、$\dot{a}_t$、$\ddot{a}_t$,欲求 $t+\Delta t$ 时刻的解 $a_{t+\Delta}$,可通过求解式(9.78)得到,即

$$(K + c_0 M + c_1 C)a_{t+\Delta} = Q_{t+\Delta} + M(c_0 a_t + c_2 \dot{a}_t + c_3 \ddot{a}_t) + C(c_1 a_t + c_4 \dot{a}_t + c_5 \ddot{a}_t)$$

$$(9.78)$$

再将 a_t、$\dot{a}_t$、$\ddot{a}_t$ 和 $a_{t+\Delta}$ 代入下式,就可以得到 $t+\Delta t$ 时刻的速度 $\dot{a}_{t+\Delta}$ 和加速度 $\ddot{a}_{t+\Delta}$,即

$$\ddot{a}_{t+\Delta} = c_0(a_{t+\Delta} - a_t) - c_2 \dot{a}_t - c_3 \ddot{a}_t$$
$$\dot{a}_{t+\Delta} = \dot{a}_t + c_6 \ddot{a}_t + c_7 \ddot{a}_{t+\Delta}$$

$$(9.79)$$

其中

$$c_0 = \frac{1}{\alpha \Delta t^2}, \quad c_1 = \frac{\delta}{\alpha \Delta t}, \quad c_2 = \frac{1}{\alpha \Delta t}, \quad c_3 = \frac{1}{2\alpha} - 1$$
$$c_4 = \frac{\delta}{\alpha} - 1, \quad c_5 = \frac{\Delta t}{2}(\frac{\delta}{\alpha} - 2), \quad c_6 = \Delta t(1-\delta), \quad c_7 = \delta \Delta t$$

$$(9.80)$$

式中,Δt 为时间步长;α 和 δ 为 Newmark 数值积分参数,当 α 和 δ 分别取 0.25 和 0.5 时,Newmark 数值积分法是无条件稳定的算法。

9.6 列车-轨道耦合系统动力分析

下面给出 3 个算例,其中算例 1 主要用于验证算法,算例 2 和算例 3 分别为考虑轨道平顺和不平顺条件下一节整车通过时车辆和轨道结构的动力响应分析。

算例 1,为验证模型的正确性,考察文献[3]简化的模型(图 9.5),其中车辆简化为 3 自由度的弹簧阻尼刚体系统,轨道简化为单层连续弹性梁。列车速度为 72km/h,轨枕间距 0.5m,比较两种模型的计算结果。

轨道参数为:$E = 2.0 \times 10^5$ MPa,$I = 3.06 \times 10^{-5}$ m⁴,单位长度轨道质量 $m = 60$kg/m,单位长度轨道刚度 $k = 1 \times 10^4$ kN/m²,单位长度轨道阻尼 $c = 4.9$kN·s/m²。车辆参数为:$m_1 = 350$kg,$m_2 = 250$kg,$m_3 = 3500$kg,$k_1 = 8.0 \times 10^6$ kN/m,$k_2 = 1.26 \times 10^3$ kN/m,$k_3 = 1.41 \times 10^2$ kN/m,$c_1 = 6.7 \times 10^2$ kN·s/m,$c_2 = 7.1$kN·s/m,$c_3 = 8.87$kN·s/m。

计算结果如图 9.6 所示,其中图 9.6(a)为文献[3]计算结果,图 9.6(b)为本章

车辆轨道单元计算结果,可见两者吻合良好[12]。

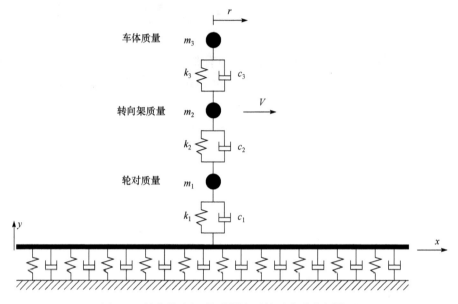

图 9.5　简化的车辆-轨道耦合系统动力学分析模型

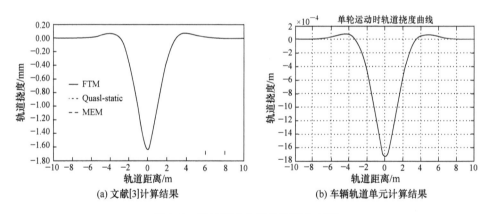

(a) 文献[3]计算结果　　　　　(b) 车辆轨道单元计算结果

图 9.6　沿轨道方向钢轨位移分布图

　　算例 2,分析一节整车通过时,车辆和轨道结构的动力响应。车辆为我国高速铁道车辆,其参数如表 9.1 所示。轨道结构为 60kg/m 无缝钢轨,钢轨抗弯模量 $EI=2\times6.625\mathrm{MN\cdot m^2}$,III 型轨枕,轨枕间距 0.60m,有砟轨道,其他轨道参数如表 9.2 所示。假设线路为平顺状态,列车速度为 252km/h,Newmark 数值积分法时间步长 $\Delta t=0.001\mathrm{s}$,轮轨接触刚度系数 $K_c=1.325\times10^6$ kN/m。线路总长 220m,在线路的两端各设置 20m 长的边界区,以消除边界效应。共划分为 385 个轨道单元,1 个车辆单元,1168 个结点。

表 9.1 HSC 高速铁道车辆结构参数

参　数	取　值	参　数	取　值
1/2 车体质量 M_c/kg	26 000	二系弹簧刚度 K_{s2}/(kN/m)	1.72×10^3
1/2 构架质量 M_t/kg	1600	一系阻尼系数 C_{s1}/(kN·s/m)	5×10^2
车轮质量 M_w/kg	1400	二系阻尼系数 C_{s2}/(kN·s/m)	1.96×10^2
车体点头惯量 J_c/(kg·m^2)	2.31×10^6	固定轴距 $2l_1$/m	2.50
构架点头惯量 J_t/(kg·m^2)	3120	转向架中心距离 $2l_2$/m	18.0
一系弹簧刚度 K_{s1}/(N/m)	1.87×10^6	车轮半径/m	0.4575

表 9.2 轨道结构参数

轨道结构	单位长度质量/kg	单位长度刚度/(MN/m^2)	单位长度阻尼/(kN·s/m^2)
钢轨	60	133	83.3
轨枕	284	200	100
道床	1360	425	150

计算结果如图 9.7～图 9.11 所示,分别表示整车通过时钢轨的挠度、轨枕的挠度、钢轨的竖向加速度、车体的竖向加速度和轮轨作用力[12]。可以看出,钢轨和轨枕挠度曲线中的四个峰值明显对应于车辆的四个轮对。在车体的竖向加速度和轮轨作用力时程曲线上,前 1 秒内计算结果出现较大振荡,这是由于初始计算条件影响到解的稳定性,这个时段内数值解是不准确的。1 秒后,计算趋于稳定。由于假设轨道是完全平顺的,稳定后的动力分析结果与静力解相同。

算例 3,考虑轨道的随机不平顺状态,分析一节整车通过时,车辆和轨道结构的动力响应。采用美国轨道高低不平顺功率谱密度函数,设线路不平顺状态为 6 级,用三角级数法生成轨道不平顺样本 $\eta(x)$,将该样本代入式(9.69),可以得到由轨道不平顺引起的附加动荷载。车辆、轨道结构及计算参数同算例 2。

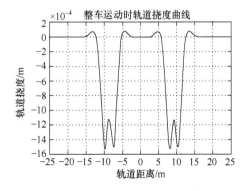

图 9.7 钢轨挠度沿轨道分布

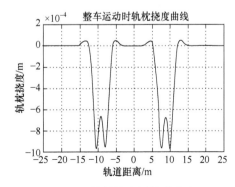

图 9.8 轨枕挠度沿轨道分布

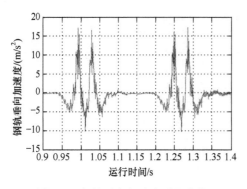

图 9.9 钢轨垂向加速度时程曲线

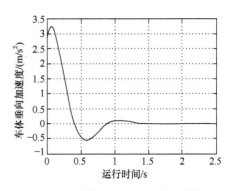

图 9.10 车体垂向加速度时程曲线

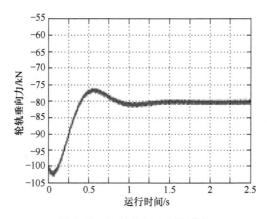

图 9.11 轮轨作用力时程曲线

计算结果如图 9.12～图 9.16 所示,分别表示整车通过时钢轨的挠度、轨枕的挠度、钢轨的垂向加速度、车体的垂向加速度和轮轨作用力[12]。可以看出,轨道不平顺的存在将引发附加动荷载,导致车辆和轨道结构动力响应明显增大。

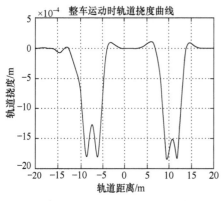

图 9.12 钢轨挠度沿轨道分布

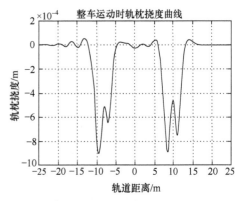

图 9.13 轨枕挠度沿轨道分布

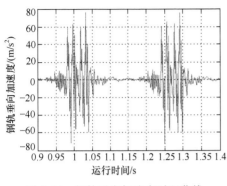

图 9.14　钢轨垂向加速度时程曲线

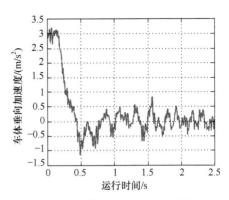

图 9.15　车体垂向加速度时程曲线

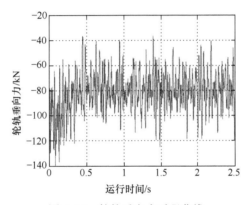

图 9.16　轮轨垂向力时程曲线

参 考 文 献

[1] Nielsen J C O. Train/track interaction: coupling of moving and stationary dynamic systems [D]. Ph. D. Dissertation, Chalers University of Technology, Gotebory, Sweden, 1993.

[2] Knothe K, Grassie S L. Modeling of railway track and vehicle/track interaction at high frequencies[J]. Vehicle System Dynamics, 1993, 22(3/4):209-262.

[3] Koh C G, Ong J S Y, Chua D K H, et al. Moving element method for train-track dynamics [J]. International Journal for Numerical Methods in Engineering, 2003, 56:1549-1567.

[4] Ono K, Yamada M. Analysis of railway track vibration[J]. Journal of Sound and Vibration, 1989, 130:269-297.

[5] Venancio F F. Finite element analysis of structures under moving loads[J]. Shock and Vibration Digest, 1978, 10:27-35.

[6] 翟婉明. 车辆-轨道耦合动力学(3 版)[M]. 北京:科学出版社,2007.

[7] 雷晓燕,圣小珍. 现代轨道理论研究(2 版)[M]. 北京:中国铁道出版社,2008.

[8] Lei X Y, Noda N A. Analyses of dynamic response of vehicle and track coupling system

with random irregularity of track vertical profile[J]. Journal of Sound and Vibration, 2002, 258(1):147-165.

[9] Lei X Y, Zhang B. Influence of track stiffness distribution on vehicle and track interactions in track transition[J]. Journal of Rail and Rapid Transit, 2010, 224(1): 592-604.

[10] Lei X Y, Zhang B. Analysis of dynamic behavior for slab track of high-speed railway based on vehicle and track elements[J]. Journal of Transportation Engineering, 2011, 137(4): 227-240.

[11] Lei X Y, Zhang B. Analyses of dynamic behavior of track transition with finite elements [J]. Journal of Vibration and Control, 2011, 17(11): 1733-1747.

[12] 张斌. 高速铁路轨道结构动力特性有限元分析[D]. 南昌:华东交通大学硕士学位论文,2007.

第十章 车辆-轨道耦合系统动力分析的移动单元法

随着高速铁路和客运专线的快速发展,列车速度显著提高,无砟轨道结构也逐渐成为高速铁路的主要型式。列车运行速度的大幅提高在带来巨大社会效益和经济效益的同时,也使得轨道结构动应力增加,振动噪声问题凸现。板式轨道结构是一种新型的轨道结构型式,与传统的有砟轨道结构有很大的不同。对上述问题的研究需要动力学的支撑,因此研究车辆-轨道耦合系统动力学的有效算法意义重大。国内外学者在该领域进行了大量的研究。剑桥大学的 Grassie 等[1]研究了轨道在高频车辆作用下的动力响应问题。慕尼黑大学工程技术大学的 Eisenmann[2]提出无砟轨道多层理论进行结构设计及荷载检算。国内的翟婉明建立了车辆-轨道耦合动力学统一模型[3,4],并将其应用到无砟轨道动力学的研究中。向俊和曾庆元等[5,6]建立了运动方程"对号入座"法则和矩阵组装的方法。雷晓燕等[7,8]采用有限元和交叉迭代法建立了列车-轨道-路基非线性耦合系统振动分析模型。谢伟平[9]研究了移动荷载下 Winkler 梁的动力响应。新加坡国立大学的 Koh 等[10]提出移动单元法,并针对简化的轨道模型进行了动力学分析。以上研究方法都存在截断边界对解的影响问题。本章将移动单元法运用到车辆-板式轨道耦合系统动力学分析中,建立了车辆-板式轨道三层梁模型,并推导了板式轨道-路基移动单元的质量、阻尼和刚度矩阵。车辆采用第九章中的整车模型,利用有限元方法和 Lagrange 方程实现车辆与轨道结构的耦合。该模型能有效避免边界对计算结果的影响,提高计算效率。

10.1 基 本 假 设

在建立 CRTS II 型板式轨道三层梁移动单元模型时,采用如下基本假设。

① 仅考虑轮轨竖向振动效应。

② 轮轨间考虑线弹性接触。

③ 板式轨道与上部车辆结构沿线路方向左右对称,因此可取一股轨道进行研究。

④ 钢轨视为连续黏弹性支承的二维梁单元,轨下垫层的弹性系数和阻尼系数分别用 k_r 和 c_r 表示。

⑤ 预制轨道板被离散为连续黏弹性支承的二维梁单元,预制轨道板下沥青水泥砂浆层的弹性系数和阻尼系数分别用 k_s 和 c_s 表示。

⑥ 混凝土支承层被离散为连续黏弹性支承的二维梁单元,混凝土支承层下路基的弹性系数和阻尼系数分别用 k_h 和 c_h 表示。

⑦ 仅讨论处于轨道板中间部分的单元,对于轨道板端部的单元可以依照同样的方法推导其相关矩阵。

10.2　板式轨道三层梁移动单元模型

板式轨道几何尺寸如图 10.1 所示。简化的板式轨道三层梁移动单元模型如图 10.2 所示。

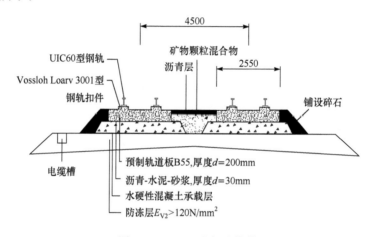

图 10.1　CRTS Ⅱ 板式轨道

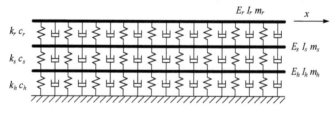

图 10.2　板式轨道三层连续梁模型

在图 10.2 中,E_r、E_s 和 E_h 分别表示钢轨、轨道板和混凝土支承层的弹性模量;I_r、I_s 和 I_h 分别表示钢轨、轨道板和混凝土支承层绕水平轴的惯性矩;m_r、m_s 和 m_h 分别表示钢轨、轨道板和混凝土支承层单位长度的质量。

10.2.1　板式轨道控制方程

车辆-轨道耦合系统动力分析模型将整个系统分为上部车辆子系统和下部板式轨道子系统,如图 10.3 所示。车辆以速度 V 沿轨道 x 方向行驶。

定义钢轨、预制轨道板和混凝土支承层的竖向振动位移分别为 w、z 和 y,可以写出板式轨道子系统控制方程为

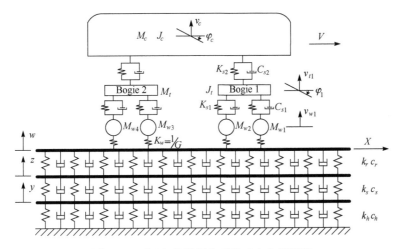

图 10.3　车辆-轨道耦合系统动力分析模型

$$E_r I_r \frac{\partial^4 w}{\partial x^4} + m_r \frac{\partial^2 w}{\partial t^2} + c_r\left(\frac{\partial w}{\partial t} - \frac{\partial z}{\partial t}\right) + k_r(w-z) = F(t)\delta(x-Vt) \qquad (10.1)$$

$$E_s I_s \frac{\partial^4 z}{\partial x^4} + m_s \frac{\partial^2 z}{\partial t^2} + c_s\left(\frac{\partial z}{\partial t} - \frac{\partial y}{\partial t}\right) - c_r\left(\frac{\partial w}{\partial t} - \frac{\partial z}{\partial t}\right) + k_s(z-y) - k_r(w-z) = 0$$

$$(10.2)$$

$$E_h I_h \frac{\partial^4 y}{\partial x^4} + m_h \frac{\partial^2 y}{\partial t^2} + c_h \frac{\partial y}{\partial t} - c_s\left(\frac{\partial z}{\partial t} - \frac{\partial y}{\partial t}\right) + k_h y - k_s(z-y) = 0 \qquad (10.3)$$

其中,$F(t)$ 为轮轨接触处的动荷载;δ 为 Dirac-delta 函数;x 为沿轨道方向的固定坐标。

x 轴的坐标原点可以是任意选取,但为了方便起见,原点通常选取在下游边界的左端点。

图 10.4 表示轨道被离散成有限个单元的情况,两端是被截断的边界,车辆荷载作用点应选择位于轨道结构的中间部位,距离上游和下游边界都足够的远,以减小边界效应的影响。

图 10.4　离散的轨道单元

考虑长度为 l、两端结点分别为 I 和 J 的典型单元,定义如下移动坐标,即

$$r = x - x_I - Vt \tag{10.4}$$

其中，x_I 是结点 I 在 x 轴上的固定坐标；坐标 r 的原点是随列车荷载以速度 V 移动的。

因此，该单元也称为移动单元。将式(10.4)代入式(10.1)～式(10.3)，则板式轨道-路基子系统控制方程可写为

$$E_r I_r \frac{\partial^4 w}{\partial r^4} + m_r \left[V^2 \left(\frac{\partial^2 w}{\partial r^2} \right) - 2V \left(\frac{\partial^2 w}{\partial r \partial t} \right) + \left(\frac{\partial^2 w}{\partial t^2} \right) \right] + c_r \left[\left(\frac{\partial w}{\partial t} \right) - V \left(\frac{\partial w}{\partial r} \right) \right]$$

$$- c_r \left[\left(\frac{\partial z}{\partial t} \right) - V \left(\frac{\partial z}{\partial r} \right) \right] + k_r (w - z) = F(t) \delta (r + x_I) \tag{10.5}$$

$$E_s I_s \frac{\partial^4 z}{\partial r^4} + m_s \left[V^2 \left(\frac{\partial^2 z}{\partial r^2} \right) - 2V \left(\frac{\partial^2 z}{\partial r \partial t} \right) + \left(\frac{\partial^2 z}{\partial t^2} \right) \right] + c_s \left[\left(\frac{\partial z}{\partial t} \right) - V \left(\frac{\partial z}{\partial r} \right) \right]$$

$$- c_s \left[\left(\frac{\partial y}{\partial t} \right) - V \left(\frac{\partial y}{\partial r} \right) \right] - c_r \left[\left(\frac{\partial w}{\partial t} \right) - V \left(\frac{\partial w}{\partial r} \right) \right] + c_r \left[\left(\frac{\partial z}{\partial t} \right) - V \left(\frac{\partial z}{\partial r} \right) \right]$$

$$+ k_s (z - y) - k_r (w - z) = 0 \tag{10.6}$$

$$E_h I_h \frac{\partial^4 y}{\partial r^4} + m_h \left[V^2 \left(\frac{\partial^2 y}{\partial r^2} \right) - 2V \left(\frac{\partial^2 y}{\partial r \partial t} \right) + \left(\frac{\partial^2 y}{\partial t^2} \right) \right] + c_h \left[\left(\frac{\partial y}{\partial t} \right) - V \left(\frac{\partial y}{\partial r} \right) \right]$$

$$- c_s \left[\left(\frac{\partial z}{\partial t} \right) - V \left(\frac{\partial z}{\partial r} \right) \right] + c_s \left[\left(\frac{\partial y}{\partial t} \right) - V \left(\frac{\partial y}{\partial r} \right) \right] + k_h y - k_s (z - y) = 0 \tag{10.7}$$

车辆在运动中只有少数单元与车轮接触，大多数单元上没有作用荷载，这时式(10.5)的右端项等于 0。

10.2.2　板式轨道移动单元的质量、阻尼和刚度矩阵

典型的板式轨道移动单元如图 10.5 所示，v_1 和 v_4 为钢轨的竖向位移，θ_1 和 θ_4 为钢轨的转角，v_2 和 v_5 为轨道板的竖向位移，θ_2 和 θ_5 为轨道板的转角，v_3 和 v_6 为混凝土支承层的竖向位移，θ_3 和 θ_6 为混凝土支承层的转角。

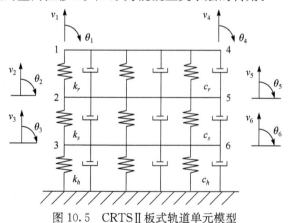

图 10.5　CRTSⅡ板式轨道单元模型

每个移动单元有 12 个自由度,定义单元结点位移向量为

$$\boldsymbol{a}^e = \{v_1 \quad \theta_1 \quad v_2 \quad \theta_2 \quad v_3 \quad \theta_3 \quad v_4 \quad \theta_4 \quad v_5 \quad \theta_5 \quad v_6 \quad \theta_6\}^{\mathrm{T}} \quad (10.8)$$

钢轨上任意一点的位移可以通过插值函数表示,即

$$
\begin{aligned}
w &= N_1 v_1 + N_2 \theta_1 + N_3 v_4 + N_4 \theta_4 \\
&= [N_1 \quad N_2 \quad 0 \quad 0 \quad 0 \quad 0 \quad N_3 \quad N_4 \quad 0 \quad 0 \quad 0 \quad 0] \boldsymbol{a}^e \\
&= \boldsymbol{N}_r \boldsymbol{a}^e
\end{aligned}
\quad (10.9)
$$

其中,$\boldsymbol{N}_r$ 为钢轨位移的插值函数矩阵;$N_1 \sim N_4$ 为移动单元的位移插值函数,即

$$
N_1 = 1 - \frac{3}{l^2} r^2 + \frac{2}{l^3} r^3, \quad N_2 = -r + \frac{2}{l} r^2 - \frac{1}{l^2} r^3
$$
$$
N_3 = \frac{3}{l^2} r^2 - \frac{2}{l^3} r^3, \quad N_4 = \frac{1}{l} r^2 - \frac{1}{l^2} r^3
$$
$$(10.10)$$

同理,预制轨道板上任意一点的位移为

$$
\begin{aligned}
z &= N_1 v_2 + N_2 \theta_2 + N_3 v_5 + N_4 \theta_5 \\
&= [0 \quad 0 \quad N_1 \quad N_2 \quad 0 \quad 0 \quad 0 \quad 0 \quad N_3 \quad N_4 \quad 0 \quad 0] \boldsymbol{a}^e \\
&= \boldsymbol{N}_s \boldsymbol{a}^e
\end{aligned}
\quad (10.11)
$$

其中,$\boldsymbol{N}_s$ 为轨道板位移的插值函数矩阵。

混凝土支承层上任意一点的位移为

$$
\begin{aligned}
y &= N_1 v_3 + N_2 \theta_3 + N_3 v_6 + N_4 \theta_6 \\
&= [0 \quad 0 \quad 0 \quad 0 \quad N_1 \quad N_2 \quad 0 \quad 0 \quad 0 \quad 0 \quad N_3 \quad N_4] \boldsymbol{a}^e \\
&= \boldsymbol{N}_h \boldsymbol{a}^e
\end{aligned}
\quad (10.12)
$$

其中,$\boldsymbol{N}_h$ 为混凝土支承层位移的插值函数矩阵。

1. 移动单元第一层梁的单元矩阵

取位移函数 w 为加权函数,将控制方程式(10.5)乘以加权函数 w,可得到控制方程的弱形式,即

$$
\begin{aligned}
\int_0^l w(r) \Bigg\{ & E_r I_r \frac{\partial^4 w}{\partial r^4} + m_r \left[V^2 \left(\frac{\partial^2 w}{\partial r^2} \right) - 2V \left(\frac{\partial^2 w}{\partial r \partial t} \right) + \left(\frac{\partial^2 w}{\partial t^2} \right) \right] \\
& + c_r \left[\left(\frac{\partial w}{\partial t} \right) - V \left(\frac{\partial w}{\partial r} \right) \right] - c_r \left[\left(\frac{\partial z}{\partial t} \right) - V \left(\frac{\partial z}{\partial r} \right) \right] + k_r (w - z) - F(t) \delta(r) \Bigg\} \mathrm{d}r = 0
\end{aligned}
$$
$$(10.13)$$

采用分部积分法,对单元长度 l 进行逐项积分,即

$$
\begin{aligned}
\int_0^l w(r) E_r I_r \frac{\partial^4 w}{\partial r^4} \mathrm{d}r &= E_r I_r \int_0^l w(r) \mathrm{d}\left(\frac{\partial^3 w}{\partial r^3} \right) \\
&= E_r I_r \left[\left(w(r) \cdot \frac{\partial^3 w}{\partial r^3} \right)_o^l - \int_0^l \frac{\partial^3 w}{\partial r^3} \cdot \frac{\partial w}{\partial r} \mathrm{d}r \right]
\end{aligned}
$$

$$= -E_r I_r \int_0^l \frac{\partial w}{\partial r} \mathrm{d}\left(\frac{\partial^2 w}{\partial r^2}\right)$$

$$= -E_r I_r \left[\left(\frac{\partial w}{\partial r} \cdot \frac{\partial^2 w}{\partial r^2}\right)_o^l - \int_0^l \frac{\partial^2 w}{\partial r^2} \cdot \frac{\partial^2 w}{\partial r^2} \mathrm{d}r\right]$$

$$= E_r I_r \int_0^l (\boldsymbol{N}_{r,rr}\boldsymbol{a}^e)^{\mathrm{T}} (\boldsymbol{N}_{r,rr}\boldsymbol{a}^e) \mathrm{d}r$$

$$= (\boldsymbol{a}^e)^{\mathrm{T}} \cdot E_r I_r \int_0^l \boldsymbol{N}_{r,rr}^{\mathrm{T}} \boldsymbol{N}_{r,rr} \mathrm{d}r \cdot (\boldsymbol{a}^e) \tag{10.14}$$

$$\int_0^l w(r) m_r V^2 \frac{\partial^2 w}{\partial r^2} \mathrm{d}r = m_r V^2 \int_0^l w(r) \frac{\partial^2 w}{\partial r^2} \mathrm{d}r$$

$$= m_r V^2 \int_0^l w(r) \mathrm{d}\left(\frac{\partial w}{\partial r}\right)$$

$$= m_r V^2 \left[\left(w(r) \cdot \frac{\partial w}{\partial r}\right)_o^l - \int_0^l \frac{\partial w}{\partial r} \cdot \frac{\partial w}{\partial r} \mathrm{d}r\right]$$

$$= -m_r V^2 \int_0^l (\boldsymbol{N}_{r,r}\boldsymbol{a}^e)^{\mathrm{T}} (\boldsymbol{N}_{r,r}\boldsymbol{a}^e) \mathrm{d}r$$

$$= -(\boldsymbol{a}^e)^{\mathrm{T}} \cdot m_r V^2 \int_0^l \boldsymbol{N}_{r,r}^{\mathrm{T}} \boldsymbol{N}_{r,r} \mathrm{d}r \cdot (\boldsymbol{a}^e) \tag{10.15}$$

$$-2 \int_0^l w(r) m_r V\left(\frac{\partial^2 w}{\partial r \partial t}\right) \mathrm{d}r = -2m_r V \int_0^l w(r) \left(\frac{\partial^2 w}{\partial r \partial t}\right) \mathrm{d}r$$

$$= -2m_r V \int_0^l (\boldsymbol{N}_r\boldsymbol{a}^e)^{\mathrm{T}} (\boldsymbol{N}_{r,r}\dot{\boldsymbol{a}}^e) \mathrm{d}r$$

$$= -(\boldsymbol{a}^e)^{\mathrm{T}} \cdot 2m_r V \int_0^l \boldsymbol{N}_r^{\mathrm{T}} \boldsymbol{N}_{r,r} \mathrm{d}r \cdot (\dot{\boldsymbol{a}}^e) \tag{10.16}$$

$$\int_0^l w(r) m_r \left(\frac{\partial^2 w}{\partial t^2}\right) \mathrm{d}r = m_r \int_0^l w(r) \left(\frac{\partial^2 w}{\partial t^2}\right) \mathrm{d}r$$

$$= m_r \int_0^l w(r) \left(\frac{\partial^2 w}{\partial t^2}\right) \mathrm{d}r$$

$$= m_r \int_0^l (\boldsymbol{N}_r\boldsymbol{a}^e)^{\mathrm{T}} (\boldsymbol{N}_r \ddot{\boldsymbol{a}}^e) \mathrm{d}r$$

$$= (\boldsymbol{a}^e)^{\mathrm{T}} \cdot m_r \int_0^l \boldsymbol{N}_r^{\mathrm{T}} \boldsymbol{N}_r \mathrm{d}r \cdot (\ddot{\boldsymbol{a}}^e) \tag{10.17}$$

$$\int_0^l w(r) c_r \left(\frac{\partial w}{\partial t}\right) \mathrm{d}r = c_r \int_0^l w(r) \left(\frac{\partial w}{\partial t}\right) \mathrm{d}r$$

$$= c_r \int_0^l (\boldsymbol{N}_r\boldsymbol{a}^e)^{\mathrm{T}} (\boldsymbol{N}_r\dot{\boldsymbol{a}}^e) \mathrm{d}r$$

$$= (\boldsymbol{a}^e)^{\mathrm{T}} \cdot c_r \int_0^l \boldsymbol{N}_r^{\mathrm{T}} \boldsymbol{N}_r \mathrm{d}r \cdot (\dot{\boldsymbol{a}}^e) \tag{10.18}$$

$$-\int_0^l w(r)c_r V\Big(\frac{\partial w}{\partial r}\Big)\mathrm{d}r = -c_r V\int_0^l w(r)\Big(\frac{\partial w}{\partial r}\Big)\mathrm{d}r$$

$$= -c_r V\int_0^l (\boldsymbol{N}_r \boldsymbol{a}^e)^{\mathrm{T}}(\boldsymbol{N}_{r,r}\boldsymbol{a}^e)\mathrm{d}r$$

$$= -(\boldsymbol{a}^e)^{\mathrm{T}}\cdot c_r V\int_0^l \boldsymbol{N}_r^{\mathrm{T}}\boldsymbol{N}_{r,r}\mathrm{d}r\cdot(\boldsymbol{a}^e) \qquad (10.19)$$

$$-\int_0^l w(r)c_r\Big(\frac{\partial z}{\partial t}\Big)\mathrm{d}r = -c_r\int_0^l w(r)\Big(\frac{\partial z}{\partial t}\Big)\mathrm{d}r$$

$$= -c_r\int_0^l (\boldsymbol{N}_r \boldsymbol{a}^e)^{\mathrm{T}}(\boldsymbol{N}_s \dot{\boldsymbol{a}}^e)\mathrm{d}r$$

$$= -(\boldsymbol{a}^e)^{\mathrm{T}}\cdot c_r\int_0^l \boldsymbol{N}_r^{\mathrm{T}}\boldsymbol{N}_s\mathrm{d}r\cdot(\dot{\boldsymbol{a}}^e) \qquad (10.20)$$

$$\int_0^l w(r)c_r V\Big(\frac{\partial z}{\partial r}\Big)\mathrm{d}r = c_r V\int_0^l w(r)\Big(\frac{\partial z}{\partial r}\Big)\mathrm{d}r$$

$$= c_r V\int_0^l (\boldsymbol{N}_r \boldsymbol{a}^e)^{\mathrm{T}}(\boldsymbol{N}_{s,r}\boldsymbol{a}^e)\mathrm{d}r$$

$$= (\boldsymbol{a}^e)^{\mathrm{T}}\cdot c_r V\int_0^l \boldsymbol{N}_r^{\mathrm{T}}\boldsymbol{N}_{s,r}\mathrm{d}r\cdot(\boldsymbol{a}^e) \qquad (10.21)$$

$$\int_0^l w(r)k_r w(r)\mathrm{d}r = k_r\int_0^l w(r)^2\mathrm{d}r = k_r\int_0^l (\boldsymbol{N}_r \boldsymbol{a}^e)^{\mathrm{T}}(\boldsymbol{N}_r \boldsymbol{a}^e)\mathrm{d}r$$

$$= (\boldsymbol{a}^e)^{\mathrm{T}}\cdot k_r\int_0^l \boldsymbol{N}_r^{\mathrm{T}}\boldsymbol{N}_r\mathrm{d}r\cdot(\boldsymbol{a}^e) \qquad (10.22)$$

$$-\int_0^l w(r)k_r z(r)\mathrm{d}r = -k_r\int_0^l w(r)z(r)\mathrm{d}r$$

$$= -k_r\int_0^l (\boldsymbol{N}_r \boldsymbol{a}^e)^{\mathrm{T}}(\boldsymbol{N}_s \boldsymbol{a}^e)\mathrm{d}r$$

$$= -(\boldsymbol{a}^e)^{\mathrm{T}}\cdot k_r\int_0^l \boldsymbol{N}_r^{\mathrm{T}}\boldsymbol{N}_s\mathrm{d}r\cdot(\boldsymbol{a}^e) \qquad (10.23)$$

运用能量原理,可得到板式轨道移动单元第一层梁的质量、阻尼和刚度矩阵,即

$$\boldsymbol{m}_r^e = m_r\int_0^l \boldsymbol{N}_r^{\mathrm{T}}\boldsymbol{N}_r\mathrm{d}r \qquad (10.24)$$

$$\boldsymbol{c}_r^e = -2m_r V\int_0^l \boldsymbol{N}_r^{\mathrm{T}}\boldsymbol{N}_{r,r}\mathrm{d}r + c_r\int_0^l \boldsymbol{N}_r^{\mathrm{T}}\boldsymbol{N}_r\mathrm{d}r - c_r\int_0^l \boldsymbol{N}_r^{\mathrm{T}}\boldsymbol{N}_s\mathrm{d}r \qquad (10.25)$$

$$\boldsymbol{k}_r^e = E_r I_r\int_0^l \boldsymbol{N}_{r,rr}^{\mathrm{T}}\boldsymbol{N}_{r,rr}\mathrm{d}r - m_r V^2\int_0^l \boldsymbol{N}_{r,r}^{\mathrm{T}}\boldsymbol{N}_{r,r}\mathrm{d}r - c_r V\int_0^l \boldsymbol{N}_r^{\mathrm{T}}\boldsymbol{N}_{r,r}\mathrm{d}r$$

$$+ c_r V\int_0^l \boldsymbol{N}_r^{\mathrm{T}}\boldsymbol{N}_{s,r}\mathrm{d}r + k_r\int_0^l \boldsymbol{N}_r^{\mathrm{T}}\boldsymbol{N}_r\mathrm{d}r - k_r\int_0^l \boldsymbol{N}_r^{\mathrm{T}}\boldsymbol{N}_s\mathrm{d}r \qquad (10.26)$$

2. 移动单元第二层梁的单元矩阵

取位移函数 z 为加权函数,将控制方程式(10.6)乘以加权函数 z,可得到控制

方程的弱形式,即

$$
\int_0^l z(r)\left\{E_sI_s\frac{\partial^4 z}{\partial r^4}+m_s\left[V^2\left(\frac{\partial^2 z}{\partial r^2}\right)-2V\left(\frac{\partial^2 z}{\partial r\partial t}\right)+\left(\frac{\partial^2 z}{\partial t^2}\right)\right]+c_s\left[\left(\frac{\partial z}{\partial t}\right)-V\left(\frac{\partial z}{\partial r}\right)\right]\right.
$$

$$
-c_s\left[\left(\frac{\partial y}{\partial t}\right)-V\left(\frac{\partial y}{\partial r}\right)\right]-c_r\left[\left(\frac{\partial w}{\partial t}\right)-V\left(\frac{\partial w}{\partial r}\right)\right]
$$

$$
\left.+c_r\left[\left(\frac{\partial z}{\partial t}\right)-V\left(\frac{\partial z}{\partial r}\right)\right]+k_s(z-y)-k_r(w-z)\right\}dr=0 \qquad (10.27)
$$

采用分部积分法,对单元长度 l 进行逐项积分,即

$$
\int_0^l z(r)E_sI_s\frac{\partial^4 z}{\partial r^4}dr=E_sI_s\int_0^l z(r)d\left(\frac{\partial^3 z}{\partial r^3}\right)
$$

$$
=E_sI_s\left[\left(z(r)\cdot\frac{\partial^3 z}{\partial r^3}\right)_o^l-\int_0^l\frac{\partial^3 z}{\partial r^3}\cdot\frac{\partial z}{\partial r}dr\right]
$$

$$
=-E_sI_s\int_0^l\frac{\partial z}{\partial r}d\left(\frac{\partial^2 z}{\partial r^2}\right)
$$

$$
=-E_sI_s\left[\left(\frac{\partial z}{\partial r}\cdot\frac{\partial^2 z}{\partial r^2}\right)_o^l-\int_0^l\frac{\partial^2 z}{\partial r^2}\cdot\frac{\partial^2 z}{\partial r^2}dr\right]
$$

$$
=E_sI_s\int_0^l(\boldsymbol{N}_{s,rr}\boldsymbol{a}^e)^T(\boldsymbol{N}_{s,rr}\boldsymbol{a}^e)dr
$$

$$
=(\boldsymbol{a}^e)^T\cdot E_sI_s\int_0^l\boldsymbol{N}_{s,rr}^T\boldsymbol{N}_{s,rr}dr\cdot(\boldsymbol{a}^e) \qquad (10.28)
$$

$$
\int_0^l z(r)m_sV^2\left(\frac{\partial^2 z}{\partial r^2}\right)dr=m_sV^2\int_0^l z(r)\left(\frac{\partial^2 z}{\partial r^2}\right)dr
$$

$$
=m_sV^2\int_0^l z(r)d\left(\frac{\partial z}{\partial r}\right)
$$

$$
=m_sV^2\left[\left(z(r)\cdot\frac{\partial z}{\partial r}\right)_o^l-\int_0^l\frac{\partial z}{\partial r}\cdot\frac{\partial z}{\partial r}dr\right]
$$

$$
=-m_sV^2\int_0^l(\boldsymbol{N}_{s,r}\boldsymbol{a}^e)^T(\boldsymbol{N}_{s,r}\boldsymbol{a}^e)dr
$$

$$
=-(\boldsymbol{a}^e)^T\cdot m_sV^2\int_0^l\boldsymbol{N}_{s,r}^T\boldsymbol{N}_{s,r}dr\cdot(\boldsymbol{a}^e) \qquad (10.29)
$$

$$
-2\int_0^l m_sVz(r)\left(\frac{\partial^2 z}{\partial r\partial t}\right)dr=-2m_sV\int_0^l z(r)\left(\frac{\partial^2 z}{\partial r\partial t}\right)dr
$$

$$
=-2m_sV\int_0^l(\boldsymbol{N}_s\boldsymbol{a}^e)^T(\boldsymbol{N}_{s,r}\dot{\boldsymbol{a}}^e)dr
$$

$$
=-(\boldsymbol{a}^e)^T\cdot 2m_sV\int_0^l\boldsymbol{N}_s^T\boldsymbol{N}_{s,r}dr\cdot(\dot{\boldsymbol{a}}^e) \qquad (10.30)
$$

$$
\int_0^l z(r)m_s\left(\frac{\partial^2 z}{\partial t^2}\right)dr=m_s\int_0^l z(r)\left(\frac{\partial^2 z}{\partial t^2}\right)dr
$$

$$= m_s \int_0^l z(r) \left(\frac{\partial^2 z}{\partial t^2} \right) dr$$

$$= m_s \int_0^l (\boldsymbol{N}_s \boldsymbol{a}^e)^{\mathrm{T}} (\boldsymbol{N}_s \ddot{\boldsymbol{a}}^e) dr$$

$$= (\boldsymbol{a}^e)^{\mathrm{T}} \cdot m_s \int_0^l \boldsymbol{N}_s^{\mathrm{T}} \boldsymbol{N}_s dr \cdot (\ddot{\boldsymbol{a}}^e) \tag{10.31}$$

$$\int_0^l z(r) c_s \left(\frac{\partial z}{\partial t} \right) dr = c_s \int_0^l z(r) \left(\frac{\partial z}{\partial t} \right) dr$$

$$= c_s \int_0^l (\boldsymbol{N}_s \boldsymbol{a}^e)^{\mathrm{T}} (\boldsymbol{N}_s \dot{\boldsymbol{a}}^e) dr$$

$$= (\boldsymbol{a}^e)^{\mathrm{T}} \cdot c_s \int_0^l \boldsymbol{N}_s^{\mathrm{T}} \boldsymbol{N}_s dr \cdot (\dot{\boldsymbol{a}}^e) \tag{10.32}$$

$$-\int_0^l z(r) c_s V \left(\frac{\partial z}{\partial r} \right) dr = -c_s V \int_0^l z(r) \left(\frac{\partial z}{\partial r} \right) dr$$

$$= -c_s V \int_0^l (\boldsymbol{N}_s \boldsymbol{a}^e)^{\mathrm{T}} (\boldsymbol{N}_{s,r} \boldsymbol{a}^e) dr$$

$$= -(\boldsymbol{a}^e)^{\mathrm{T}} \cdot c_s V \int_0^l \boldsymbol{N}_s^{\mathrm{T}} \boldsymbol{N}_{s,r} dr \cdot (\boldsymbol{a}^e) \tag{10.33}$$

$$-\int_0^l z(r) c_s \left(\frac{\partial y}{\partial t} \right) dr = -c_s \int_0^l z(r) \left(\frac{\partial y}{\partial t} \right) dr$$

$$= -c_s \int_0^l (\boldsymbol{N}_s \boldsymbol{a}^e)^{\mathrm{T}} (\boldsymbol{N}_h \dot{\boldsymbol{a}}^e) dr$$

$$= -(\boldsymbol{a}^e)^{\mathrm{T}} \cdot c_s \int_0^l \boldsymbol{N}_s^{\mathrm{T}} \boldsymbol{N}_h dr \cdot (\dot{\boldsymbol{a}}^e) \tag{10.34}$$

$$\int_0^l z(r) c_s V \left(\frac{\partial y}{\partial r} \right) dr = c_s V \int_0^l z(r) \left(\frac{\partial y}{\partial r} \right) dr$$

$$= c_s V \int_0^l (\boldsymbol{N}_s \boldsymbol{a}^e)^{\mathrm{T}} (\boldsymbol{N}_{h,r} \boldsymbol{a}^e) dr$$

$$= (\boldsymbol{a}^e)^{\mathrm{T}} \cdot c_s V \int_0^l \boldsymbol{N}_s^{\mathrm{T}} \boldsymbol{N}_{h,r} dr \cdot (\boldsymbol{a}^e) \tag{10.35}$$

$$-\int_0^l z(r) c_r \left(\frac{\partial w}{\partial t} \right) dr = -c_r \int_0^l z(r) \left(\frac{\partial w}{\partial t} \right) dr$$

$$= -c_r \int_0^l (\boldsymbol{N}_s \boldsymbol{a}^e)^{\mathrm{T}} (\boldsymbol{N}_r \dot{\boldsymbol{a}}^e) dr$$

$$= -(\boldsymbol{a}^e)^{\mathrm{T}} \cdot c_r \int_0^l \boldsymbol{N}_s^{\mathrm{T}} \boldsymbol{N}_r dr \cdot (\dot{\boldsymbol{a}}^e) \tag{10.36}$$

$$\int_0^l z(r) c_r V \left(\frac{\partial w}{\partial r} \right) dr = c_r V \int_0^l z(r) \left(\frac{\partial w}{\partial r} \right) dr$$

$$= c_r V \int_0^l (\boldsymbol{N}_s \boldsymbol{a}^e)^{\mathrm{T}} (\boldsymbol{N}_{r,r} \boldsymbol{a}^e) dr$$

$$= (\boldsymbol{a}^e)^{\mathrm{T}} \cdot c_r V \int_0^l \boldsymbol{N}_s^{\mathrm{T}} \boldsymbol{N}_{r,r} \mathrm{d}r \cdot (\boldsymbol{a}^e) \qquad (10.37)$$

$$\int_0^l z(r) c_r \left(\frac{\partial z}{\partial t}\right) \mathrm{d}r = c_r \int_0^l z(r) \left(\frac{\partial z}{\partial t}\right) \mathrm{d}r$$

$$= c_r \int_0^l (\boldsymbol{N}_s \boldsymbol{a}^e)^{\mathrm{T}} (\boldsymbol{N}_s \dot{\boldsymbol{a}}^e) \mathrm{d}r$$

$$= (\boldsymbol{a}^e)^{\mathrm{T}} \cdot c_r \int_0^l \boldsymbol{N}_s^{\mathrm{T}} \boldsymbol{N}_s \mathrm{d}r \cdot (\dot{\boldsymbol{a}}^e) \qquad (10.38)$$

$$-\int_0^l z(r) c_r V \left(\frac{\partial z}{\partial r}\right) \mathrm{d}r = -c_r V \int_0^l z(r) \left(\frac{\partial z}{\partial r}\right) \mathrm{d}r$$

$$= -c_r V \int_0^l (\boldsymbol{N}_s \boldsymbol{a}^e)^{\mathrm{T}} (\boldsymbol{N}_{s,r} \boldsymbol{a}^e) \mathrm{d}r$$

$$= -(\boldsymbol{a}^e)^{\mathrm{T}} \cdot c_r V \int_0^l \boldsymbol{N}_s^{\mathrm{T}} \boldsymbol{N}_{s,r} \mathrm{d}r \cdot (\boldsymbol{a}^e) \qquad (10.39)$$

$$\int_0^l z(r) k_s z(r) \mathrm{d}r = k_s \int_0^l z(r)^2 \mathrm{d}r$$

$$= k_s \int_0^l (\boldsymbol{N}_s \boldsymbol{a}^e)^{\mathrm{T}} (\boldsymbol{N}_s \boldsymbol{a}^e) \mathrm{d}r$$

$$= (\boldsymbol{a}^e)^{\mathrm{T}} \cdot k_s \int_0^l \boldsymbol{N}_s^{\mathrm{T}} \boldsymbol{N}_s \mathrm{d}r \cdot (\boldsymbol{a}^e) \qquad (10.40)$$

$$-\int_0^l z(r) k_s y(r) \mathrm{d}r = -k_s \int_0^l z(r) y(r) \mathrm{d}r$$

$$= -k_s \int_0^l (\boldsymbol{N}_s \boldsymbol{a}^e)^{\mathrm{T}} (\boldsymbol{N}_h \boldsymbol{a}^e) \mathrm{d}r$$

$$= -(\boldsymbol{a}^e)^{\mathrm{T}} \cdot k_s \int_0^l \boldsymbol{N}_s^{\mathrm{T}} \boldsymbol{N}_h \mathrm{d}r \cdot (\boldsymbol{a}^e) \qquad (10.41)$$

$$-\int_0^l z(r) k_r w(r) \mathrm{d}r = -k_r \int_0^l z(r) w(r) \mathrm{d}r$$

$$= -k_r \int_0^l (\boldsymbol{N}_s \boldsymbol{a}^e)^{\mathrm{T}} (\boldsymbol{N}_r \boldsymbol{a}^e) \mathrm{d}r$$

$$= -(\boldsymbol{a}^e)^{\mathrm{T}} \cdot k_r \int_0^l \boldsymbol{N}_s^{\mathrm{T}} \boldsymbol{N}_r \mathrm{d}r \cdot (\boldsymbol{a}^e) \qquad (10.42)$$

$$\int_0^l z(r) k_r z(r) \mathrm{d}r = k_r \int_0^l z(r)^2 \mathrm{d}r$$

$$= k_r \int_0^l (\boldsymbol{N}_s \boldsymbol{a}^e)^{\mathrm{T}} (\boldsymbol{N}_s \boldsymbol{a}^e) \mathrm{d}r$$

$$= (\boldsymbol{a}^e)^{\mathrm{T}} \cdot k_r \int_0^l \boldsymbol{N}_s^{\mathrm{T}} \boldsymbol{N}_s \mathrm{d}r \cdot (\boldsymbol{a}^e) \qquad (10.43)$$

运用能量原理,可以得到板式轨道移动单元第二层梁的质量、阻尼和刚度矩阵,即

$$\boldsymbol{m}_s^e = m_s \int_0^l \boldsymbol{N}_s^{\mathrm{T}} \boldsymbol{N}_s \mathrm{d}r \tag{10.44}$$

$$\boldsymbol{c}_s^e = -2m_s V \int_0^l \boldsymbol{N}_s^{\mathrm{T}} \boldsymbol{N}_{s,r} \mathrm{d}r + c_s \int_0^l \boldsymbol{N}_s^{\mathrm{T}} \boldsymbol{N}_s \mathrm{d}r - c_s \int_0^l \boldsymbol{N}_s^{\mathrm{T}} \boldsymbol{N}_h \mathrm{d}r$$

$$- c_r \int_0^l \boldsymbol{N}_s^{\mathrm{T}} \boldsymbol{N}_r \mathrm{d}r + c_r \int_0^l \boldsymbol{N}_s^{\mathrm{T}} \boldsymbol{N}_s \mathrm{d}r \tag{10.45}$$

$$\boldsymbol{k}_s^e = E_s I_s \int_0^l \boldsymbol{N}_{s,rr}^{\mathrm{T}} \boldsymbol{N}_{s,rr} \mathrm{d}r - m_s V^2 \int_0^l \boldsymbol{N}_{s,r}^{\mathrm{T}} \boldsymbol{N}_{s,r} \mathrm{d}r - c_s V \int_0^l \boldsymbol{N}_s^{\mathrm{T}} \boldsymbol{N}_{s,r} \mathrm{d}r + c_s V \int_0^l \boldsymbol{N}_s^{\mathrm{T}} \boldsymbol{N}_{h,r} \mathrm{d}r$$

$$+ c_r V \int_0^l \boldsymbol{N}_s^{\mathrm{T}} \boldsymbol{N}_{r,r} \mathrm{d}r - c_r V \int_0^l \boldsymbol{N}_s^{\mathrm{T}} \boldsymbol{N}_{s,r} \mathrm{d}r + k_s \int_0^l \boldsymbol{N}_s^{\mathrm{T}} \boldsymbol{N}_s \mathrm{d}r - k_s \int_0^l \boldsymbol{N}_s^{\mathrm{T}} \boldsymbol{N}_h \mathrm{d}r$$

$$- k_r \int_0^l \boldsymbol{N}_s^{\mathrm{T}} \boldsymbol{N}_r \mathrm{d}r + k_r \int_0^l \boldsymbol{N}_s^{\mathrm{T}} \boldsymbol{N}_s \mathrm{d}r \tag{10.46}$$

3. 移动单元第三层梁的单元矩阵

取位移函数 y 为加权函数,将控制方程式(10.7)乘以加权函数 y,可以得到控制方程的弱形式,即

$$\int_0^l y(r) \left\{ E_h I_h \frac{\partial^4 y}{\partial r^4} + m_h \left[V^2 \left(\frac{\partial^2 y}{\partial r^2} \right) - 2V \left(\frac{\partial^2 y}{\partial r \partial t} \right) + \left(\frac{\partial^2 y}{\partial t^2} \right) \right] + c_h \left[\left(\frac{\partial y}{\partial t} \right) - V \left(\frac{\partial y}{\partial r} \right) \right] \right.$$

$$\left. - c_s \left[\left(\frac{\partial z}{\partial t} \right) - V \left(\frac{\partial z}{\partial r} \right) \right] + c_s \left[\left(\frac{\partial y}{\partial t} \right) - V \left(\frac{\partial y}{\partial r} \right) \right] + k_h y - k_s (z - y) \right\} \mathrm{d}r = 0 \tag{10.47}$$

采用分部积分法,对单元长度 l 进行逐项积分,即

$$\int_0^l y(r) E_h I_h \left(\frac{\partial^4 y}{\partial r^4} \right) \mathrm{d}r = E_h I_h \int_0^l y(r) \mathrm{d} \left(\frac{\partial^3 y}{\partial r^3} \right)$$

$$= E_h I_h \left[\left(y(r) \cdot \frac{\partial^3 y}{\partial r^3} \right)_o^l - \int_0^l \frac{\partial^3 y}{\partial r^3} \cdot \frac{\partial y}{\partial r} \mathrm{d}r \right]$$

$$= -E_h I_h \int_0^l \frac{\partial y}{\partial r} \mathrm{d} \left(\frac{\partial^2 y}{\partial r^2} \right)$$

$$= -E_h I_h \left[\left(\frac{\partial y}{\partial r} \cdot \frac{\partial^2 y}{\partial r^2} \right)_o^l - \int_0^l \frac{\partial^2 y}{\partial r^2} \cdot \frac{\partial^2 y}{\partial r^2} \mathrm{d}r \right]$$

$$= E_h I_h \int_0^l (\boldsymbol{N}_{h,rr} \boldsymbol{a}^e)^{\mathrm{T}} (\boldsymbol{N}_{h,rr} \boldsymbol{a}^e) \mathrm{d}r$$

$$= (\boldsymbol{a}^e)^{\mathrm{T}} \cdot E_h I_h \int_0^l \boldsymbol{N}_{h,rr}^{\mathrm{T}} \boldsymbol{N}_{h,rr} \mathrm{d}r \cdot (\boldsymbol{a}^e) \tag{10.48}$$

$$\int_0^l y(r) m_h V^2 \left(\frac{\partial^2 y}{\partial r^2} \right) \mathrm{d}r = m_h V^2 \int_0^l y(r) \left(\frac{\partial^2 y}{\partial r^2} \right) \mathrm{d}r$$

$$= m_h V^2 \int_0^l y(r) \mathrm{d} \left(\frac{\partial y}{\partial r} \right)$$

$$= m_h V^2 \left[\left(y(r) \cdot \frac{\partial y}{\partial r} \right)_o^l - \int_0^l \frac{\partial y}{\partial r} \cdot \frac{\partial y}{\partial r} \mathrm{d}r \right]$$

$$=-m_h V^2 \int_0^l (\boldsymbol{N}_{h,r} \boldsymbol{a}^e)^{\mathrm{T}} (\boldsymbol{N}_{h,r} \boldsymbol{a}^e) \mathrm{d}r$$

$$=-(\boldsymbol{a}^e)^{\mathrm{T}} \cdot m_h V^2 \int_0^l \boldsymbol{N}_{h,r}^{\mathrm{T}} \boldsymbol{N}_{h,r} \mathrm{d}r \cdot (\boldsymbol{a}^e) \tag{10.49}$$

$$-2\int_0^l m_h V y(r) \left(\frac{\partial^2 y}{\partial r \partial t}\right) \mathrm{d}r = -2m_h V \int_0^l y(r) \left(\frac{\partial^2 y}{\partial r \partial t}\right) \mathrm{d}r$$

$$=-2m_h V \int_0^l (\boldsymbol{N}_h \boldsymbol{a}^e)^{\mathrm{T}} (\boldsymbol{N}_{h,r} \dot{\boldsymbol{a}}^e) \mathrm{d}r$$

$$=-(\boldsymbol{a}^e)^{\mathrm{T}} \cdot 2m_h V \int_0^l \boldsymbol{N}_h^{\mathrm{T}} \boldsymbol{N}_{h,r} \mathrm{d}r \cdot (\dot{\boldsymbol{a}}^e) \tag{10.50}$$

$$\int_0^l y(r) m_h \left(\frac{\partial^2 y}{\partial t^2}\right) \mathrm{d}r = m_h \int_0^l y(r) \left(\frac{\partial^2 y}{\partial t^2}\right) \mathrm{d}r$$

$$= m_h \int_0^l y(r) \left(\frac{\partial^2 y}{\partial t^2}\right) \mathrm{d}r$$

$$= m_h \int_0^l (\boldsymbol{N}_h \boldsymbol{a}^e)^{\mathrm{T}} (\boldsymbol{N}_h \ddot{\boldsymbol{a}}^e) \mathrm{d}r$$

$$= (\boldsymbol{a}^e)^{\mathrm{T}} \cdot m_h \int_0^l \boldsymbol{N}_h^{\mathrm{T}} \boldsymbol{N}_h \mathrm{d}r \cdot (\ddot{\boldsymbol{a}}^e) \tag{10.51}$$

$$\int_0^l y(r) c_h \left(\frac{\partial y}{\partial t}\right) \mathrm{d}r = c_h \int_0^l y(r) \left(\frac{\partial y}{\partial t}\right) \mathrm{d}r$$

$$= c_h \int_0^l (\boldsymbol{N}_h \boldsymbol{a}^e)^{\mathrm{T}} (\boldsymbol{N}_h \dot{\boldsymbol{a}}^e) \mathrm{d}r$$

$$= (\boldsymbol{a}^e)^{\mathrm{T}} \cdot c_h \int_0^l \boldsymbol{N}_h^{\mathrm{T}} \boldsymbol{N}_h \mathrm{d}r \cdot (\dot{\boldsymbol{a}}^e) \tag{10.52}$$

$$-\int_0^l y(r) c_h V \left(\frac{\partial y}{\partial r}\right) \mathrm{d}r = -c_h V \int_0^l y(r) \left(\frac{\partial y}{\partial r}\right) \mathrm{d}r$$

$$=-c_h V \int_0^l (\boldsymbol{N}_h \boldsymbol{a}^e)^{\mathrm{T}} (\boldsymbol{N}_{h,r} \boldsymbol{a}^e) \mathrm{d}r$$

$$=-(\boldsymbol{a}^e)^{\mathrm{T}} \cdot c_h V \int_0^l \boldsymbol{N}_h^{\mathrm{T}} \boldsymbol{N}_{h,r} \mathrm{d}r \cdot (\boldsymbol{a}^e) \tag{10.53}$$

$$-\int_0^l y(r) c_s \left(\frac{\partial z}{\partial t}\right) \mathrm{d}r = -c_s \int_0^l y(r) \left(\frac{\partial z}{\partial t}\right) \mathrm{d}r$$

$$=-c_s \int_0^l (\boldsymbol{N}_h \boldsymbol{a}^e)^{\mathrm{T}} (\boldsymbol{N}_s \dot{\boldsymbol{a}}^e) \mathrm{d}r$$

$$=-(\boldsymbol{a}^e)^{\mathrm{T}} \cdot c_s \int_0^l \boldsymbol{N}_h^{\mathrm{T}} \boldsymbol{N}_s \mathrm{d}r \cdot (\dot{\boldsymbol{a}}^e) \tag{10.54}$$

$$\int_0^l y(r) c_s V \left(\frac{\partial z}{\partial r}\right) \mathrm{d}r = c_s V \int_0^l y(r) \left(\frac{\partial z}{\partial r}\right) \mathrm{d}r$$

$$= c_s V \int_0^l (\boldsymbol{N}_h \boldsymbol{a}^e)^{\mathrm{T}} (\boldsymbol{N}_{s,r} \boldsymbol{a}^e) \mathrm{d}r$$

$$= (\boldsymbol{a}^e)^{\mathrm{T}} \cdot c_s V \int_0^l \boldsymbol{N}_h^{\mathrm{T}} \boldsymbol{N}_{s,r} \mathrm{d}r \cdot (\boldsymbol{a}^e) \tag{10.55}$$

$$\int_0^l y(r) c_s \left(\frac{\partial y}{\partial t}\right) \mathrm{d}r = c_s \int_0^l y(r) \left(\frac{\partial y}{\partial t}\right) \mathrm{d}r$$

$$= c_s \int_0^l (\boldsymbol{N}_h \boldsymbol{a}^e)^{\mathrm{T}} (\boldsymbol{N}_h \dot{\boldsymbol{a}}^e) \mathrm{d}r$$

$$= (\boldsymbol{a}^e)^{\mathrm{T}} \cdot c_s \int_0^l \boldsymbol{N}_h^{\mathrm{T}} \boldsymbol{N}_h \mathrm{d}r \cdot (\dot{\boldsymbol{a}}^e) \tag{10.56}$$

$$-\int_0^l y(r) c_s V\left(\frac{\partial y}{\partial r}\right) \mathrm{d}r = - c_s V \int_0^l y(r) \left(\frac{\partial y}{\partial r}\right) \mathrm{d}r$$

$$= - c_s V \int_0^l (\boldsymbol{N}_h \boldsymbol{a}^e)^{\mathrm{T}} (\boldsymbol{N}_{h,r} \boldsymbol{a}^e) \mathrm{d}r$$

$$= - (\boldsymbol{a}^e)^{\mathrm{T}} \cdot c_s V \int_0^l \boldsymbol{N}_h^{\mathrm{T}} \boldsymbol{N}_{h,r} \mathrm{d}r \cdot (\boldsymbol{a}^e) \tag{10.57}$$

$$\int_0^l y(r) k_h y(r) \mathrm{d}r = k_h \int_0^l y(r)^2 \mathrm{d}r$$

$$= k_h \int_0^l (\boldsymbol{N}_h \boldsymbol{a}^e)^{\mathrm{T}} (\boldsymbol{N}_h \boldsymbol{a}^e) \mathrm{d}r$$

$$= (\boldsymbol{a}^e)^{\mathrm{T}} \cdot k_h \int_0^l \boldsymbol{N}_h^{\mathrm{T}} \boldsymbol{N}_h \mathrm{d}r \cdot (\boldsymbol{a}^e) \tag{10.58}$$

$$-\int_0^l y(r) k_s z(r) \mathrm{d}r = - k_s \int_0^l y(r) z(r) \mathrm{d}r$$

$$= - k_s \int_0^l (\boldsymbol{N}_h \boldsymbol{a}^e)^{\mathrm{T}} (\boldsymbol{N}_s \boldsymbol{a}^e) \mathrm{d}r$$

$$= - (\boldsymbol{a}^e)^{\mathrm{T}} \cdot k_s \int_0^l \boldsymbol{N}_h^{\mathrm{T}} \boldsymbol{N}_s \mathrm{d}r \cdot (\boldsymbol{a}^e) \tag{10.59}$$

$$\int_0^l y(r) k_s y(r) \mathrm{d}r = k_s \int_0^l y(r)^2 \mathrm{d}r$$

$$= k_s \int_0^l (\boldsymbol{N}_h \boldsymbol{a}^e)^{\mathrm{T}} (\boldsymbol{N}_h \boldsymbol{a}^e) \mathrm{d}r$$

$$= (\boldsymbol{a}^e)^{\mathrm{T}} \cdot k_s \int_0^l \boldsymbol{N}_h^{\mathrm{T}} \boldsymbol{N}_h \mathrm{d}r \cdot (\boldsymbol{a}^e) \tag{10.60}$$

运用能量原理,可以得到板式轨道移动单元第三层梁的质量、阻尼和刚度矩阵,即

$$\boldsymbol{m}_h^e = m_h \int_0^l \boldsymbol{N}_h^{\mathrm{T}} \boldsymbol{N}_h \mathrm{d}r \tag{10.61}$$

$$\boldsymbol{c}_h^e = - 2m_h V \int_0^l \boldsymbol{N}_h^{\mathrm{T}} \boldsymbol{N}_{h,r} \mathrm{d}r + c_h \int_0^l \boldsymbol{N}_h^{\mathrm{T}} \boldsymbol{N}_h \mathrm{d}r - c_s \int_0^l \boldsymbol{N}_h^{\mathrm{T}} \boldsymbol{N}_s \mathrm{d}r + c_s \int_0^l \boldsymbol{N}_h^{\mathrm{T}} \boldsymbol{N}_h \mathrm{d}r \tag{10.62}$$

$$\boldsymbol{k}_h^e = E_h I_h \int_0^l \boldsymbol{N}_{h,rr}^{\mathrm{T}} \boldsymbol{N}_{h,rr} \mathrm{d}r - m_h V^2 \int_0^l \boldsymbol{N}_{h,r}^{\mathrm{T}} \boldsymbol{N}_{h,r} \mathrm{d}r - c_h V \int_0^l \boldsymbol{N}_h^{\mathrm{T}} \boldsymbol{N}_{h,r} \mathrm{d}r$$

$$+c_s V \int_0^l \pmb{N}_h^{\mathrm{T}} \pmb{N}_{s,r} \mathrm{d}r - c_s V \int_0^l \pmb{N}_h^{\mathrm{T}} \pmb{N}_{h,r} \mathrm{d}r + k_h \int_0^l \pmb{N}_h^{\mathrm{T}} \pmb{N}_h \mathrm{d}r - k_s \int_0^l \pmb{N}_h^{\mathrm{T}} \pmb{N}_s \mathrm{d}r$$

$$+k_s \int_0^l \pmb{N}_h^{\mathrm{T}} \pmb{N}_h \mathrm{d}r \tag{10.63}$$

最后得到板式轨道移动单元的质量、阻尼和刚度矩阵，即

$$\pmb{m}_l^e = \pmb{m}_r^e + \pmb{m}_s^e + \pmb{m}_h^e \tag{10.64}$$

$$\pmb{c}_l^e = \pmb{c}_r^e + \pmb{c}_s^e + \pmb{c}_h^e \tag{10.65}$$

$$\pmb{k}_l^e = \pmb{k}_r^e + \pmb{k}_s^e + \pmb{k}_h^e \tag{10.66}$$

按有限元集成规则组集单元质量、刚度和阻尼矩阵式(10.64)、式(10.65)和式(10.66)，可以得到板式轨道移动单元法的总质量、总刚度和总阻尼矩阵，即

$$\pmb{m}_l = \sum_e \pmb{m}_l^e, \quad \pmb{k}_l = \sum_e \pmb{k}_l^e, \quad \pmb{c}_l = \sum_e \pmb{c}_l^e \tag{10.67}$$

运用 Lagrange 方程，可以得到板式轨道移动单元法的有限元方程，即

$$\pmb{m}_l \ddot{\pmb{a}}_l + \pmb{c}_l \dot{\pmb{a}}_l + \pmb{k}_l \pmb{a}_l = \pmb{Q}_l \tag{10.68}$$

其中，$\pmb{Q}_l$ 为板式轨道的总结点荷载向量。

10.3　车辆单元模型

车辆单元模型与图 9.4 中的模型完全相同，车辆单元的刚度矩阵、质量矩阵、阻尼矩阵和结点荷载向量 $\pmb{k}_u^e$、$\pmb{m}_u^e$、$\pmb{c}_u^e$ 和 $\pmb{Q}_u^e$ 分别见式(9.58)、式(9.71)、式(9.74)和式(9.59)。

10.4　车辆-板式轨道耦合系统有限元方程

车辆-板式轨道耦合系统的有限元方程包含两种单元，即板式轨道移动单元和车辆单元，其中板式轨道移动单元的刚度矩阵、质量矩阵和阻尼矩阵分别为 $\pmb{k}_l^e$、$\pmb{m}_l^e$ 和 $\pmb{c}_l^e$，已在 10.2 节中给出了计算公式，车辆单元的刚度矩阵、质量矩阵和阻尼矩阵分别为 $\pmb{k}_u^e$、$\pmb{m}_u^e$、$\pmb{c}_u^e$ 见式(9.58)、式(9.71)和式(9.74)。在数值计算时，只需集成一次板式轨道的总刚度矩阵、总质量矩阵、总阻尼矩阵和总荷载向量，然后在每一计算时间步长中，利用标准有限元的集成方法将车辆单元的刚度矩阵、质量矩阵、阻尼矩阵和荷载向量组集到板式轨道的总刚度矩阵、总质量矩阵、总阻尼矩阵和总荷载向量中，形成车辆-板式轨道耦合系统的总刚度矩阵、总质量矩阵、总阻尼矩阵和总荷载向量。

由此可以得到车辆-板式轨道耦合系统的动力有限元方程，即

$$\pmb{M}\ddot{\pmb{a}} + \pmb{C}\dot{\pmb{a}} + \pmb{K}\pmb{a} = \pmb{Q} \tag{10.69}$$

其中，$\pmb{M}$、$\pmb{C}$、$\pmb{K}$ 和 $\pmb{Q}$ 分别为车辆-板式轨道耦合系统的总质量矩阵、总阻尼矩阵、总

刚度矩阵和总荷载向量,即

$$M = \sum_e (m_l + m_u^e), \quad C = \sum_e (c_l + c_u^e), \quad K = \sum_e (k_l + k_u^e), \quad Q = \sum_e (Q_l + Q_u^e)$$

$$(10.70)$$

车辆-板式轨道耦合系统动力有限元方程数值解可通过采用直接积分法,如 Newmark 积分法来实现。

10.5　算 例 验 证

根据上述算法,利用 Matlab 编制计算程序。为了验证模型和计算方法的正确性,现考察和谐号列车以 72km/h 在 CRTS II 型板式轨道通过时车辆和轨道结构的动力响应,并与有限元分析结果进行对比。假设线路是完全平顺的,计算中时间步长取为 0.001s,车辆参数和轨道参数分别如表 10.1 和表 10.2 所示。计算结果如图 10.6 和图 10.7[11,12] 所示。

表 10.1　和谐号高速动车 CRH3 结构参数

参数	取值	参数	取值
车体质量/kg	40 000	二系弹簧刚度/(MN/m)	0.8
构架质量/kg	3200	一系阻尼系数(kN·s/m)	100
轮对质量/kg	2400	二系阻尼系数(kN·s/m)	120
车体点头惯性/(kg·m²)	5.47×10^5	固定轴距/m	2.5
构架点头惯性/(kg·m²)	6800	构架中心距离/m	17.375
一系弹簧刚度/(MN/m)	2.08	轮轨接触刚度/(MN/m)	1.325×10^3
中间车长度/m	24.775	头车长度/m	25.675

表 10.2　CRTS II 型板式轨道结构参数

参数	取值	参数	取值
钢轨弹性模量/MPa	2.1×10^5	混凝土支承层惯性矩/m⁴	3.3×10^{-3}
钢轨惯性矩/m⁴	3.217×10^{-5}	垫板和扣件刚度系数/(MN/m)	60
钢轨质量/(kg/m)	60	垫板和扣件阻尼系数/(kN·s/m)	47.7
轨道板质量/(kg/m)	1275	CA 砂浆刚度系数/(MN/m)	900
轨道板弹性模量/MPa	3.9×10^4	CA 砂浆阻尼系数/(kN·s/m)	83
轨道板惯性矩/m⁴	8.5×10^{-5}	路基刚度系数/(MN/m)	60
混凝土支承层质量/(kg/m)	2340	路基阻尼系数/(kN·s/m)	90
混凝土支承层弹性模量/MPa	3×10^4	单元长度/m	0.5

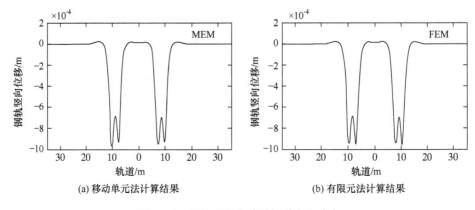

(a) 移动单元法计算结果　　　　　　(b) 有限元法计算结果

图 10.6　钢轨竖向位移沿轨道方向分布

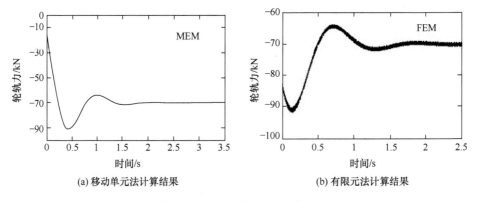

(a) 移动单元法计算结果　　　　　　(b) 有限元法计算结果

图 10.7　轮轨接触力时程曲线

　　从图 10.6 可以看出,使用本章建立的模型和计算方法得到的钢轨竖向位移和应用有限元法得到的结果吻合良好。图 10.7 为两种方法得到的轮轨接触力,因为两种算法的差异,计算结果在稳定前的图形有所不同,但是最后都稳定在车轮所承受的静荷载值上,由于假设轨道是完全平顺的,说明计算结果是准确的,证明了本算法和模型的正确性和可行性。

10.6　高速列车-板式轨道耦合系统动力分析

　　作为应用实例,分析高速列车整车通过时,车辆和轨道结构的动力响应。车辆为我国 CRH3 高速动车,轨道结构为 CRTS Ⅱ 型板式轨道,分别如图 10.8 和图 10.9 所示,其车辆参数和轨道参数如表 10.1 和表 10.2 所示。取列车速度为 200km/h,采用德国低干扰谱模拟轨道不平顺,不平顺样本如图 10.10 所示。计算中时间步长取 0.001s。由于初始条件的影响,计算结果的前几秒响应通常是不准确的。下面给出的是计算稳定后 5s 内的动力响应时程曲线图,包括车体加速度,钢轨、轨道板和混凝土支承层位移、速度、加速度,以及轮轨接触力[11,12]。

图 10.8　CRH3 型和谐号高速列车

图 10.9　高速铁路路基段板式轨道

在钢轨存在随机不平顺的情况下,轮轨相互作用明显增加。图 10.11、图 10.12 和图 10.13 依次为第二车轮接触处钢轨、轨道板和混凝土支承层的竖向位移时程曲线,由于轨道存在随机不平顺,钢轨、轨道板和混凝土支承层的位移值是振荡的。

图 10.14～图 10.16 分别表示沿轨道方向钢轨、轨道板和混凝土支承层竖向位移分布图。图 10.14 钢轨位移图中存在四个明显的峰值点,对应的是四个车轮作用处。图 10.15 中轨道板位移则只有两个圆滑的峰值点,最大值也小了很多,相同的情况也出现在图 10.16 混凝土支承层的位移中,说明经过轨下垫板和扣件及

CA 砂浆的作用,列车运行时产生的附加动荷载有明显的减小。

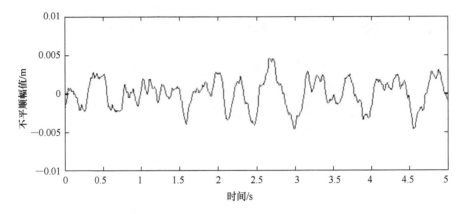

图 10.10　德国低干扰谱样本

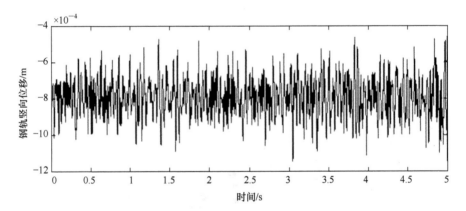

图 10.11　钢轨竖向位移时程曲线

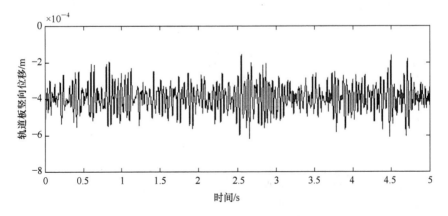

图 10.12　轨道板竖向位移时程曲线

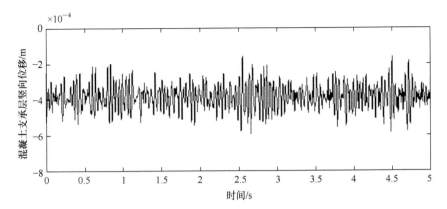

图 10.13　混凝土支承层竖向位移时程曲线

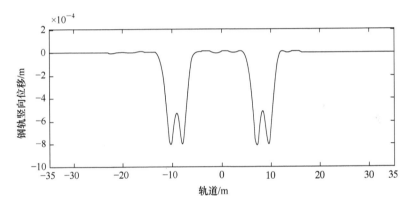

图 10.14　沿轨道方向钢轨竖向位移分布图

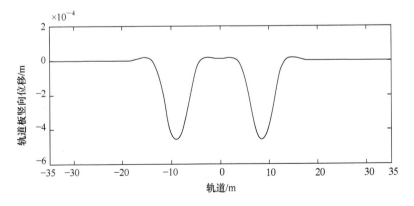

图 10.15　沿轨道方向轨道板竖向位移分布图

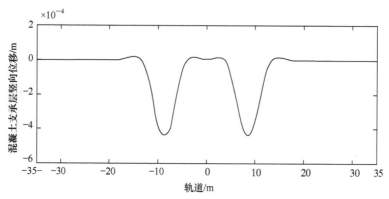

图 10.16　沿轨道方向混凝土支承层竖向位移分布图

图 10.17～图 10.19 分别表示第二车轮接触处钢轨、轨道板和混凝土支承层的振动速度时程曲线。由此可见,钢轨、轨道板和混凝土支承层的速度值也呈现出依次衰减的规律。图 10.20～图 10.22 为第二车轮接触处钢轨、轨道板和混凝土支承层的振动加速度时程曲线,由于轨下垫板和扣件及 CA 砂浆的作用,轨道板和混凝土支承层的加速度峰值也明显减小。

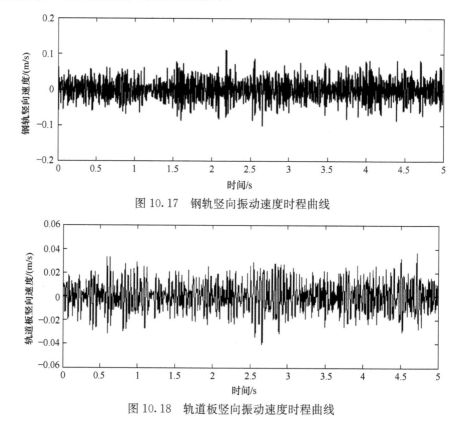

图 10.17　钢轨竖向振动速度时程曲线

图 10.18　轨道板竖向振动速度时程曲线

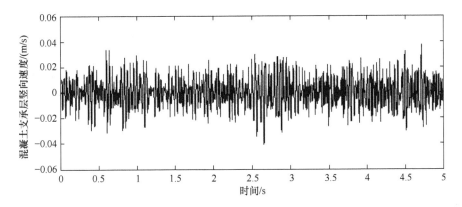

图 10.19　混凝土支承层竖向振动速度时程曲线

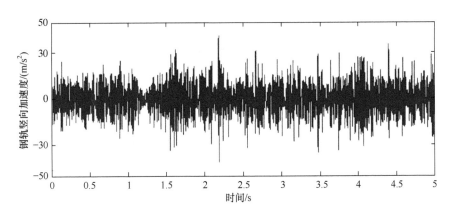

图 10.20　钢轨竖向振动加速度时程曲线

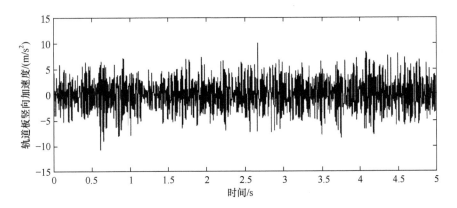

图 10.21　轨道板竖向振动加速度时程曲线

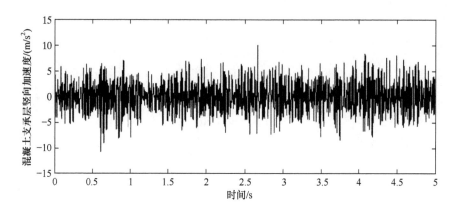

图 10.22　混凝土支承层竖向振动加速度时程曲线

图 10.23 表示车体振动加速度时程曲线,车体加速度是衡量乘客舒适度的一项重要指标。在列车速度为 200km/h 和德国低干扰谱高低不平顺的作用下,车体加速度振幅在合理范围内,说明舒适度可以得到保证。

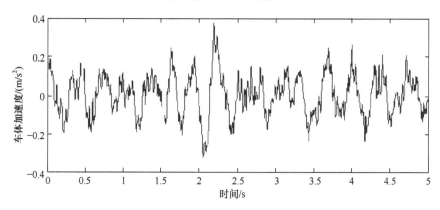

图 10.23　车体振动加速度时程曲线

图 10.24 为轮轨接触力时程曲线,可以看出轮轨接触力围绕静载 70kN 上下波动,最大峰值不超过 120kN。

本章讨论了车辆-轨道耦合系统动力分析的移动单元算法,建立了板式轨道三层连续梁模型,并推导了板式轨道移动单元的质量、阻尼和刚度矩阵。车辆为考虑了 26 个自由度的整车模型。该算法综合了移动单元法和有限元法的优点,一是由于轮轨接触点不变,消除了在计算过程中必须追踪每个单元的接触点,因而提高了计算效率;二是计算中车辆永远不会到达边界,消除了边界对计算结果的影响,提高了分析精度。其缺点是必须假设轨道结构是连续的,这与钢轨是离散点支承的实际是有差别的。

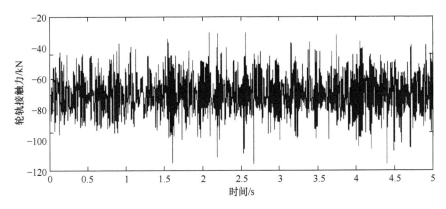

图 10.24　轮轨接触力时程曲线

参 考 文 献

[1] Grassie S L, Gregory R W, Harrison D, et al. The dynamic response of railway track to high frequency vertical excitation[J]. Journal of Mechanical Engineering Science, 1982, 24: 77-90.

[2] Eisenmann J. Redundancy of Rheda-type slab track[J]. Eisenbahningenieur, 2002, 53(10): 13-18.

[3] 翟婉明. 车辆-轨道垂向耦合动力学[D]. 成都：西南交通大学博士学位论文, 1991.

[4] 翟婉明. 车辆-轨道垂向系统的统一模型及其耦合动力学原理[J]. 铁道学报, 1992, 14(3): 10-21.

[5] 向俊, 赫丹. 高速列车与博格板式轨道系统竖向振动分析模型[J]. 交通运输工程学报, 2007, 7(3): 1-5.

[6] 赫丹, 向俊, 曾庆元. 一种无砟轨道动力学建模的新方法[J]. 中南大学学报, 2007, 12(6): 1206-1211.

[7] 雷晓燕, 圣小珍. 现代轨道理论研究(3 版)[M]. 北京：中国铁道出版社, 2008.

[8] 雷晓燕, 张斌, 刘庆杰. 列车-轨道系统竖向动力分析的车辆轨道单元模型[J]. 振动与冲击, 2009, 29(3): 168-173.

[9] 谢伟平, 镇斌. 移动荷载下 Winkler 梁稳态动力响应分析[J]. 武汉理工大学学报, 2005, 27(7): 61-63.

[10] Koh C G, Ong J S Y, Chua D K H, et al. Moving element method for train-track dynamics[J]. International Journal for Numerical Methods in Engineering, 2003, 56: 1549-1567.

[11] 王健. 高速铁路无砟轨道动力特性分析的移动单元法[D]. 南昌：华东交通大学硕士学位论文, 2012.

[12] Lei X Y, Wang J. Dynamic analysis of the train and slab track coupling system with finite elements in a moving frame of reference[J]. Journal of Vibration and Control, 2014, 20(9): 1301-1317.

第十一章　车辆-轨道-路基-大地耦合系统竖向动力分析模型

前面的第六章～第十章论述了各种车辆-轨道耦合系统动力分析模型及算法，在这些模型中，没有考虑大地的影响，同时将路基简化成黏弹性阻尼元件。准确分析列车对轨道结构的动力作用需要考虑车辆、轨道、路基和大地的相互作用[1-6]。本章将在前述模型的基础上，建立包含车辆-轨道-路基和大地为一体的竖向耦合振动分析模型，并讨论其数值方法。

11.1　移动荷载作用下板式轨道-路堤-大地系统模型

图 11.1 为板式轨道-路堤-大地耦合系统模型图[7]。考虑钢轨、轨道板和混凝土底座为无限长的 Euler 梁；轨下垫板及扣件、CA 砂浆调整层的刚度和阻尼采用均布的线性弹簧和阻尼器模拟。大地简化为三维层状大地模型。由于基床和路堤本体的宽度一般相差较大，因此将基床和路堤本体分开考虑。将基床划归到轨道结构模型中，忽略基床的弯曲刚度，将基床考虑为弹性质量块，具有沿轨道方向均匀分布的质量、垂向刚度和阻尼。路基本体考虑为覆盖在大地表面三维空间的层状土。将板式轨道-路堤-大地系统划分为上部和下部两部分。上面部分为板式轨道-基床系统，考虑为一个沿 x 方向的一维无限体；下面部分为路堤本体-大地系统，考虑为一个半无限大的三维体。两者在路堤本体中心线上保持接触，接触宽度记为 $2b$（基床底部的宽度）。

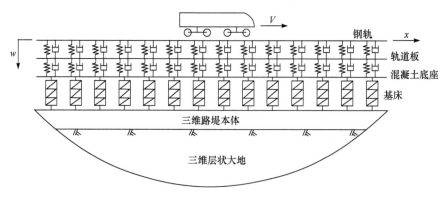

图 11.1　板式轨道-路堤-大地耦合系统模型

11.1.1　板式轨道-基床系统动力方程及解

钢轨梁的振动微分方程为

$$EI_r \frac{\partial^4 w_r}{\partial x^4} + m_r \ddot{w}_r + k_p (w_r - y_s) + c_p (\dot{w}_r - \dot{y}_s) = P(x,t) \tag{11.1}$$

其中，$P(x,t) = \sum_{l=1}^{M} P_l e^{i\Omega t} \delta(x - Vt - a_l)$。

轨道板的振动微分方程为

$$EI_s \frac{\partial^4 y_s}{\partial x^4} + m_s \ddot{y}_s - k_p (w_r - y_s) - c_p (\dot{w}_r - \dot{y}_s) + k_s (y_s - y_d) + c_s (\dot{y}_s - \dot{y}_d) = 0 \tag{11.2}$$

混凝土底座的振动微分方程为

$$EI_d \frac{\partial^4 y_d}{\partial x^4} + m_d \ddot{y}_d - k_s (y_s - y_d) - c_s (\dot{y}_s - \dot{y}_d) = -F_3 \tag{11.3}$$

由于路基基床较厚(一般 2.5～3m)，因此假定基床垂向位移沿厚度方向线性变化，采用近似的一致质量矩阵表示惯性的影响，基床的振动微分方程为

$$\frac{m_c}{6} \begin{bmatrix} 2 & 1 \\ 1 & 2 \end{bmatrix} \begin{Bmatrix} \ddot{y}_d \\ \ddot{y}_c \end{Bmatrix} + k_c \begin{bmatrix} 1 & -1 \\ -1 & 1 \end{bmatrix} \begin{Bmatrix} y_d \\ y_c \end{Bmatrix} + c_c \begin{bmatrix} 1 & -1 \\ -1 & 1 \end{bmatrix} \begin{Bmatrix} \dot{y}_d \\ \dot{y}_c \end{Bmatrix} = \begin{Bmatrix} F_3 \\ -F_4 \end{Bmatrix} \tag{11.4}$$

在式(11.1)～式(11.4)中，各符号参数的含义如下：($\cdot$)和($\cdots$)表示对 t 求一阶导数和二阶导数；w_r、y_s、y_d 和 y_c 分别为 $w_r(x,t)$、$y_s(x,t)$、$y_d(x,t)$ 和 $y_c(x,t)$ 的简写，表示钢轨、轨道板、混凝土底座和基床底的垂向位移；EI_r、EI_s 和 EI_d 分别为钢轨、轨道板和混凝土底座的抗弯刚度；m_r、m_s、m_d 和 m_c 分别为单位长度钢轨、轨道板、混凝土底座和基床的质量；k_p、k_s、k_c 和 c_p、c_s、c_c 分别为单位长度轨下垫板及扣件、CA 砂浆调整层、基床的刚度和阻尼；F_3 和 F_4 分别为 $F_3(x,t)$ 和 $F_4(x,t)$ 的简写，表示混凝土底座和基床之间、基床和路堤本体之间的作用力；δ 为 Dirac 函数；V 为列车运行速度；$P_l e^{i\Omega t}$ 为第 l 个轮载，可表示移动轴荷载或谐波轨道不平顺引起的动态轮轨力，荷载频率为 Ω，单位 rad/s，荷载幅值为 P_l，方向向下为正；a_l 为 $t=0$ 时第 l 个轮载距原点距离；M 表示轮载总数。

定义 x 方向的傅里叶变换与逆变换为

$$\widetilde{f}(\beta,t) = \int_{-\infty}^{+\infty} f(x,t) e^{-i\beta x} dx, \quad f(x,t) = \frac{1}{2\pi} \int_{-\infty}^{+\infty} \widetilde{f}(\beta,t) e^{i\beta x} d\beta \tag{11.5}$$

其中，β 为空间坐标 x 对应的振动波数，单位 rad/m。

对式(11.1)～式(11.4)作 x 方向的傅里叶变换，整理得

$$EI_r \beta^4 \widetilde{w}_r(\beta,t) + m_r \frac{\partial^2 \widetilde{w}_r(\beta,t)}{\partial t^2} + k_p [\widetilde{w}_r(\beta,t) - \widetilde{y}_s(\beta,t)] + c_p \left[\frac{\partial \widetilde{w}_r(\beta,t)}{\partial t} - \frac{\partial \widetilde{y}_s(\beta,t)}{\partial t} \right] = \widetilde{P}(\beta,t) \tag{11.6}$$

$$EI_s\beta^4\tilde{y}_s(\beta,t)+m_s\frac{\partial^2\tilde{y}_s(\beta,t)}{\partial t^2}-k_p[\tilde{w}_r(\beta,t)-\tilde{y}_s(\beta,t)]-c_p\left[\frac{\partial\tilde{w}_r(\beta,t)}{\partial t}-\frac{\partial\tilde{y}_s(\beta,t)}{\partial t}\right]$$

$$+k_s[\tilde{y}_s(\beta,t)-\tilde{y}_d(\beta,t)]+c_s\left[\frac{\partial\tilde{y}_s(\beta,t)}{\partial t}-\frac{\partial\tilde{y}_d(\beta,t)}{\partial t}\right]=0 \tag{11.7}$$

$$EI_d\beta^4\tilde{y}_d(\beta,t)+\left[m_d+\frac{m_c}{3}\right]\frac{\partial^2\tilde{y}_d(\beta,t)}{\partial t^2}+\frac{m_c}{6}\frac{\partial^2\tilde{y}_c(\beta,t)}{\partial t^2}-k_s[\tilde{y}_s(\beta,t)-\tilde{y}_d(\beta,t)]$$

$$-c_s\left[\frac{\partial\tilde{y}_s(\beta,t)}{\partial t}-\frac{\partial\tilde{y}_d(\beta,t)}{\partial t}\right]+k_c[\tilde{y}_d(\beta,t)-\tilde{y}_c(\beta,t)]+c_c\left[\frac{\partial\tilde{y}_d(\beta,t)}{\partial t}-\frac{\partial\tilde{y}_c(\beta,t)}{\partial t}\right]=0$$

$$\tag{11.8}$$

$$\frac{m_c}{6}\frac{\partial^2\tilde{y}_d(\beta,t)}{\partial t^2}+\frac{m_c}{3}\frac{\partial^2\tilde{y}_c(\beta,t)}{\partial t^2}-k_c[\tilde{y}_d(\beta,t)-\tilde{y}_c(\beta,t)]-c_c\left[\frac{\partial\tilde{y}_d(\beta,t)}{\partial t}-\frac{\partial\tilde{y}_c(\beta,t)}{\partial t}\right]$$

$$=-\tilde{F}_4(\beta,t) \tag{11.9}$$

其中,$\tilde{w}_r(\beta,t)$、$\tilde{y}_s(\beta,t)$、$\tilde{y}_d(\beta,t)$、$\tilde{y}_c(\beta,t)$、$\tilde{F}_4(\beta,t)$和$\tilde{P}(\beta,t)$分别为$w_r(x,t)$、$y_s(x,t)$、$y_d(x,t)$、$y_c(x,t)$、$F_4(x,t)$和$P(x,t)$对应的傅里叶变换,$\tilde{P}(\beta,t)=\sum_{l=1}^{M}P_l\mathrm{e}^{-\mathrm{i}\beta x_l}\mathrm{e}^{\mathrm{i}(\Omega-\beta V)t}$。

求解式(11.6)~式(11.9)的稳态位移解,设

$$\tilde{w}_r(\beta,t)=\overline{w}_r(\beta)\mathrm{e}^{\mathrm{i}(\Omega-\beta V)t}$$
$$\tilde{y}_s(\beta,t)=\overline{y}_s(\beta)\mathrm{e}^{\mathrm{i}(\Omega-\beta V)t}$$
$$\tilde{y}_d(\beta,t)=\overline{y}_d(\beta)\mathrm{e}^{\mathrm{i}(\Omega-\beta V)t}$$
$$\tilde{y}_c(\beta,t)=\overline{y}_c(\beta)\mathrm{e}^{\mathrm{i}(\Omega-\beta V)t} \tag{11.10}$$
$$\tilde{F}_4(\beta,t)=\overline{F}_4(\beta)\mathrm{e}^{\mathrm{i}(\Omega-\beta V)t}$$
$$\tilde{P}(\beta,t)=\overline{P}(\beta)\mathrm{e}^{\mathrm{i}(\Omega-\beta V)t}$$

其中,$\overline{P}(\beta)=\sum_{l=1}^{M}P_l\mathrm{e}^{-\mathrm{i}\beta x_l}$。

令$\omega=\Omega-\beta V$,将式(11.10)代入式(11.6)~式(11.9)得

$$EI_r\beta^4\overline{w}_r(\beta)-m_r\omega^2\overline{w}_r(\beta)+(k_p+\mathrm{i}\omega c_p)[\overline{w}_r(\beta)-\overline{y}_s(\beta)]=\overline{P}(\beta) \tag{11.11}$$

$$EI_s\beta^4\overline{y}_s(\beta)-m_s\omega^2\overline{y}_s(\beta)-(k_p+\mathrm{i}\omega c_p)[\overline{w}_r(\beta)-\overline{y}_s(\beta)]$$
$$+(k_s+\mathrm{i}\omega c_s)[\overline{y}_s(\beta)-\overline{y}_d(\beta)]=0 \tag{11.12}$$

$$EI_d\beta^4\overline{y}_d(\beta)-\left(m_d+\frac{m_c}{3}\right)\omega^2\overline{y}_d(\beta)-\frac{m_c}{6}\omega^2\overline{y}_c(\beta)-(k_s+\mathrm{i}\omega c_s)[\overline{y}_s(\beta)-\overline{y}_d(\beta)]$$

$$+(k_c+\mathrm{i}\omega c_c)[\overline{y}_d(\beta)-\overline{y}_c(\beta)]=0 \tag{11.13}$$

$$-\frac{m_c}{6}\omega^2\overline{y}_d(\beta)-\frac{m_c}{3}\omega^2\overline{y}_c(\beta)-(k_c+\mathrm{i}\omega c_c)[\overline{y}_d(\beta)-\overline{y}_c(\beta)]=-\overline{F}_4(\beta) \tag{11.14}$$

式(11.11)~式(11.14)共有4个方程,5个未知量,需通过基床和路堤本体-

层状大地系统的耦合关系求解。

11.1.2　路堤本体-大地系统动力方程及解

路基本体考虑为覆盖在大地表面的层状土,路堤本体-大地系统可以简化为三维层状大地模型。设基床与路堤本体之间的接触力 $F_4(x,t)$ 均匀分布于路堤本体表面,接触宽度 $2b$(基床底部的宽度),则作用于路堤本体表面的谐荷载为[7]

$$p_x = 0$$
$$p_y = 0$$
$$p_z = \begin{cases} \dfrac{F_4(x,t)}{2b}, & -b \leqslant y \leqslant b \\ 0, & \text{其他} \end{cases} \qquad (11.15)$$

对式(11.15)作傅里叶变换,并结合式(11.10),可得傅里叶变换域内谐荷载幅值为

$$\overline{p}_x = 0$$
$$\overline{p}_y = 0$$
$$\overline{p}_z = \dfrac{\overline{F}_4(\beta)\sin\gamma b}{\gamma b} \qquad (11.16)$$

其中,β 和 γ 分别为空间坐标 x 和 y 对应的振动波数,单位 rad/m。

将式(11.16)代入文献[7]第二章的式(2.16),可得傅里叶变换域内路堤本体表面位移幅值为

$$\overline{u}_{10}(\beta,\gamma,\omega) = \overline{Q}_{13}(\beta,\gamma,\omega)\dfrac{\sin\gamma b}{\gamma b}\overline{F}_4(\beta)$$

$$\overline{v}_{10}(\beta,\gamma,\omega) = \overline{Q}_{23}(\beta,\gamma,\omega)\dfrac{\sin\gamma b}{\gamma b}\overline{F}_4(\beta) \qquad (11.17)$$

$$\overline{w}_{10}(\beta,\gamma,\omega) = \overline{Q}_{33}(\beta,\gamma,\omega)\dfrac{\sin\gamma b}{\gamma b}\overline{F}_4(\beta)$$

其中,$\overline{Q}(\beta,\gamma,\omega)$ 为傅里叶变换域内移动动柔度矩阵,详细推导参见文献[7]第二章的 2.2 节。

对于层状半无限域大地,$\overline{Q}(\beta,\gamma,\omega)$ 的一般表达式为

$$\overline{Q}(\beta,\gamma,\omega) = \begin{bmatrix} \overline{Q}_{11} & \overline{Q}_{12} & \overline{Q}_{13} \\ \overline{Q}_{21} & \overline{Q}_{22} & \overline{Q}_{23} \\ \overline{Q}_{31} & \overline{Q}_{32} & \overline{Q}_{33} \end{bmatrix} = -(\boldsymbol{RS}^{-1}\boldsymbol{T}_{21} - \boldsymbol{T}_{11})^{-1}(\boldsymbol{T}_{12} - \boldsymbol{RS}^{-1}\boldsymbol{T}_{22})$$

$$(11.18)$$

其中,$\boldsymbol{R}$ 为傅里叶变换域内弹性半空间土层顶面位移表达式的系数矩阵;$\boldsymbol{S}$ 为傅里叶变换域内弹性半空间土层顶面应力表达式的系数矩阵;$\boldsymbol{T}$ 为传递矩阵[7]。

特殊情况下，当大地仅为无限大弹性半空间体时，则有

$$\overline{\boldsymbol{Q}}(\beta,\gamma,\omega)=-\boldsymbol{R}\boldsymbol{S}^{-1} \tag{11.19}$$

其中，当 $\omega\neq0$ 时，有

$$\boldsymbol{R}=\begin{bmatrix} -\dfrac{\mathrm{i}\beta}{k_{\infty,1}^2} & 1 & 0 \\[2mm] -\dfrac{\mathrm{i}\gamma}{k_{\infty,1}^2} & 0 & 1 \\[2mm] \dfrac{\alpha_{\infty,1}}{k_{\infty,1}^2} & \dfrac{\mathrm{i}\beta}{\alpha_{\infty,2}} & \dfrac{\mathrm{i}\gamma}{\alpha_{\infty,2}} \end{bmatrix} \tag{11.20}$$

$$\boldsymbol{S}=\begin{bmatrix} \dfrac{2\mathrm{i}\mu_\infty\beta\alpha_{\infty,1}}{k_{\infty,1}^2} & -\dfrac{\mu_\infty(\beta^2+\alpha_{\infty,2}^2)}{\alpha_{\infty,2}} & -\dfrac{\mu_\infty\beta\gamma}{\alpha_{\infty,2}} \\[3mm] \dfrac{2\mathrm{i}\mu_\infty\gamma\alpha_{\infty,1}}{k_{\infty,1}^2} & -\dfrac{\mu_\infty\gamma\beta}{\alpha_{\infty,2}} & -\dfrac{\mu_\infty(\gamma^2+\alpha_{\infty,2}^2)}{\alpha_{\infty,2}} \\[3mm] \lambda_{n+1}-\dfrac{2\mu_\infty\alpha_{\infty,1}^2}{k_{\infty,1}^2} & -2\mathrm{i}\mu_\infty\beta & -2\mathrm{i}\mu_\infty\gamma \end{bmatrix} \tag{11.21}$$

当 $\omega=0$ 时，有

$$\boldsymbol{R}=\begin{bmatrix} 0 & 1 & 0 \\[2mm] 0 & 0 & 1 \\[2mm] -\dfrac{\lambda_\infty+3\mu_\infty}{2\alpha_{\infty,1}\mu_\infty} & \dfrac{\mathrm{i}\beta}{\alpha_{\infty,1}} & \dfrac{\mathrm{i}\gamma}{\alpha_{\infty,1}} \end{bmatrix} \tag{11.22}$$

$$\boldsymbol{S}=\begin{bmatrix} -\dfrac{\mathrm{i}\beta\mu_\infty}{\alpha_{\infty,1}} & -\dfrac{\beta^2\mu_\infty+\alpha_{\infty,1}^2\mu_\infty}{\alpha_{\infty,1}} & -\dfrac{\beta\gamma\mu_\infty}{\alpha_{\infty,1}} \\[3mm] -\dfrac{\mathrm{i}\gamma\mu_\infty}{\alpha_{\infty,1}} & -\dfrac{\beta\gamma\mu_\infty}{\alpha_{\infty,1}} & -\dfrac{\gamma^2\mu_\infty+\alpha_{\infty,1}^2\mu_\infty}{\alpha_{\infty,1}} \\[3mm] \lambda_\infty+2\mu_\infty & -2\mathrm{i}\mu_\infty\beta & -2\mathrm{i}\mu_\infty\gamma \end{bmatrix} \tag{11.23}$$

在式(11.20)~式(11.23)中，下角标"∞"表示无限大弹性半空间体中的物理量，$\alpha_{\infty,1}^2=\beta^2+\gamma^2-k_{\infty,1}^2$，$k_{\infty,1}^2=\dfrac{\rho_\infty\omega^2}{\lambda_\infty+2\mu_\infty}$，$\alpha_{\infty,2}^2=\beta^2+\gamma^2-k_{\infty,2}^2$，$k_{\infty,2}^2=\dfrac{\rho_\infty\omega^2}{\mu_\infty}$，$\lambda_\infty=\dfrac{\nu_\infty E_\infty(1+\mathrm{i}\eta_\infty\operatorname{sgn}(\omega))}{(1+\nu_\infty)(1-2\nu_\infty)}$，$\mu_\infty=\dfrac{E_\infty(1+\mathrm{i}\eta_\infty\operatorname{sgn}(\omega))}{2(1+\nu_\infty)}$。其中，$E_\infty[1+\mathrm{i}\eta_\infty\operatorname{sgn}(\omega)]$ 为考虑阻尼时的无限大弹性半空间体弹性模量；$\operatorname{sgn}(\omega)$ 表示符号函数，当 $\omega>0$，$\operatorname{sgn}(\omega)=1$，当 $\omega<0$，$\operatorname{sgn}(\omega)=-1$，$\omega$ 为振动角频率；η_∞ 为损失因子；ν_∞ 为泊松比。

将式(11.17)代入文献[7]的式(2.13)，可以得到傅里叶变换域内路堤本体表面的稳态位移为

$$\tilde{u}_{10}(\beta,\gamma,t) = \bar{u}_{10}(\beta,\gamma)\mathrm{e}^{\mathrm{i}(\Omega-\beta V)t} = \bar{Q}_{13}(\beta,\gamma,\omega)\frac{\sin\gamma b}{\gamma b}\bar{F}_4(\beta)\mathrm{e}^{\mathrm{i}(\Omega-\beta V)t}$$

$$\tilde{v}_{10}(\beta,\gamma,t) = \bar{v}_{10}(\beta,\gamma)\mathrm{e}^{\mathrm{i}(\Omega-\beta V)t} = \bar{Q}_{23}(\beta,\gamma,\omega)\frac{\sin\gamma b}{\gamma b}\bar{F}_4(\beta)\mathrm{e}^{\mathrm{i}(\Omega-\beta V)t} \quad (11.24)$$

$$\tilde{w}_{10}(\beta,\gamma,t) = \bar{w}_{10}(\beta,\gamma)\mathrm{e}^{\mathrm{i}(\Omega-\beta V)t} = \bar{Q}_{33}(\beta,\gamma,\omega)\frac{\sin\gamma b}{\gamma b}\bar{F}_4(\beta)\mathrm{e}^{\mathrm{i}(\Omega-\beta V)t}$$

对式(11.24)作傅里叶逆变换可以得到空间域内路堤本体表面位移 $u_{10}(x,y,t)$、$v_{10}(x,y,t)$ 和 $w_{10}(x,y,t)$。

11.1.3　板式轨道-路堤-大地系统耦合振动

由基床与路堤本体接触面中心线 $y=0$ 处竖向位移连续[7]，得

$$y_c(x,t) = w_{10}(x,y,t)\big|_{y=0} = w_{10}(x,0,t) \quad (11.25)$$

其中

$$w_{10}(x,0,t) = \frac{1}{4\pi^2}\int_{-\infty}^{\infty}\int_{-\infty}^{\infty}\tilde{w}_{10}(\beta,\gamma,t)\mathrm{e}^{\mathrm{i}(\beta x+\gamma y)}\mathrm{d}\beta\mathrm{d}\gamma\bigg|_{y=0} = \frac{1}{4\pi^2}\int_{-\infty}^{\infty}\int_{-\infty}^{\infty}\tilde{w}_{10}(\beta,\gamma,t)\mathrm{e}^{\mathrm{i}\beta x}\mathrm{d}\beta\mathrm{d}\gamma \quad (11.26)$$

对式(11.25)作 x 方向的傅里叶变换，并联合式(11.26)可得

$$\bar{y}_c(\beta,t) = \frac{1}{2\pi}\int_{-\infty}^{\infty}\tilde{w}_{10}(\beta,\gamma,t)\mathrm{d}\gamma \quad (11.27)$$

将式(11.24)代入式(11.27)，并联合式(11.10)可得

$$\bar{y}_c(\beta) = \left(\frac{1}{2\pi}\int_{-\infty}^{\infty}\bar{Q}_{33}(\beta,\gamma,\omega)\frac{\sin\gamma b}{\gamma b}\mathrm{d}\gamma\right)\cdot\bar{F}_4(\beta) = \bar{H}(\beta)\cdot\bar{F}_4(\beta) \quad (11.28)$$

其中

$$\bar{H}(\beta) = \frac{1}{2\pi}\int_{-\infty}^{\infty}\bar{Q}_{33}(\beta,\gamma,\omega)\frac{\sin\gamma b}{\gamma b}\mathrm{d}\gamma \quad (11.29)$$

联立求解式(11.11)～式(11.14)和式(11.28)得

$$\bar{w}_r(\beta) = \bar{P}(\beta)\bigg/\left[EI_r\beta^4 - m_r\omega^2 + \mathrm{i}\omega c_p + k_p - \frac{(k_p+\mathrm{i}\omega c_p)^2}{K_{14}}\right] \quad (11.30)$$

$$\bar{y}_s(\beta) = \frac{k_p+\mathrm{i}\omega c_p}{K_{14}}\bar{w}_r(\beta) \quad (11.31)$$

$$\bar{y}_d(\beta) = \frac{k_s+\mathrm{i}\omega c_s}{K_{13}}\bar{y}_s(\beta) \quad (11.32)$$

$$\bar{F}_4(\beta) = K_{12}\cdot\bar{y}_d(\beta) \quad (11.33)$$

其中

$$K_{11} = EI_d \beta^4 - (m_d + \frac{m_c}{3}) \omega^2 + (k_s + k_c) + \mathrm{i}\omega(c_s + c_c)$$

$$K_{12} = \frac{m_c \omega^2 / 6 + k_c + \mathrm{i}\omega c_c}{(-m_c \omega^2 / 3 + k_c + \mathrm{i}\omega c_c)\overline{H}(\beta) + 1}$$

$$K_{13} = K_{11} + (-m_c \omega^2 / 6 - k_c - \mathrm{i}\omega c_c)\overline{H}(\beta)K_{12}$$

$$K_{14} = EI_s \beta^4 - m_s \omega^2 + (k_p + k_s) + \mathrm{i}\omega(c_p + c_s) - \frac{(k_s + \mathrm{i}\omega c_s)^2}{K_{13}}$$

将式(11.30)~式(11.33)和式(11.28)代入式(11.10)进行傅里叶逆变换可以得到空间-时间域内的解。

令 $\overline{w}_r(\beta)$、$\overline{y}_s(\beta)$、$\overline{y}_d(\beta)$、$\overline{F}_4(\beta)$、$\overline{y}_c(\beta)$、$\overline{u}_{10}(\beta,\gamma)$、$\overline{v}_{10}(\beta,\gamma)$ 和 $\overline{w}_{10}(\beta,\gamma)$ 的傅里叶逆变换为 $\hat{w}_r(x)$、$\hat{y}_s(x)$、$\hat{y}_d(x)$、$\hat{F}_4(x)$、$\hat{y}_c(x)$、$\hat{u}_{10}(x,y)$、$\hat{v}_{10}(x,y)$ 和 $\hat{w}_{10}(x,y)$，则板式轨道-路堤-大地系统在空间-时间域内的解为

$$w_r(x,t) = \hat{w}_r(x - Vt)\mathrm{e}^{\mathrm{i}\Omega t}$$

$$y_s(x,t) = \hat{y}_s(x - Vt)\mathrm{e}^{\mathrm{i}\Omega t}$$

$$y_d(x,t) = \hat{y}_d(x - Vt)\mathrm{e}^{\mathrm{i}\Omega t}$$

$$y_c(x,t) = \hat{y}_c(x - Vt)\mathrm{e}^{\mathrm{i}\Omega t}$$

$$F_4(x,t) = \hat{F}_4(x - Vt)\mathrm{e}^{\mathrm{i}\Omega t} \tag{11.34}$$

$$u_{10}(x,y,t) = \hat{u}_{10}(x - Vt, y)\mathrm{e}^{\mathrm{i}\Omega t}$$

$$v_{10}(x,y,t) = \hat{v}_{10}(x - Vt, y)\mathrm{e}^{\mathrm{i}\Omega t}$$

$$w_{10}(x,y,t) = \hat{w}_{10}(x - Vt, y)\mathrm{e}^{\mathrm{i}\Omega t}$$

当轮载考虑为移动轴荷载时，轮载频率 $\Omega = 0$，由上式可以直接求出移动轴荷载引起的板式轨道-路堤-大地系统的振动位移。

11.2 移动荷载作用下有砟轨道-路堤-大地系统模型

有砟轨道-路堤-大地系统模型如图 11.2 所示[7]。钢轨仍考虑为无限长 Euler 梁。轨枕对钢轨形成离散支承。当轮对质量沿钢轨移动时，将产生参数激振。对于普通有砟轨道，当频率低于 200 Hz 时，离散支承的影响可以忽略。频率低意味着不平顺的波长大，而长波不平顺的幅值通常是比较大的，其作用往往大大超过参数激振。于是将轨枕简化为沿轨道方向均匀分布的质量。轨下垫板和扣件的刚度及阻尼仍用均布的线性弹簧和阻尼器模拟。由于道床内各横截面间约束较弱，因此道床被考虑为弹性质量块，具有沿轨道方向均匀分布的质量、垂向刚度和阻尼。基床、路堤本体和大地模型与 11.1 节相同。这样有砟轨道-路堤-大地系统也被划分为上、下两部分。上面部分为有砟轨道-基床系统，考虑为一个沿 x 方向的一维无限体。下面部分为路堤本体-大地系统，考虑为一个半无限大的三维体。两者

在路堤本体中心线上保持接触,接触宽度记为 $2b$(基床底的宽度)。

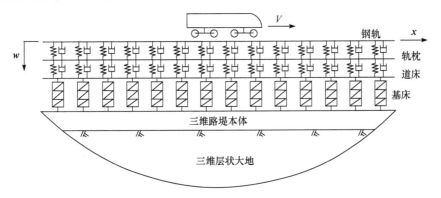

图 11.2　有砟轨道-路堤-大地耦合系统模型

11.2.1　有砟轨道-基床系统动力方程及解

钢轨梁的振动微分方程与式(11.1)相同,即

$$EI_r \frac{\partial^4 w_r}{\partial x^4} + m_r \ddot{w}_r + k_p(w_r - y_s) + c_p(\dot{w}_r - \dot{y}_s) = P(x,t) \qquad (11.35)$$

其中,$P(x,t) = \sum_{l=1}^{M} P_l e^{i\Omega t} \delta(x - Vt - a_l)$。

轨枕的振动微分方程为

$$m_s \ddot{y}_s - k_p(w_r - y_s) - c_p(\dot{w}_r - \dot{y}_s) + k_s(y_s - y_d) + c_s(\dot{y}_s - \dot{y}_d) = 0 \quad (11.36)$$

道床的振动微分方程为

$$m_d \ddot{y}_d - k_s(y_s - y_d) - c_s(\dot{y}_s - \dot{y}_d) = -F_3 \qquad (11.37)$$

基床的振动微分方程与式(11.4)相同,即

$$\frac{m_c}{6} \begin{bmatrix} 2 & 1 \\ 1 & 2 \end{bmatrix} \begin{bmatrix} \ddot{y}_d \\ \ddot{y}_c \end{bmatrix} + k_c \begin{bmatrix} 1 & -1 \\ -1 & 1 \end{bmatrix} \begin{bmatrix} y_d \\ y_c \end{bmatrix} + c_c \begin{bmatrix} 1 & -1 \\ -1 & 1 \end{bmatrix} \begin{bmatrix} \dot{y}_d \\ \dot{y}_c \end{bmatrix} = \begin{bmatrix} F_3 \\ -F_4 \end{bmatrix}$$

$$(11.38)$$

在式(11.35)～式(11.38)中,各符号参数的含义如下:$(\cdot)$和$(\cdots)$表示对 t 求一阶导数和二阶导数;y_s 和 y_d 分别为 $y_s(x,t)$ 和 $y_d(x,t)$ 的简写,表示轨枕和道床的垂向位移;m_s 和 m_d 分别为单位长度轨枕和道床的质量;k_s 和 c_s 为单位长度道床的刚度和阻尼;F_3 为 $F_3(x,t)$ 的简写,表示道床和基床之间的作用力;其余符号的含义与 11.1.1 节相同。

对式(11.35)～式(11.38)作 x 方向的傅里叶变换,并设变换域内稳态位移解为谐波函数,则得

$$EI_r \beta^4 \overline{w}_r(\beta) - m_r \omega^2 \overline{w}_r(\beta) + (k_p + i\omega c_p)[\overline{w}_r(\beta) - \overline{y}_s(\beta)] = \overline{P}(\beta) \quad (11.39)$$

$$-m_s\omega^2\bar{y}_s(\beta)-(k_p+\mathrm{i}\omega c_p)[\bar{w}_r(\beta)-\bar{y}_s(\beta)]+(k_s+\mathrm{i}\omega c_s)[\bar{y}_s(\beta)-\bar{y}_d(\beta)]=0$$
$$\tag{11.40}$$

$$-\left(m_d+\frac{m_c}{3}\right)\omega^2\bar{y}_d(\beta)-\frac{m_c}{6}\omega^2\bar{y}_c(\beta)-(k_s+\mathrm{i}\omega c_s)[\bar{y}_s(\beta)-\bar{y}_d(\beta)]$$
$$+(k_c+\mathrm{i}\omega c_c)[\bar{y}_d(\beta)-\bar{y}_c(\beta)]=0 \tag{11.41}$$

$$-\frac{m_c}{6}\omega^2\bar{y}_d(\beta)-\frac{m_c}{3}\omega^2\bar{y}_c(\beta)-(k_c+\mathrm{i}\omega c_c)[\bar{y}_d(\beta)-\bar{y}_c(\beta)]=-\bar{F}_4(\beta) \tag{11.42}$$

式(11.39)～式(11.42)共有 4 个方程和 5 个未知量,需通过基床和路堤本体-层状大地系统的耦合关系求解。

11.2.2　有砟轨道-路堤-大地系统耦合振动

路堤本体-大地系统模型与 11.1 节相同,采用三维层状大地模型。根据基床与路堤本体表面之间的接触力平衡和接触位移相容条件,由 11.1 节推导,可以建立 $y_c(x,t)$ 与 $F_4(x,t)$ 傅里叶变换域内的幅值关系,见式(11.28)。

联立求解式(11.39)～式(11.42)和式(11.28)可得

$$\bar{w}_r(\beta)=\cfrac{\bar{P}(\beta)}{EI_r\beta^4-m_r\omega^2+\mathrm{i}\omega c_p+k_p-\cfrac{(k_p+\mathrm{i}\omega c_p)^2}{K_{14}}} \tag{11.43}$$

$$\bar{y}_s(\beta)=\frac{k_p+\mathrm{i}\omega c_p}{K_{14}}\bar{w}_r(\beta) \tag{11.44}$$

$$\bar{y}_d(\beta)=\frac{k_s+\mathrm{i}\omega c_s}{K_{13}}\bar{y}_s(\beta) \tag{11.45}$$

$$\bar{F}_4(\beta)=K_{12}\cdot\bar{y}_d(\beta) \tag{11.46}$$

$$\bar{y}_c(\beta)=\bar{H}(\beta)\cdot\bar{F}_4(\beta) \tag{11.47}$$

其中

$$K_{11}=-\left(m_d+\frac{m_c}{3}\right)\omega^2+(k_s+k_c)+\mathrm{i}\omega(c_s+c_c)$$

$$K_{12}=\frac{m_c\omega^2/6+k_c+\mathrm{i}\omega c_c}{(-m_c\omega^2/3+k_c+\mathrm{i}\omega c_c)\bar{H}(\beta)+1}$$

$$K_{13}=K_{11}+\bar{H}(\beta)(-m_c\omega^2/6-k_c-\mathrm{i}\omega c_c)K_{12}$$

$$K_{14}=-m_s\omega^2+(k_p+k_s)+\mathrm{i}\omega(c_p+c_s)-\frac{(k_s+\mathrm{i}\omega c_s)^2}{K_{13}}$$

对 $\bar{w}_r(\beta)\mathrm{e}^{\mathrm{i}\omega t}$、$\bar{y}_s(\beta)\mathrm{e}^{\mathrm{i}\omega t}$、$\bar{y}_d(\beta)\mathrm{e}^{\mathrm{i}\omega t}$、$\bar{F}_4(\beta)\mathrm{e}^{\mathrm{i}\omega t}$ 和 $\bar{y}_c(\beta)\mathrm{e}^{\mathrm{i}\omega t}$ 进行傅里叶逆变换可以得到空间-时间域内的解。

11.3 移动车辆-轨道-路基-大地耦合振动解析模型

本节采用波数-频率域方法建立车辆与轨道-路基-大地耦合振动模型。首先推导移动车辆在轮对处和轨道-路基-大地系统在轮轨接触点处的柔度矩阵,再由轮轨接触点处的位移限制条件建立考虑轨道不平顺的移动车辆与轨道-路基-大地系统耦合振动解析分析模型[7]。

11.3.1 移动车辆在轮对处的柔度矩阵

单节移动车辆采用整车附有二系弹簧阻尼的车辆模型,如图 11.3[7,8] 所示。车辆被模拟成以速度 V 运行于轨道结构上的多刚体系统,车体与转向架、转向架与轮对之间通过线性弹簧和黏滞阻尼器连接,考虑车体、转向架的沉浮振动和点头振动以及轮对的沉浮振动。为了在频率内分析,实际车辆悬挂系统的非线性特性处理为线性弹簧和黏滞阻尼。竖向位移以向下为正、转角以顺时针为正、轮轨接触力为压力。单节车辆模型共有 10 个自由度。

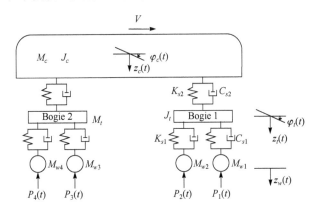

图 11.3 整车附有二系弹簧阻尼的车辆模型

移动车辆振动微分方程为

$$\boldsymbol{M}_u \ddot{\boldsymbol{Z}}_u(t) + \boldsymbol{C}_u \dot{\boldsymbol{Z}}_u(t) + \boldsymbol{K}_u \boldsymbol{Z}_u(t) = \boldsymbol{Q}_u(t) \tag{11.48}$$

其中,$\boldsymbol{M}_u$ 为车辆的质量矩阵;$\boldsymbol{C}_u$ 为车辆的阻尼矩阵;$\boldsymbol{K}_u$ 为车辆的刚度矩阵;$\boldsymbol{Z}_u(t)$、$\dot{\boldsymbol{Z}}_u(t)$ 和 $\ddot{\boldsymbol{Z}}_u(t)$ 分别为车辆的位移、速度和加速度向量;$\boldsymbol{Q}_u(t)$ 为由轨道不平顺引起的车辆动荷载向量,忽略其他因素对车辆动荷载的影响,车辆重力荷载以移动轴荷载的形式直接作用在轨道结构上,不考虑其参与车辆-轨道耦合振动。

上式中各变量的显示表达式分别为

$$\boldsymbol{M}_u = \text{diag}\, \{M_C \quad J_C \quad M_t \quad M_t \quad J_t \quad J_t \quad M_{w1} \quad M_{w2} \quad M_{w3} \quad M_{w4}\} \tag{11.49}$$

$$\boldsymbol{Z}_u(t)=\{z_c(t)\ \ \varphi_c(t)\ \ z_{t1}(t)\ \ z_{t2}(t)\ \ \varphi_{t1}(t)\ \ \varphi_{t2}(t)\ \ z_{w1}(t)\ \ z_{w2}(t)\ \ z_{w3}(t)\ \ z_{w4}(t)\}^{\mathrm{T}}$$
$$(11.50)$$

$$\dot{\boldsymbol{Z}}_u(t)=\{\dot{z}_c(t)\ \ \dot{\varphi}_c(t)\ \ \dot{z}_{t1}(t)\ \ \dot{z}_{t2}(t)\ \ \dot{\varphi}_{t1}(t)\ \ \dot{\varphi}_{t2}(t)\ \ \dot{z}_{w1}(t)\ \ \dot{z}_{w2}(t)\ \ \dot{z}_{w3}(t)\ \ \dot{z}_{w4}(t)\}^{\mathrm{T}}$$
$$(11.51)$$

$$\ddot{\boldsymbol{Z}}_u(t)=\{\ddot{z}_c(t)\ \ \ddot{\varphi}_c(t)\ \ \ddot{z}_{t1}(t)\ \ \ddot{z}_{t2}(t)\ \ \ddot{\varphi}_{t1}(t)\ \ \ddot{\varphi}_{t2}(t)\ \ \ddot{z}_{w1}(t)\ \ \ddot{z}_{w2}(t)\ \ \ddot{z}_{w3}(t)\ \ \ddot{z}_{w4}(t)\}^{\mathrm{T}}$$
$$(11.52)$$

$$\boldsymbol{Q}_u(t)=\{0\ \ 0\ \ 0\ \ 0\ \ 0\ \ 0\ \ -P_1(t)\ \ -P_2(t)\ \ -P_3(t)\ \ -P_4(t)\}^{\mathrm{T}}\qquad(11.53)$$

$$\boldsymbol{K}_u=\begin{bmatrix} 2K_{s2} & 0 & -K_{s2} & -K_{s2} & 0 & 0 & 0 & 0 & 0 & 0 \\ & 2L_2^2K_{s2} & -L_2K_{s2} & L_2K_{s2} & 0 & 0 & 0 & 0 & 0 & 0 \\ & & 2K_{s1}+K_{s2} & 0 & 0 & 0 & -K_{s1} & -K_{s1} & 0 & 0 \\ & & & 2K_{s1}+K_{s2} & 0 & 0 & 0 & 0 & -K_{s1} & -K_{s1} \\ & & & & 2L_1^2K_{s1} & 0 & -K_{s1}L_1 & K_{s1}L_1 & 0 & 0 \\ & & & & & 2L_1^2K_{s1} & 0 & 0 & -K_{s1}L_1 & K_{s1}L_1 \\ & \text{对称} & & & & & K_{s1} & 0 & 0 & 0 \\ & & & & & & & K_{s1} & 0 & 0 \\ & & & & & & & & K_{s1} & 0 \\ & & & & & & & & & K_{s1} \end{bmatrix}$$
$$(11.54)$$

$$\boldsymbol{C}_u=\begin{bmatrix} 2C_{s2} & 0 & -C_{s2} & -C_{s2} & 0 & 0 & 0 & 0 & 0 & 0 \\ & 2L_2^2C_{s2} & -L_2C_{s2} & L_2C_{s2} & 0 & 0 & 0 & 0 & 0 & 0 \\ & & 2C_{s1}+C_{s2} & 0 & 0 & 0 & -C_{s1} & -C_{s1} & 0 & 0 \\ & & & 2C_{s1}+C_{s2} & 0 & 0 & 0 & 0 & -C_{s1} & -C_{s1} \\ & & & & 2L_1^2C_{s1} & 0 & -C_{s1}L_1 & C_{s1}L_1 & 0 & 0 \\ & & & & & 2L_1^2C_{s1} & 0 & 0 & -C_{s1}L_1 & C_{s1}L_1 \\ & \text{对称} & & & & & C_{s1} & 0 & 0 & 0 \\ & & & & & & & C_{s1} & 0 & 0 \\ & & & & & & & & C_{s1} & 0 \\ & & & & & & & & & C_{s1} \end{bmatrix}$$
$$(11.55)$$

其中,M_c 和 J_c 为车体质量和转动惯量;M_t 和 J_t 为转向架质量和转动惯量;$M_{wi}(i=1,2,3,4)$为第 i 个轮对的质量;K_{s1} 和 C_{s1} 为车辆一系弹簧的刚度和阻尼系数;K_{s2} 和 C_{s2} 为车辆二系弹簧的刚度和阻尼系数;z_c 为车体的竖向位移,以向下为正;φ_c 为车体绕水平轴转角,以顺时针为正;z_t 为转向架的竖向位移;φ_t 为转向架绕水平轴转角;z_w 为轮对的竖向位移;$2L_2$ 为车体上两转向架中心之间的距离;$2L_1$ 为固定轴距。

假设轨道不平顺引起的车辆动荷载为简谐荷载,则车辆的振动为简谐振动,

故设

$$Q_u(t)=Q_u(\Omega)\mathrm{e}^{\mathrm{i}\Omega t} \tag{11.56}$$

$$Z_u(t)=Z_u(\Omega)\mathrm{e}^{\mathrm{i}\Omega t} \tag{11.57}$$

其中，Ω 为激振圆频率。

将式(11.56)和式(11.57)代入式(11.48)整理可得

$$Z_u(\Omega)=(K_u+\mathrm{i}\Omega C_u-\Omega^2 M_u)^{-1}Q_u(\Omega)=A_u Q_u(\Omega) \tag{11.58}$$

其中，$A_u=(K_u+\mathrm{i}\Omega C_u-\Omega^2 M_u)^{-1}$ 为车辆的柔度矩阵。

令轨道不平顺引起的动态轮轨力幅值 $P(\Omega)$ 和轮对位移幅值 $Z_w(\Omega)$ 为

$$P(\Omega)=\{P_1(\Omega)\quad P_2(\Omega)\quad P_3(\Omega)\quad P_4(\Omega)\}^{\mathrm{T}} \tag{11.59}$$

$$Z_w(\Omega)=\{z_{w1}(\Omega)\quad z_{w2}(\Omega)\quad z_{w3}(\Omega)\quad z_{w4}(\Omega)\}^{\mathrm{T}} \tag{11.60}$$

则有

$$Q_u(\Omega)=-H^{\mathrm{T}}P(\Omega) \tag{11.61}$$

$$HZ_u(\Omega)=Z_w(\Omega) \tag{11.62}$$

其中，$H=[0_{4\times6}\quad I_{4\times4}]$。

将式(11.54)两边左乘 H，并将式(11.61)和式(11.62)代入整理得

$$Z_w(\Omega)=-HA_u H^{\mathrm{T}}P(\Omega)=-A_w P(\Omega) \tag{11.63}$$

其中，$A_w=HA_u H^{\mathrm{T}}$ 为车辆在轮对处的柔度矩阵。

当考虑 N 节车辆时，整列车在轮对处的柔度矩阵为

$$A_{TW}=\mathrm{diag}[A_{w1},\cdots,A_{wi},\cdots,A_{wN}] \tag{11.64}$$

其中，A_{wi} 表示第 i 节车辆在轮对处的柔度矩阵。

11.3.2　轨道-路基-大地系统在轮轨接触点处的柔度矩阵

由 11.1 节和 11.2 节中可得到移动谐荷载作用下轨道-路基-大地系统各部分的位移。假定一单位谐荷载 $\mathrm{e}^{\mathrm{i}\Omega t}$ 作用于轨道结构，$t=0$ 时荷载位于原点，可以很容易求得钢轨的位移为

$$w_r^e(x,t)=\overline{w}_r^e(x-ct)\mathrm{e}^{\mathrm{i}\Omega t} \tag{11.65}$$

其中，上角标 e 表示单位谐荷载的作用。

当多个轮载作用时，单位力作用于第 k 个轮轨接触点引起的第 j 个轮轨接触点处钢轨位移为

$$w_{r,jk}^e=\overline{w}_r^e(l_{jk})\mathrm{e}^{\mathrm{i}\Omega t} \tag{11.66}$$

其中，$l_{jk}=a_j-a_k$ 为两轮对之间的距离。

位移幅值可以定义为

$$\delta_{jk}=\overline{w}_r^e(l_{jk}) \tag{11.67}$$

单节车辆模型共有 4 个轮对，则动态轮轨力引起轮轨接触点处的钢轨位移幅值 $Z_R(\Omega)$ 为

$$\boldsymbol{Z}_R(\Omega)=\{z_{R1}(\Omega) \quad z_{R2}(\Omega) \quad z_{R3}(\Omega) \quad z_{R4}(\Omega)\}^{\mathrm{T}}=\boldsymbol{A}_R\boldsymbol{P}(\Omega) \tag{11.68}$$

其中，$\boldsymbol{A}_R=\begin{bmatrix}\delta_{11} & \delta_{12} & \delta_{13} & \delta_{14}\\ \delta_{21} & \delta_{22} & \delta_{23} & \delta_{24}\\ \delta_{31} & \delta_{32} & \delta_{33} & \delta_{34}\\ \delta_{41} & \delta_{42} & \delta_{43} & \delta_{44}\end{bmatrix}$ 为轨道-路基-大地系统在轮轨接触点处的柔度

矩阵。

当考虑 N 节车辆时共 $4N$ 个轮轨接触点，可方便地求出整列车运行时轨道-路基-大地系统在轮轨接触点处的柔度矩阵。

11.3.3　考虑轨道不平顺的移动车辆-轨道-路基-大地系统耦合

假设车轮和钢轨为线弹性赫兹接触，轮轨间接触刚度为

$$K_W=\frac{3}{2G}p^{1/3} \tag{11.69}$$

其中，G 为接触挠度系数，当车轮为锥形踏面时，$G=4.57R^{-0.149}\times10^{-8}(\mathrm{m/N^{2/3}})$，当车轮为磨耗形踏面时，$G=3.86R^{-0.115}\times10^{-8}(\mathrm{m/N^{2/3}})$；$p$ 近似取轴重。

单节车辆模型中，轮轨接触点处相对位移幅值 $\boldsymbol{\eta}(\Omega)$ 为

$$\boldsymbol{\eta}(\Omega)=\{\eta_1(\Omega) \quad \eta_2(\Omega) \quad \eta_3(\Omega) \quad \eta_4(\Omega)\}^{\mathrm{T}}=\boldsymbol{A}_\Delta\boldsymbol{P}(\Omega) \tag{11.70}$$

式中，$\boldsymbol{A}_\Delta=\mathrm{diag}(1/K_W \quad 1/K_W \quad 1/K_W \quad 1/K_W)$。

设轨道表面不平顺 $\Delta z(x)$ 为谐波函数，即

$$\Delta z(x)=-A\mathrm{e}^{\mathrm{i}(2\pi/\lambda)x} \tag{11.71}$$

其中，A 为轨道表面不平顺的幅值；λ 为不平顺波长。

第 l 个轮轨接触点处轨道不平顺为

$$\Delta z_l(x)=-A\mathrm{e}^{\mathrm{i}(2\pi/\lambda)(a_l+Vt)}=-A\mathrm{e}^{\mathrm{i}(2\pi/\lambda)a_l}\mathrm{e}^{\mathrm{i}2\pi(V/\lambda)t}=-\Delta z_l(\Omega)\mathrm{e}^{\mathrm{i}\Omega t} \tag{11.72}$$

式中，$\Delta z_l(\Omega)=A\mathrm{e}^{\mathrm{i}(2\pi/\lambda)a_l}$；$\Omega=2\pi V/\lambda$。

在单节车辆模型中，轮轨接触点处轨道表面不平顺幅值为

$$\Delta\boldsymbol{Z}(\Omega)=-\{A\mathrm{e}^{\mathrm{i}(2\pi/\lambda)a_1} \quad A\mathrm{e}^{\mathrm{i}(2\pi/\lambda)a_2} A\mathrm{e}^{\mathrm{i}(2\pi/\lambda)a_3} \quad A\mathrm{e}^{\mathrm{i}(2\pi/\lambda)a_4}\}^{\mathrm{T}} \tag{11.73}$$

假设车轮始终与钢轨保持接触，则接触点处位移相容条件为

$$\boldsymbol{Z}_w(\Omega)=\boldsymbol{Z}_R(\Omega)+\boldsymbol{\eta}(\Omega)+\Delta\boldsymbol{Z}(\Omega) \tag{11.74}$$

将式(11.63)、式(11.68)、式(11.70)、式(11.73)代入式(11.74)可得

$$(\boldsymbol{A}_w+\boldsymbol{A}_R+\boldsymbol{A}_\Delta)\boldsymbol{P}(\Omega)=\Delta\boldsymbol{Z}(\Omega) \tag{11.75}$$

由此可以求出轨道不平顺引起的动态轮轨力幅值 $\boldsymbol{P}(\Omega)$，进而可得动态轮轨力为 $\boldsymbol{P}(t)=\boldsymbol{P}(\Omega)\mathrm{e}^{\mathrm{i}\Omega t}$。然后，根据 11.1 节和 11.2 节的推导，可以得出轨道不平顺引起的动态轮轨力作用下，轨道-路基-大地系统中各部分的振动响应。

11.4 高速列车-轨道-路基-大地耦合系统动力响应分析

根据上述原理编制计算程序,对高速列车-轨道-路基-大地耦合系统进行动力响应分析。为简化计算,仅考虑单台 TGV 高速动车的影响。

11.4.1 列车速度和轨道不平顺对路堤本体振动的影响

TGV 高速动车的计算参数详见文献[9]。轨道条件为 60kg/m 无缝钢轨,有砟轨道,钢轨抗弯刚度 $EI=2\times6.625\text{MN}\cdot\text{m}^2$,Ⅲ型轨枕,轨枕间距 0.6m,轨枕长度 2.6m;道床厚度 35cm,道床肩宽 50cm,道床边坡比 1∶1.75,道床密度 1900 kg/m³;基床厚度取 3.0m,基床顶宽 8.2m,基床边坡比 1∶1.5,基床密度 1900 kg/m³;其他轨道与基床的计算参数如表 11.1 所示。路堤本体厚 2m,参数取表 11.2 中硬质土;大地为弹性半空间,参数如表 11.2 所示。取法国轨道不平顺评价管理标准中高低不平顺的对应值,半峰值 $A=3$ mm,波长 $l=12.2$ m。

表 11.1 轨道计算参数

计算参数	单位长度刚度/(MN/m²)	单位长度阻尼/(kN·s/m²)
轨下垫板及扣件	80/0.6	50/0.6
道床	120/0.6	60/0.6
基床	1102	275

表 11.2 路堤本体-大地参数

土层		土质类型	弹性模量/(10³kN/m²)	泊松比	密度/(kg/m³)	损失因子
路堤 本体		硬质土	269	0.257	1550	0.1
		中等硬度土	60	0.44	1550	0.1
		软土	30	0.47	1500	0.1
大地		半空间	2040	0.179	2450	0.1

计算结果如图 11.4 和图 11.5[10]所示。图 11.4 为不同列车速度下,路堤本体表面垂向位移。图 11.5 为其他参数不变,不同轨道高低不平顺半峰值条件下,路堤本体表面垂向位移随距离衰减曲线。

由图 11.4 可以看出,随着列车速度的增大,路堤本体垂向位移呈现出的"波动性"越来越明显。当列车速度为 200km/h 时,路堤本体表面垂向位移仅在轮载作用位置处较大,在其他位置都很小;当速度达到 300km/h 时,除轮载作用处外,其他位置的垂向位移也很大。由图 11.5 可以看出,随着轨道高低不平顺半峰值的增加,路堤本体垂向位移随之增加,但增幅不大,且仅影响轨道附近路堤本体振动位移。由此可知，路堤本体表面垂向位移主要由移动列车轴荷载引起。

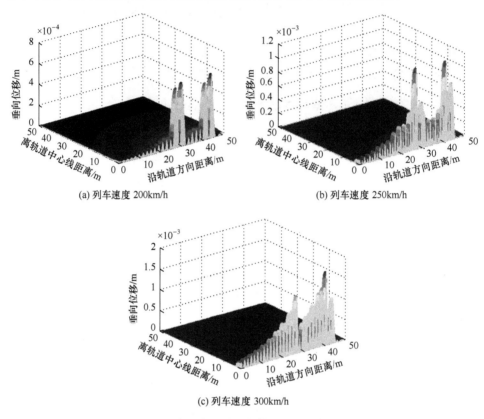

(a) 列车速度 200km/h　　　　　　　　　(b) 列车速度 250km/h

(c) 列车速度 300km/h

图 11.4　列车速度对路堤本体表面垂向位移的影响

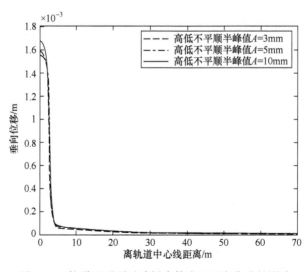

图 11.5　轨道不平顺对路堤本体表面垂向位移的影响

11.4.2　基床刚度对路堤本体振动的影响

考虑列车速度为 200km/h,其他参数与 11.4.1 节相同,分析不同基床刚度条件下路堤本体表面垂向位移分布规律,计算结果如图 11.6[10]所示。

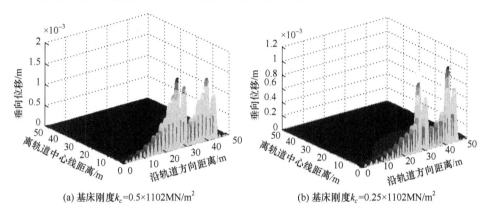

(a) 基床刚度k_c=0.5×1102MN/m² 　　　　　(b) 基床刚度k_c=0.25×1102MN/m²

图 11.6　基床刚度对路堤本体表面垂向位移的影响

由图 11.4(a)和图 11.6 比较可知,基床刚度对路堤本体表面垂向位移有很大影响,随着基床刚度的降低,路堤本体垂向位移显著增加,且波动性明显增大。

11.4.3　路堤土体刚度对路堤本体振动的影响

考虑列车速度为 200km/h,其他参数与 11.4.1 节相同,分析不同路堤本体土质条件下路堤本体表面垂向振动位移分布规律,计算结果如图 11.7[10]所示。路堤

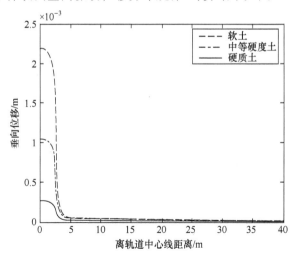

图 11.7　路堤土质对路堤本体表面垂向位移的影响

本体土质参数如表 11.2 所示。由图 11.7 可以得出,土质参数对路堤本体垂向位移有显著影响,与硬质土相比,软土路堤垂向位移增加较大。因此,在工程中应特别重视软土路堤的影响,可通过增加路堤土体刚度来减小路堤的振动。

参 考 文 献

[1] 谢伟平,胡建武,徐劲. 高速移动荷载作用下的轨道—地基系统的动力响应[J]. 岩石力学与工程学报,2002,21(7):1075-1078.

[2] 边学成,陈云敏. 列车荷载作用下轨道和地基的动响应分析[J]. 力学学报,2005,37(4):477-484.

[3] 李志毅,高广运,冯世进,等. 高速列车运行引起的地表振动分析[J]. 同济大学学报(自然科学版),2007,35(7):909-914.

[4] Sheng X, Jones C J C, Thompson D J. A theoretical model for ground vibration from trains generated by vertical track irregularities[J]. Journal of Sound and Vibration, 2004, 272: 937-965.

[5] Lombaert G, Degrande G, Kogut J. The experimental validation of a numerical model for the prediction of railway induced vibrations[J]. Journal of Sound and Vibration, 2006, 297: 512-535.

[6] Sheng X, Jones C J C, Petyt M. Ground vibration generated by a harmonic load acting on a railway track[J]. Journal of Sound and Vibration, 1999, 225 (1):3-28.

[7] 冯青松. 高速列车诱发的大地振动研究[D]. 上海:同济大学博士学位论文,2013.

[8] 雷晓燕,圣小珍. 现代轨道理论研究(2 版)[M]. 北京:中国铁道出版社,2008.

[9] 冯青松,雷晓燕,练松良. 不平顺条件下高速铁路轨道振动的解析研究[J]. 振动工程学报,2008,21(6):559-564.

[10] 冯青松,雷晓燕,练松良. 高速铁路路基-地基系统振动响应分析[J]. 铁道科学与工程,2010,7(1):1-6.

第十二章　列车-有砟轨道-路基耦合系统动力特性分析

随着高速铁路的大量新建和铁路大面积提速的完成,铁路运输进入了高速时代。列车速度的提高,必然引起列车对轨道的动力作用增大,导致轨道结构功能退化或失效。特别是,随着宽轨枕、整体道床和重型钢轨等刚性基础的采用和推广,轮轨间的冲击及轨道的振动更加激烈。轨面剥离、掉块、波形磨耗、道砟粉碎、道床板结都是直接与这种冲击、振动相关联的。分析轨道振动的产生机理及其在轨道各部件的传递规律,研究振动对轨道的破坏作用,提出有效的轨道减振隔振措施,提高轨道的抗振能力,是提高轨道承载能力和保证行车安全的重要途径之一,而轨道动力学分析是实现上述目的的前提。本章对列车-有砟轨道-路基耦合系统动力特性进行分析,重点是针对高速铁道路桥衔接处经常发生的跳车现象导致线路病害频发的问题,利用第九章中提出的车辆单元和轨道单元模型及算法[1~5],开发计算软件并进行仿真分析,研究列车经过轨道过渡段时引起车辆和轨道结构动力响应的因素。

12.1　车辆与轨道结构参数

在研究列车经过轨道路桥过渡段时引起车辆和轨道结构动力响应的分析中,车辆为如图 12.1 所示的和谐号 CRH3 动车,车辆参数如表 12.1 所示;轨道结构为 60kg/m 无缝钢轨,Ⅲ 型轨枕,有砟轨道,其他轨道参数如表 12.2 所示。Newmark 数值积分法时间步长取为 $\Delta t = 0.001\text{s}$。

图 12.1　和谐号 CRH3 动车

表 12.1　和谐号高速动车 CRH3 车辆参数

参数	量值	参数	量值
车体质量/(M_c/kg)	40 000	二系弹簧刚度 K_s/(N/m)₂	0.8×10^6
构架质量/(M_t/kg)	3200	一系阻尼系数 C_{s1}/(N·s/m)	1.0×10^5
轮对质量/(M_w/kg)	2400	二系阻尼系数 C_{s2}/(N·s/m)	1.2×10^5
车体点头惯性 J_c/(kg·m²)	5.47×10^5	固定轴距 $2l_1$/m	2.5
构架点头惯性 J_t/(kg·m²)	6800	构架中心距离 $2l_2$/m	17.375
一系弹簧刚度 K_{s1}/(N/m)	2.08×10^6	轮轨接触刚度 K_c/(N/m)	1.325×10^9
中间车长度/m	24.775	头车长度/m	25.675

表 12.2　有砟轨道结构参数

参数		量值	参数		量值
钢轨	质量/(kg/m)	60	轨枕	间距/m	0.57
	密度/(kg/m³)	7800		质量/kg	340
	断面积/(cm²)	77.45	道床	刚度系数/(MN/m)	120
	水平惯性矩/(cm⁴)	3217		阻尼系数/(kN·s/m)	60
	弹性模量/MPa	2.06×10^5		质量/kg	2718
垫板	刚度系数/(MN/m)	80	路基	刚度系数/(MN/m)	60
	阻尼系数/(kN·s/m)	50		阻尼系数/(kN·s/m)	90

12.2　列车速度效应分析

在铁道线路中,存在大量的路桥过渡段、路涵过渡段,以及交叉道口,这些地段都是线路病害多发区。国内外学者对轨道过渡段已有不少研究[6-11],但多局限于实验和工程措施研究,缺乏深入的理论分析。从本节起,我们将研究列车经过轨道过渡段时引起车辆和轨道结构动力响应的影响因素。下面首先分析列车速度的影响。

有砟轨道路桥过渡段动力响应分析计算模型如图 12.2 所示,模型中取线路总长度为 300m。为了消除计算模型两端边界的影响,取左边界长度为 100m,计时零点选取在距离左边界为 100m 处,右边界长度为 20m。在线路 170m 处设置轨道刚度变化点,假定对应于桥梁段的轨道刚度 K_f 是普通有砟轨道路基刚度 K_{f0} 的 5 倍,即 $K_f = 5K_{f0}$,其中 $K_{f0} = 60$MN/m。轨道结构模型共划分为 526 个单元,1591 个结点。

在考虑边界效应的情况下,从计时零点后,在线路上取 7 个点进行车辆和轨道动力响应分析,分别为 $O1, O2, \cdots, O7$,其中在普通路基有砟轨道线路和刚性段路基桥梁上分别取 3 个点,在路桥衔接变刚度处取 1 个点,它们距离计时零点的轨道坐标分别为 25m、45m、65m、70m、80m、100m 和 120m。考虑列车以不同行车速度 $V=160$km/h、200km/h、250km/h 和 300km/h 经过观察点($O1,O2,\cdots,O7$)时,引起车辆和轨道结构的动力响应分布规律,计算示意如图 12.2 所示。

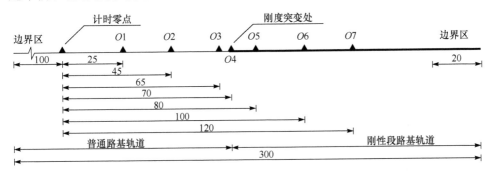

图 12.2　轨道过渡段动力响应列车速度效应分析模型/m

为了全面分析和评价列车速度效应,下面列举部分程序计算结果,包括钢轨垂向加速度、车体垂向加速度和轮轨作用力等指标的时程曲线,如图 12.3~图 12.5[11] 所示。

从图 12.3~图 12.5 可以看出,路基刚度的变化对钢轨的垂向加速度、轮轨作用力有显著的影响。随着列车行车速度的提高,动力响应显著增大,速度效应灵敏。在路基刚度变化处,钢轨垂向加速度、轮轨作用力的峰值明显,速度增大的结果是其峰值呈倍数增长,对轨道结构产生巨大冲击。列车行车速度对车体垂向加速度的影响甚微,说明车体加速度的行车速度效应不明显,原因是车体附有的一系和二系弹簧阻尼系统起到了很好的减振作用。

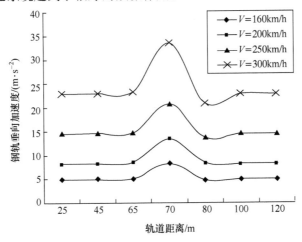

图 12.3　钢轨垂向加速度的速度效应

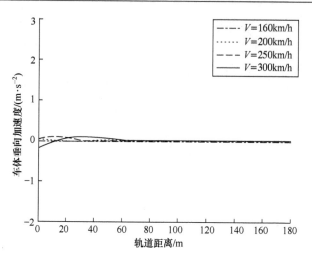

图 12.4　车体垂向加速度的速度效应

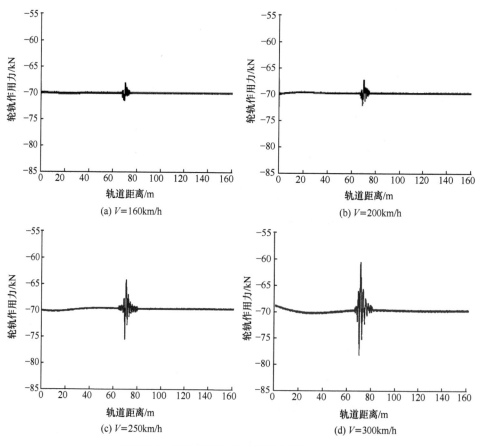

图 12.5　轮轨作用力的速度效应($K_f = 5K_{f0}$)

12.3　轨道基础刚度效应分析

轨道过渡段动力响应轨道基础刚度效应分析模型如图 12.6 所示,计算中取线路长度为 300m,在线路内侧两端考虑边界效应的影响,取左边界长度为 100m,右边界长度为 20m,在线路 170m 处设置过渡段,即计时零点后 70m 位置处,过渡段长度取为 20m,假定行车速度 $V=250$km/h,轨道结构模型共划分为 526 个单元,1591 个结点。

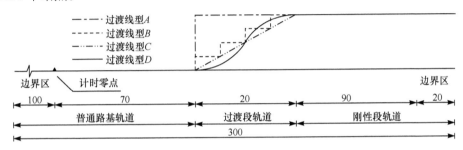

图 12.6　轨道过渡段动力响应轨道基础刚度效应分析模型/m

轨道基础刚度效应分析考虑四种工况。

工况 A,过渡线型呈突变型,道床刚度突然变化 5 倍,路基刚度突然变化 40 倍。

工况 B,过渡线型呈阶梯型,道床刚度呈阶梯变化:1—2—3—4—5 倍,路基刚度呈阶梯变化:1—5—10—20—40 倍。

工况 C,过渡线型呈线性型,道床刚度呈线性变化:从 1 倍到 5 倍线性插值取值,路基刚度呈线性变化:从 1 倍到 40 倍线性插值取值。

工况 D,过渡线型呈余弦型,道床刚度呈余弦曲线变化:从 1 倍到 5 倍余弦插值取值,路基刚度呈余弦曲线变化:从 1 倍到 40 倍余弦插值取值。

计算结果如图 12.7~图 12.9 所示,它们分别表示整车通过时车体垂向加速度、钢轨垂向加速度、轮轨作用力时程变化曲线[11]。

由图 12.7 可以看出,四种过渡段刚度变化形式的车体垂向加速度完全重合,说明轨道结构刚度变化对车体加速度影响甚微,车体加速度的轨道基础刚度效应不明显。原因是车体附有的一系和二系弹簧阻尼系统起到了很好的减振效果。从图 12.8 可以看出,钢轨垂向加速度在普通路基轨道和刚性段轨道并无明显变化,可见轨道结构刚度对钢轨垂向加速度的影响不大,但在过渡段轨道结构刚度变化处,钢轨垂向加速度有显著变化,随着过渡刚度变化形式的不同,钢轨垂向加速度成倍增长,其中以刚度余弦过渡变化最小。此外,轮轨作用力随四种过渡变化形式不同而有所区别,由图 12.9 和表 12.3 可以看出,路桥间轨道基础刚度余弦形式过渡时,轮轨作用力变化幅度最小,附加动力作用最小,可以显著降低对车辆及轨道结构的冲击作用,提高旅客舒适度和满足高速行车的要求。

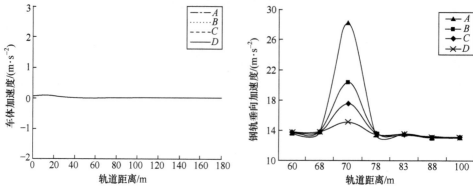

图 12.7　车体垂向加速度的轨道刚度
过渡线型效应

图 12.8　钢轨垂向加速度的轨道刚度
过渡线型效应

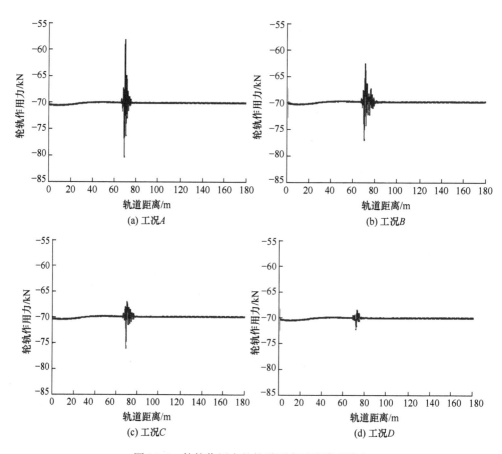

(a) 工况A

(b) 工况B

(c) 工况C

(d) 工况D

图 12.9　轮轨作用力的轨道刚度过渡线型效应

表 12.3 轮轨作用力及钢轨加速度的过渡线型效应比较

轮轨作用力	突变型	阶梯变化型	线性变化型	余弦变化型
轮轨作用力上峰值/kN	−58.050	−62.755	−67.18	−68.406
轮轨作用力下峰值/kN	−80.253	−77.382	−75.937	−72.301
轮轨作用力变化幅度/kN	22.203	14.627	8.757	3.895
变化幅度减小比例/%	0	34.12	60.56	82.46
钢轨加速度最大值/(m/s²)	28.248	20.442	17.638	15.138
最大值减小比例/%	0	27.63	37.56	46.41

12.4 过渡段不平顺效应分析

列车在经过路桥过渡段时,经常会出现跳车现象。造成桥头跳车的因素很多,例如新建线路路基桥梁连接处产生的工后沉降;在车辆反复荷载作用下,台背填料压缩密实引起的路基沉降;路基与桥梁刚度不均等。研究表明,路桥间轨道基础刚度的变化对行车安全性和舒适性影响甚微,路桥沉降差产生的过渡段不平顺对行车的影响则非常剧烈[6-9]。在以下分析中,仅考虑过渡段不平顺引起的动力响应,不计路桥间轨道基础刚度的影响。同时,为了更真实的模拟实际线路状况,采用第五章中的方法,考虑轨道高低随机不平顺因素,应用 Matlab 编制计算程序,分析如下三种工况。

工况 A,过渡段为平顺状态,车辆以速度 250km/h 驶入过渡段。

工况 B,路桥间沉降差为 5cm,过渡段的不平顺分别为线性型、余弦型连接,车辆以速度 250km/h 驶入过渡段。

工况 C,车辆驶出过渡段,其余条件与工况 B 相同。

在计算模型中,线路长度取 300m,线路起始端设置 100m 边界区,线路终端设置 20m 边界区,过渡段长度假设为 20m。线路不平顺样本是借用美国 ARR 标准的 6 级线路轨道高低不平顺谱,利用三角级数产生的。这里仅列出部分具有代表性的动力学评价指标曲线图,各种工况计算结果分别如图 12.10~图 12.21 所示[11]。

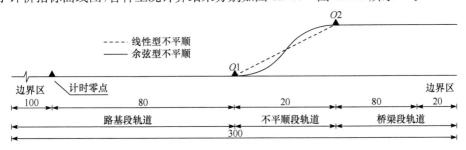

图 12.10 车辆驶入桥面计算示意图/m

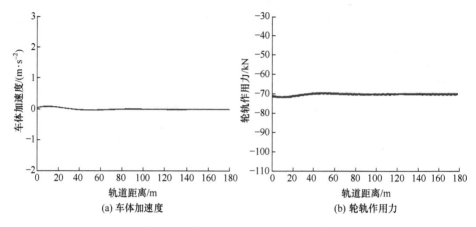

图 12.11　列车通过过渡段时车体加速度和轮轨作用力(工况 A)

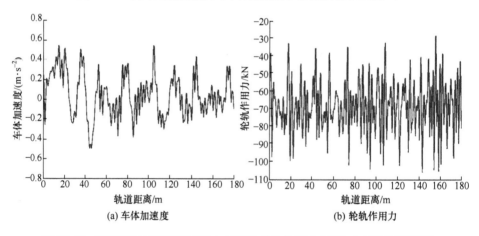

图 12.12　列车通过过渡段时车体加速度和轮轨作用力(工况 A＋随机不平顺)

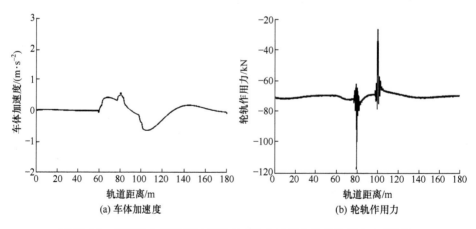

图 12.13　车辆驶入线性型过渡段时车体加速度和轮轨作用力(工况 B)

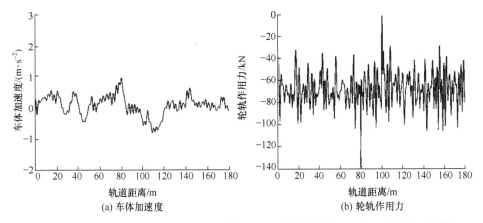

图 12.14　车辆驶入线性型过渡段时车体加速度和轮轨作用力(工况 B+随机不平顺)

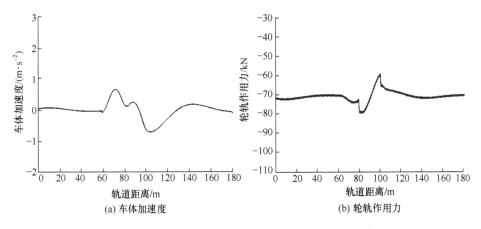

图 12.15　车辆驶入余弦型过渡段时车体加速度和轮轨作用力(工况 B)

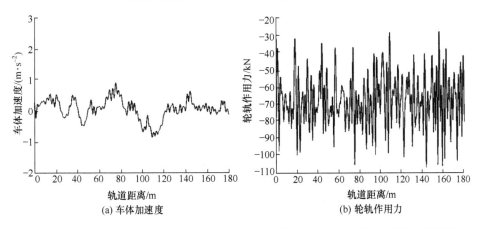

图 12.16　车辆驶入余弦型过渡段时车体加速度和轮轨作用力(工况 B+随机不平顺)

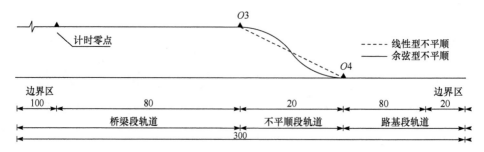

图 12.17　车辆驶出桥面计算示意图/m

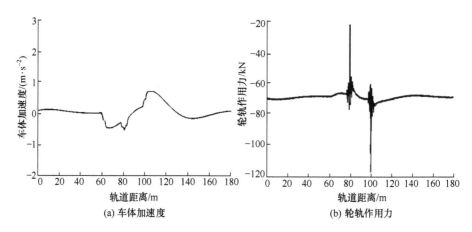

图 12.18　车辆驶出线性型过渡段时车体加速度和轮轨作用力(工况 C)

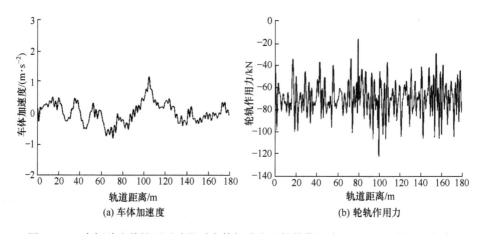

图 12.19　车辆驶出线性型过渡段时车体加速度和轮轨作用力(工况 C+随机不平顺)

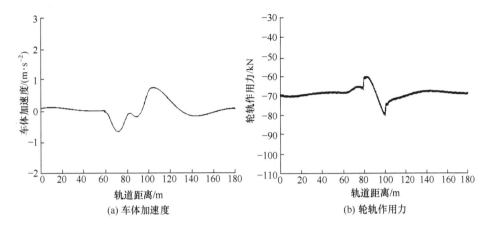

图 12.20　车辆驶出余弦型过渡段时车体加速度和轮轨作用力(工况 C)

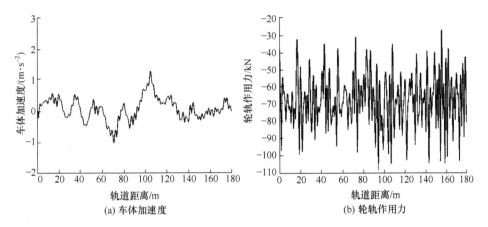

图 12.21　车辆驶出余弦型过渡段时车体加速度和轮轨作用力(工况 C+随机不平顺)

通过上述计算,可以得到如下结论。

① 从图 12.11~图 12.21 中可以看出,车体加速度和轮轨作用力均在合理取值范围内。当车辆驶入过渡段时,存在一个爬坡过程,对过渡段起始点 $O1$ 产生附加的冲击作用,因此在此位置轮轨作用力出现一个向下的峰值;爬坡过程结束时,存在发生瞬间轮轨分离的可能性,因此在位置 $O2$ 点轮轨作用力再一次出现峰值,且为向上的峰值。当车辆驶出过渡段时,存在一个下坡过程,在位置 $O3$ 点车辆可能出现悬空状态,脱轨的危险较大;下坡过程结束时,即位置 $O4$ 点,车辆对轨道产生一个冲击力。模拟车辆驶入、驶出图形符合实际情况,说明计算模型正确,计算结果可信。

② 从表 12.4 可以看出,不平顺呈线性连接时,车辆对过渡段轨道的冲击作用在位置 $O1$ 点小于位置 $O4$ 点,也就是车辆驶出比车辆驶入对轨道结构的破坏更加

严重；轮轨作用力上峰值在位置 O3 点明显大于位置 O2 点，说明车辆驶出过渡段比车辆驶入时脱轨的危险性更大。不平顺呈余弦连接时，车辆驶出同样比车辆驶入对轨道的冲击力大。与线性连接不同的是，车辆驶进比驶出脱轨的可能性大。这表明不平顺是引起过渡段动力特性改变的根本因素之一。

表 12.4　不同工况下的轮轨作用力

轮轨作用力	平顺过渡	不平顺过渡			
		线性型驶入	余弦型驶入	线性型驶出	余弦型驶出
上峰值/kN	−70	−26.192	−58.30	−23.873	−61.25
下峰值/kN	−70	−117.81	−79.17	−118.34	−81.82
振幅/kN	0	91.618	20.87	94.467	20.57

③ 轨道不平顺过渡形式对车辆和轨道结构的动力学指标有显著的影响。线性变化过渡时，动力响应非常大，而采用缓和的余弦变化过渡时，动力响应则明显降低。

④ 轨道不平顺是车辆、轨道振动的主要激扰源，直接影响列车平稳、安全运营。车体加速度是评价乘车舒适性的重要指标，对轨道不平顺极为敏感，但车辆附有的一、二系弹簧阻尼系统起到了一定的减振作用，并且效果良好。

12.5　过渡段综合效应分析

轨道过渡段综合效应分析是在考虑路桥过渡段实际工况的情况下展开的，过渡段轨面既存在随机不平顺，同时路桥间轨道基础刚度也发生变化。过渡段综合效应分析主要是分析轨面弯折与轨道刚度变化共同作用对高速行车条件下车辆和轨道结构动力响应的综合影响。

轨道过渡段动力响应综合效应分析模型如图 12.22 所示。计算中取线路长度为 300m，在线路内侧两端考虑边界效应的影响，取左边界长度为 100m，计时零点选取在距离左边界为 100m 处，右边界长度为 20m。在线路 170m 处设置过渡段，过渡段长度取为 20m，假定列车行车速度 $V = 250$km/h，轨道结构模型共划分为 526 个单元，1591 个结点。

分别取不同的轨面弯折角度，如图 12.22 所示。考虑 α 为 0、0.0010、0.0015、0.0020、0.0025、0.0030 rad 等情况，同时假定对应于桥梁段的刚性路基刚度 K_f 是普通有砟轨道路基刚度 K_{f0} 的 5 倍，即 $K_f = 5K_{f0}$，其中 $K_{f0} = 60$MN/m；取列车速度 $V = 250$km/h，考察车辆和轨道结构的动力响应，在线路上取 7 个观察点（O_a、O_b，…，O_g），轨道坐标分别为 60m、68m、72m、80m、88m、92m、100m，计算结果如

图 12.23～图 12.25[11] 所示。

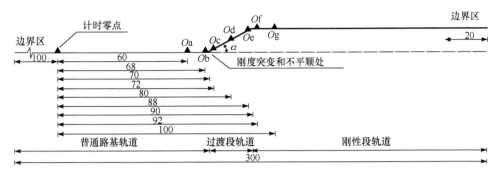

图 12.22 轨道过渡段动力响应综合效应分析模型/m

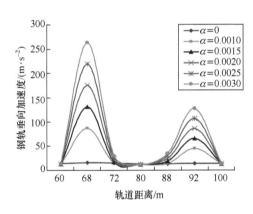

图 12.23 钢轨垂向加速度的综合效应

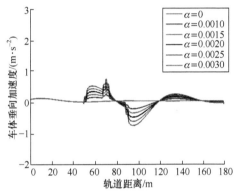

图 12.24 车体垂向加速度的综合效应

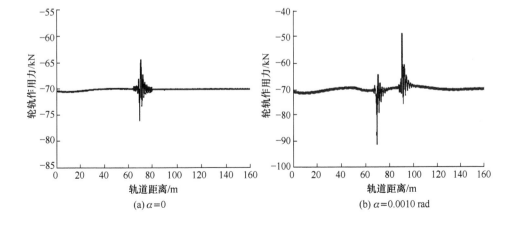

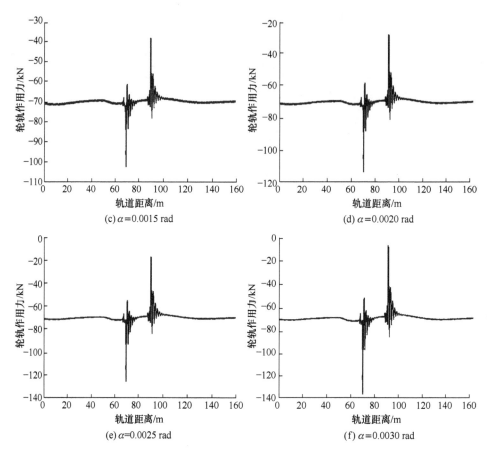

图 12.25　轮轨作用力的综合效应(V=250km/h)

通过上述对不同条件下轨道过渡段综合效应的分析可知,在列车行车速度一定和存在轨道刚度突变的情况下,过渡段轨道折角对钢轨垂向加速度、轮轨作用力等动力参数有非常显著的影响,并随着折角的增大而加剧;综合效应比轨道基础刚度效应和不平顺效应都更为突出。从图 12.23 可以看出,钢轨垂向加速度在 68m 和 92m 处分别出现两个峰值,并且第一个峰值大小是第二个峰值的 2.1 倍,这是因为第一个峰值是由轨道刚度突变和轨面折角共同作用造成的,第二个峰值仅由轨面弯折引起。从图 12.24 可以看出,过渡段综合效应对车体垂向加速度的影响并不是很大,说明车体附有的一系和二系弹簧阻尼系统起到了很好的减振效果。

本章对有砟轨道系统的动力特性进行了研究,主要是对列车桥头跳车引起线路病害产生的机理进行了深入分析。因为技术难度大,理论水平落后于实际工程应用,此病害尚没有从根本上得到解决。不仅限制行车速度,增加车辆运营成本,严重时甚至危及行车安全,在很大程度上降低了铁路的服务水平,从而影响铁路的社会效益和经济效益。桥头跳车即使在铁路较为发达的国家也是尚未得到很好解决的问题之一[1-5]。为保持良好路况,工务部门对过渡段要进行频繁的维修和养护。因此,对桥头跳车产生的原因进行理论分析,旨在对工程实际问题的处理起到更好的指导作用。

利用 Matlab 编制仿真分析软件,选取典型的轨道过渡段,针对不同列车运行速度,轨道基础刚度变化形式,及过渡段不平顺等因素对列车和轨道结构动力响应的影响,进行仿真分析和评价。通过分析,得到如下结论。

① 如果存在轨道基础刚度突变,则车辆和轨道结构各动力参数的速度效应将非常明显,若行车速度高且路桥间刚度相差又大,则两者的合成效应将更加显著。

② 路桥间轨道基础刚度的变化,对各动力学指标存在不同程度的影响,但对行车安全影响较小。由轨道基础刚度效应分析可知,可以选择不同的轨道基础刚度过渡形式,如余弦型,作为工程整治的理论依据,有效降低对轨道的冲击和破坏。

③ 路桥沉降差引起的过渡段不平顺对各动力学指标均有显著影响,车辆和轨道结构对过渡段轨道不平顺因素非常敏感,对轨面平顺度要求较高,轨道基础刚度效应对行车的影响不及轨道不平顺的影响。

④ 从过渡段综合效应分析可以看出,在实际线路同时存在轨道基础刚度差异和轨面不平顺的情况下,综合效应比单独的轨道基础刚度效应和不平顺效应都要明显。采用合理的轨道过渡形式,可显著降低过渡段区域车辆对轨道结构的冲击作用,满足旅客对舒适度和高速行车安全的要求。

⑤ 轨道不平顺对行车舒适性与安全性的影响已成为制约高速铁路发展的主要因素之一,铁路工务技术人员对过渡段的治理应以严格控制过渡段不平顺为重点,加强线路养护,最大限度缓和和消除不平顺,避免桥头跳车现象,这对减少过渡段病害、保障铁路高效安全运营有非常积极的意义。

参 考 文 献

[1] Lei X Y, Zhang B. Influence of track stiffness distribution on vehicle and track interactions in track transition[J]. Journal of Rail and Rapid Transit, Proceedings of the Institution of Mechanical Engineers Part F. 2010, 224(1): 592-604.

[2] Lei X Y, Zhang B. Analysis of dynamic behavior for slab track of high-speed railway based on vehicle and track elements[J]. Journal of Transportation Engineering, 2011, 137(4): 227-240.

[3] Lei X Y, Zhang B. Analyses of dynamic behavior of track transition with finite elements[J]. Journal of Vibration and Control, 2011, 17(11): 1733-1747.

[4] 雷晓燕,张斌,刘庆杰. 列车-轨道系统竖向动力分析的车辆轨道单元模型[J]. 振动与冲击, 2010, 29(3): 168-173.

[5] 张斌,雷晓燕. 基于车辆-轨道单元的无砟轨道动力特性有限元分析[J]. 铁道学报, 2011,

33(7)：78-85.

[6] Kerr A D，Moroney B E. Track transition problems and remedies[J]. Bulletin 742，American Railway Engineering Association，1993，742：267-298.

[7] Moroney B E. A study of railroad track transition points and problems[D]. Master's Thesis，Department of Civil Engineering，University of Delaware，Newmark，1991.

[8] 刘林芽，雷晓燕. 既有线路桥过渡段的设计与动力学性能评价[J]. 铁道标准设计，2004，1：9-10.

[9] 蔡成标，翟婉明，赵铁军，等. 列车通过路桥过渡段时的动力作用研究[J]. 交通运输工程学报，2001，1 (1)：17-19.

[10] 雷晓燕，张斌，刘庆杰. 轨道过渡段动力特性的有限元分析[J]. 中国铁道科学，2009，30 (5)：15-21.

[11] 张斌. 高速铁路轨道结构动力特性有限元分析[D]. 南昌：华东交通大学硕士学位论文，2007.

第十三章　列车-板式轨道-路基耦合系统动力特性分析

相对传统的有砟轨道,板式轨道以其诸多优点在高速铁路发达国家得到广泛应用。我国正大力发展客运专线,轨道结构型式以成区段铺设板式轨道为主。然而,面对板式轨道这种新型的结构型式,我国尚缺乏系统的设计、施工、监理、运营,以及养护维修等经验,目前主要参照国外已有技术。对于板式轨道在列车荷载作用下的振动特性、变形特性,以及运营的可靠性和安全性更缺乏理论和试验支撑。因此,对板式轨道进行动力特性分析具有重要现实意义。高速列车与板式轨道的动力相互作用问题是列车-轨道耦合系统振动分析的核心。板式轨道结构在列车荷载作用下的强迫振动,对其工作状态和使用寿命有直接影响。同时,列车运行平稳性和安全性是评价板式轨道结构设计参数合理与否的重要指标。

板式轨道相对于有砟轨道刚度大,由此引起的高速铁路轮轨系统的振动更加剧烈。轨道基础刚度既是影响列车走行性能的关键因素之一,又是影响轮轨系统动力特性的重要参数。随着高速铁路的快速发展,板式轨道基础刚度问题已成为国内外学者研究热点之一。因此,有必要对板式轨道结构系统进行全面、深入地研究,为合理选取轨道结构参数提供理论依据。

本章利用第九章中提出的车辆单元和轨道单元模型及算法[1-6],对板式轨道结构动力特性进行研究。重点是对板式轨道结构进行参数分析,并通过参数分析对板式轨道结构进行参数优化,达到减缓轨道变形,延长轨道寿命,提高轨道稳定性的目的。

13.1　算　例　验　证

为了验证本章提出的列车-板式轨道-路基耦合系统动力分析模型与方法的正确性,取文献[7]中华之星(China-star)高速列车(列车编组:1动+1拖)参数及博格板参数,进行两种工况下列车-博格板式轨道耦合系统竖向振动特性分析,并分别与文献[7]中提出的横向有限条与板段单元动力分析模型和文献[8]中提出的板式轨道静力模型(双层叠合梁)计算结果进行对比。

工况一,假定轨道是完全平顺的,计算博格板式轨道在中华之星高速列车以速度 50km/h 运行下钢轨和博格板的竖向振动位移最大值,同时与采用文献[7]和文献[8]模型计算所得结果对比,如表 13.1 所示。钢轨挠度和博格板挠度时程曲线如图 13.1 和图 13.2[6]所示。

表 13.1　钢轨和博格板竖向位移最大值的比较

计算参数	本章模型计算值	文献[7]计算值	文献[8]计算值
钢轨竖向位移/mm	0.815	0.817	0.802
博格板竖向位移/μm	2.038	1.700	0.800

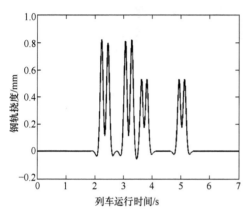

图 13.1　钢轨挠度时程曲线　　　　　图 13.2　博格板挠度时程曲线

工况二,对中华之星高速列车(编组:1 动＋1 拖)以速度 200km/h 通过博格板式轨道时轨道结构竖向振动位移进行仿真分析。激振源取轨道高低不平顺为波长 20m,波幅 6mm 的周期性正弦函数。钢轨和博格板的竖向位移时程曲线及与文献[7]计算结果的对比分别如图 13.3 和图 13.4[6]所示。

从以上两种工况计算对比可以看出,结果吻合良好,验证了本模型的正确性,而且可以清晰地看出列车车轮经过的痕迹。

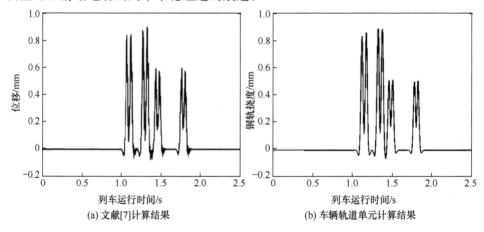

(a) 文献[7]计算结果　　　　　　　　(b) 车辆轨道单元计算结果

图 13.3　钢轨竖向位移时程曲线的对比

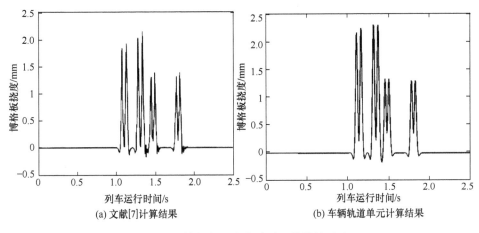

图 13.4 博格板竖向位移时程曲线的对比

13.2 板式轨道结构参数

在下面的仿真分析中,车辆选用高速动车 CRH3,车辆结构参数如表 12.1 所示。板式轨道选取京津城际高铁铺设的德国博格板轨道,其轨道结构参数如表 13.2 所示。

表 13.2 博格板式轨道结构参数表

类别		数值	类别		数值
轨道板	长度/mm	6450	混凝土支承层	长度/mm	6450
	宽度/mm	2550		宽度/mm	2950
	高度/mm	200		高度/mm	300
	密度/(kg/m³)	2500		密度/(kg/m³)	2500
	弹性模量/Pa	3.9×10^{10}		弹性模量/Pa	3.0×10^{10}
垫板	刚度系数/(MN/m)	60	CA 砂浆	刚度系数/(MN/m)	900
	阻尼系数/(kN・s/m)	47.7		阻尼系数/(kN・s/m)	83
路基	刚度系数/(MN/m)	60			
	阻尼系/(kN・s/m)	90			

13.3 列车-板式轨道-路基耦合系统动力特性参数分析

博格板式轨道的特点是在混凝土基床与轨道板之间铺设一层 CA 砂浆。作为预制钢筋混凝土轨道板的支承层,CA 砂浆不但可以填充轨道板与混凝土基床之间的缝隙,与钢轨垫板一起调整轨道高差,使轨道结构精确定位,而且还能给轨道提供足够的强度和一定的弹性。因此,合理选择 CA 砂浆的刚度和阻尼系数,对提高板式轨道结构的整体动力性能具有十分重要的意义。在板式轨道结构系统中,垫板和路基的刚度和阻尼对车辆和轨道结构的动力性能也有重要影响。

下面采用第 9 章建立的车辆、轨道单元模型,假设线路为平顺状态,考虑列车行车速度 $V=250\mathrm{km/h}$,Newmark 数值积分法时间步长取为 $\Delta t=0.001\mathrm{s}$,仿真分析轨下垫板、CA 砂浆及路基的刚度和阻尼等参数对板式轨道整体动力学性能的影响。评价指标包括车体垂向加速度,轮轨作用力,钢轨、轨道板、混凝土支承层挠度和垂向加速度。通过分析,旨在对合理选取博格板式轨道结构参数提供理论依据。

13.3.1　轨下垫板刚度的影响

在其他参数不变的情况下,考虑六种轨下垫板刚度系数对车辆和轨道结构动力性能的影响,$2\times10^7\mathrm{N/m}$、$4\times10^7\mathrm{N/m}$、$6\times10^7\mathrm{N/m}$、$8\times10^7\mathrm{N/m}$、$1.0\times10^8\mathrm{N/m}$、$1.2\times10^8\mathrm{N/m}$,计算结果如图 13.5～图 13.9[6] 所示。

从图 13.5～图 13.9 可以看出,轨下垫板刚度系数的变化对钢轨振动的影响显著。随着垫板刚度的增大,钢轨挠度、垂向加速度明显降低。钢轨的激烈振动,尤其是钢轨的垂向加速度,容易引起钢轨的损伤,所以适当增大垫板刚度有利于降低钢轨的动力响应。但是,随着轨下垫板刚度的增大,导致直接作用于轨道板上的作用力更为集中,从而引起轨道板的加速度有所增大。轨道板的振动加速度影响 CA 砂浆的受力状态,从图 13.9(d)可以看出轨道板垂向加速度随着轨下垫板刚度的增大而增大。因此,仅从改善 CA 砂浆受力的角度,垫板刚度应该适当减小。

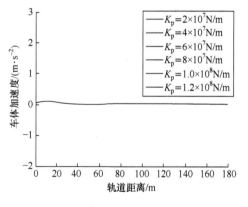

图 13.5　车体加速度的垫板刚度效应

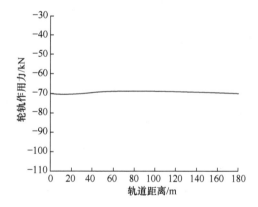

图 13.6　轮轨作用力的垫板刚度效应

由此可知,轨下垫板刚度的变化对钢轨和轨道板的影响效应是相反的,在轨道结构设计中,应当使钢轨和轨道板的响应均在一个合理的取值范围内,使轨道结构的整体动力性能处于最优状态。根据分析,垫板刚度取 60～80kN/mm 范围比较合适。此外,从图 13.5～图 13.9 还可以看出,轨道板和混凝土支承层挠度可近似认为基本没有变化,轮轨作用力和车体垂向加速度影响也不明显。

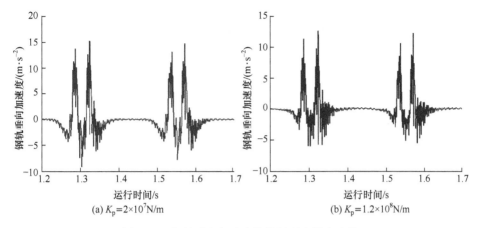

图 13.7 钢轨垂向加速度的垫板刚度效应比较

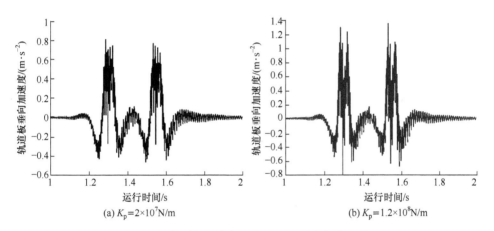

图 13.8 轨道板垂向加速度的垫板刚度效应比较

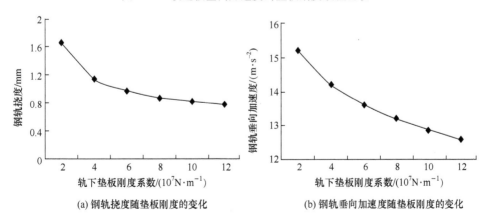

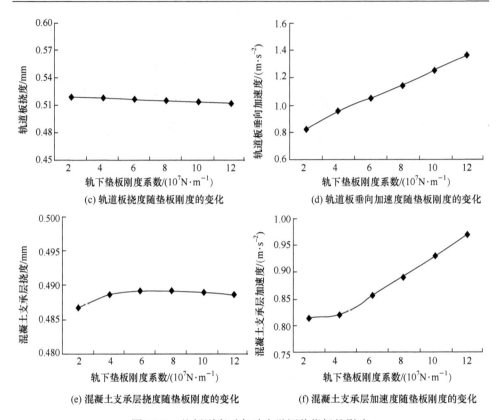

(c) 轨道板挠度随垫板刚度的变化

(d) 轨道板垂向加速度随垫板刚度的变化

(e) 混凝土支承层挠度随垫板刚度的变化

(f) 混凝土支承层加速度随垫板刚度的变化

图 13.9　垫板刚度对各动力学评价指标的影响

13.3.2　轨下垫板阻尼的影响

选择合理的轨下垫板阻尼对改善轨道的动力性能具有重要意义。考虑六种轨下垫板阻尼系数对车辆和轨道结构动力性能的影响：$3.63 \times 10^4 \text{N} \cdot \text{s/m}$、$4.77 \times 10^4 \text{N} \cdot \text{s/m}$、$1.0 \times 10^5 \text{N} \cdot \text{s/m}$、$3.0 \times 10^5 \text{N} \cdot \text{s/m}$、$6.0 \times 10^5 \text{N} \cdot \text{s/m}$、$10 \times 10^5 \text{N} \cdot \text{s/m}$，计算结果如图 13.10～图 13.14[6]所示。

从图 13.10～图 13.14 可以看出，钢轨挠度和钢轨垂向加速度随着轨下垫板阻尼的增大而减小，轨道板和混凝土支承层的垂向加速度则随着阻尼的增大而显著增大；轨下垫板阻尼对轮轨作用力有一定影响，对车体加速度的影响不明显，对轨道板挠度和混凝土支承层挠度影响可忽略。当轨下垫板阻尼大于 $1 \times 10^5 \text{N} \cdot \text{s/m}$ 时，轨道结构各部件振动响应的变化速度有明显改变，通常轨下垫板阻尼选取在 $1 \times 10^5 \text{N} \cdot \text{s/m}$ 左右比较合适，可根据实际情况进行选择。综上所述，增大轨下垫板阻尼可以降低钢轨振动，但将增加轨道板和混凝土支承层的动力响应。因此，轨下垫板阻尼系数应在综合考虑轨道结构各部件振动响应的基础上进行合理选择，以利于延长板式轨道的使用寿命。

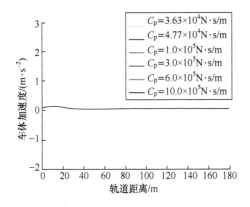

图 13.10　车体加速度的垫板阻尼效应

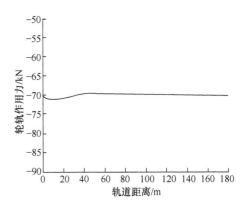

图 13.11　轮轨作用力的垫板阻尼效应

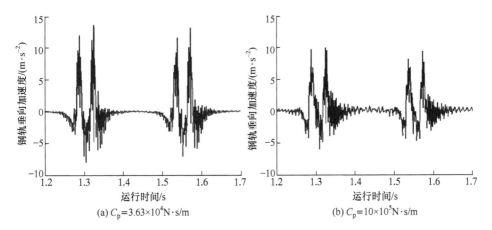

(a) $C_p=3.63\times10^4$N·s/m　　　　　(b) $C_p=10\times10^5$N·s/m

图 13.12　钢轨垂向加速度的垫板阻尼效应比较

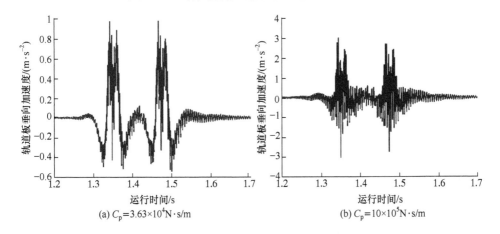

(a) $C_p=3.63\times10^4$N·s/m　　　　　(b) $C_p=10\times10^5$N·s/m

图 13.13　轨道板垂向加速度的垫板阻尼效应比较

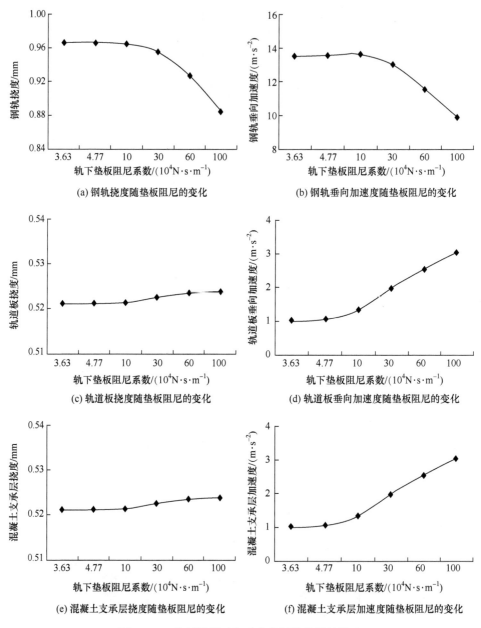

图 13.14　垫板阻尼对各动力学评价指标的影响

13.3.3　CA 砂浆刚度的影响

在其他参数不变的情况下,考虑六种 CA 砂浆(cement asphalt mortar,CAM)

刚度系数对车辆和轨道结构动力性能的影响:$3 \times 10^8 \mathrm{N/m}$、$6 \times 10^8 \mathrm{N/m}$、$9 \times 10^8 \mathrm{N/}$m、$1.2 \times 10^9 \mathrm{N/m}$、$1.5 \times 10^9 \mathrm{N/m}$、$3.0 \times 10^9 \mathrm{N/m}$,计算结果如图 13.15～图 13.19[6] 所示。

由图 13.15～图 13.19 可以看出,CA 砂浆刚度变化对钢轨和轨道板的挠度影响较为明显,而对于混凝土支承层挠度的影响则较小。从钢轨和轨道板挠度曲线看,钢轨和轨道板挠度最大值均随 CA 砂浆刚度的增大而减小。CA 砂浆刚度对钢轨垂向加速度的影响甚微,轨道板垂向加速度和混凝土支承层加速度均随 CA 砂浆刚度的增大呈减小的趋势,车体加速度和轮轨作用力则基本不受影响。由此可见,增大 CA 砂浆刚度,虽然可在一定程度上减小轨道变形,但过大的 CA 砂浆刚度将削弱板式轨道的弹性,不利于轨道结构减振。CA 砂浆刚度变化对列车和轨道结构所产生的影响不及轨下垫板刚度所产生的影响明显。

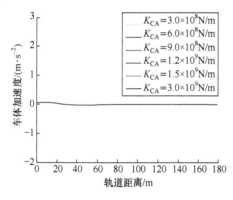

图 13.15 车体加速度的 CA 砂浆刚度效应

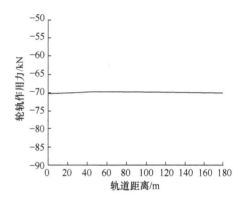

图 13.16 轮轨作用力的 CA 砂浆刚度效应

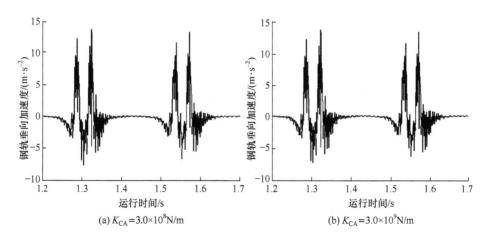

(a) $K_{CA} = 3.0 \times 10^8 \mathrm{N/m}$ (b) $K_{CA} = 3.0 \times 10^9 \mathrm{N/m}$

图 13.17 钢轨垂向加速度的 CA 砂浆刚度效应比较

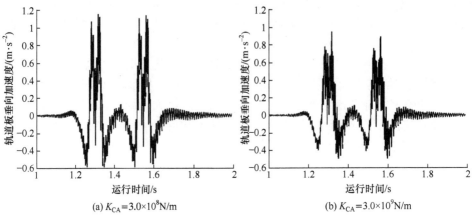

(a) $K_{CA}=3.0\times10^8$N/m　　　　　　　　(b) $K_{CA}=3.0\times10^9$N/m

图 13.18　轨道板垂向加速度的 CA 砂浆刚度效应比较

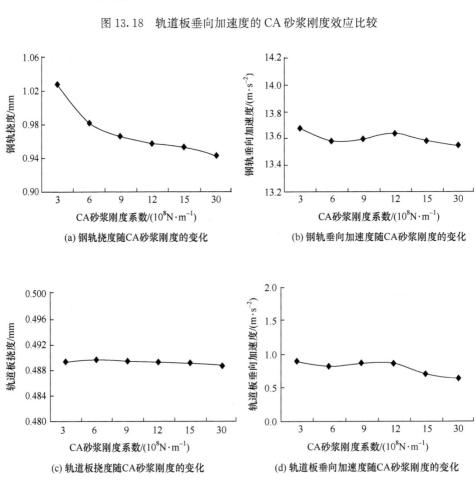

(a) 钢轨挠度随CA砂浆刚度的变化　　　　　　(b) 钢轨垂向加速度随CA砂浆刚度的变化

(c) 轨道板挠度随CA砂浆刚度的变化　　　　　　(d) 轨道板垂向加速度随CA砂浆刚度的变化

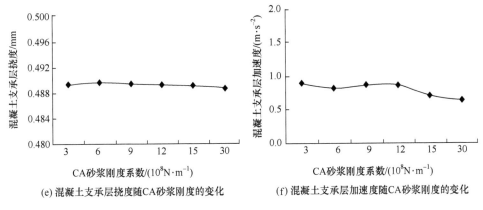

(e) 混凝土支承层挠度随CA砂浆刚度的变化　　(f) 混凝土支承层加速度随CA砂浆刚度的变化

图 13.19　CA 砂浆刚度对各动力学评价指标的影响

13.3.4　CA 砂浆阻尼的影响

在其他计算参数不变的情况下,考虑五种 CA 砂浆阻尼系数对车辆和轨道结构动力性能的影响：2×10^4 N·s/m、4×10^4 N·s/m、8.3×10^4 N·s/m、1.6×10^5 N·s/m、3.2×10^5 N·s/m,计算结果如图 13.20～图 13.24[6] 所示。

由图 13.20～图 13.24 可以看出,随着 CA 砂浆阻尼的增大,钢轨挠度和垂向加速度、轨道板挠度、混凝土支承层挠度基本没有变化,轨道板和混凝土支承层垂向加速度则明显减小。CA 砂浆阻尼对轮轨作用力和车体垂向加速度影响不明显,基本无变化。通过上述分析可知,应尽量采用大阻尼的板下 CA 砂浆垫层,这将有利于降低轨道结构的振动,延长板式轨道的使用寿命,减轻轨道结构的维修工作量。

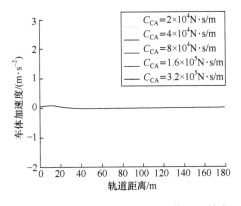

图 13.20　车体加速度的 CA 砂浆阻尼效应

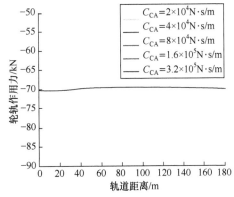

图 13.21　轮轨作用力的 CA 砂浆阻尼效应

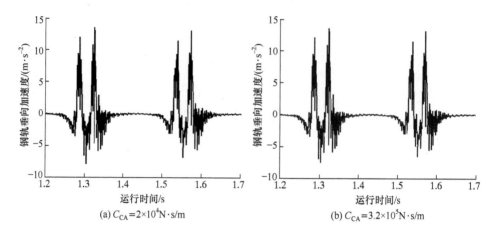

图 13.22　钢轨垂向加速度的 CA 砂浆阻尼效应比较

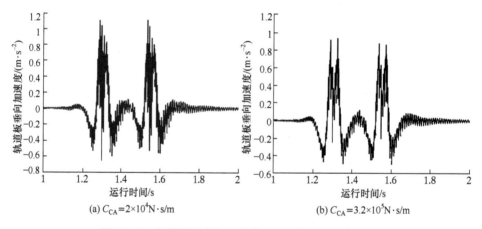

图 13.23　轨道板垂向加速度的 CA 砂浆阻尼效应比较

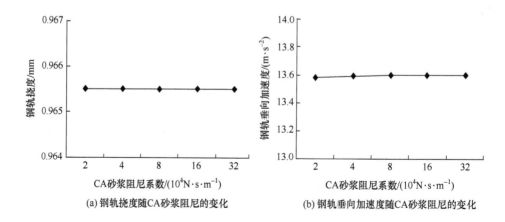

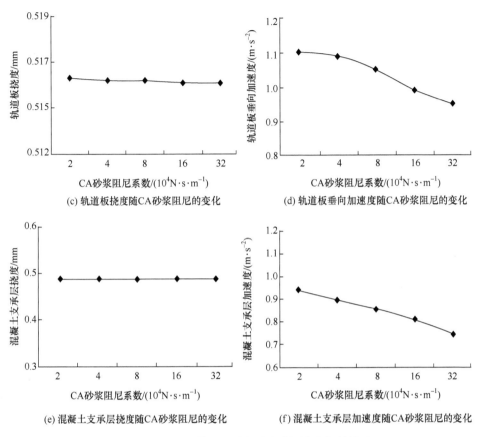

(c) 轨道板挠度随CA砂浆阻尼的变化　　(d) 轨道板垂向加速度随CA砂浆阻尼的变化

(e) 混凝土支承层挠度随CA砂浆阻尼的变化　　(f) 混凝土支承层加速度随CA砂浆阻尼的变化

图 13.24　CA 砂浆阻尼对各动力学评价指标的影响

13.3.5　路基刚度的影响

假定其他参数不变,仅改变路基刚度系数。考虑六种路基刚度系数对车辆和轨道结构动力性能的影响:2×10^7 N/m、4×10^7 N/m、6×10^7 N/m、8×10^7 N/m、1.0×10^8 N/m、1.2×10^8 N/m,计算结果如图 13.25~图 13.29[6]所示。

从图 13.25~图 13.29 可以看出,路基刚度系数的改变对整个轨道结构振动的影响非常显著。随着路基刚度的增大,轨道结构各部件的动力学指标均呈下降趋势。相比之下,钢轨挠度、轨道板挠度、混凝土支承层挠度的下降幅度要大于相应的垂向加速度下降幅度,说明轨道结构挠度的路基刚度效应要比轨道结构垂向加速度的路基刚度效应更加灵敏。此外,较小的路基刚度系数可能引起轨道结构很大的动力响应。当列车速度持续提高时,有可能达到和超过轨道临界速度,引起轨道结构强烈振动。路基刚度系数是影响轨道临界速度的主要因素,轨道临界速度随路基刚度的增加而提高,提高路基刚度有利于轨道的安全稳定。

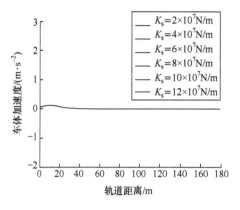

图 13.25　车体加速度的路基刚度效应

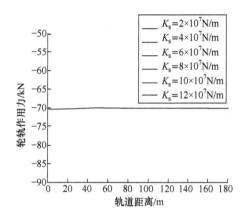

图 13.26　轮轨作用力的路基刚度效应

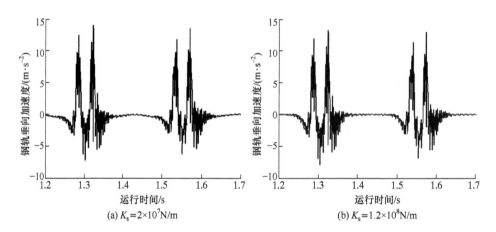

图 13.27　钢轨垂向加速度的路基刚度效应比较

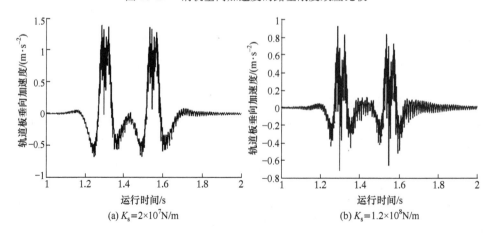

图 13.28　轨道板垂向加速度的路基刚度效应比较

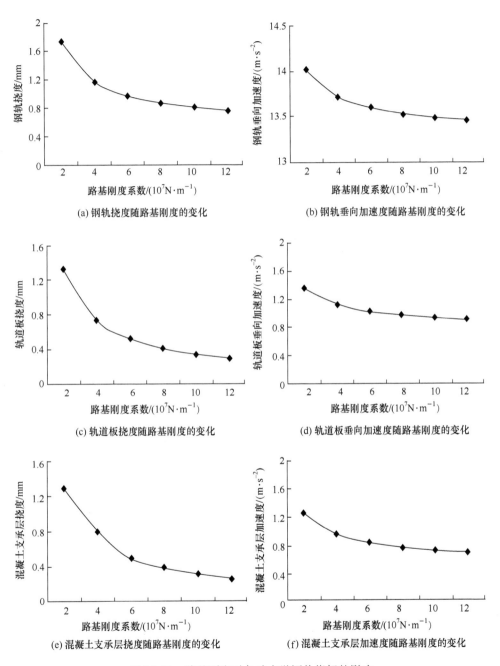

(a) 钢轨挠度随路基刚度的变化

(b) 钢轨垂向加速度随路基刚度的变化

(c) 轨道板挠度随路基刚度的变化

(d) 轨道板垂向加速度随路基刚度的变化

(e) 混凝土支承层挠度随路基刚度的变化

(f) 混凝土支承层加速度随路基刚度的变化

图 13.29　路基刚度对各动力学评价指标的影响

13.3.6 路基阻尼的影响

假定其他参数不变,仅改变路基阻尼。考虑六种路基阻尼系数对车辆和轨道结构动力性能的影响:$3 \times 10^4 N \cdot s/m$、$6 \times 10^4 N \cdot s/m$、$9 \times 10^4 N \cdot s/m$、$1.2 \times 10^5 N \cdot s/m$、$1.5 \times 10^5 N \cdot s/m$、$1.8 \times 10^5 N \cdot s/m$,计算结果如图 13.30~图 13.34[6] 所示。

由图 13.30~图 13.34 可以看出,提高路基阻尼系数,对钢轨挠度和垂向加速度、轨道板挠度、混凝土支承层挠度影响不大,但轨道板和混凝土支承层垂向加速度则呈减小的趋势。路基阻尼对轮轨作用力和车体垂向加速度的影响不明显,基本无变化。上述分析说明,路基阻尼对轨道结构振动影响甚微。

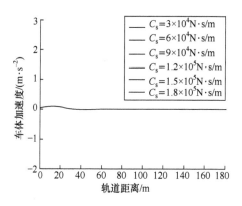

图 13.30 车体加速度的路基阻尼效应

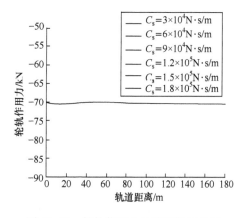

图 13.31 轮轨作用力的路基阻尼效应

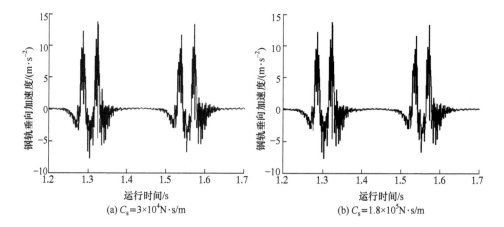

(a) $C_s = 3 \times 10^4 N \cdot s/m$

(b) $C_s = 1.8 \times 10^5 N \cdot s/m$

图 13.32 钢轨垂向加速度的路基阻尼效应比较

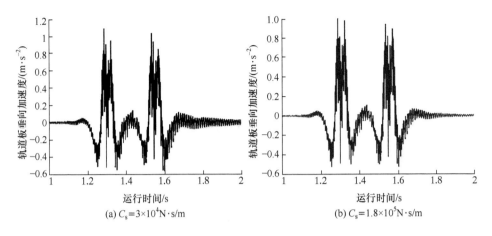

(a) $C_s = 3 \times 10^4 \text{N} \cdot \text{s/m}$ (b) $C_s = 1.8 \times 10^5 \text{N} \cdot \text{s/m}$

图 13.33 轨道板垂向加速度的路基阻尼效应比较

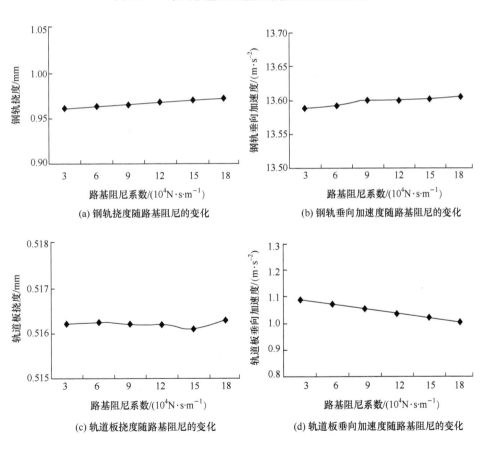

(a) 钢轨挠度随路基阻尼的变化   (b) 钢轨垂向加速度随路基阻尼的变化

(c) 轨道板挠度随路基阻尼的变化   (d) 轨道板垂向加速度随路基阻尼的变化

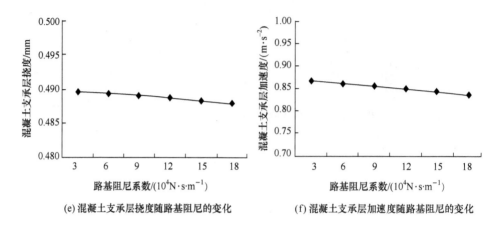

(e) 混凝土支承层挠度随路基阻尼的变化　　　　(f) 混凝土支承层加速度随路基阻尼的变化

图 13.34　路基阻尼对各动力学评价指标的影响

参 考 文 献

[1] Lei X Y, Zhang B. Analyses of dynamic behavior of track transition with finite elements[J]. Journal of Vibration and Control, 2011, 17(11): 1733-1747.

[2] Lei X Y, Zhang B. Analysis of dynamic behavior for slab track of high-speed railway based on vehicle and track elements[J]. Journal of Transportation Engineering, 2011, 137(4): 227-240.

[3] Lei X Y, Zhang B. Influence of track stiffness distribution on vehicle and track interactions in track transition[J]. Journal of Rail and Rapid Transit, Proceedings of the Institution of Mechanical Engineers Part F, 2010, 224(1): 592-604.

[4] 雷晓燕, 张斌, 刘庆杰. 列车-轨道系统竖向动力分析的车辆轨道单元模型[J]. 振动与冲击. 2010, 29(3): 168-173.

[5] 张斌, 雷晓燕. 基于车辆-轨道单元的无砟轨道动力特性有限元分析[J]. 铁道学报. 2011, 33(7): 78-85.

[6] 张斌. 高速铁路轨道结构动力特性有限元分析[D]. 南昌: 华东交通大学硕士学位论文, 2007.

[7] 赫丹, 向俊, 曾庆元. 一种无砟轨道动力学建模的新方法[J]. 中南大学学报(自然科学版), 2007, 38 (6): 1206-1211.

[8] 陈秀方. 轨道工程[M]. 北京: 中国建筑工业出版社, 2005.

第十四章　有砟-无砟轨道过渡段动力特性分析

铁路交通存在大量桥梁、平交道口和刚性涵管。轨道从路基线路过渡到桥台、平交道口和刚性涵管前后，从有砟轨道过渡到无砟轨道都存在刚度不均匀问题，如不加处理，存在刚度突变。试验表明，车辆通过刚度突变区时，附加动力作用明显增加，导致路基发生变形，引起轨道不平顺。这一问题会随着列车速度的提高更加严重。据国外对有砟轨道与无砟轨道过渡段的调查发现，在列车荷载长期作用下，有砟-无砟轨道过渡段出现了一系列问题，对轨道结构造成了不同程度的损坏，包括如下问题。

① 车辆运行速度达到 200km/h 以上时，轨道不平顺对车辆运行的影响被放大，过渡段难以保持平顺性和稳定性要求，每年要耗去大量的养护维修费用。

② 对于有砟轨道与无砟轨道过渡段，设计上采取的措施都是在过渡段长度内铺设十几米或二十几米的钢筋混凝土搭板。但在列车荷载的反复作用下，搭板会出现局部悬空的现象，导致无砟轨道受力状态发生变化，严重影响车辆与无砟轨道的动态相互作用及轨道结构的强度与稳定性。

③ 有砟轨道的不平顺可以通过道砟捣固和整道消除，无砟轨道的不平顺则只能通过调整轨下垫板来减小或消除。由于轨下垫板调高量十分有限，无砟轨道对变形量有严格的限制。然而，在列车荷载的反复作用下，随着过渡段变形的积累，无砟轨道的变形将超过钢轨垫板的容许调高量。

④ 过渡段轨道板发生翘曲现象，在轨道板的表面，冲击力产生的拉力超过了混凝土的抗拉强度，造成轨道板表面开裂，致使内部钢筋锈蚀，降低强度。

⑤ 过渡段残余变形积累速度大大超过线路其他区段，而无砟轨道一旦出现大变形就不易维修，严重时线路需重新铺设。

造成以上问题的原因是无砟轨道的整体刚度远大于有砟轨道，为减缓列车通过轨道过渡处时由于刚度变化引起的附加动力，通常在有砟轨道与无砟轨道之间设置刚度渐变的过渡段。

国内外学者对列车通过轨道过渡段时车辆和轨道结构的动力特性问题进行过一些研究[1-10]，主要是以试验为主[1-4]，也有少量的理论和数值分析[5-10]，但研究还不深入，有待进一步深化。本章将根据客运专线有砟轨道与无砟轨道过渡段的主要结构型式和设计参数，利用第九章中提出的车辆单元和轨道单元模型及算法[11,12]，运用所开发的软件，考虑列车行车速度和轨道基础刚度的影响，对有砟-无砟轨道过渡段动力特性进行参数分析。通过分析，为有砟-无砟轨道过渡段轨道基础刚度合理匹配提供理论依据。

14.1　有砟-无砟轨道过渡段行车速度效应分析

计算中取线路总长度为 300m，在线路内侧两端考虑边界效应的影响，取左边界长度为 100m，右边界长度为 20m。仅考虑不设置过渡段时的行车速度效应，即有砟轨道与无砟轨道在线路 190m 处直接连接，轨道结构模型共 502 个单元，1516 个结点。

为了消除模型边界的影响，从计时零点后，在线路上取 7 个点进行车辆和轨道动力响应分析，分别为 O1、O2、⋯、O7。其中，有砟轨道线路和无砟轨道线路上分别有 3 个点，连接处有 1 个点，它们距离计时零点的轨道坐标分别为 30m、50m、70m、90m、110m、130m、150m。考虑列车以四种不同行车速度 $V = 160$、200、250、300km/h 经过观察点（O1，O2，⋯，O7）时，引起车辆和轨道结构的动力响应分布规律，计算示意图如图 14.1 所示。

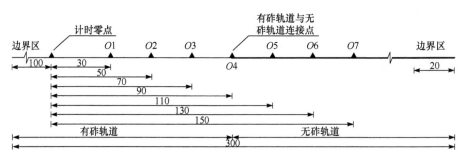

图 14.1　速度效应计算示意图/m

为了全面分析和评价列车速度效应，下面列举了部分程序计算结果，包括钢轨垂向加速度、车体垂向加速度和轮轨作用力等指标的时程曲线，如图 14.2～图 14.4[13] 所示。

从图 14.2～图 14.4 可以看出，无砟轨道整体结构刚度是有砟轨道的几倍，沿线路纵向轨道刚度存在着显著的差异。这种刚度的差异导致轮轨接触力增大，随着行车速度的提高，轮轨接触力进一步增大。强大的轮轨作用力产生的拉力足以超过轨道板钢筋混凝土的抗拉强度，使轨道板开裂、翘曲。在有砟轨道和无砟轨道连接处，钢轨垂向加速度、轮轨作用力的峰值明显，特别是行车速度达到 200km/h 以上时，钢轨垂向加速度、轮轨作用力峰值成倍增长，对轨道结构产生巨大冲击破坏。行车速度对车体垂向加速度影响不显著，说明车体加速度的行车速度效应不明显。其原因是车体附有的一系和二系弹簧阻尼系统起到了很好的减振效果。

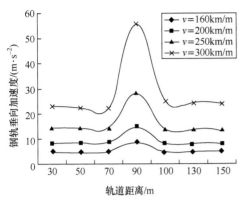

图 14.2　钢轨垂向加速度的速度效应　　　　图 14.3　车体垂向加速度的速度效应

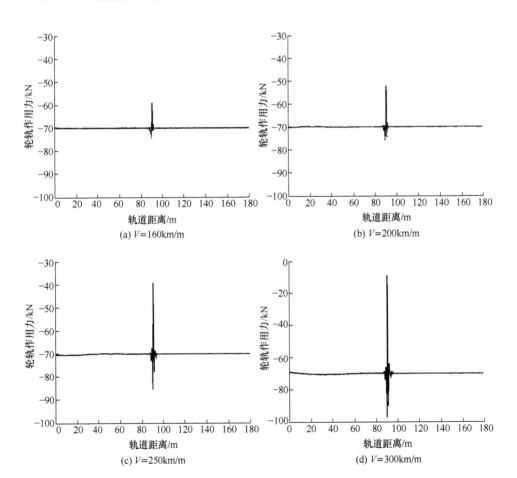

图 14.4　轮轨作用力的速度效应

14.2 有砟-无砟轨道过渡段轨道基础刚度效应分析

根据我国客运专线建设中过渡段通常设置在有砟轨道一侧的原则,考虑在有砟轨道设置长度为 20m 的过渡段。计算中取线路总长度为 300m,在线路内侧两端考虑边界效应的影响,取左边界长度为 100m,右边界长度为 20m,在线路 170m 处设置过渡段,即计时零点后 70m 位置处。过渡段长度取为 20m,有砟轨道与无砟轨道在线路 190m 位置处连接,如图 14.5 所示。假定列车行车速度 $V=250$km/h,轨道结构模型共划分为 526 个单元,1591 个结点。

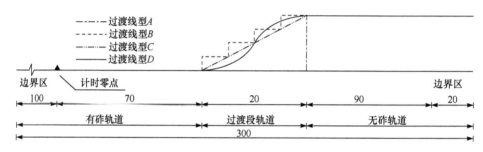

图 14.5　轨道基础刚度效应计算示意图/m

根据调研资料中设置路基本体过渡、道砟层过渡的工程措施,轨道基础刚度效应分析考虑四种工况。

工况 A,过渡线型呈突变型,即有砟轨道与无砟轨道之间不设置过渡段。

工况 B,过渡线型呈阶梯型,道砟层刚度呈阶梯变化:1—2—3—4—5 倍;路基本体刚度呈阶梯变化:1—5—10—20—40 倍。

工况 C,过渡线型呈线性型,道砟层刚度呈线性变化:从 1 倍到 5 倍线性插值取值;路基本体刚度呈线性变化:从 1 倍到 40 倍线性插值取值。

工况 D,过渡线型呈余弦型,道砟层刚度呈余弦曲线变化:从 1 倍到 5 倍余弦插值取值;路基本体刚度呈余弦曲线变化:从 1 倍到 40 倍余弦插值取值。

计算结果如图 14.6~图 14.8 所示,它们分别表示整车通过时车体垂向加速度、钢轨垂向加速度和轮轨作用力时程变化曲线。

由图 14.6 可以看出,四种轨道基础刚度变化形式下的车体垂向加速度曲线基本重合,说明轨道结构刚度变化对车体加速度影响甚微,车体加速度的轨道基础刚度效应不明显。其原因是车体附有的一系和二系弹簧阻尼系统起到了很好的减振效果。

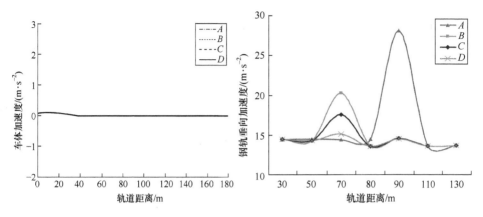

图 14.6　车体垂向加速度的过渡线型效应　　图 14.7　钢轨垂向加速度的过渡线型效应

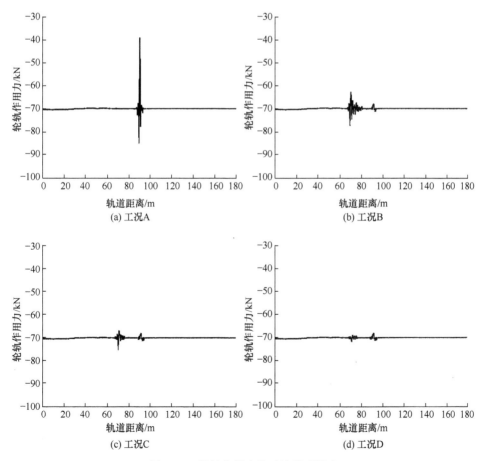

图 14.8　轮轨作用力的过渡线型效应

　　从图 14.7 可以看出,在有砟轨道一侧,轨道基础刚度发生变化时,即计时零点后 70m 位置处,钢轨垂向加速度有显著变化,随着刚度过渡变化形式的不同,钢轨垂向加速度增长明显,其中以轨道基础刚度余弦过渡变化最小。在有砟轨道与无砟轨道连接处,即计时零点后 90m 位置处,钢轨垂向加速度再次出现峰值。设置了过渡段的工况 B、工况 C 和工况 D 对应的钢轨垂向加速度明显要小于没有设置过渡段的工况 A。说明在有砟轨道与无砟轨道之间设置过渡段可显著降低轨道结构的振动。

　　从图 14.8 可以看出,设置了过渡段的工况 B、工况 C 和工况 D,其轮轨作用力出现了两个峰值。70m 位置处的峰值是有砟轨道基础刚度变化引起的,其中以余弦形式过渡时轮轨作用力变化幅度最小,附加动力作用最小。90m 位置处的峰值是有砟轨道与无砟轨道连接处轨道纵向刚度差异引起的。工况 A 为无过渡段连接,其轮轨作用力峰值是设置了过渡段的工况 B、工况 C 和工况 D 的几十倍,巨大的轮轨作用力将对轨道结构造成极大的损伤。再次说明在有砟轨道与无砟轨道之间设置过渡段的重要性。

　　从 70m 和 90m 位置处的轮轨作用力峰值可以看出,采用路基本体过渡和道砟层过渡的措施虽然可以有效解决有砟轨道与无砟轨道基础刚度过渡的问题,但是车辆进入有砟轨道过渡段时的冲击力已经超过了有砟轨道与无砟轨道连接处的冲击力,出现了二次峰值现象。此时可以采取延长过渡段长度的做法,降低有砟轨道一侧的轮轨作用力,避免对车辆、轨道造成二次冲击,以满足旅客舒适度和高速行车的要求。

14.3　有砟-无砟轨道过渡段整治措施

　　我国对轨道过渡段进行了许多试验研究,根据相关试验资料,并借鉴国外有关经验和规定,先后制定了《无砟轨道客运专线铁路设计暂行规定》、《京沪高速铁路设计暂行规定》、《新建时速 200—250 公里客运专线铁路设计暂行规定》和《新建时速 300—350 公里客运专线铁路设计暂行规定》,对过渡段设置作出了规定[14,15]。

　　一般将过渡段设置于有砟轨道一侧。主要措施包括:一是在过渡段有砟轨道部分设置刚度变化的过渡区以增大轨道的竖向刚度,如采用优质填料换填路基、较高的路基压实标准、掺水泥的级配碎石、基床表层设置阶梯形钢筋混凝土板、固化道砟层、道床厚度渐变、调整轨下胶垫刚度,以及设置辅助轨以增加轨道垂向抗弯刚度等。二是减小无砟轨道的整体刚度,如采用低刚度轨下胶垫、板下设置弹性垫层、在轨道板底粘贴微孔橡胶垫层,以及增加轨道板配筋率等。下面列举说明在工程中得到应用的部分技术措施。

　　措施一,我国行业标准铁建设[2007]47 号《新建时速 300—350 公里客运专线铁路设计暂行规定》指出,路堤与桥台连接处应设置过渡段,可采用沿线路纵向倒梯形级配碎石过渡段(图14.9),并应符合下列规定,即

$$L = a + (H - h)n \tag{14.1}$$

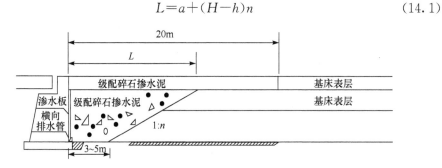

图14.9　沿线路纵向设置倒梯形级配碎石的过渡段

其中,L为过渡段长度,一般不小于20m;H为台后路堤高度;h为基床表层厚度;a为常数,取3~5m;n为常数,取2~5m。

措施二,在我国客运专线建设中,普遍采取增加有砟轨道刚度的过渡措施。典型做法是设置厚度渐变的混凝土基础板,同时在不同部位采用不同水泥比例的级配碎石。在有砟轨道与无砟轨道之间设置至少20m长的过渡段,基床基底铺设级配碎石垫层(掺3%~5%水泥)。有砟轨道与无砟轨道过渡段纵剖面如图14.10所示。

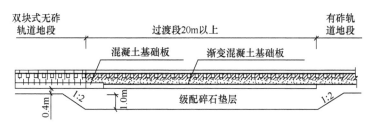

图14.10　有砟轨道与无砟轨道过渡段

措施三,赣龙线枫树排隧道内铺设为板式无砟轨道。在有砟轨道与无砟轨道过渡段,为了减小有砟轨道与无砟轨道的刚度差,减缓列车的振动和冲击,在与有砟轨道相邻处设置了5块减振型板式无砟轨道。

措施四,遂渝铁路无砟轨道试验段对有砟轨道和无砟轨道过渡段采取了降低无砟轨道刚度和增加有砟轨道刚度的措施。遂渝线板式轨道与有砟轨道的过渡段长度为25m,其中有砟轨道长20m,在桥隧间9m刚性基础范围内设道床厚度渐变段,道床厚度由250mm逐渐过渡到桥上350mm。在过渡范围内的5块轨道板底粘贴20mm厚微孔橡胶垫层,靠近板式轨道端铺设5根2.8m的长轨枕,扣件刚度为35~55kN/mm,同时利用桥上50kg/m护轨作为过渡段辅助轨。

　　措施五,路基上的德国博格板式轨道与有砟轨道过渡段设计纵剖面如图14.11所示。由图可知,板式轨道的水硬性承载层向有砟轨道端延长10m,并在有砟轨道第一个15m范围内对道床灌注环氧树脂黏结剂使道砟完全黏结,第二个15m范围内使部分道砟黏结,第三个15m范围内使砟肩部分黏结。

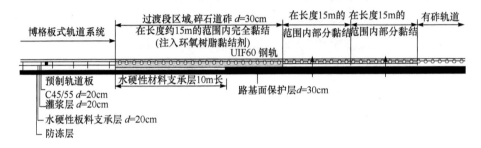

图14.11　德国博格板式轨道在路基上与有砟轨道过渡段的设置

　　措施六,为了保证高速列车平稳通过,减小无砟轨道与有砟轨道的刚度差,控制两者之间的沉降差,保持轨道的弹性平顺,在桥上板式轨道和桥下有砟轨道设置过渡段,可采取如下技术措施。

　　① 在台背基坑采用混凝土回填,在台后采用强度大、变形小的优质级配碎石填筑,路堤基床表层压实密度 $K_{30} \geqslant 190$ MPa,孔隙率 $\eta < 15\%$;基床表层以下的压实密度 $K_{30} \geqslant 150$ MPa,孔隙率 $\eta < 20\%$。

　　② 在与桥头路基相邻的一跨梁上,轨道板底面粘贴缓冲橡胶弹性垫层。

　　③ 在过渡段线路基本轨之间设置2根辅助轨。

　　措施七,为了避免有砟轨道与无砟轨道上部结构之间产生刚度突变,将无砟轨道的水硬性承载层再延长10m伸入到道砟中。在无砟轨道结束端,混凝土承载层和水硬性承载层要相互锚固在一起。通过锚固,使混凝土承载层和水硬性承载层之间保持良好的连接刚度。为了平滑不同的轨道刚度,在实际工程中,过渡段的道砟宜采用灌注环氧树脂黏结剂使道砟完全黏结。过渡段的道砟黏结强度,从无砟轨道向有砟轨道逐渐降低。过渡段设置在有砟轨道一侧,总长度为45m左右,且分成长度相等的三段,即完全黏结(基础道砟、边梁及各轨枕之间)、部分黏结(基础道砟与边梁)和部分黏结(基础道砟)。

参 考 文 献

[1] Kerr A D, Moroney B E. Track transition problems and remedies[J]. American Railway Engineering Association, 1995, 742: 267-297.

[2] Kerr A D. A method for determining the track modulus using a locomotive or car on multi-axle trucks[J]. Proceedings of American Railway Engineering Association, 1987, 84 (2): 270-286.

[3] Kerr A D. On the vertical modulus in the standard railway track analyses[J]. Rail International, 1989, 235 (2): 37-45.

[4] Moroney B E. A study of railroad track transition points and problems[D]. Master's Thesis, Department of Civil Engineering, Newark, University of Delaware, 1991.

[5] Lei X Y, Mao L J. Dynamic response analyses of vehicle and track coupled system on track transition of conventional high speed railway[J]. Journal of Sound and Vibration, 2004, 271 (3): 1133-1146.

[6] 雷晓燕. 移动荷载作用下轨道基础刚度突变对轨道振动的影响[J]. 振动工程学报, 2006, 19 (2): 195-199.

[7] 王其昌. 高速铁路土木工程 [M]. 成都: 西南交通大学出版社, 1999.

[8] 雷晓燕. 轨道过渡段刚度突变对轨道振动的影响[J]. 中国铁道科学, 2006, 27 (5): 42-45.

[9] 刘林芽, 雷晓燕, 刘晓燕. 既有线路桥过渡段的设计与动力学性能评价[J]. 铁道标准设计, 2004, 504(1): 9-10.

[10] 雷晓燕, 张斌, 刘庆杰. 轨道过渡段动力特性的有限元分析[J]. 中国铁道科学, 2009, 30 (5): 15-21

[11] Lei X Y, Zhang B. Analyses of dynamic behavior of track transition with finite elements [J]. Journal of Vibration and Control, 2011, 17(11): 1733-1747.

[12] Lei X Y, Zhang B. Analysis of dynamic behavior for slab track of high-speed railway based on vehicle and track elements[J]. Journal of Transportation Engineering, 2011, 137(4): 227-240.

[13] 张斌. 高速铁路轨道结构动力特性有限元分析[D]. 南昌: 华东交通大学硕士学位论文, 2007.

[14] 中华人民共和国行业标准. 新建时速 200-250 公里客运专线铁路设计暂行规定[S]. 北京: 中国铁道出版社, 2005.

[15] 中华人民共和国行业标准. 新建时速 300-350 公里客运专线铁路设计暂行规定[S]. 北京: 中国铁道出版社, 2007.

第十五章　交叠地铁列车引起的环境振动分析

我国正处于城市轨道交通建设的黄金期,在城市地铁线网的规划和扩展过程中,会不可避免地遇到两条甚至多条线路交叠运行的情形。两条或多条线路交叠运行引起的环境振动和传播规律,不同于单条线路引起的环境振动,也并非简单的线性叠加。由于交叠线路的列车运行组合情况较多且错综复杂,对环境振动的影响可能会在某个意想不到的区域出现放大并超过环境振动标准。目前,国内已有少部分针对该问题的研究,如贾颖绚[1]、马蒙[2]、徐海清[3]等,但与轨道交通发展规模和建设速度相比,研究还远远不够,尤其是针对列车在 4 孔及多孔地铁隧道内同时运行引起环境振动的研究则更少。

南昌地铁 1、2 号线交汇于八一广场,形成上下交叠地铁线路,且交汇处附近有一省级文物保护单位——"毛泽东思想万岁馆"。本章以此复杂的空间 4 孔交叠隧道为工程背景,通过建立轨道-隧道-大地-建筑物三维有限元模型,仿真分析列车在交叠隧道内运行时引起大地及建筑物的振动响应及传播规律。同时,对比分析 1、2 号线单独运行和 1、2 号线同时运行对大地及建筑物的振动影响。

15.1　交叠地铁引起的大地振动分析

15.1.1　工程概况

八一广场位于南昌市老城中心,南昌地铁 1 号线与 2 号线交汇于八一广场西侧的八一大道下面,交汇处设有八一广场站。目前,1 号线正在进行隧道开挖施工,2 号线处于设计阶段。1 号线位于 2 号线下面,1 号线隧道埋深 17m,2 号线隧道埋深 9m,两条线路近似直角交叉。1、2 号线均为双线双隧道断面,分为上行线与下行线。上行线与下行线平行,线路中心相距 15m。线路区间采用盾构法施工,隧道结构断面均为圆形,衬砌厚 0.3m,内径 5.4m,外径 6m。交叠线路把八一广场站附近大地平面分为四个象限,平面示意图如图 15.1 所示。

由于四个象限具有中心对称性,可以选取任何一个有代表性的象限进行环境振动分析。以下选择图 15.1 中第三象限进行环境振动分析,即 1 号线的八一馆站至八一广场站和 2 号线的八一广场站至永叔路站。

15.1.2　材料参数

由于地铁引起的环境振动属于微振动范畴,在动力分析时各种材料可以按线

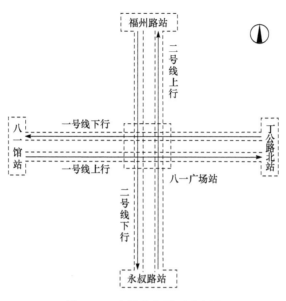

图 15.1　交叠线路平面示意图

弹性介质考虑。土层材料参数取值参照工程地质勘查报告[4-6],对相应土层进行加权平均,将八一广场地下土层简化为六层,详细参数如表 15.1 所示。轨道结构及隧道的有限元计算参数如表 15.2 所示。

表 15.1　南昌八一广场地下土层参数

土质	层厚/m	密度/(kg/m³)	剪切波速/(m/s)	弹性模量/MPa	泊松比	土的类型
杂填土	1.5	1850	150.7	115.96	0.38	中软土
粉质黏土	3.0	1950	189.9	194.09	0.38	中软土
细砂	6.0	1950	174.2	159.77	0.35	中软土
砾砂和圆砾	10.0	1990	285.5	428.22	0.32	中硬土
中风化泥质粉砂岩	15.5	2300	813.2	3802.44	0.25	岩石
微风化泥质粉砂岩	—	2500	1098.8	7364.90	0.22	岩石

表 15.2　轨道结构及隧道参数

结构名称	材料	密度/(kg/m³)	弹性模量/MPa	泊松比
隧道基础	C35 混凝土	2500	31500	0.2
隧道衬砌	C35 混凝土	2500	31500	0.2
钢轨	U75V 普通热轧钢轨	7800	210 000	0.3
浮置板	C50 混凝土	3000	32500	0.2

此外,轨下普通弹性扣件刚度为50kN/mm,阻尼为7.5×10^4 N·s/m,轨枕间距0.625m。浮置板下弹簧支座刚度取值为6.9kN/mm,阻尼取值为1×10^5 N·s/m,支座间距1.25m。浮置板厚度0.35m,宽度3.2m。

15.1.3　有限元模型

利用大型有限元分析软件 ANSYS 建立轨道-隧道-大地三维动力仿真模型。一般受地铁振动影响较大的范围为距离振源两侧60m之内。因此,为使有限元模型不至于过大并保证计算精度,取模型区域为距振源中心70m。考虑一定的富余量,模型的尺寸为:东西向和南北向均为115m,垂直深度为60m。其中,1号线的下行线和2号线的上行线距模型边界25m,1号线的上行线和2号线的下行线距模型边界75m,上行线与下行线间距15m。模型四周边界采用三维等效黏弹性边界[7],其做法是在已建立的有限元模型的边界上沿法向延伸一层相同类型的单元,并将边界的外层固定,通过定义等效单元的材料性质消除边界反射波的影响。有限元整体模型如图15.2所示[8]。

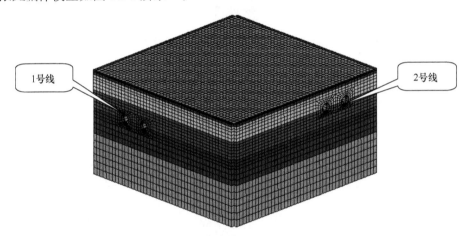

图 15.2　轨道-隧道-大地三维有限元模型

根据设计资料,南昌地铁普通地段采用整体道床,一般减振地段采用减振扣件,特殊减振地段采用钢弹簧浮置板道床。在下面的分析中,分别建立了整体道床和钢弹簧浮置板道床模型,用于比较1、2号线不同道床组合工况对环境振动的影响[8],如图15.3所示。

三维有限元模型的组成单元为:钢轨采用空间梁单元 BEAM188;轨下垫板和扣件及浮置板钢弹簧支座采用弹簧阻尼单元 COMBIN14;浮置板及隧道衬砌采用壳单元 SHELL63;隧道基础及土层则为实体单元 SOLID45。单元尺寸为0.25～3m,靠近振源处采用密集单元,尺寸小于材料剪切波长的1/12,远离振源处采用稀疏单元,尺寸小于材料剪切波长的1/6,单元尺寸均满足精度要求。

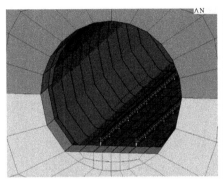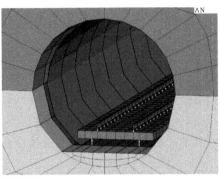

<table>
<tr><td>(a) 整体道床</td><td>(b) 钢弹簧浮置板道床</td></tr>
</table>

图 15.3　有限元模型局部放大图

15.1.4　阻尼系数及积分步长

在进行土体结构动力分析时,通常采用 Rayleigh 阻尼,即

$$\boldsymbol{C} = \alpha\boldsymbol{M} + \beta\boldsymbol{K} \tag{15.1}$$

其中,阻尼系数 α 和 β 与系统的固有频率和阻尼比有关。

根据试验资料,土体结构的阻尼比可取 0.05。对有限元模型进行模态分析,取前两阶固有频率 16.96rad/s 和 18.21rad/s,则 Rayleigh 阻尼系数 α 和 β 为

$$\alpha = \frac{2\omega_1\omega_2}{\omega_1 + \omega_2}\xi_0 = \frac{2 \times 16.96 \times 18.21}{16.96 + 18.21} \times 0.05 = 0.878 \tag{15.2}$$

$$\beta = \frac{2}{\omega_1 + \omega_2}\xi_0 = \frac{2}{16.96 + 18.21} \times 0.05 = 0.0028 \tag{15.3}$$

考虑 $f = 100\text{Hz}$ 内的频域振动响应,根据采样定理,则积分步长为

$$\Delta t = 1/2f = 0.005\text{s} \tag{15.4}$$

15.1.5　列车动荷载

列车在实际运营中,对钢轨的作用力为随机荷载,可以考虑为列车轴荷载与动荷载之和。动荷载由轨道随机不平顺引起,为列车轮重产生的惯性力。

移动列车对钢轨的作用力可表示为[9]

$$F(t) = -\sum_{l=1}^{n}\left(F_l + m_w\frac{\partial^2\eta}{\partial t^2}\right)\delta(x - vt - a_l) \tag{15.5}$$

其中, $F(t)$ 为列车对钢轨作用力; F_l 为 1/2 的第 l 个轴重; m_w 为第 l 个车轮质量; $\eta(x = Vt)$ 为轨道随机不平顺值; δ 为 Dirac 函数; v 为列车运行速度; a_l 为 $t = 0$ 时第 l 个轮距原点的距离。

目前,国内还未有通用的针对城市轨道交通的轨道不平顺谱密度函数,数值分

析时,通常是采用轨道状态良好的美国六级高低不平顺谱,其表达式为

$$S_v(\omega) = \frac{kA_v\omega_c^2}{(\omega^2 + \omega_c^2)\omega^2} \tag{15.6}$$

其中,$S_v(\omega)$为轨道高低不平顺功率谱密度,单位 cm²/rad/m;k 为系数,取 0.25;A_v 为表征不平顺程度的参数,$A_v = 0.0339$cm² • m • rad⁻¹;ω_c 为截断频率,$\omega_c = 0.8245$rad • m⁻¹;ω 为空间频率。

　　利用三角级数法生成美国六级轨道高低不平顺谱样本,如图 15.4 所示。

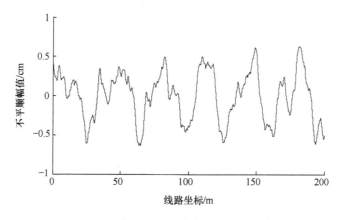

图 15.4　美国六级线路高低不平顺样本

　　通过建立轨道结构黏弹性连续三层梁模型,将式(15.5)表达的移动列车轴荷载施加于轨道结构三层梁模型的振动控制方程中,运用傅里叶变换数值方法求解振动方程,即可得到轨道结构的振动响应和轮轨作用力。

　　南昌地铁 1 号线和 2 号线采用地铁 B 型车,车辆定距为 12.6m,固定轴距为 2.2m,轴重取 140kN,轮对质量 15.39kN,列车按 6 辆编组。图 15.5 为列车速度

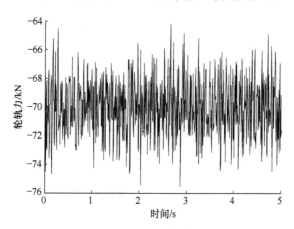

图 15.5　列车单轮动荷载时程曲线

80km/h 时列车单轮动荷载时程曲线,时间步长 0.005s。

将图 15.5 所示的列车动荷载施加于 ANSYS 三维有限元模型的钢轨上,采用 Newmark 隐式积分法中的完整矩阵法,进行瞬态动力学分析。

15.1.6　环境振动评价指标

根据 GB10070-88《城市区域环境振动标准》[10],环境振动评价指标为 Z 振级,即按不同频率计权因子修正后得到的铅垂向振动加速度级,Z 振级计权曲线采用的是 ISO2631-1:1985 的推荐值[11]。Z 振级的计算公式为

$$\mathrm{VLz} = 20\lg\left(\frac{a'_{\mathrm{rms}}}{a_0}\right) \tag{15.7}$$

其中,a_0 为基准加速度,取值 1×10^{-6}(m/s²);a'_{rms} 为按不同频率计权因子修正后的振动加速度有效值,即

$$a'_{\mathrm{rms}} = \sqrt{\sum a_{frms}^2 \cdot 10^{0.1c_f}} \tag{15.8}$$

式中,a'_{rms} 表示频率为 f 的振动加速度有效值;c_f 为振动加速度的感觉修正值(即计权因子)。

大量测试和研究表明[12-14],对于地铁列车引起的环境振动,垂向振动是主要激振源,远大于横向和纵向振动。因此,在轨道交通环境振动评价中,一般采用垂向振动加速度和 Z 振级作为评价指标。

15.1.7　上、下行线运行方向对振动的影响

由于交叠线路有四列车同时运行,交汇情况比较复杂,为简化分析,首先比较 1 号线的上行线单独运行、上下行线交汇运行、上下行线同向运行三种情况下的环境振动。1 号线的轨道基础为整体道床。在线路的横截面与地面的交界线上,每间隔 10m 取一个振动响应点,共计 8 个点。其中,1 号点位于线路中心正上方,8 号点距线路中心水平距离 70m。受篇幅所限,图 15.6 只给出 1 号点三种工况下的振动加速度时程和幅频曲线,图 15.7 为三种工况下加速度峰值和 Z 振级随距离的衰减曲线[15-17]。

由图 15.6 可知,上下行线交汇运行与同向运行时的加速度时程曲线变化趋势及幅值都相差不大,而上行线单独运行时的加速度幅值约为上下行交汇运行时的 1/2 倍。三种工况下的加速度幅频曲线基本相近,主频均位于 30～60Hz。从图 15.7 可以看出,上下行线交汇运行与同向运行时的加速度峰值和 Z 振级随距离的变化趋势基本一致,数值相当;上行线单独运行时的加速度峰值和 Z 振级与另外两种工况相比有较大差别,加速度峰值约为另外两种工况的 1/2,Z 振级比另外两种工况小 5dB 左右。

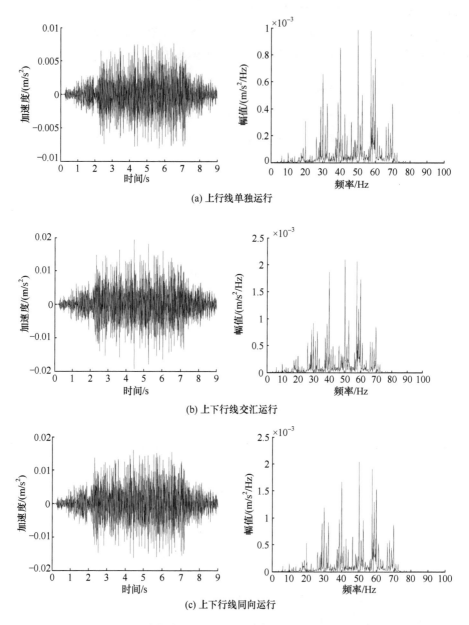

(a) 上行线单独运行

(b) 上下行线交汇运行

(c) 上下行线同向运行

图 15.6　1 号线中心正上方地面点加速度时程及幅频曲线

　　因此,可以用上下行线同时同向运行代替上下行线交汇运行来研究列车引起的环境振动。这样处理的好处是使得 4 孔隧道列车复杂交错的运行情况大为简化,不用为区分列车在何处交汇而必须考虑多种荷载组合方式,也不需辨别何种情况是对地面某处振动的最不利荷载组合。因为当 1 号线和 2 号线的上下行线分别从八一馆站和永叔路站同时同向驶向八一广场站时,对模型地面上任何点的振动均为最不利荷载组合。下面按列车同时同向运行组合方式来研究地面环境振动。

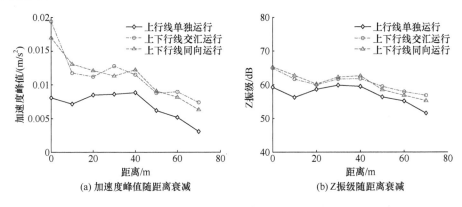

(a) 加速度峰值随距离衰减　　　　　　　(b) Z 振级随距离衰减

图 15.7　1 号线三种工况下加速度和 Z 振级对比

15.1.8　交叠地铁减振方案分析

为研究不同减振组合方案对环境振动的影响,考察 6 种工况,如表 15.3 所示。列车运行方向及地面振动响应拾取点如图 15.8 所示,在两条线路的对角线方向取 8 个响应点,点与点之间的距离为 $10\sqrt{2}$ m,每个点距线路中心的距离均为 10m 的倍数[8]。

表 15.3　计算工况

工况	道床		线路组合
	1 号线	2 号线	
1	整体道床	—	1 号线
2	—	整体道床	2 号线
3	整体道床	整体道床	1 号线＋2 号线
4	浮置板道床	整体道床	1 号线＋2 号线
5	整体道床	浮置板道床	1 号线＋2 号线
6	浮置板道床	浮置板道床	1 号线＋2 号线

图 15.9 表示轨道结构为整体道床时,单独 1 号线运行、单独 2 号线运行,以及 1、2 号线同时运行三种工况下地面 Z 振级的对比。其中,工况 3 对应的曲线横坐标表示的距离为图 15.8 对角线上点距 1 号线或 2 号线中心的距离。从图 15.9 可以看出,工况 1 引起的地面振动要明显小于工况 2 引起的振动,随距离不同,Z 振级小 10dB 左右。工况 3 引起的地面振动除 70m 点外均大于工况 2 引起的振动,Z

振级大2～3dB。由此可知,在1号线和2号线同时运行的情况下,2号线运行对环境振动的影响较1号线更大。此外,在这三种工况下,Z振级随距离的衰减规律相似。值得注意的是,工况3对应的曲线在40m处出现一个较大的尖峰,此处的Z振级已经超过了0处的Z振级。由此可见,在1号线和2号线同时运行情况下,40m处的振动级较单线运行时更加明显。

根据《城市区域环境振动标准》,在混合区、商业中心区,昼间的Z振级应小于75dB,夜间的振级应小于72dB。由图15.9可知,当1号线和2号线同时运行时,地面Z振级的最大值为77.6dB,且共有3处大于75dB,超过了振动限值。虽然4孔隧道列车同时以80km/h速度运行的情况极少,但为使环境振动距离限值有一定的富余量及考虑远期线路状况恶化的影响,需采用适当的减振措施。

采用钢弹簧浮置板减振措施时不同组合工况对环境振动的影响如图15.10所示。图中横坐标表示的距离为图15.8对角线上点距1号线或2号线中心的距离。从图15.10可以看出,单独1号线采用浮置板道床对地面的减振效果不明显,减振量不到1dB;单独2号线采用浮置板道床对地面的减振效果较明显,减振量达9～12dB;1号线和2号线同时采用浮置板道床对地面的减振量与单独2号线采用浮置板道床时相差不大,减振量为9～14dB。由此可知,当1号线和2号线同时运行时,最经济合理的减振方法是对埋深较浅的2号线采取减振措施,而对埋深较大的1号线可以不采取减振措施[8]。

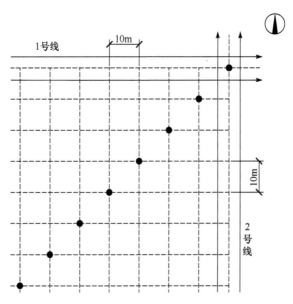

图15.8　列车走向及响应拾取点平面示意图

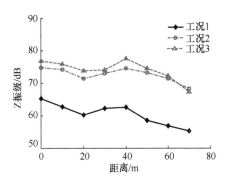 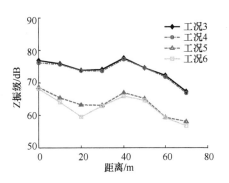

图 15.9　工况 1、2、3 Z 振级比较　　　　图 15.10　工况 3、4、5、6 Z 振级比较

15.1.9　振动频率分析

以工况 3 和工况 6 为例,选取图 15.8 中对角线上 0、20m、40m、60m 振动响应点,分析 1 号线和 2 号线同时运行时地面振动频率,如图 15.11 所示。从图 15.11 (a)可以看出,当 1 号线和 2 号线都采用整体道床时,0 和 20m 处的振动主频位于 40Hz 和 70Hz 附近,40m 和 60m 处的振动主频位于 20Hz 和 40Hz 附近,说明随距离增加,40Hz 以上的频率逐渐衰减,40Hz 以下的频率衰减缓慢。此外,与图 15.6 (b)和图 15.6(c)相比可知,1 号线和 2 号线同时运行与 1 号线单独运行引起的地面振动主频相当。从图 15.11(b)可以看出,当 1 号线和 2 号线都采用浮置板道床时,地面振动主频位于 7Hz、20Hz 和 40Hz 附近,且随着距离增加,频率变化不大,7Hz 和 20Hz 始终为优势频率[8]。

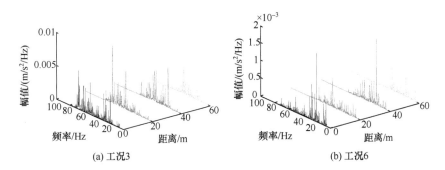

(a) 工况3　　　　　　　　　　(b) 工况6

图 15.11　振动加速度幅频曲线

15.1.10　地面振动分布规律

以工况 3 为例,在地面上每间隔 10m 提取 1 个振动响应点,共 64 个响应点,利用线性插值法绘制地面 Z 振级云图,如图 15.12 所示[8]。可以看出,当 1 号线和

2号线同时运行时,地面存在四处振动加强区域,分别是1号线和2号线交汇处附近,最大值78.2dB;1号线路中心距2号线40m附近,最大值76.5dB;2号线路中心距1号线40m附近,最大值78.2dB;距1号线和2号线均为40m附近,最大值77.6dB。根据中心对称性,图中的其他三个象限振动分布规律类似。由此可知,轨道交通1号线和2号线诱发南昌八一广场附近大地振动在距线路40m处存在振动放大区。在1号线和2号线同时运行时,这种放大效应更明显。因此,当敏感建筑物位于上述振动加强区域时,应该对线路设置较高等级的减振措施。

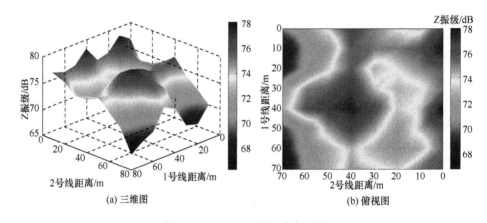

(a) 三维图   (b) 俯视图

图 15.12　地面 Z 振级分布云图

15.2　交叠地铁引起的古建筑振动分析

八一广场是南昌市的中心区,周边有大型商场,有"八一起义纪念塔"、"毛泽东思想万岁馆"、邮电和电信大楼等重要建筑物。位于南昌市八一广场旁的"毛泽东思想万岁馆"距离轨道交通1号线和2号线最近,为省级重点文物保护单位,对环境振动较为敏感,如图15.13所示。以此为工程背景,建立轨道-隧道-大地-建筑物三维有限元模型,对近期1号线运行及远期1号线和2号线同时运行引起该建筑物振动进行预测和评价。

15.2.1　工程概况

"毛泽东思想万岁馆"旧址位于八一广场站右侧,始建于1968年10月,抽调当时全省著名建筑设计专家集体设计,是20世纪六七十年代八一广场最具时代特色的标志性建筑,始用名为"毛泽东思想胜利万岁馆",后几经更名,1992年起更名为江西省展览中心,是江西省重点文物保护单位。

图 15.13　毛泽东思想万岁馆

　　该古建筑物为钢筋混凝土框架结构,基础为现浇钢筋混凝土梁板式基础。建筑物平面为山字形,南北纵向长度为 155.5m,东西横向长度 57.5m,建筑总高度 32.6m,主体结构为六层。建筑物与 1 号线最近距离 17.5m,与 2 号线最近距离 32.5m。建筑物与地铁线路关系平面示意图如图 15.14 所示。

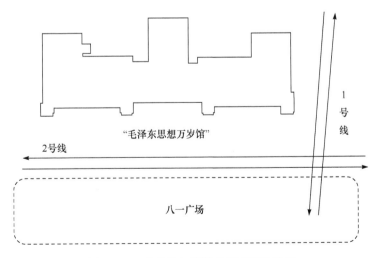

图 15.14　建筑物与线路关系平面示意图

15.2.2　有限元模型

由于"毛泽东思想万岁馆"平面形状为山字形,分为左、中、右三个部分,且这三个部分连接处均设有变形缝,结构相对独立。因此,在进行三维有限元建模时,为减少单元数量和提高计算效率,仅建立包含靠近线路交汇处的右侧建筑物及其大地在内的有限元模型,如图 15.15[8] 所示。将 1 号线与 2 号线近似看作直角交汇,模型中大地尺寸为 $135m \times 135m \times 60m$,其中 1 号线和 2 号线中心距离较近的边界为 32.5m,距离较远边界为 102.5m。模型四周边界采用三维等效黏弹性边界,底部为固定边界。建筑物为梁、柱、楼板钢筋混凝土框架结构,其几何尺寸根据房屋结构设计图纸确定。

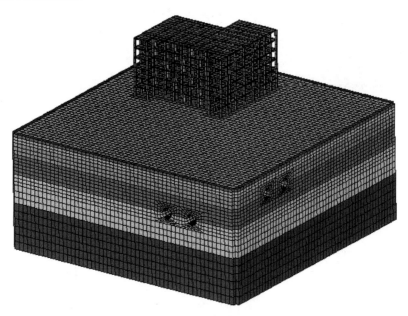

图 15.15　轨道-隧道-大地-建筑物三维有限元模型

建筑物梁、柱、板材料为 C30 混凝土,弹性模量 30 000MPa,密度 2500kg/m³,泊松比 0.25,其他材料参数见 15.1.2 节。建筑物的梁和柱采用 BEAM4 单元,楼板为 SHELL63 单元,基础为 SOLID45 单元,其他结构单元组成同 15.1.3 小节。

分别建立整体道床和钢弹簧浮置板道床模型,考虑 6 中运行工况(表 15.3)。瞬态动力学分析时,列车速度取 80km/h,时间步长为 0.005s,采用 Newmark 隐式积分法中的完整矩阵法。

15.2.3　建筑物模态分析

采用 Block-Lanczos 法对建筑物模型进行模态分析,提取前 20 阶自振频率,如表 15.4 所示。其中,前 10 阶振型如图 15.16 所示[8]。可以看出,该建筑物前 10 阶自振频率为 0.96~7.26Hz,属于低频振动。建筑物前 6 阶振型对应为刚体位移,且最大位移均出现在顶层,第 7 阶振型开始为大开间楼板的局部竖向振动。因此,该建筑物整体以水平振动为主,在局部存在较大的竖向振动。下面进行瞬态动力学分析时,选取每层靠近线路一侧的大开间楼板中心点作为振动响应点。

表 15.4　建筑物前 20 阶自振频率

阶数	自振频率/Hz	阶数	自振频率/Hz
1	0.96137	11	7.1317
2	0.98083	12	7.1400
3	1.1321	13	7.1414
4	3.4159	14	7.1815
5	3.4872	15	7.1991
6	3.9310	16	7.2169
7	6.9235	17	7.2402
8	7.0622	18	7.2420
9	7.0946	19	7.2447
10	7.1191	20	7.2583

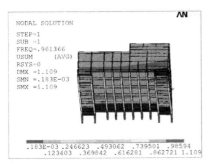
(a) 第1阶

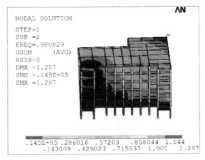
(b) 第2阶

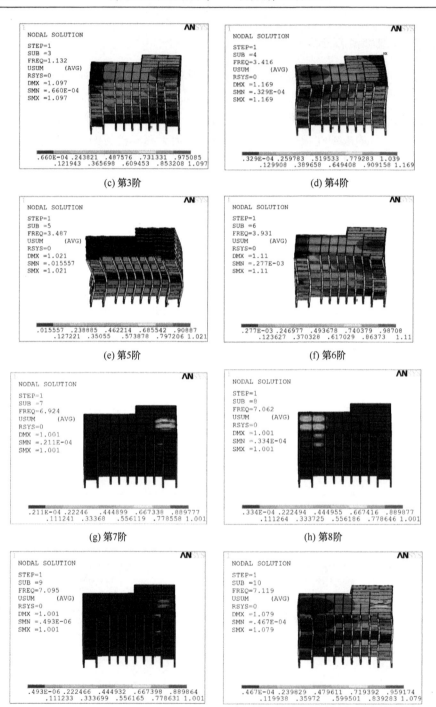

图 15.16　建筑物前 10 阶振型

15.2.4 建筑物水平振动分析

根据《古建筑防工业振动技术规范》GB/T 50452-2008 规定,古建筑结构振动的评价指标为振动速度,因此提取各响应点的振动速度进行环境振动分析和评价。

（1）时频域分析

图 15.17 分别为 1 号线运行时建筑物楼顶层大开间楼板中心点对应的 X 向（横向,垂直 1 号线方向）、Y 向（纵向,平行 1 号线方向）和 Z 向（竖向）速度时程和幅频曲线,轨道结构为整体道床[8]。

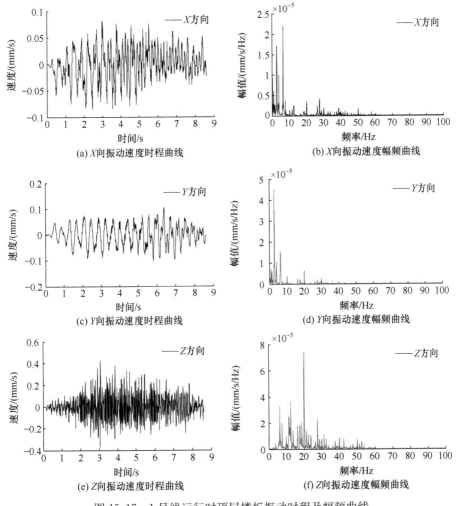

图 15.17 1 号线运行时顶层楼板振动时程及幅频曲线

由图 15.17 可知,顶层大开间楼板的 X 向与 Y 向的振动速度幅值相当,峰值为 0.1mm/s 左右,主频均位于 5Hz 附近,但 X 方向振动速度 20Hz 以上频率成分

较 Y 方向多；对于 Z 向振动，其幅值相比 X 向和 Y 向都要大，约为 5 倍关系。主频也比 X 向和 Y 向高，位于 20Hz 附近。其他楼层的 X 向、Y 向和 Z 向振动规律与上述顶层楼层相似。由此可知，建筑物楼层振动属于低频振动，竖向振动大于水平向振动，且水平向振动模态较低，竖向振动模态较高。

当 1 号线和 2 号线均为整体道床且同时运行时，顶层楼板的振动速度时程及幅频曲线如图 15.18 所示[8]，其中，X 向、Y 向和 Z 向与上述规定相同。可以看出，双线同时运行时的顶层楼板振动速度幅值约为 1 号线单独运行时的 3 倍，且振动持续时间较长，频率分布情况与 1 号线单独运行时相差不大，其他规律也与 1 号线单独运行时相似。

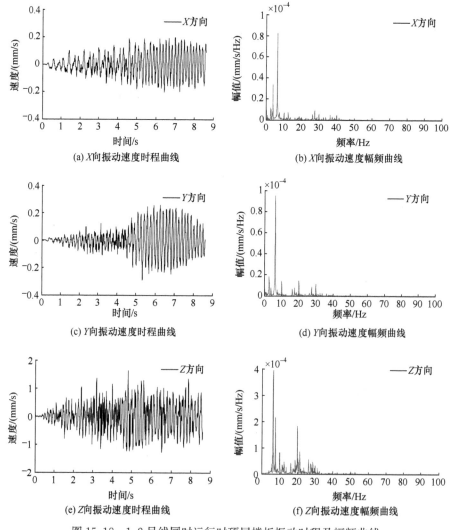

图 15.18　1、2 号线同时运行时顶层楼板振动时程及幅频曲线

（2）振动评价

选取各楼层靠近线路一侧大开间楼板中间点，输出各点的振动速度，得到各楼层速度最大值，然后与《古建筑防工业振动技术规范》GB/T 50452-2008 中的限值进行比较，结果如表 15.5 所示。表 15.5 为无减振措施条件下（即轨道为整体道床）单线运行和双线运行引起的各楼层水平振动速度最大值。由于标准中对砖石结构仅以水平振动速度作为评价指标，因此表中只列出 X 向、Y 向及 X 与 Y 合成方向的速度最大值。根据表 15.5 绘制的合成向振动速度随楼层分布规律[8]如图 15.19 所示。

表 15.5　无减振措施各楼层振动速度最大值（单位：mm/s）

| 楼层 | 1号线运行 | | | 2号线运行 | | | 1、2号线同时运行 | | | 限值 |
	X向	Y向	合成向	X向	Y向	合成向	X向	Y向	合成向	水平向
1	0.090	0.089	0.126	0.127	0.123	0.177	0.155	0.139	0.208	0.27
2	0.082	0.087	0.120	0.124	0.103	0.161	0.180	0.239	0.299	0.27
3	0.070	0.083	0.108	0.111	0.090	0.143	0.126	0.207	0.242	0.27
4	0.056	0.075	0.093	0.085	0.094	0.126	0.125	0.151	0.197	0.27
5	0.060	0.062	0.086	0.092	0.092	0.130	0.168	0.249	0.300	0.27
6	0.053	0.060	0.080	0.066	0.066	0.093	0.108	0.134	0.172	0.27
顶层	0.085	0.105	0.135	0.149	0.146	0.208	0.201	0.289	0.352	0.27

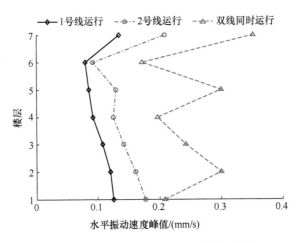

图 15.19　无减振措施各楼层合成向速度

由表 15.5 和图 15.19 可知，单独 1 号线运行或单独 2 号线运行时，X 向、Y 向及合成方向振动速度均没有超过限值。1 号线和 2 号线同时运行时，只有顶层 Y 方向和 2 层、5 层、顶层合成方向的振动速度超过限值，最大超限值为 0.082mm/s。

1号线和2号线同时运行引起的建筑物各方向振动大于1号线或2号线单独运行时的情形,且2号线运行引起的振动明显大于1号线引起的振动,说明埋深较浅的线路对建筑物振动影响大。此外,1号线或2号线单独运行时,各楼层 X 向振动速度与 Y 向振动速度大小相当,随楼层增加, X 向和 Y 向振动速度呈逐渐减小趋势,但在顶层会突然增大,其值大于第1楼层;1号线和2号线同时运行时,除第一层外的各楼层 X 向振动速度均小于 Y 向振动速度, X 向和 Y 向振动速度均在顶层出现最大值,在其余各层无规律可循。

因此,远期双线运行时,为建筑物振动安全起见和留有一定的振动富余量,需对线路采取减振措施。表15.6为考虑减振措施时(即其中一条线或两条线同时采用钢弹簧浮置板道床)双线运行引起的各楼层水平振动速度最大值。图15.20为表15.6中的合成向振动速度随楼层分布规律[8]。

表 15.6　考虑减振措施双线运行时各楼层振动速度最大值(单位:mm/s)

楼层	1号线浮置板			2号线浮置板			双线浮置板			限值
	X 向	Y 向	合成向	X 向	Y 向	合成向	X 向	Y 向	合成向	水平向
1	0.140	0.158	0.212	0.107	0.097	0.144	0.045	0.053	0.070	0.27
2	0.178	0.208	0.274	0.131	0.102	0.166	0.119	0.080	0.143	0.27
3	0.120	0.164	0.203	0.095	0.127	0.158	0.082	0.061	0.102	0.27
4	0.095	0.145	0.174	0.082	0.083	0.117	0.067	0.057	0.088	0.27
5	0.165	0.217	0.273	0.112	0.093	0.146	0.121	0.086	0.149	0.27
6	0.100	0.114	0.152	0.078	0.066	0.102	0.056	0.050	0.075	0.27
顶层	0.194	0.239	0.307	0.147	0.158	0.216	0.154	0.101	0.184	0.27

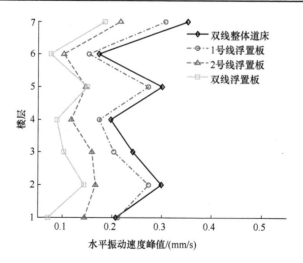

图 15.20　双线运行时各楼层合成向速度

由表 15.6 和图 15.20 可知,当采用减振道床时,双线运行引起的 X 向和 Y 向振动速度大小相当,均在顶层出现最大值,在其余楼层无规律可循,但数值变化不大。从合成向速度看,当 1 号线采用浮置板时,只有顶层速度超过限值;2 号线采用浮置板或双线采用浮置板,各楼层振动速度均低于限值。此外,由图 15.20 可见,单独对埋深较深的 1 号线采用浮置板道床的减振效果并不明显,而单独对埋深较浅的 2 号线采用浮置板道床与双线同时采用浮置板道床的减振效果相差不大。因此,最经济合理的减振方案是只对埋深较浅的线路采取减振措施即可,这与上节地面竖向振动分析时的结论一致。

15.2.5　建筑物竖向振动分析

由于《城市区域环境振动标准》GB10070-88 和《城市轨道交通引起建筑物振动与二次辐射噪声限值及其测量方法标准》JGJ/T170-2009 均规定以竖向振动加速度作为环境振动评价指标,因此为了与水平振动速度评价结果对比,下面对"毛泽东思想万岁馆"进行竖向振动分析与评价。

（1）时频域分析

当 1 号线和 2 号线均采用整体道床时,建筑物顶层楼板的竖向振动加速度时程及幅频曲线如图 15.21 所示[8]。

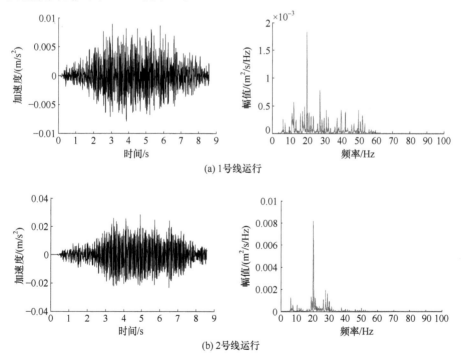

(a) 1 号线运行

(b) 2 号线运行

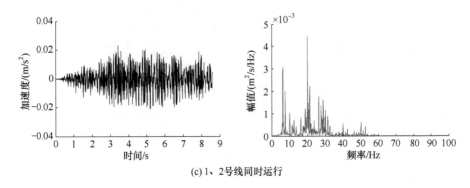

(c) 1、2号线同时运行

图 15.21 顶层楼板竖向加速度时程及频谱

由图 15.21 可知,2 号线运行与 1 号线和 2 号线同时运行引起的竖向振动加速度幅值大小相当,约为 1 号线单独运行时的 3 倍,这与水平振动速度的规律一致。从频域上看,1 号线运行和 2 号线运行时的频率分布相似,主频位于 20Hz 附近,1 号线和 2 号线同时运行时 10Hz 以下的低频成分较单线运行时多。

(2) Z 振级分析

当 1 号线和 2 号线均采用整体道床时,单线或双线运行引起的楼层 Z 振级分布如图 15.22 所示。当线路采用减振道床时,双线运行引起的楼层 Z 振级分布如图 15.23 所示[8]。

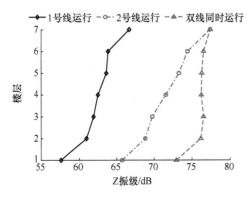

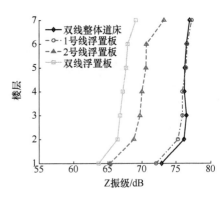

图 15.22 无减振措施时各楼层 Z 振级　　　　图 15.23 双线运行时各楼层 Z 振级

由图 15.22 可知,2 号线运行引起的建筑物竖向振动明显大于 1 号线运行引起的振动,前者比后者大 8～11dB;双线同时运行引起的建筑物竖向振动大于 2 号线运行引起的振动,但随着楼层增加,这种差距将逐渐缩小;2 号线运行和双线同时运行引起的建筑物最大竖向振动均超过了《城市区域环境振动标准》中"混合区、商业中心区"昼间限值 75dB,因此需对线路采取减振措施。

由图 15.23 可知,对比双线同时运行时不同的减振组合工况,它们对建筑物竖向振动的减振效果与对地面竖向振动和对建筑物水平振动规律一致,即单独对埋深较深的 1 号线采取减振措施后的效果不明显,最为经济合理的减振方案是单独对埋深较浅的 2 号线采取减振措施。

此外,从图 15.22 和图 15.23 均可看出,随着楼层的上升,建筑物竖向振动呈逐渐增大趋势,但在相邻楼层之间变化不大。

（3）1/3 倍频程分析

为节省篇幅,下面只对表 15.3 中的工况 1、2、3、5 引起的建筑物楼顶振动进行 1/3 倍频程分析。各工况 1/3 倍频程振动加速度级如图 15.24 所示,其中分频振级为按《城市轨道交通引起建筑物振动与二次辐射噪声限值及其测量方法标准》规定的分频计权因子修正后的值[8]。

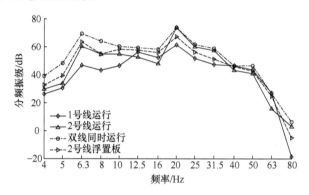

图 15.24　1/3 倍频程建筑物楼顶振动级

由图 15.24 可知,各工况分频最大振级均出现在主频 20Hz 处,其值如表 15.7 所示。

表 15.7　建筑物楼顶分频最大振级

1 号线运行		2 号线运行		双线同时运行		2 号线浮置板	
频率/Hz	振级/dB	频率/Hz	振级/dB	频率/Hz	振级/dB	频率/Hz	振级/dB
20	61.3	20	73.8	20	73.8	20	67.3

由表 15.7 可知,若按照《城市轨道交通引起建筑物振动与二次辐射噪声及其测量方法标准》中第 2 类"混合区、商业中心区"昼间限值 70dB 评价,则 2 号线运行和双线同时运行均超过限值,1 号线运行和 2 号线浮置板未超过限值,这与按《城市区域环境振动标准》评价结果一致。

15.3　结　　论

通过分析交叠隧道列车运行引起的大地及古建筑物振动,可以得出如下主要结论。

①上下行线同向运行与上下行线交汇运行引起的最不利环境振动的大小及幅频分布均相似。因此,在分析交叠地铁列车引起的最不利环境振动时,可用上下行线同向运行代替上下行线交汇运行,以达到简化分析的目的。

②交叠地铁列车运行引起的地面振动存在以下振动加强区:线路交汇处附近和距任意一条线路中心40m处附近。因此在交叠地铁的振动影响范围内,有九处振动加强区。当敏感建筑物位于上述振动加强区域时,应该对线路设置较高等级的减振措施。

③对建筑物进行模态分析发现,建筑物前10阶自振频率小于8Hz,属于低频振动。该建筑物前6阶模态以水平振动为主,顶层变形最大,从第7阶模态开始在大开间楼板出现较大的竖向振动。

④建筑物楼板水平振动主频位于6Hz附近,属于前6阶模态振动;建筑物楼板竖向振动主频位于20Hz附近,属于较高阶模态振动。

⑤双线同时运行时,建筑物楼板水平振动随楼层变化无规律可循,竖向振动随楼层上升呈增大趋势,但相邻楼层之间变化不大。

⑥地铁引起的"毛泽东思想万岁馆"振动按《古建筑防工业振动技术规范》、《城市区域环境振动标准》和《城市轨道交通引起建筑物振动与二次辐射噪声限值及其测量方法标准》的评价结果相似。

⑦埋深较浅的2号线对环境振动的影响较大。双线同时运行时,地面及建筑物振动均会出现超过限值的区域或楼层,但超限值不大。单独对埋深较深的1号线采取减振措施的减振效果不明显,最经济合理的减振方案是仅对埋深较浅的2号线采取减振措施。

参 考 文 献

[1] 贾颖绚,刘维宁,孙晓静,等. 三维交叠隧道列车运营对环境的振动影响[J]. 铁道学报,2009,31(2):104-109.

[2] 马蒙,刘维宁,丁德云. 地铁列车引起的振动对西安钟楼的影响[J]. 北京交通大学学报,2010,34(4):88-92.

[3] 徐海清,傅志峰,梁立刚. 列车荷载作用下紧邻垂直多孔隧道环境振动分析[J]. 岩土力学,2011,32(6):1869-1873.

[4] 吴芳,王振刚. 南昌轨道交通2号线一期工程环境影响报告书[R]. 武汉:中铁第四勘察设计研究院集团有限公司,2010.

[5] 江西省勘察设计研究院. 南昌轨道交通1号线一期工程岩土工程勘察报告[R]. 南昌:江西省勘察设计研究院,2009.

[6] 何留记,梁坤祥. 南昌轨道交通2号线一期工程(二标)初步勘察阶段岩土工程勘察报告[R]. 郑州:河南省地矿建设工程(集团)有限公司,2011.

[7] 谷音,刘晶波,杜义欣. 三维一致粘弹性人工边界及等效粘弹性边界单元[J]. 工程力学,

2007,24(12):31-37.

[8] 涂勤明. 地铁列车引起的环境振动及减振技术研究[D]. 南昌:华东交通大学硕士学位论文,2014.

[9] 雷晓燕,圣小珍. 现代轨道理论研究(2 版)[M].北京:中国铁道出版社,2008.

[10] 中华人民共和国环境保护部. GB10070-88 城市区域环境振动标准[S].北京:中国标准出版社,1988.

[11] International Standard. ISO2631-1 mechanical vibration and shock evaluation of human exposure to whole-body vibration[S]. 1985.

[12] 贾宝印,楼梦麟,宗刚,等. 车辆荷载引起地面振动的实测研究[J]. 振动与冲击,2013,32(4):10-14.

[13] 韦红亮,雷晓燕,吕绍棣. 列车引发地面振动的现场测试及数值分析[J].环境污染与防治,2008,30(9):17-22.

[14] 栗润德. 地铁列车引起的地面振动及隔振措施研究[D]. 北京:北京交通大学博士学位论文,2001.

[15] 涂勤明,雷晓燕. 地铁引起大地振动的有限元分析[J]. 华东交通大学学报,2013,30(1):26-31.

[16] 涂勤明,雷晓燕,毛顺茂. 南昌地铁引起环境振动的预测分析[J]. 城市轨道交通研究,2014,17(10):30-36.

[17] 涂勤明,雷晓燕,毛顺茂. 地铁引起的环境振动及轨道结构减振分析[J].噪声与振动控制,2014,34(4):178-183.

索　引

彩 图

图 1.4　广东河源龟峰塔（国家级）

图 1.5　甘肃天水麦积山石窟（国家级）

图 1.6　南昌市"毛泽东思想胜利万岁馆"旧址（省级）

图 1.7　南昌八一起义纪念塔（市级）

图 1.8　江南名楼滕王阁

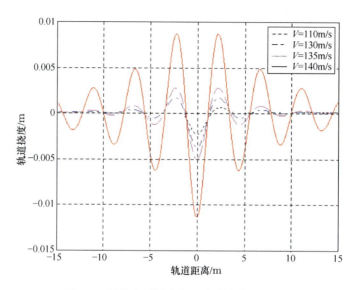

图 2.2   单轮以不同速度运动时轨道挠度曲线

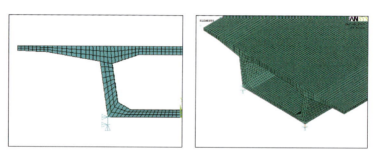

(a) 横截面位移约束   (b) 局部放大图

(c) 全桥有限元网格

图 4.6   箱型梁结构有限元网格图

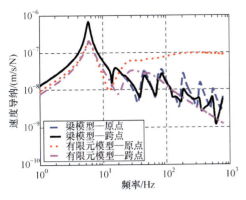

图 4.7　桥梁模型对桥梁速度导纳的影响　　　图 4.8　桥梁支座刚度对桥梁速度导纳的影响

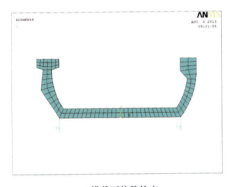

(a) 横截面位移约束

(b) 局部放大图

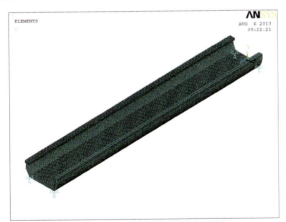

(c) 全桥有限元网格

图 4.10　U 型梁有限元网格图

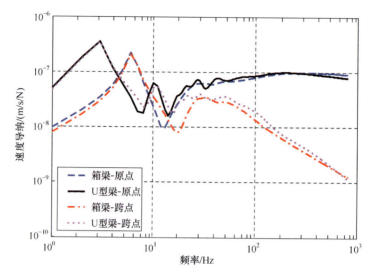

图 4.11 桥梁截面型式对桥梁速度导纳的影响

(a) 横截面位移约束   (b) 局部放大图

(c) 全桥有限元网格

图 4.14 轨道-箱型梁耦合系统有限元模型

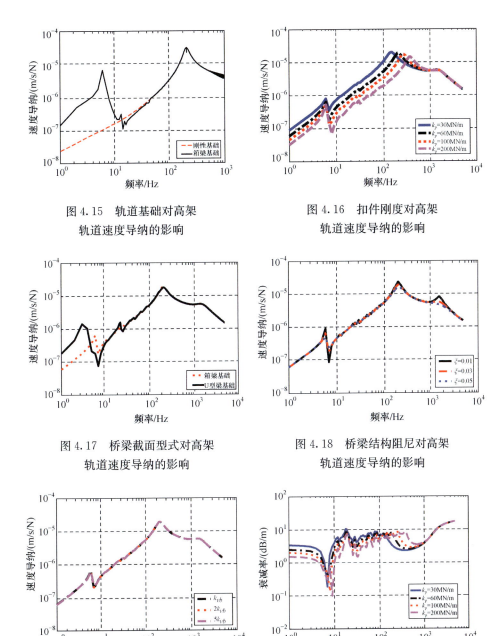

图 4.15　轨道基础对高架
轨道速度导纳的影响

图 4.16　扣件刚度对高架
轨道速度导纳的影响

图 4.17　桥梁截面型式对高架
轨道速度导纳的影响

图 4.18　桥梁结构阻尼对高架
轨道速度导纳的影响

图 4.19　桥梁支座刚度对高架
轨道速度导纳的影响

图 4.25　扣件刚度对轨道振动
衰减率的影响

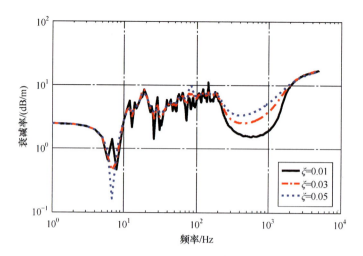

图 4.26　阻尼比对轨道振动衰减率的影响

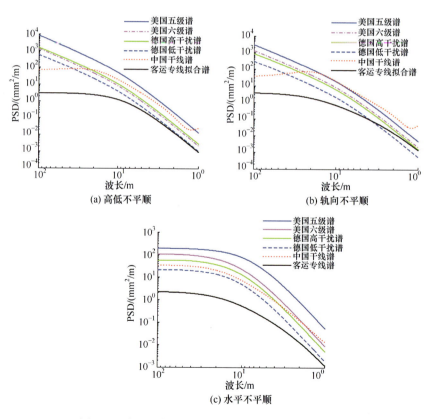

(a) 高低不平顺

(b) 轨向不平顺

(c) 水平不平顺

图 5.7　路基有砟轨道不平顺功率谱拟合曲线的比较

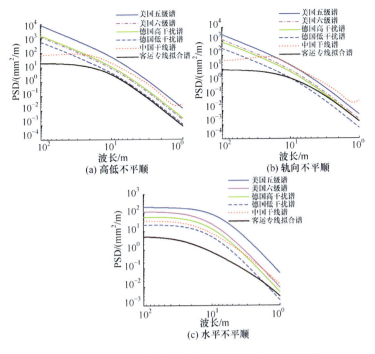

图 5.8　桥上有砟轨道不平顺功率谱拟合曲线的比较

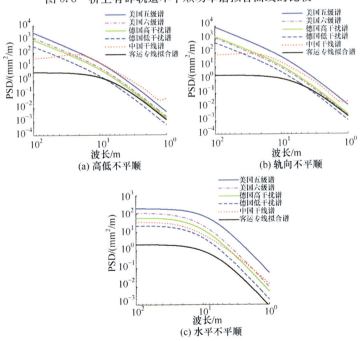

图 5.9　隧道无砟轨道不平顺功率谱拟合曲线的比较

图 10.9　高速铁路路基段板式轨道

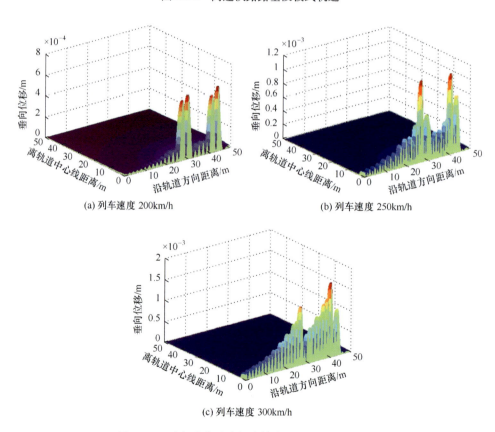

(a) 列车速度 200km/h

(b) 列车速度 250km/h

(c) 列车速度 300km/h

图 11.4　列车速度对路堤本体表面垂向位移的影响

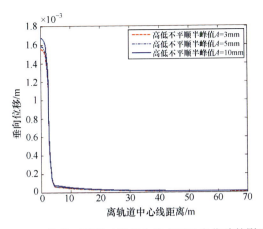

图 11.5　轨道不平顺对路堤本体表面垂向位移的影响

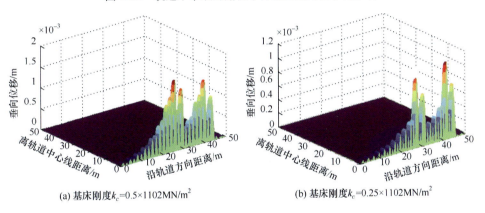

(a) 基床刚度k_c=0.5×1102MN/m²　　　　　　(b) 基床刚度k_c=0.25×1102MN/m²

图 11.6　基床刚度对路堤本体表面垂向位移的影响

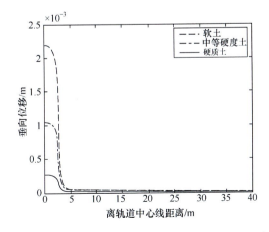

图 11.7　路堤土质对路堤本体表面垂向位移的影响

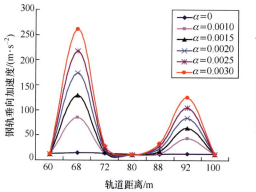

图 12.23　钢轨垂向加速度的综合效应　　图 12.24　车体垂向加速度的综合效应

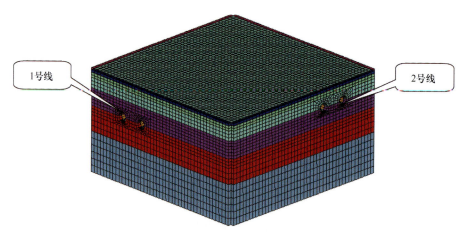

图 15.2　轨道-隧道-大地三维有限元模型

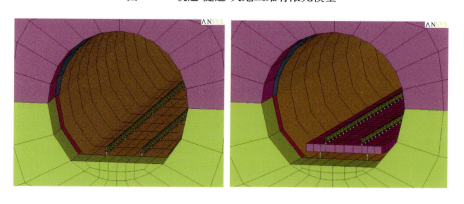

(a) 整体道床　　　　　　　　　　　　(b) 钢弹簧浮置板道床

图 15.3　有限元模型局部放大图

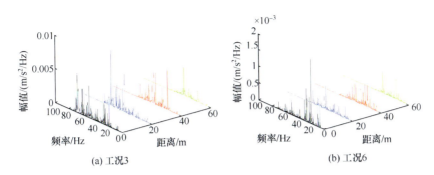

(a) 工况3   (b) 工况6

图 15.11 振动加速度幅频曲线

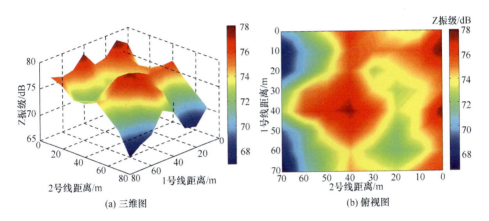

(a) 三维图   (b) 俯视图

图 15.12 地面 Z 振级分布云图

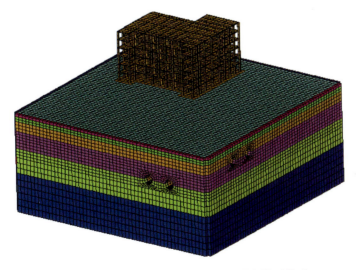

图 15.15 轨道-隧道-大地-建筑物三维有限元模型

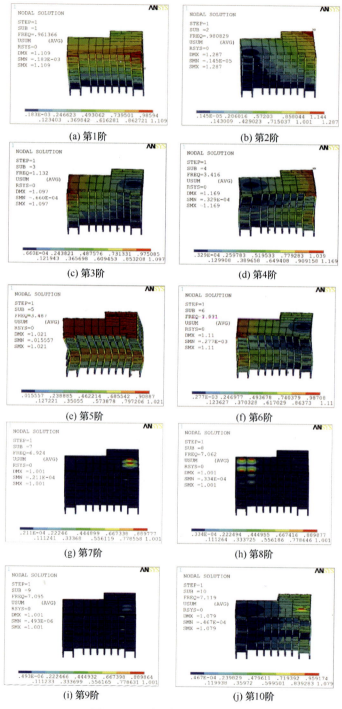

图 15.16　建筑物前 10 阶振型